世界传世藏书

【图文珍藏版】

哈佛管理全集

马松源⊙主编

第三册

线装书局

二、冲突管理的类型

（一）功能两极

功能两极包括积极冲突和消极冲突。

对冲突管理性质的认定，是确定对其态度和策略的前提。因此，从性质上区分要管理的冲突是属于积极类型还是消极类型不仅具有重要的理论价值，而且具有重要的现实意义。只有对冲突的性质判定准确、真正把握，才能端正态度，采取行之有效的措施和政策，给消极性质的管理冲突以有效的抑制、消除和排解；将积极性质的管理冲突充分展开、有效利用，从而达到调适冲突、推动事业的目的。

（二）隶属分布

隶属分布包括与上级冲突、与下级冲突和与同级冲突。

管理冲突，在一定意义上可以归结为一种系统内部的结构要素冲突。这里需要指出的是一个较大的系统，包括管理主体、管理客体和管理过程。而不是仅指这个系统中的某个子系统或者小系统。由于与上级冲突、与下级冲突和与同级冲突，它们各自存在的前提和依据不同，因而冲突的表现形式和解决方式也可能有所不同。

一是关于与上级冲突。由于上级处于主导地位，是管理的主体，所以作为下级，在一般情况下，有意见可以提，有要求可以说。但只能用说理和动情的方式去实现目的，使冲突和分歧朝着有利于自己的方向发展。一旦不能达到目的，应该学会放弃，服从上级。这是由组织原则决定的。

二是关于与下级冲突。应该先区分是工作性冲突还是非工作性冲突。工作性冲突，尤其是上级对下属的批评、教育、矫正以及其他规范，这是领导职能在管理上的体现。作为上级必须坚持原则，坚持到底，不可中途妥协，不可无原则退让，否则就可能养成坏习惯，为以后工作埋下祸患。非工作性冲突则恰恰相反，作为上级应该有妥协、有退让、有风格，才能显出领导的情操、水平和身份。

三是关于同级冲突。同级管理者之间的冲突，由于冲突的前提是同级，因而表现形式往往比较隐蔽，解决方式往往是调和，最终结果往往是各方退让。一些时候还需要领导参与解决，形成居高临下的裁判态势。

（三）要素构成

要素构成包括管理主体内部冲突、管理客体内部冲突和管理主体与管理客体交叉冲突。

事物的性质和效能决定于事物的构成要素。管理主体和客体的状况如何，直接决定着管理的效能和效率。一般来说，管理的高效能和高效率来源于主体状况适应客体状况，来源于客体状况易于被主体教化。冲突若属于良性互动，组织界限就会越来越清晰，组织目标就会越来越明确，管理就会发挥强势作用，取得理想绩效。相反，冲突如果属于内耗性互动，甚至恶性互动，组织界限就会越来越模糊，组织目标就会丧失，管理就会难以发挥其应有作用，就会出现低效甚至负效。对此，必须有清醒认识。要力倡良性冲突互动，力戒内耗性冲突互动，确保冲突的性质和质量，使之为巩固组织疆界、实现组织目标服务。

三、人际冲突的诊断模式

人际关系冲突是周期性的，而且周期可能会变长、变短，或是保持原状。冲突周期包括四个基本元素：引发冲突的问题，使得显而易见的冲突提前或突然发生的情景，各方与冲突相关的行为以及各种可能的后果。四个冲突的解决对策，每个都相应地与周期模式中的一个元素相关

（一）冲突的周期性和动态性特点

人际关系的冲突是周期性的。两个对立的人通常只是定期地陷入明显的争吵中。有时候他们之前的问题就代表了潜在的冲突。然后，由于某些原因，他们的对立就变得非常显著，双方就会开始有冲突性行为，最后会面临一系列后果和谈话。然后，再一次，在下一个周期来临之前，冲突会有所消退，不再那么明显。

人际关系中的冲突往往也是动态的，也就是说，在两个周期之间，导致明显冲突

的问题以及冲突的形式一般来说都会有所变化。加剧是指关系往更加棘手的方向发展，削弱是指朝更平缓的方向发展。如果从总体战略来说需要暂时计划矛盾，那么就应该从语言和行动上减少控制。相似的是，如果想要削弱矛盾，就该加强控制或是寻找解决方案。

（二）实质性问题和情绪化问题

冲突中出现的问题可能是实质上的问题，也可能是情绪上的问题，或者两者均有。本质性问题包括在政策和做法上的分歧，在有限资源下的竞争，以及对个人角色的不同概念定义。情绪上的问题包括愤怒、不信任、责备、怨恨、害怕以及否定的感觉。

我们前面所讲的三个案例包括在政策和做法上的分歧。赛对于调控员更偏重总部而非分公司的做法很不满意。查尔斯，作为人事经理，不认可弗莱德作为生产主管处理旷工，不讲纪律以及工会关系的方法。

有些问题的重点在于对角色的定义，查尔斯觉得自己人事经理的地位被抢夺了。而反过来别人也认为他太古板。在另一个案例中，劳埃德希望在设计决策上拥有更多的决策权。

其他问题的重点在于工作表现。赛的埋怨是在一个新项目没有得到麦克应给的协助；弗莱德则认为查尔斯作为人事部经理为生产部提供的服务太有限。

在组织公司中，另一个人际冲突的来源则是为奖励或是资源的竞争。例如，如果OSP项目通过审核，那么比尔和劳埃德则都有可能成为这个项目的正式主管。

现在转到情绪化问题，冲突的起因也可能是个人需要没有得到满足。例如，麦克因为自己的性情和调度员的工作不符而感到很挫败。在"比尔—劳埃德"的案例中，劳埃德认为自己没有得到足够的重视，没有得到肯定并且又被排挤的感觉。

两个人在双方关系中可能有完全相反的需求，这直接取决于他们彼此的个人需求。在不太紧张的环境下，麦克的强势通常会破坏赛对于合作的需要。比尔偏好于更具有流动性，更自由宽容的工作环境，而劳埃德则更钟爱于更结构化、更明确以及更果断的办事风格，这两者就会造成冲突。弗莱德和查尔斯都很厌恶对方的个人风格：弗莱德认为查尔斯很古板，不直接且多疑；查尔斯则认为弗莱德太冲动，不体谅别人。彼此都认为对方不够谦逊并且具有攻击性。

所有案例中都包含程度不同的实质性问题和情绪化问题。在"麦克—赛"的案例中，相比于情绪化问题，实质性问题则显得微不足道了。在另两个案例中，实质性问题和情绪化问题所占比例则比较均衡。

实质性问题和情绪化问题的区别非常重要，因为解决实质性问题需要各方不断商讨以及第三方的调解和干预。而解决情绪化问题需要重建个人看待问题的观点，并进一步解决双方对于彼此的想法，同时也需要第三方通过融洽的方式进行调解。前者的处理过程大多需要从认知的角度出发，而后者则更多地需要从情感的角度出发。

（三）导火索事件

这上面提到的人际关系的问题可以作为潜在的冲突存在很长一段时间。究竟冲突的属性是潜在的，还是明显的，这取决于阻碍冲突发生的"障碍"，意味着是否有将冲突挑明的行为和条件，也就是这里所说的导火索，如果点燃了导火索，冲突就会爆发。

内部"障碍"在于，一方可能因为自己的态度、价值、需求、希冀、害怕、焦虑和惯于调解的模式而使得冲突免于爆发；外部"障碍"则为团队中的守则，这也会克制情绪上的冲突和肢体上的干涉。举例来说明"障碍"，它包括：

任务需求。（例如，时间限制就禁止了冲突中直接的情绪和问题的爆发）

团队守则。（经理或许认为人与人之间不应该表达否定消极情绪）

个人角色概念。（领导可能觉得其监督地位会影响其参与解决冲突的能力）

公共形象。（一个人可能渴望保持一个文质彬彬的形象）

体谅他人的弱点。（冲突对象可能太容易被直接的情绪表达所伤害）

认为自己的弱点可能会成为对方的冲突战略优势。

害怕如果自己提出了缓和性建议，对方不会给出同样的建议。

身体"障碍"。

尽管有上述种种的限制冲突发生的"障碍"，但是还有很多情况容易导致冲突周期的开始；他们会先开始一场有敌意的交涉，充满着明显的分歧，直接的冲撞，或者开始试图解决矛盾。导火索的作用在于给冲突升温使之爆发或是通过减少"障碍"来引发矛盾。当实质性矛盾在某种情况下才有意义时，双方就会展开行动。或者一方只在情况对自己有利的时候深究矛盾。不用惊讶，只要有情绪问题在里面，那么冲突的燃点就很难用理性来解释。在敏感问题上不友好的评论和批评都是典型的导火索事件。

因此，若想对人际关系间的冲突进行诊断分析，这需要找到"障碍"通常都是怎么发挥作用的，以及触发冲突周期的导火索。

在"比尔—劳埃德"案例中，防止发生直接双向冲突的"障碍"主要在于一方的心理障碍，也就是比尔。他表示没有第三方的参与，那他可能不会和劳埃德在"处理冲突这个层面上"对峙。劳埃德的强大、强势以及个人风格都使比尔感到害怕。结果就导致比尔总是避免和劳埃德在大组会议中针锋相对并在团队外也尽量不和劳埃德沟通。

"比尔—劳埃德"案例表明，在强烈的愤怒情绪下，假如一方经常抓住机会向别人施压，就很容易引发矛盾。在联合大会中，劳埃德不得不直面比尔的非结构化管理风格，也看到比尔在团队中独一无二的领导地位。这两点让劳埃德都无法忍受。在这种情况下，劳埃德可以用同样的办法建立自己的领导地位并使比尔难堪。而且，为了达到目标，劳埃德想要给比尔施压，从而改变现状；这次的联合员工大会给了劳埃德一个绝好的机会来实现自己的目标。

在"比尔—劳埃德"案例中需要解决的另一个问题是：这两个人都在用自己独特的方式处理冲突，究竟是什么能促使他们展开对话呢？比尔加入冲突处理是因为他觉得自己心理压力太大了，从外部来看，他的上级也鼓励他出面解决问题，此外还有顾问的协助。在充满冲突的会议上，也有很多特定的情况触发劳埃德表达内心感受，这个过程后来证实对于展开新的积极周期是很有帮助的。上述特定的情况是说比尔和大卫再次倾听，接受，并对劳埃德之前已经明确的问题进行回应。

麦克和赛的情况中既有很多的相似性，也有相异性。就像上述的比尔一样，面对另一个人（麦克）的强势，赛也觉得很压抑。很明显，赛更希望压制住自己的怒火，并不想把自己的情绪表露出来。就像比尔一样，他只在顾问在场的时候才会加入冲突的讨论。赛之所以会在员工会议上有情绪爆发，主要有下面几个因素：在对话中没有取得进展，这让他很沮丧；顾问和其他几名员工的出席更加鼓励了他；他刚刚目睹了麦克的粗鲁和强势；他刚刚在自己管辖的领域中遭到了批评。

非常重要的一点是，在这个例子中，尽管麦克非常强势，但在顾问第一次来访的两次会议中，都没有真正加入冲突中。他担心自己的事业会由此受到影响，他心事重重，想着自己的职业困境，他或许也在担心由于赛在此事件中掌握主动权，因此他自己会在战略上处于劣势。

"弗莱德—查尔斯"案例的表现模式则相对比较简单。其中的"障碍"表现在公司的规章制度是不鼓励发生冲突的。查尔斯对于破坏公司制度的不安，从某种程度使得他一直不敢完全和弗莱德对抗。但是，查尔斯最后还是提出了正视冲突，因为他的领导鼓励他应该在处理人际关系和部门关系上多迈出一步，这使得他放下了公司制度的包袱。除了这些外在刺激以外，只要对方表现出自己不喜欢的行为，双方都可以很快地进入冲突状态。因此，弗莱德和查尔斯比其他两组更快且更频繁地进入双方冲突周期。

研究每个案例的障碍和导火索事件的成果将我们指向了几种有建设性的冲突管理的可能性。

第一，十分重要的一点是选对让双方加入冲突的矛盾点，时间和地点。对于障碍和导火索的深入理解可以帮助这一选择。为了防止发生强烈冲突，或至少是暂时防止，便可以加强障碍，或试着阻止导火索事件的发生。相反的，如果建设性对话的时机已经成熟，则必须了解需要克服哪些障碍，并使得双方冲突，尤其是本质上的大冲突显现。因为不同的人通常适用于不同的障碍和导火索因素，所以必须找准适合于两者冲突的事件和情景。

第二，对于某种特定的人际关系冲突，有些事件会引发冲突周期变短，有些事件又会促进人们思考解决方法。对冲突的诊断方法必须要能够区分这两种情境。

第三，对于冲突周围的事件分析能够帮助理解反复周期性冲突的根源。

第四，冲突的频率有可能是系统性地受控于障碍和导火索，这一点会在后面有关公司目标和冲突管理的部分讲到。

（四）冲突解决策略以及解决冲突的行为

通常，如果出现了解决冲突的策略以及解决方案的提议，冲突就立马凸显出来。这包括感情的表达——对于冲突（生气，攻击，逃避，拒绝）以及合作（后悔，同情，温暖，支持）的感情表达。还包括期望赢得冲突的竞争性策略，例如阻截，打岔，看低对方，自组小团伙，显得智胜一筹，或是道高一丈；还可以通过合作性策略结束冲突。例如对对方给予承认并寻找"双赢"解决方案。

冲突所造成的潜在代价以及所带来的潜在利益包括对于各方的个人影响（心理上

和事业上），对工作的影响以及对冲突各方周围人的影响。只要双方处于敌对关系，个人都想着怎么对付彼此，并且周围的人对冲突有所反应，那么就会造成上述结果。除了这些代价以外，还失去了创造合作的机会以及其他更实际的结果。

如果比尔和劳埃德没能改善局面，那会怎么样呢？那么他们之间的紧张关系则会降低 OSP 项目效率，也会使得员工流失更严重。如果劳埃德提出把他的一些专业技术人员永久性的调给比尔的团队的话，他们之间的矛盾就会引起上级的注意。这样一来就会使得一方或两方都感到尴尬，甚至会带来更多的团队间矛盾和更严重的敌意。但同时这样的调任也确实给冲突带来了一个解决方案。这样一来可以减少比尔和劳埃德两个团队之间的依赖度，从而降低敌意。

这个案例展现出双方付出的心理上的代价。对于比尔来说，如果整个团队变回到原先的模式，且自己因为强劲的对手而感到困扰的话，他会很失望。对于劳埃德来说，比尔的工作风格让他很不舒服，而且他也很不高兴自己失去了为团队奉献的机会，因此这时对自我的意识突然增强。

在"比尔—劳埃德"案例中，我们仿佛从冲突中也看到了貌似合理的利益和好处。两个主管和其团队之间的竞争关系从某种程度上来说也加强了工作的积极性，保证了批评是有意义的，而且为技术性问题提供了更多的可用选择。很明显，即使比尔和劳埃德之间消除了矛盾，解决了冲突，双方还是会保持有效范围内的紧张关系。从心理上来说，也是有潜在的利益的。例如，劳埃德好像还挺享受这种人际关系冲突，似乎这能使他更有活力。

在"麦克—赛"的案例中，心理代价是他们人际关系冲突带来的主要影响。赛把他与麦克的问题归类为特殊问题。类似的，麦克也认为这场冲突非常强烈并担心这对他未来事业的影响。

这场冲突只在员工大会上显现出来，当时赛把调度员作用提上了议程。在这之前其他员工还没有注意到两人之间的冲突。也就是说，虽然两人的冲突已经影响到了各自以及各自的工作领域，但对他们来说也是无足轻重。

另一个潜在的代价还没有成为现实。在公司中，两个积极有抱负的主管之间的冲突可能会影响到其事业发展。这对赛来说尤其重要，他认为他必须向他的上级展示出处理人际关系的能力。但是，将这场冲突继续下去似乎对双方来说都是有弊无利的。

正视冲突和展开对话，通过促使双方合作，共同努力解决冲突或控制冲突。员工会议上当冲突升温导致赛的情绪爆发后，冲突就降低了温度。对于冲突解决方案的早期预测是麦克自我批评，主动提出调解，并对赛予以更多的信任。在顾问第二次到访时，双方对于问题的态度则朝着解决方案又迈进了一步。对于双方残留的负面情绪也有一些解决方法和建设性控制，这就使得他们彼此能够更有效地在一起工作。虽然他们还不是密友，但是他们也可以处理好后续的问题。

"弗莱德—查尔斯"案例中表现出了一系列行为，包括在他人面前争斗，吵架，互相批评，责备和说教。尤其是查尔斯，使用了一系列冲突手段。他对弗莱德进行盘问；当顾问准备处理弗莱德的一些负面问题，查尔斯显得幸灾乐祸；他还试图让顾问和总工程师都和他站在一边。

冲突也会影响到工作业绩和表现。弗莱德和查尔斯以及他们的同事都士气低落。分歧被夸大并推向了极端。例如，旷工之类需要双方合作的问题也没有得到有效的解决。

对查尔斯来说，卷入和其最大服务对象部门的纠纷中，对其事业非常不利。虽然这场冲突并不会使查尔斯的事业终结，而且能够正视冲突本身就为解决冲突提供了很大的帮助，但事实是同级之间的冲突很可能会损害查尔斯的事业。

冲突也会带来心理上的负担，但同时也会有好处。弗莱德为自己失去客观性感到尴尬，并为自己当着查尔斯下属的面数落他感到愧疚。有趣的是，查尔斯在冲突中却获得了些许利益，因为他很乐于向总经理展示他欣于接受挑战，承担风险。

弗莱德说当他面对查尔斯的个人风格时，不得不强压着怒火，努力克制自己。而查尔斯反过来会觉得弗莱德在掺和自己职位上的事情，侵占自己的职权，因为弗莱德总是斤斤计较，做事情也不在乎对别人的影响。查尔斯也感到自己被生产主管和工会主席排除了。

这里对各方反应的描述并没有完全说明他们所经历的压力和紧张程度。顾问认为查尔斯和弗莱德之间的紧张关系要轻于麦克和赛，重于比尔和劳埃德。而且，双方看上去似乎都相对能够忍受对方，并在一定程度内享受着这样的冲突。但无论如何，这样的竞争对双方来说都会损削力量。

弗莱德和查尔斯使用的策略不会削弱冲突，反而会加深冲突。很难结束他们之间的互相批评和责备，因为双方都想成为最后做定论的那个人。毁损他人这样的策略更会使得冲突进一步升温。弗莱德声称他作为生产部门主管都能看出来查尔斯在犹豫的问题是没有任何劳工方面的问题的。而反过来查尔斯用不以为然的口气说到难道生产部没有什么别的事情好做，非要评论人事部给牛奶定价的问题吗。双方进行的评论都属于人身攻击。

究竟查尔斯和弗莱德之间什么样的行为能够为解决冲突提供帮助呢？虽然这样的行为屈指可数，但至少他们愿意会面并聆听彼此的想法；查尔斯表示他为自己的幸灾乐祸感到后悔；弗莱德也认同查尔斯是真心感到后悔；弗莱德也并不为自己辩护，承认他的确越权了，不应该多管人事部的事情，其中顾问也提出了一次这个问题。

了解冲突策略的本质与管理冲突是息息相关的，因为冲突行为能够最有效地帮助找到人与人之间的分歧，同时也因为策略的属性从很大程度上就决定了冲突的结果。或许在冲突管理中最重要的一个方面就是了解人际关系冲突的结果。其相关性将通过以下三点进行说明：

第一，冲突本身是否弊大于利，为了更好地控制冲突所做出的努力又是否值得？

第二，这样的分析可以预测冲突，或所使用的冲突管理策略与矛盾问题在数量上有增多或减少趋势的关系？

第三，了解目前冲突的结果以及对于问题更好的认识能够使各方确认所得到的结果是各方所看到的，并且是符合现实的。这样就可以就达成希冀目标而进行总体的策略规划。一般来说，这些策略包括了通过冲突控制或冲突解决方案削弱冲突。

（五）扩大冲突的趋势

在上述三个人际关系冲突的案例所提到的问题中，有的问题形成得较早，有些则较晚。诊断过程必须包括对这些问题进行测评，看看哪些问题是更本质上的，哪些问题是附带的，即由本质问题扩张而来的。问题和矛盾的扩张和增加有多种原因：

一方面，情绪上的冲突更倾向于造成实质上的分歧，从而离间彼此。同时，双方也可以通过利用矛盾进行合作，从而让显而易见的冲突变得合情合理；又或者，一方可以利用实质问题为自己创造策略上的优势。

另一方面，实质性冲突也会引发情绪上的冲突，即敌意，并降低彼此的信赖度。如果一方反对另一方的观点，或与其竞争，那么就很可能从心理上造成彼此的消极负面情绪。而且，在实质性问题使用竞争，争辩和商讨这样的策略往往包含着很多方面的摩擦，使各方感到被攻击，并觉得对方很不公正等。

无论最开始的最根本的冲突是实质上的，还是情绪上的，冲突都很有可能在这两方面衍生出更多的问题。因此，即使上述三个案例中的冲突都并非是积怨已久的，但是当各方正视冲突时，还是会发生很多摩擦。而且这些摩擦会一个接一个地浮出水面；双方和第三方则需要继续做出究竟处理哪个摩擦的选择。

这种由一种冲突引发另一种冲突的趋势往往有以下几种特定的结果。当情绪上的冲突引发各方在实质问题上的分歧时，各方可能会很尴尬地发现他们强烈倡导的观点其实他们自己都不是那么肯定，又或者与自己之前的提议是不一致的。进一步来说，如果紧紧抓住一个实质性问题不放，很可能会造成更明显的输赢局面：这种局面自身保持着永久的动态特性。

当实质性问题引发出情绪上的冲突时，后者总会在沟通过程造成更多"噪音"，使得双方必须重新依靠实质性问题解决冲突。

如果两个人最初的冲突就源于由本质问题所带来的附加矛盾的话，那么他们就可能会减少冲突带来的代价，并创造出有利于开展针对实质性问题对话的条件。但是，如果双方都能够意识到导致他们冲突的是附加问题的话，对解决冲突就会有更大的帮助。否则，他们则易于产生对和谐关系的不切实际的期待。

如果双方都能够了解冲突是怎么一步一步发展到现在的话，他们就能够从更本质、更根源的角度来重新理解目前的冲突。

在处于激烈冲突中的两人之间展开对话的目的之一在于帮助各方确认本质上的问题在哪。尤其，无论一个人是否决定要按照自己的意愿与感情行事，一个充满宽容与接纳氛围的对话总是能够影响各方在冲突中去表达出情绪的本质。但是，实际上很有可能双方根本不需要明确什么是根本性矛盾就可以通过对话来缓解冲突甚至解决冲突。

（六）如何管理冲突

让我们继续假设如果对于各方或他人来说，冲突是畸形的，非正常的，而且人们也希望通过有建设性意义的方法来管理冲突的话，那么一般来说，最常见的目的就是先把个人素质放一边，增加冲突次数并且重新创建周期更长更缓和的冲突。无论终极目标是控制冲突（使其代价最小化而并不改变争执问题的实质）还是解决冲突（消除彼此的负面消极情绪，解决本质分歧）。

冲突周期中的每一个因素都可以用来测量冲突是缓和了，还是加剧了。还同时确定了冲突管理的相应目标：三个包含控制，一个需要解决方案。

1. 在就冲突问题的沟通中避免引燃导火索

冲突管理中的一项任务目标或许就是通过不断抑制冲突行为，或避免触发导火索事件，或当冲突发生时睁一只眼闭一只眼，来降低破坏性冲突局面发生的频率。尤其对识别早期警告信号很有帮助，这样的信号就说明了一方或双方承受着不断增长的压力。

以"麦克—赛"的案例举例，冲突的特定方面是可以得到控制或是避免的。如果双方都觉得彼此的办事风格很让人厌烦（赛的抱怨是麦克太过强势；麦克认为赛有强迫症且太专注于细节），双方也可以试着忽略包含这些特点的行为并且尽量避免面对面交流。实际上，赛曾试图终止和麦克的会面，因为他自己感到太过焦虑，已经无法继续和麦克沟通。而且，只要在可以的情况下，赛总是和麦克的下属联系，而不和麦克讨论工作。因为双方现在所在职位的人员流动率都比较大，所以双方认为只要能在任职期间控制住工作关系上的冲突就可以了。

但是，从总体上来说，这种避免就冲突问题进行沟通的控制策略有一个缺点，就是它所导致的最终结果或许并不能令人满意，还不如早早表达双方就冲突的看法，因为：

（1）冲突或许更趋于暗地里的延伸和发展，变得更隐蔽但却具有更大的破坏性，最终更难处理和解决。

（2）各方对于冲突问题避而不谈所造成的压抑感以及对彼此的敌对情绪可能会导致冲突爆发的时候更难以控制，并具有更大的破坏性。

2. 限制冲突的形式

冲突管理中的第二项目标并不是在于避免冲突性对话，还是试图限锄所使用的策略。有时候，根据团队守则必须对一些实质性问题进行追问，比如某团队认为如果一个人批评了另一个人的建议，那么这个人就必须提出自己的建议。这样的规定就决定了如果你想要攻击他人，那么你自己最好也准备好被攻击，因为你必须要说出你的建议，而别人也不见得会认同。那么，在攻击一辩护这样有分歧的人中间就形成了一种对称性。

基于情绪冲突的行为有时也是被禁止的对象，也有可能是惯例。在社会系统中，通常会抑制上级和下属之间发生人际关系上的冲突，因为人们认为这样的冲突代价太大，而不会有任何建设性意义。惯例或许试图取消人际关系中地撞球战术，也就是说一方利用某第三方来攻击对方。相似的是，团队中或许对于多人联合起来对付一个人特别敏感，因此就将二对一这种人际关系冲突模式视为违反公司规定。在有些体系中，也发展出了少有的几种被允许的表达人与人之间敌意的形式，即通过诙谐的表达。因为令紧张态势升温的攻击通常也伴随着自身的压力释放，因此结果不会陷入令人恐惧的双方冲突争论。

作为一种控制策略，限制冲突形式有多项用途：（1）保护社交系统，免受没有约束的冲突的破坏性侵害；（2）通过排除那些挑衅性行为来防止冲突升温。

3. 对冲突结果区别对待

冲突管理中的第三项目标就是最大限度地减少既定冲突行为带来的损失。处理技巧不仅会影响到目前心理损失，也会影响到冲突扩张的趋势。首先，向朋友倾诉可能会帮助缓解压力，也可以代替直接或间接的宣泄。第二，发展多种情感支持来源（同事或家人）或许能让一个人对于同样的问题表现得更宽容。第三，降低未来自身对双方关系的依赖度，这样就能减少冲突的损失，而不需要改变冲突的形式，或解决潜在的问题。

4. 消除冲突问题

冲突管理的第四项目标可以通过双方之间问题的数量和严重程度来衡量。通过使用多种多样的控制方式策略，可以缓解冲突，甚至能彻底解决一些冲突带来的附加问题。但是，要消除根源上的问题，就意味着要彻底解决问题，即要通过在有分歧的地方寻找共识，在充满不信任的环境下培养互信的方式等方法。人们很少讨论这一项目标，因为它看起来太显而易见，太直截了当，但是这一点往往是最难达到的。

5. 个人积极性和直接对话

三种冲突控制的方式——回避冲突，限制冲突形式，更好地处理冲突结果——可以在个人层面上通过冲突参与者单方面使用。虽然这总比不做任何努力强，但相对于双方共同商讨控制方案来说，这种方式还是效果甚微。但是如果要双方一起合作进行控制，就需要进行对话。当然，这也是为了达成目标的解决方案。

四、冲突管理的流程

对企业组织的冲突进行科学管理是企业生存发展的客观要求，任何忽视冲突、逃避冲突和放任冲突的思想和行为都是极端有害和不可取的。企业组织冲突的管理客观地表现为一种动态过程。对于职业经理人来说，熟悉冲突管理的一般过程，有助于科学地解决冲突。

（一）掌握冲突管理的具体步骤

了解了冲突和冲突的成因之后，您还需要一个系统的程序来处理冲突，这是非常有价值的。企业组织的冲突管理是一个动态过程。对于一般的冲突管理，有以下五个基本步骤和环节：

1. 确立企业组织冲突管理的目标

在理论研究上，根据企业组织中存在的冲突问题确立企业组织冲突管理的具体目标，似乎并不困难。然而，事实上情况并非如此，企业组织冲突管理目标的确立是一项十分繁杂而关键的工作，在日常的企业管理活动中，管理人员遇到的冲突问题往往很多，但不是所有的冲突都需要解决。对所有的冲突都进行管理，既不现实，也无必要。发生冲突或经常发生冲突的人或群体，只是企业组织或其他外部组织中少数的一部分人。众多的冲突问题，真正需要管理或值得管理的只占少数。

根据"二八原则"，我们可以得到以下关于企业组织冲突管理的启示：

并非所有的企业组织冲突都需要管理，冲突过少和过多都不是好事，关键是在多少之间搞好平衡。对企业的整体发展目标而言，冲突的影响作用有主次大小之分，只要抓住主要矛盾和中心问题，对影响企业发展的一些冲突问题进行科学管理，便可达到预期的管理效果，并极大地提高冲突管理的效率。管理者应将控制着全局作用的20%的少数冲突问题当作管理的重点。

在众多的冲突问题中，到底哪些冲突是主要矛盾呢？找出这些主要矛盾，确立企业组织冲突的管理目标，并非易事，需要大量的调查、分析和论证。一旦企业组织冲突管理目标的确立出现失误或偏差，不仅会导致企业组织冲突管理的无效，而且，大量的精力、物力被投入到无效的管理中，给企业的发展带来一定的损害。

2. 诊断企业组织的冲突

管理理论中已经发展出了很多解决问题的方法，但是一直忽略了如何发现问题，即对问题的诊断。所以，在管理冲突的过程中，很多对冲突的干涉都缺乏对冲突问题性质的充分理解，这样必然会导致无效的结果。

冲突本身是存在于人们意识中的东西。企业组织冲突的诊断在整个管理过程中显得非常重要，它是管理决策或管理方法制定的可靠依据。对企业组织冲突进行诊断就是要找出冲突发生的真正原因及影响到企业管理的制约因素和条件等，以便为冲突管理策略和具体方法的制定提供可靠的依据。

美国学者伦纳德·格林哈尔希提出了一个较有实用价值的冲突诊断模型。该模型可以帮助确定诊断要素。

格林哈尔希冲突诊断模型

诊断要素	不易解决	容易解决
争论的焦点	原则性问题	可调和性问题
利害大小	大	小
利害的相关性	负相关（一方得益会引起另一方的相应损失）	正相关（一方得益不会引起另一方的相应损失）
冲突双方交往的历史	一次性合作	长期合作
冲突双方的组织结构	混乱或分裂（领导懦弱）	组织严密（领导坚强）
第三方介入	没有可接受的保持中立的第三方介入	有可信赖的、权威的中立者
对冲突后果的看法	不平衡（一方感到受损害较大）	双方认为受同等损害

对企业组织冲突进行诊断，应在正确的管理思想的指导下，具体问题具体分析，这样才能找出冲突发生的真正原因。

（1）分析组织冲突的成因和影响因素的作用要从冲突产生的因果关系入手，从组织关系的变化与差异中寻找原因，这样易收到事半功倍的效果。

（2）不能忽视随机现象的存在，但也不能把偶然的随机现象，当作冲突产生的必然的因果关系来处理；更不能将直觉和臆测作为主要依据，要依据科学的调查进行分析。

（3）冲突诊断的目的是为了更好地实现冲突管理，在碰到冲突双方的根源互为因果或者找不出根本原因时，就应当探明解决问题的突破口，而不要把过多的精力花在探究其根本原因上。

（4）在分析冲突成因的过程中，切忌凭个人的好恶来选择资料或事实。那样很容易得出符合个人意愿，却不符合客观事实的结论，给冲突管理带来严重的错误导向。

在对冲突进行诊断时，管理人员必须充分地认识到什么情况下冲突过多，什么时候又显得过少。因为这决定了什么时候应该激发冲突，什么时候应该减少冲突。

冲突是否过量可以根据双方的态度、行为和结构等来进行分析。

态度包括冲突双方的定位，以及双方对另一方的看法，即在多大程度上，认识到相互之间的依赖性，对双方关系的曲解程度等。过多的冲突通常是无视双方的相互依赖关系，对冲突的动态影响和成本认识不足，而且怀有强烈的否定情绪导致的。反之，过少的冲突则是对不同的利益视而不见，没有认识到完全一致的动态影响和成本。

行为是指冲突双方的表现在多大程度上的一致或不协调，以及双方所表现出来的增加冲突或协作的相互作用。过多的冲突往往表现出完全服从群体，采取各种严格的竞争性策略行为，并对另一方施加压力。而过少的冲突则是表现出群体的分裂或不稳定，以合谋形成的一致来代替差异。

从长远来看，结构是影响行为的潜在因素。群体结构联系了各方，确定群体边界和长期利益，以及成员日常活动内容等，它直接影响着成员间的相互作用。

3. 制定企业组织冲突管理策略

决策是冲突管理过程中极为重要的一步，冲突管理决策正确与否直接关系到冲突管理的成败，只有在科学的决策前提下，冲突管理的实践方能对症下药，取得成功。企业组织冲突管理主要有以下两种基本策略：解决冲突和刺激冲突。

解决冲突的策略是基于控制和消除破坏性冲突或其他冲突的不利影响和作用的目的，刺激冲突的策略则出于充分利用冲突的能量进行企业组织创新或变革的目的。不论哪一种策略都是服务于企业组织冲突管理目标，策略本身没有好坏之分，关键在于其实际应用的效果如何。在实际管理活动中，解决冲突的策略使用广泛，这与人们对冲突影响的认识水平有关。

4. 企业组织冲突处理

经过诊断可以知道对冲突管理进行处理是否有必要以及需要哪种类型的处理方式。当组织中的冲突水平过低或过高，或者组织成员无法有效处理冲突问题时，对冲突进行干涉是必要的。

一般说来，有两种常用于处理冲突的方法：过程法和结构法。

（1）过程法。过程法试图通过改变组织成员处理冲突的不同风格来提高组织的有效性。其核心是通过帮助组织成员学会把不同风格处理冲突的方式与不同的冲突情形结合起来管理冲突。换言之，这一方法主要是强调组织成员必须采取有效的处理组织冲突的风格。它有时需要组织成员改变其他组织过程，如信息沟通、领导体制等，以帮助组织成员获得处理冲突问题的新技巧。从某种意义上来说，这一方法有助于改变组织成员对不同类型冲突的强度的理解。

传统的冲突解决理论强调通过压制或回避的方法，在冲突双方之间获得一定的和谐和共识。但组织发展理论则是通过设计来帮助组织中的参与者学会合作和一体化行为，以找出冲突的真正原因，并建设性地解决冲突问题。

（2）结构法。这一方法是通过改变组织结构设计来改善组织效率，如差异性和整合机制、等级序列、操作程序、奖励制度等。其核心是改变组织成员对不同层次的冲突数量的认识来达到管理冲突的目的。

因为组织结构而引起的冲突，可以通过适当地改变组织设计来实现有效管理。有证据表明，没有适合于所有组织的最好的设计。一种机制或系统是否适合于一个组织，取决于多种要素。越来越多的证据显示出，组织结构设计必须与任务属性、技术和环境保持一致。这些要素之间一致的程度越高，冲突管理的效率就越高，组织绩效就越好。其他的结构要素，如奖励制度，规则和程序，任务的属性，对资源的控制等，也可以选择来减少冲突。

一般的管理者都会适当地结合使用过程法和结构法来管理冲突。但必须注意，虽然过程法最初指的是通过教育和培训使成员学会选择处理冲突的不同方式，但这一方法反过来又会影响人们对冲突数量的认识。结构法最初是通过改变某些设计来选择冲突数量，但反过来，这一方法也会影响处理冲突的方法。

5. 评估企业组织冲突管理结果并进行反馈

企业组织冲突管理决策的实施，就是将冲突管理的策略和战略付诸实践的过程。所以，需要对冲突管理的结果进行评估。

评价具有双重目的：用来做出正确的或合适的行动的基础；为了学习以便更好地处理今后的冲突。

目前，已经出现了四种不同的衡量组织冲突管理效果的方法：目标实现、系统资源、内部过程和战略影响法。

（1）目标实现法。这是被管理者和研究人员广泛使用的一种评价方法。这一方法对冲突管理效果的评价侧重于目的、结果，而不注重过程。它对效果的理解是：社会系统实现其目标或目的的能力。换言之，只要达到了某些既定的目标（如任务、指标等），那么冲突管理的运作就是有效的。

从表面上看，这一方法对目标的衡量非常简单，但是有些复杂的常常会出现多元化的甚至是相互矛盾的目标，对这些目标的评价不是简单的考虑就能解决的。所以，这一方法有一点困难就是不容易辨认出冲突管理的真正目标。而且，即使能分辨出冲突管理的目标，也完成了目标，但这一目标若是有害的，被误导了，或者不合理，那么冲突管理也是无效的。另一个问题是，某些目标，如缓和冲突等并不是适用于所有的情况和需要。

（2）系统资源法。这一方法是由美国的尤奇曼和西舒尔两人提出来的，一经提出就受到了大家的普遍关注。与目标实现法不同，这一方法注重的是冲突管理的投入而不是产出，它强调的是一个组织。换言之，如果一个组织冲突解决办法需相对较少的资源，它就是有效的。

（3）内部过程法。这一方法强调冲突管理对组织内部过程关系如人际关系，主任和员工之间的工作发展，不同方向的信息流等的影响。这些关系特征的程度越高，冲突管理的效果就越好。

因为这一方法忽略了内部过程与产出和外部环境之间的关系，所以，它也只能提供一个有限的新视觉。

（4）战略影响法。这一方法有时也被称为参与成员满意法或生态模型。大家注意到，冲突管理是为了满足并平衡利益相关者的需要，这在实现组织目标的过程中是必需的。相益相关者可以是一个个体形成的团体，如所有者、员工、顾客、供应商、政府官员等，组织直接影响他们的利益。这一方法的基础是：如果冲突管理能够满足各个不同的利益相关者的需要，那么冲突管理就是有效果的。

尽管这一方法评价冲突管理效果的视野更开阔，但是，它的观点也是片面的。

以上四种评价标准各有优缺点。

对冲突管理进行跟踪反馈的目的有两个：一是用作做出正确的或合适的行动的基础；二是为了学习以便更好地处理今后的冲突。反馈的方法有：

①保证管理计划的执行。

②同时运作监测系统。

③启动处理程序。

冲突管理的具体步骤包括了确立企业组织冲突管理的目标、诊断企业组织的冲突、制定企业组织冲突管理策略、实施并评估企业组织冲突管理结果四个阶段。每个阶段是紧密相连的，一般来说，一个阶段完成后再进入下一阶段是符合冲突管理流程的。

（二）确认冲突中的关系人

在确立冲突管理的目标时一项重要工作是确认冲突中的关系人。当您判断了哪些是冲突的主要矛盾，哪些冲突是冲突管理的重点后，便要对冲突中的关系人进行确认和分析。

无论您是一位冲突的主要当事人，还是一位没有关系的冲突管理的第三者，分析和确认冲突中的关系人都是重要的。通过资料收集与冲突分析使得您能够了解谁是冲突中的关系人，存在于他们之间的关系，是哪种实质的、程序的或情感的利益使他们分离。也就是通过资料的收集与冲突分析以确定冲突的成分、程序，进一步解释其间的因果关系。

1. 确认利益主体

确认冲突中的各利益主体是取得冲突中有关问题、人员资料的第一步。冲突皆包含特定的人。在考虑冲突中的关系人时，必须首先确认利益主体。

（1）主要的利益（或冲突）团体与个人。确认主要的利益（或冲突）团体与个人时，主要方法是：

①确定主要的利益团体有哪些，每一个主要团体中的主要发言人是谁。从冲突类型的论述中知道，有些冲突背后隐藏着团体的利益关系。想要管理冲突，必须先了解相关的利益团体有哪些，有了这些资料后，才可以较为全面地掌握有什么团体会被卷进冲突来。

②确认团体中哪些已经进入冲突中，分析他们被包含进来的原因是什么。还要分析其他还有哪些主要团体在争论中有利益可得，从而推知将来可能会进入冲突的团体。

③了解每一团体主要发言人中代表人的地位，给发言人提出意见的有哪些人。

④分析冲突因素在各参与者中影响力的大小。团体之间有可能认同冲突中的争论点是什么。

⑤了解当冲突扩大时谁可能获得利益，借着冲突升级，谁将有收获。这样以后便可以了解冲突的可能推动力和发生趋势。

⑥分析有决策责任的决策者。

（2）次级团体。确定了主要的利益团体与个人后，还要确定次级团体。次级团体的问题影响到冲突的解决。随着冲突的进行，次级团体有可能上升为主要的利益团体。

主要分析：

①在冲突问题上哪些团体有次要的利害关系？

②在特定争论点之外，哪些其他团体可能会被卷入，理由何在？

（3）团体性质

①在团体的组织内部如何做决策？

②有多少内部协议，其结合的结果如何？

2. 价值观分析

价值观是使一个人愿意去做的有强烈影响的信念。企业价值观是企业文化的核心，它决定和影响着企业存在的意义和目的，企业各项规章制度的价值和作用，企业中人的各种行为和企业利益的关系，为企业的生存和发展提供了基本的方向和行动指南，为企业员工形成共同的行为准则奠定了基础。价值观分析包括：

（1）从成长性，利他性，解决问题出发点等角度，分析支撑每位关系人争论点的主要价值标准。

（2）是否存在着主要的意识形态的、文化的、宗教的差异。

（3）是否存在着个人或团体的价值或意识形态的特定争论。

3. 评估团体的利益

社会的发展，社会主体的多样性、主体需求的多样性，客观事物根本属性的多样性等这些都决定了利益的多样性，更造成了利益在各主体间的剧烈冲突，同时也决定了各种利益的必然冲突。每一团体对其有关利益或需求的争论，都希望获得满意的解决。利益有三种类型：实质的、程序的和心理上的。

实质上的利益，即团体认为他们需要得到满意解决的具体结果。例如：团体涉及未来行为的目标，团体之间希望暂时达到的解决协议。

程序上的利益，即指执行解决协议的方法。例如：公平听取各方要求的个案，所有的方案及团体的观点都要被考虑的需求。

心理上的利益，即团体希望从争论过程获得的结果。例如：团体间的信任与开放沟通的关系。

在评估一个机构或团体的立场和利益时，必须考虑以下几个因素：

（1）什么是解决问题时一定会遇到的利害关系（实质的、程序的或心理的）？

（2）这些利害关系是否会与其他团体所拥有的直接发生冲突？有某些可相容或双赢的局面能达成吗？

（3）在这些团体所追求的立场与利益中存在何种关系？这些冲突在日后于相同团体间会不会再度引发争议，或仅仅是单一事件，不会再发生争议？

（4）这些团体或法定代理人是谁？有多少空余时间供此代理人设计解决过程？争议有什么可能结果？

4. 确认关系人的权力来源

分析每一位关系人拥有的权力来源是以下六种来源中的哪些：

（1）权威。

（2）人力资源。

（3）技能与知识。关系人可能是某一领域的专家，在争论问题上具有发言权。

（4）无形的因素。

（5）物质资源。

（6）经团队（或组织）许可的（批准的）。

5. 分析关系人的态度

分析关系人的态度有助于理解冲突的发生，为冲突的解决提供思路。搞清楚以下问题是分析关系人态度的内容：

（1）对于争论点，什么是当事人的一般态度？

（2）对其他关系人有敌意吗？

（3）对于争论点，他们的期望是什么？

（4）对于其他的关系人，他们的期望是什么？

（5）对于解决问题，他们的期望是什么？

（6）对于争论点与关系人，还会有什么其他的态度出现？

（7）对于谈判关系人的态度是什么？

6. 搞清关系人的动机

关系人的动机是其行动的原因。分析关系人的动机包括：

（1）关系人的行为是受现实的还是非现实的标的及期望激发的？

（2）关系人过去抱怨扮演什么角色？害怕扮演什么角色？现在致力于扮演什么样的角色？

（3）希望是关系人行动的一个因素吗？

（4）关系人的欲望如何影响团体与个人卷入冲突中？欲望如何控制或影响冲突中人们的参与？

（5）领导者的利益影响团体的动机吗？

通过分析团体或冲突的利益主体，在此基础上分析关系人的价值观、权力来源、态度和动机等，从而达到确认冲突中的关系人的目的。

（三）分析关键人物间的相互关系

冲突之所以发生是利害关系人对若干议题的认知、看法不同，需要、利益不同，或是基本道德、宗教信仰不同等因素所致。冲突管理需要分析关键的利害关系人的相互关系。在对每一组关系人之间的关系进行分析时，应着重以下方面：

1. 关系人的历史

分析关系人的历史，就是收集关系人过去如何运用权力、团体成员的沟通方式、关系人的冲突意识和曾经用过的谈判方式或其他决策程序。

（1）关系人的权力观。关系人有哪些潜在权力类型？根据美国管理大师 M. 韦伯的观点，被社会接受的合法权利有传统型权力、个人魅力型权力和法理型权力。

①关系人曾实际采用哪些权力类型来对付其他人？是如何做的？实际上，中层管理者比低层管理者更多地依靠正式权力与沟通技巧。

②关系人是否运用强迫的权力对付其他人？

③权力的运用是否已引起怨恨？

④由于权力的运用是否引起许多花费？

权力是受到约束的，这种约束来自四个方面：拥有这种权力对应的承担责任的能力；制度对权力边界的界定；其他个体（或利益集团）对有限权力的竞争压万；由制度变迁引起的维护权力的成本。但凡人们追求权力最大化的时候，都必须考虑上述四个约束条件。

（2）关系人的沟通类型

①各团体与关系人使用哪些内部沟通类型？具体而言，主要有：

控制型（老虎型），其特征是主体决定性的行动和决策；喜欢控制，不喜欢相互作用；喜欢最大限度地支配自己和他人；冷静、独立，竞争性；工作速度快，特别独立；很好的行政管理潜质。

影响型（孔雀型），其特征是即兴的行动和决定；热衷于参与；不喜欢独处；从一个活动跳跃到另一个活动；工作迅速；寻求尊重和知名度；良好的说服技巧。

稳定型（猫头鹰型），其特征是谨慎的行动和决定；喜欢有组织，有系统；不喜欢参与；希望事事正确，过度依赖数据的分析；工作较慢，准确；良好的问题解决技巧。

合作型（无尾熊型），其特征是较慢做决定和采取行动；喜欢密切的私人关系；不喜欢人际冲突；建立目标及自我表现较弱；工作不求快，与他人密切合作；寻求安全感和归属感；很好的顾问技巧。

②团体间采用哪些沟通类型？

③关系团体的成员是否已经与另一关系团体的成员在其他事上有接触？

④公开的声明是否使地位更加稳固？

⑤关系人之间的沟通是否有一致性的默契或已经改变？

（3）关系人的意识

①关系人是否已意识到冲突的存在？是否意识到冲突存在的时间？

②他们是如何意识到冲突的存在的？

③关系人是否已有避免冲突或装作它已不存在的趋势？

④哪些关系人已意识到或未曾意识到（否认存在）冲突问题？

（4）关系人常用的谈判手法

①什么样的谈判或其他的决策程序曾被用过。谈判是在寻找双方都满意的平衡点，还是把馅饼做大？

②这些程序产生了哪些效果？

③是否所有的关系人都包括在内？

④关系人是否已企图用表面的改善来掩饰真正的冲突？

2. 关系人的现状

分析关系人的现状，就是收集关系人现在如何运用权力、团体成员的沟通方式、关系人的冲突意识和正在用到的谈判与其他决策程序。

（1）相关的权力

①各关系人用怎样的权力形式来相互对抗？是如何做的？

②是否有关系人运用强迫的权力来对待人？

③关系人是否正确地评估运用强迫方式的花费？

④对于争论点各层次，决策层的最近处理方式如何？

（2）沟通

①各关系团体内使用怎样的内部沟通类型（频率、形式、障碍、技巧、资源）？

②各关系媒体使用怎样的沟通类型（频率、形式、障碍、技巧、资源）？

a）关系人的问题有适当的沟通渠道以增进对认知的了解吗？

b）关系人的沟通只是通过新闻媒体吗？

c）律师在沟通方式处理上有怎样的效力？

（3）意识

①关系人的意识冲突已到什么程度？

②其他社团成员意识到争议点吗？

（4）谈判

①关系人之间是否正在进行谈判？

②何种谈判正在进行（正式或非正式的）？

③谈判的核心争议点是哪些？

3．关系人的趋势

分析关系人的趋势，就是收集关系人将来可能采用的权力、团体成员的沟通方式、关系人的冲突意识和正在用到的谈判方式或其他决策程序。

（1）权力

①权力的关系正在改变吗？假如是，如何改变？

②权力的转变会取代冲突的标的吗？

③权力的转移是趋于更极端或更温和？

④政府更高阶层可能涉入吗？

（2）沟通

①在关系人之间正在进行怎样的沟通？

②趋势正朝向尖锐化吗？

（3）意识

意识正导致危机的感觉及增加冲突强度吗？

（4）谈判

双方正趋向有效力的谈判吗？

（5）大体上的评估

①在沟通上怎样的改变使得加入或改善谈判是必须的？

②在权力运用上怎样的改变使得开始或改善谈判是必须的？

③怎样的行动促成永久或暂时的解决？

④在采用不属于对方的冲突管理程序时，各关系人有什么风险？

⑤要协助关系人将解决方法与管理问题结合在一起，怎样的介入是必需的？

认识关系人的历史、现状与趋势，可以充分掌握冲突的相关资料，从而管理好冲突。

（四）分析冲突的实质内容

因为冲突是有包括实质内容争议点的混合体，个人的因素与最近及过去的关系，真相的发现与冲突管理策略等都在冲突范畴内。在冲突实质内容分析方面，应注意：

1. 核心的争议点

所谓的核心争议点，也就是我们的中心议题。包括以下几方面：

（1）每一位关系人如何描述中心议题？

（2）中心议题如何随着时间转换？

（3）中心议题有可能成为一个案件的判例吗？

（4）关系人同意什么是中心议题吗？

（5）关系人以相同的方式界定争议点吗？

2. 次要的争议点

（1）除了中心议题外，什么样的其他争议点可能会影响结果？

（2）局外人带入新争议点，会扩大争议点吗？

（3）争议点的重要性正受到挑战吗？

3. 拥有的选择

（1）选择或方案已经有进展了吗？

（2）是否有关系人觉得，没有任何选择或方案可以满足他们的利益、需求或关心的事？

（3）选择或方案能使所有的关系人所关心的事与利益趋于一致吗？

（4）选择或方案简单而可行吗？

（5）选择或方案能细分为更小、更多的管理单位吗？

（6）有选择或方案是关系人可能考虑，但是不能公开的吗？

4. 事件分析

（1）是否某些事件已显示公众的冲突存在？

（2）是否有某些事件未被公众所知但却显示关系人有冲突的存在？

（3）是否有某一事件足以触发冲突？

冲突的实质内容包括了分析关系人可能相互接受的标的，把握核心争议点，从拥有的选择或方案中寻找达成一致的可能方法。

（五）制定冲突管理计划

现代冲突理论是一种互相作用观点，这一理论认为：过于融洽、和平、合作的组织容易对变革的需要表现冷漠。冲突水平太低的组织没有创新精神，不易暴露出工作中的错误，组织显得没有活力，不善于自我批评和自我革新，对外界的变化反应缓慢。因此领导者的任务是维持适度的冲突，当组织内部冲突太多时，应设法尽力消除冲突；当组织内冲突太少，应通过各种方式适度地激发冲突，以维持组织的生命力。因此，有必要制定冲突管理计划。

冲突管理计划可以克服不必要的冲突，真正将差异导入解决问题的建设性管理之中。它包括了五个阶段：

1. 检讨冲突分析

检讨冲突分析是用来获得与问题特性有关的资讯，了解有关人员的问题，各团体之间的关系与联系，及设计适当管理策略的基本问题。同时也可揭示各团体利害关系的强度。

2. 评估利益团体的目的

每一团体对其有关利益或需求的争论，都希望获得满意的解决。评估利益的目的，即是要在团体被某一立场锁住以前，发掘能达成团体需求满意解决的方法。方法是比较在争论中各团体所希望的结果，并评估达成他们利益的障碍。

3. 使利益与策略相结合

（1）竞争——输/赢解决的方法。在某些场合中，个别团体的利益很狭窄，仅有少数的解决方法，没有一个能让所有团体接受的办法。这时团体将选择竞争的方法，尤其当较其对手更有力时，它会努力争取输/赢的解决。

（2）回避——僵局的方法。回避冲突有生产性和非生产性的解决。人们避免冲突的理由为：惧怕、缺少处理过程的知识，缺乏相互依赖的利益，对争论的问题不关心，或认为不可能达成协议。

回避策略有不同层次。

第一层次可能宣告保持"中立"立场，如"我们这时候对这问题仍无立场"。

第二层次为"隔离"。争议者在有限相互关系下，独自从其他团体追求其利益。此策略最常使用于利益冲突存在，而工作已经明确划分，避免防止公开冲突时。

第三层次为"撤退"。一团体常常被击败，为确保继续生存下去及避免任何其他冲突又引致另一次失败而采取本策略。

（3）迎合——对别人的利益让步。迎合即是一团体将自己需求的利益让与别人。此策略使用于：

①需要牺牲某些利益去维持正面的关系。

②希望表现或加强合作关系，未来在其他问题会有更合作的过程。

③利益是极端相互依赖的。

迎合也会因负面的理由被采用：

①团体缺乏使用不同策略的能力。

②团体是消极的或不果断的。

③团体对结果的低度投资。

（4）谈判——磋商的策略。谈判策略常使用于：

①团体无法认知达成他们需求的输/赢情况的可能性，而决定依他们所看得见的有限资源来分配。

②未见利益有相互依赖性和相容性。

③团体间不信任，导致无法共同解决问题。

④团体实力相当，以至于无任何一方能为自己的利益强迫对手就范。

（5）合作解决问题——达成所有团体的需求。合作解决问题对大多数人来说，较竞争方式或谈判方式更为不熟悉。然而，随着合作管理技术的兴起，与工业上新的组织发展方法相适应，此策略变成更普遍的冲突管理方法。

合作解决问题的方式适用于冲突双方有共同的资源基础，可以使所有团体要求的结果变得更为有利。它是一个双赢或多赢的概念。

合作解决问题包括以下七个步骤：

①检讨解决问题的程序和期望。

②讨论需求和利害关系。

③定义问题。

④产生选择方案。

⑤评估选择方案的可行性。

⑥同意某一选择或答案。

⑦发展执行方法及监控程序。

4. 选择与问题一致的处理方法

四个一般性的冲突管理处理方法为：

（1）冲突预期。在早期即确认争议，标定潜在团体，认知有关问题，并协力设计开创性回应来降低冲突的破坏性效应。

（2）合作解决问题。在冲突已明显出现，及利益团体已感知争议存在时，用来澄清及解决团体间差异的方法。最适用于立场不是非常对立时。

（3）谈判。是两个或以上的利益冲突的人们对于一个或多个问题，自愿讨论他们之间的差异，及对相互关切的问题意图达成一致的决定。通常适用于对立的争议者，其过程是相当正式的，且涉及对不同解决方案的相互教育和磋商。

（4）调解。调解适用于高度对立的争议。是由为冲突双方接受且公平、但无决策权的第三者介入谈判过程，而与争论团体一起工作来找出彼此可接受的解决方案的过程。

5. 发展特定计划

在数据已收集，问题已分析，利益经过评估，一个一般性策略已被选择，且处理方案已被界定之后，冲突管理者一定要发展一个执行策略的特定计划。

发展特定计划，是将一般性策略具体化。包括详细定义争议事件，评估选择方案的优劣，将选择方案变成可操作、可实施的，最后是制定执行和监督协议。

总之，冲突管理计划是按照冲突管理的步骤逐步管理的一系列设计活动。

（六）执行冲突管理计划

制定好冲突管理计划，对整个冲突管理过程也进行了充分的设计后，便进入了冲突管理计划的执行实施阶段。

1. 有效表达情绪

在轻松的气氛下，员工的心态都比较平和，即使存在不同的情绪，对问题有不同的看法，也能够将它们心平气和地表达出来，最终达成一种合理的决策。情绪能帮助他人澄清误解，让员工真正地融合在一起，而不仅仅处于一种角色关系之中。具体来说在处理冲突时，情绪的表达有如下功能：

（1）提供对问题的反馈。负面的情绪表明，某种重要的东西出了问题。

（2）使有关的信息能得到讨论。当人们回避不谈敏感的问题时，也就得不到如何解决问题的信息。

（3）融洽员工的关系。当员工能够心平气和地沟通，探讨彼此的情绪时，他们也就朝着达到共同的目标走出了相当重要的一步。

2. 寻求合适的策略

如果各利益相关者选择了彼此不相容的策略，当双方都坚持不放弃自己的立场或不停地争夺控制权时，冲突就会陷入僵局无法得到有效解决。例如，支配策略若要有效，运用支配策略的人就必须拥有足够的力量和资源来指导别人，必须能够理解当时的情况及含义，以及必须有自愿的追随者。缺少了其中任何一个条件，支配策略就无法进行下去，反而可能会引起对方的反向支配。当双方的力量大致相等时，僵局就会出现。当双方的力量不相等、分歧受到压制而转入地下时，最终也会出现抵抗或爆发为全面的冲突。

当冲突的一方选择了合作的策略，而另一方采取的却是任何一种"坚定的"策略（支配、圆滑和维持）时，也会出现不相容的情况。因为，虽然合作者不拒绝考虑对方的看法，但立场坚定的对方却根本不考虑合作者的愿望，于是合作者就感到自己选择了错误的策略。

3. 灵活应对

要打破选择了不合适的策略所引起的僵局，可以运用讨价还价、共存或依据规则这几种方式来进行"适度灵活的"应对。

讨价还价方式可让那些陷于支配和反支配策略而不能自拔的人放弃支配策略。注意，当采取支配策略的一方不愿意"示弱"时，他们在讨价还价的框架中仍然可以显得坚定而自信。

共存方式可以是双方的选择，在某种程度上都是可行的情况下能够打破僵局。在这种情况下，双方可以尝试自行其是。在进行这样的尝试之前，利益相关者必须在尝试的结果评估标准与何时停止尝试这两个方面取得共识。

依据规则方式能够迅速地打破僵局。它需要明确各种可行的选择，并在公平而清楚的取舍规则上达成共识。足球赛中的开球就是一个典型的依据规则的例子。对阵的双方向裁判进行猜先，胜的一方可以选择开球权或是进攻的方向。如果一方选定的是进攻方向，另一方也能得到开球权作为某种补偿。在组织中，依据规则的具体做法有抓阄、少数服从多数、按资历、由第三方仲裁，或采用任何客观的标准。

4. 建设性合作与结束

为了成功地运用冲突管理策略，经理人需要具备与之匹配的人际交往技能。

（1）下面的步骤可以导致建设性的合作：

①不要强加于人。最基本的规则是，集体的共识必须出自直率的、能够理解他人的讨论，不能出自强迫，甚至在某种程度上，少数服从多数也是不合理的。

②不要为了减少群体的紧张关系而放弃自己的见解。如果为了做一个"好人"或为了避免激烈的碰撞而认输，其实是在拒绝让别人从自己的见解和思路中获益。

③努力理解他人。倾听别人的见解，力图理解他们。要尊重别人的表白，就像尊重一件贵重的礼物。在做出反应之前，先要花时间考虑一下。

④不断地检测各种想法是否为群体所接受。当整合各种想法时，要不断进行检查，看看在何时有关的利益得到了满足，所关注的东西被充分地表达了出来。

在现实中，各种策略常常被结合在一起使用。下面以两种最常见的组合来说明其应用。

①组合使用1：支配——圆滑。当您教育违反了公司政策的雇员时，使用支配——圆滑的组合策略就很合适。这时候您既想要确保公司的政策得到遵守，也想要雇员相信这个政策是健全的因而他不能私自违反。

②组合使用2：讨价还价——合作。当进行讨价还价，开始切割一块看起来是固定不变的蛋糕时，发现了一个通过合作来把馅饼变大的机会。这时可通过探索共同的利益来做到。假定是在商讨如何分一箱柑橘，在这个讨价还价的框架内，可以坦率地请求合作："我对柑橘感兴趣是因为我想要烘烤食物用的橘皮，你为何对柑橘感兴趣呢?"如果对方回答是"橘子汁"，那么，就显现了一种双赢的获利办法。

（2）组合各种应对风格，结束是建设性的。为了将冲突转换成协议，需要关注最后几步。以下原则是有用的：

①讨论取得进展时草拟协议。在商讨如何表达协议时，应澄清双方的意向。参与者应看看，在所议的事项中还有哪些问题、条款和条件需要解决。

②确定如何监控结果。什么东西需要加以衡量？如何进行衡量？由谁来负责衡量？在多长的时间内进行？成功结果的标志是什么？要将责任落实在个人头上，并确定完成的最后期限。

③确定一个可行的期限。及时完成对您是否重要？假如是，就指出原因。期限能促使行动。

总之，掌握上述技巧和原则将使经理人成功地执行冲突管理计划。

（七）评价冲突管理的效果

评价冲突管理效果是冲突管理流程中的重要一环。它反映了经理人冲突管理的状况和水平，也是改进冲突管理方法的重要依据。

为了对冲突的后果进行评价，应根据以下五个标准来衡量结果：

1. 技术标准

所谓技术标准，就是判断冲突管理的解决办法在技术上是否周全。例如，出差时改用信用卡从自动取款机中取钱而不用预支现金，在技术上是可行而方便的，因为自动取款机上可以 24 小时取钱。就冲突管理而言，同样要考虑解决方法的技术可行性。

2. 经济标准

经济标准是指判断这种冲突管理的解决办法是否比别的解决办法更节省成本。例如上面提到的，如果使用信用卡而不再支付现金，这样可以省钱，因为所需的会计活动和审计监督都由银行负责。应该采用最小成本的解决办法。

3. 心理标准

心理标准就是判断解决冲突的办法是否有助于提高士气。有效的冲突解决办法，可以平衡各方的矛盾，使关系人不受不当的伤害，从而起到鼓舞士气、改进效率的功用。

4. 法律标准

法律标准是判断这种解决办法是否合乎法律、道德和公平的准则。

5. 政治标准

政治标准就是判断这种解决办法能否得到权力人的支持。如决定某事是否应当向董事会成员报告，以便一旦事情公开后得到他们的支持。

评价会向您提示，是否需要进行后续活动。显然，假如结果没有达到目标，那么就需要进行补救。即便双方得到了建设性的调和，某种程度的监控和强化也有助于确保双方认真地履行承诺。

运用技术的、经济的、心理的、法律（伦理）的及政治的评价标准，来判定冲突在何种程度上得到了有效的解决。对结果进行监控并且考虑将来的监控。在协议符合双方彼此目的的地方，要对之进行强化。在协议不符合双方彼此目的的地方，要进行必要的修正。

五、冲突管理的一般策略

从策略类型来说，冲突管理的策略有两种：解决冲突策略和刺激冲突策略。解决冲突策略是基于控制和消除破坏性冲突或其他冲突的不利影响和作用为目的，刺激冲突策略则出于充分利用冲突的能量进行企业组织创新或变革的目的。不论哪一种策略都是服务于企业组织冲突管理目标。策略本身没有好坏之分，关键在于其实际应用效果如何。在实际管理活动中，解决冲突的策略使用广泛，这与人们对冲突影响的认识水平有关，一般人倾向于冲突的解决，而不是激化。

（一）分析影响一般策略运用的因素

一般而言，冲突管理的策略有合作策略、克制策略、强制策略、回避策略和妥协策略五种。尽管冲突的管理有多种不同的策略，但各种策略的具体运用又受到许多因素的制约。只有掌握冲突管理策略运用的一般因素，并且具体分析冲突的情况，才能恰当地运用合适的策略管理冲突。影响冲突管理策略运用的一般因素主要有：

1. 冲突的起因

冲突的起因是诱发冲突的根源，有时冲突发生的原因纯粹是一场误会，有时冲突双方确实存在实质的、原则上的分歧。一般来说，引起双方冲突的如果是原则性问题，那么彼此难以做出让步，必然采取的是敌对态度，很容易造成僵局，使双方的冲突问题难以解决。

如果双方的起因只是一般性的问题，只需要双方加强交流、增进了解，就容易在双方之间求得合作。即要么都做出一定的牺牲，以换取对方的让步，求得妥协；要么双方共同努力增加共同利益，以同时达到各自的目的。

2. 冲突双方的依赖程度

发生冲突的双方之间大都具有相互依赖的关系，两个毫不相干的人之间不可能会发生冲突，如一名化学教授同一名服装推销员之间发生冲突的可能性就非常小。双方间的依赖关系通常有双方间接依赖、单向依赖和双向依赖三种。当双方是单向依赖关系时，冲突很难通过合作或解决问题来得到处理，往往出现胜—负局面，因为一方可能从自己得失出发，牺牲对方的利益。而双方具有间接依赖或双向依赖关系时，只要双方能意识到彼此具有共同利益，或者说可以共同获益，那么冲突就可能得到妥善处理：要么增加稀有资源，并确定最佳分配比例，要么双方合作使共同收益最大化。特别是双向依赖关系会迫使双方选择合作的态度。

3. 潜在利益矛盾

影响冲突处理的第三个因素是冲突结果导致双方潜在利益的矛盾大小，即冲突结果有可能造成巨大损失的可能性。当事人对造成其损失大小的风险评估越高，那么冲突处理就越困难。但是不同个体对同一冲突事件后果的评价不同，而且对风险因素及风险大小的理解也不同。如有的公司把它的领先技术视为利害攸关的因素；有的注重其市场占有率。而且处于冲突中的双方往往会因为激励情绪而片面地夸大冲突后果的利害关系，使得冲突问题变得更难处理。

4. 实力的对比

冲突双方相对实力大小对各自策略的选择有很大的影响作用，实力大小代表着组织在冲突过程中讨价还价和与对手对抗能力的大小，也暗示着冲突可能产生的胜负结果。组织的实力大小在不同的冲突中表现不同，但通常由其规模、财力、人力、声誉、内部凝聚力、处理冲突的经验、创新精神及冒险精神等来决定。实力强大的组织往往凭借雄厚的实力，提出有利于自己的解决方案，以一种求胜的姿态出现。与之相反，实力较弱的组织，在冲突过程中经常不得不在某些方面做出一些必要的让步，以换取自己在其他更重要方面的一些收益，求得一定程度的胜负均衡。

5. 问题的复杂性

相对而言，有的组织冲突只涉及冲突双方，其他人不受影响，问题比较简单；但有的冲突活动却与许多组织、企业、个人的活动目标或利益交织在一起，显得错综复杂。对于复杂的冲突问题的处理往往需要考虑到多方面的因素，兼顾各方的利益，无形中增加了处理的难度。

在这里需要特别指出，一般人容易意识到，当冲突发生时应当想办法解决它。而且，"怎么解决冲突"是管理者们必须常常思考的问题之一。但是，思考的角度应该有两个：解决冲突管理或激化冲突管理。

冲突管理一方面需要对可能发生的破坏性冲突积极处理并尽可能淡化；而另一方

面，也是最需要管理者正视的一面，即要求管理者适时适度，激发冲突。在一些情况下增加冲突是具有建设性的，一旦员工都保持沉默，少说少做，一团和气，企业便会失去活力，公司的利益将大受影响。激发建设性冲突的首要一步是，要向下属传递这样的信息，冲突有其合法地位，严重的不是冲突本身，而是破坏性冲突的结果。并以自己的行动加以支持，应该对那些敢于向现状挑战，倡议革新观念，提出不同看法和进行独特思考的员工给予大力奖励，如晋升、加薪或采取其他强化手段，激发竞争、优胜、取得平衡的工作动机，振奋创新精神，发挥创造力。也可采用外力，如通过从外界招聘或内部调动的方式，引进背景、价值观、态度或管理风格与当前群体成员不相同的个体，以增强新见解。例如一些企业聘用独立董事的做法应是激发冲突的有效手段之一。

6. 双方交往的情况

冲突双方之间形成一种良好的关系，有利于大家进一步的交往。因此，如果双方之间有持续不断合作的需要，则冲突较容易处理，并常常以合作方式解决；如果双方之间只是偶然的一次性的交易，那么双方往往不愿意迁就对手，冲突就变得难以解决，甚至导致冲突形势恶化。除此之外，双方在交往中积累的经验也会影响冲突的解决。已经有过一段交往历史的双方会了解对手的利害之所在，知道在适当的时候做出应有的让步；而初次交往的双方，会因为彼此的不了解使问题陷入僵局，即使有合作的诚意，也许仍会以失败告终。

分析影响一般策略运用的因素包括了以上六个方面。从某种意义上说，在处理一些战略性的问题上，合作方式和妥协方式是比较合适的。其他的方式可以用于处理技术性或日常问题。同时应注意到例外的情况。

（二）运用合作策略

对大多数人来说，通过竞争或谈判进行冲突管理是比较熟悉的方式，对采用合作解决问题方式却了解不多。随着合作管理技术的兴起，以及工业上新的组织发展方法的应用，此策略将会变成更普遍的冲突管理方法。

如果用一个饼来比作是我们寻求的商业利益，谈判的结果是对固定资源的划分，与之相反的，合作解决问题是寻求扩大选择范围，或者说是"加大饼"，以至于达到所有团体的需求。合作策略是齐心协力地寻求所有参与者共同关心的问题的解决办法。

合作法适用于问题非常重要，需要大家一起参与的时候。在建设团队和做出战略性的决定时，合作策略是非常有用的。它需要时间、信任和人际交往能力。合作策略的适用情境主要有：

1. 解决有关冲突方面的感情问题

当工作与家庭生活之间产生冲突，在冲突并没有扩大化时，为了兼顾双方的"利益"，可以采用合作策略，寻找一种彻底有效的解决方法。一对新人结婚不久，在度过了三个月极其快乐的日子后，开始面临一些令人扫兴的实际问题。夫妻之间原本很愉快的关系由于"现实"而发生了问题，就在上个月两个人共有的账户透支了两次。夫妻俩决定要谈一谈家庭的日常开支问题，尤其要谈一谈目前的账户状况。这时候合作策略发挥了重要作用。

2. 把不同的观点有机结合起来

当冲突的问题很复杂时，要统一不同的观点。为了找到更好的解决办法，双方的合作是必要的。许多情况下，如果冲突双方涉及的问题很重要，目的很明确，且相互之间的不同观点通过协调可以结合起来，同时双方都充分认识到他们之间的分歧和矛盾妨碍了组织关系的正常发展，双方均有解决问题的意图，成功的合作策略可以把冲突双方不同的观点结合起来，达成一致的意见，共同取得成功。

3. 通过达成一种共识而获得相互信任

在公司这个纵向结构的小社会里，您可能是别人的上司或是下属，更可能同时要扮演这两个不同的角色。一方面您在部门内部威风八面，布置工作游刃有余；另一方面，在部门的高级管理层内，您又是普通的一员，凡事不得不任人支配，听任调遣。在与不同身份的同事相处中使用合作策略，将使您赢得尊重、信任，在职场中从善如流。

4. 当时间上允许彻底解决问题时

研究表明，合作解决问题的效率最高，这充分证明了冲突宜解不宜结的道理，面对冲突，最好的选择是解决问题，消除隐患。当然是时间上要允许彻底解决问题。

5. 当双方都认为妥协对目标实现非常重要时

这包括如下情况：

（1）为了成功的实施，一方承担一定的义务是必须的。

（2）一方不可能单独地解决问题。

（3）为了共同的问题，需要利用双方拥有的资源。

反之，当一方不关心最终的结果，或另一方没有解决问题的技巧时，实施合作策略是无效的。

合作策略的实施有七步骤：

（1）检讨解决问题的程序和期望；

（2）讨论需求和利害关系；

（3）定义问题；

（4）产生可供选择的方案；

（5）评估选择方案的可行性；

（6）同意一选择或答案；

（7）发展执行方法及监控程序。

当团体间有高度的彼此依赖的利益，具有同等力量或其优势的一方愿意合作，对相互满意的结果有高投入时，适合使用合作解决问题策略。

现代社会里的企业联系更加紧密，很多企业有着一定的相互依存、相互影响关系。在这样的大环境下，常常能见到可以运用合作策略来管理冲突的情况。合作策略是五种策略中效率最高的。

（三）掌握克制策略

从合作、冲突和变化的观点，可以看出，冲突是一种正常状态，而不是一种非正常状态，冲突是对管理实行建设性改进的不可避免的挑战。

发生冲突之后，必须要迅速地处理，否则会对您组织的人际关系造成相当大的影响，它也许会扩散至其他成员之中，或升级为更大的仇视，而最终酿成悲剧。

冲突的处理可以寄希望于通过冲突双方自我调整，而使冲突得以解决。但这种可能性并不大，因为人在盛怒之下是很难对自我进行剖析的。这时候其中一方可以采取克制策略。克制策略的有效情境有：

1. 当您愿意放弃某些利益以便从另一方获取一定的未来收益时

前面提到，在工作与家庭发生冲突时，可以采用合作法解决；当合作法不能合理地解决冲突的时候，采用妥协法较为合适；当冲突扩大到影响工作生活的和谐稳定时，妥协法已经解决不了问题。此时，建议您还是先稳定军心，采取克制法克制自己的行为，求得当事人的稳定与和睦。

2. 问题对另一方更为重要

在这种情境下，克制策略就是选择让对方的观点获胜，并明确同意去推进对方的立场。如果所争论的问题对对方很重要，而对自己并不重要；或者，如果不反对就可以得到更多的东西时，可以使用克制策略。

3. 当和谐与稳定特别重要时

从冲突的影响看，为了避免冲突带来的严重后果，需要其中一方做某些程度的让步。无论是工作还是家庭，都需要一个和谐与稳定的环境。

4. 当您从弱势角度处理问题时

在职场上最尴尬的事莫过于您曾经的手下一跃成为您的顶头上司，您从领导的角色变成了被领导的角色。这时候您是否会坐立不安呢？如果处理不好其中的关系，也会导致与原先下属之间的矛盾冲突。其实，发生这种情况有两种情形。

（1）成为您上司的这个人在您之后来到公司，在公司适应了一段时间之后，创造出新的工作成绩，而综合能力又在您之上，所以会受到公司领导的重用；

（2）这个人虽然能力不在您之上，但他跟公司领导有密切的关系，由于人情等因素而步步高升。

对于第一种情况，在习惯了指挥对方而突然变成要听对方指挥，心里自然很别扭，很难受，甚至很恨这个新上司，恨不得时时揭他的短，跟他作对，冲突就这样产生了。

这种冲突毫无疑问会得罪您的新上司。结果可想而知，不是被公司踢出局，就是自己感到穷途末路而主动辞职。显然，这是大家都不想看到的结果，最好的方法就是不要顶撞新上司，也不要贸然辞去工作，而是想办法与您的新上司和平相处。所谓"能屈能伸真君子"，既然他能力在您之上，那您就应该努力超过他，"利用"他指出您工作的不足，逐渐让自己进步。这样，有一天您又可能会从被领导的角色变回领导角色。征服自己，征服对方，征服您所在的企业，这才是您真正的魅力。

如果您遇到的是第二种情况，证明您的公司领导缺乏用人眼光，这种情况下，公司也不会有太大希望。跟随这样的领导也没有太大的意义，您完全可以放弃这份工作，寻找新的就业机会。

5. 当管理者发现是自己错的时候

有些冲突是管理者自己的原因造成的，当管理者意识到这一点后，应该采取克制策略，承担冲突造成损失的责任。管理者要从错误中学习，不断提高工作质量。

6. 维持双方的关系非常重要

高效经理虽然面对冲突有其典型的做法，但也熟悉在何时反其道而行之的意义。如两个成员互相恶毒攻击，高效经理似乎更愿放下手中的工作，同冲突双方去喝咖啡，并偶尔带领全体人员去吃午饭。

当然，克制策略也有无效的时候，主要是：当问题对您很重要时；您相信自己是对的时候；另一方是错误的或者是不道德的等情形。要根据具体情况选择冲突管理的一般策略。

（四）运用强制策略

强制是拥有较大权力的人坚持或者强行贯彻自己想法的方式。强制策略可以通过命令、威胁、奖励、惩罚以及施加其他压力等办法，以迫使别人服从。

假如您拥有或被认为拥有权威或权力，您可以明智地使用这种策略来保障人身的安全和健康。然而过多使用这种方式会减弱它的力量。

1. 反对采取不正当竞争行为的人

不正当竞争行为，是指经营者违反《反不正当竞争法》规定，损害其他经营者的合法权益，扰乱社会经济秩序的行为。由于市场信息不对称，同时市场制度的不完善，竞争中的一部分冲突是由不正当竞争行为导致的。

对于不正当竞争引起的冲突可以积极采取强制策略。

2. 对重要问题必须采取特殊行为时

对于重大的冲突，如不及时制止，可能会蔓延与扩大，影响全局。这时，应运用权威的力量来解决。若属于技术性冲突，请技术上的权威如老工人、老师傅、专家学者来进行论证，对冲突双方依据技术规定、有关条款、法规来解决；对非技术性的冲突如对事情的认识、程序上的冲突，请冲突双方的共同上级来听取双方意见，由上级裁定。这种做法；对于紧急需要消除冲突，减少损失必须采取特殊行为时，不失为一帖泻药。但是，紧接着要做好思想政治工作，巩固"疗效"。

3. 必须采取快捷、果断行为的紧急状况时

冲突是一个过程，体现在时间的演变上。有些冲突是不需要马上解决的，比如说同事之间的小冲突，可能是各种误传、误导、误会、误解因素造成的；但是有的冲突是必须要马上采取快捷和果断的手段处理的。比如因某位职员临时性的错误导致了大客户的不满，最终可能造成公司很大的损失时，则急需经理人来处理好客户的情绪问

题，尽量将损失降到最小。

遇到紧急情况需要采取强制策略时，要将冲突表面化的各种因素排除，从众多矛盾中，找出冲突的主要矛盾中的主要方面，再寻找解决的途径，运用强制的方法管理冲突。

4. 涉及违反企业制度需要严肃处理时

当冲突的危害在不断地扩大，这时人力资源部门可以拟订方案由最高管理层下达命令，要求结束冲突。如果冲突双方继续冲突则可以采取一定的经济处罚或行政处罚措施；或者，解雇冲突双方，以中止和结束冲突，从而使管理秩序正常化。

当出现以下情形时，强制策略可能会失效：问题很复杂时；问题对您并不重要时；双方实力相当时；并不必要立即做出决策时；下属的能力很强时等。

作为职业经理人，面临很多不同类型的冲突。如果冲突是涉及非常紧急的问题，需要采取特殊行动；或者是问题对您很重要，并且有足够强的实力；又或者是为了反对不正当竞争行为时，采用强制策略往往可以非常成功地达到您的目标。

（五）运用回避策略

估计双方冲突可以通过他们的自我调解加以解决，就可以回避冲突或用暗示的方法，鼓励冲突双方自己解决冲突。如果引起企业人际冲突的原因是由于企业外的社会关系造成的，而且，在企业内部并没有造成影响，人力资源部门可以对此采取回避或缓和的态度。

在时间和空间二维模式下，回避策略的适用情境如下：

1. 当冲突只是附带问题时

管理者不可能解决好每一个冲突，有些冲突不值得花费时间和精力去解决，有些冲突则在你的影响力之外而难以处理。管理者应在自己管辖范围内，有重点地解决问题，应集中处理那些功能正常的建设性的冲突。

2. 当冲突双方个性很强时

冲突发生后，若双方都有很强的个性，且都不认输，让他们仍在一起，是不利于工作的。人事管理者应提出建议，让双方调离，使之不在一个部门工作，减少甚至无接触机会，这样冲突便会逐步缓解以至消失。

3. 欲使冲突双方冷静下来时

在某种冲突中，可采取转移视线的方法，回避并消除冲突。如组织内有两位科研人员共同研制了一种国家九五重点配套工程的项目，他们在一个技术问题上，发生了严重冲突，谁也不买谁的账，研究工作停顿下来。人事科长得知后，与课题组长分析情况，向课题组介绍了国际最新研究动态。他们猛然醒悟：已经落后了，再不要无谓争论了，应消除分歧奋起直追，赢得时间，抢占国际该项目的前沿。

4. 收集信息比制定决策更重要时

回避策略是一种拖延时间的临时策略。当您需要收集冲突双方的信息时，可以采取回避策略，让环境自行解决问题（例如，一个固执己见的人将要退休时）。

资料的收集与冲突分析使得我们能够了解谁是冲突中的关系人、存在于关系人之间的过去和现在有什么关系。也就是通过资料的收集与冲突分析以确定冲突的成分、程序，进一步解释其因果关系。

通过资料的收集及冲突分析，我们希望增进理性对待冲突处理的可能性。因为多数的关系人、社团与组织间的争议是极其复杂的，且未能建立制度化决策程序，在完成任何冲突管理努力，或是选择一个特定的解决冲突策略以前，去描述一个真实或潜在的冲突构图是很重要的。

5. 有更重要的问题需要立刻解决时

事情可以分为紧急的与不紧急的、重要的与不重要的。可以以"轻—重""缓—急"两个维度区分，我们把事情分为四个类别：重要且紧急、重要不紧急、不重要紧急、不重要不紧急。

许多时候，迫于压力，我们常常把紧急的事情放在第一位，虽然我们知道那些"重要但不紧急"的事有着深远影响，而那些重要且紧急的事常常正是因为我们在它们不紧急时没有做而转变的。刚开始，我们仍然注意重视事情的重要程度，先做那些"紧急且重要的"，但慢慢地，习惯了这种紧急状态之后，我们常不由自主地喜欢上"到处救火"的感觉，转而去做那些"紧急但不重要的事"了。

据说，比尔·盖茨每年会有几周时间处于完全的封闭状态，完全脱离日常事务的烦扰，思考一些对公司、技术非常重要的问题。只要意识到有这个需要，他一定有办法安排好各种事务，分配出大块的时间以便完成这些最重要的任务。最后的方法也就是，在某一天把办公室门关上，拔掉电话，把其他事情都推到一边，去思考一些对公司最重要的问题。这可能带来一些小小的麻烦，但与完成任务做出的贡献相比微不足道。

6. 潜在的损失远远超过解决的益处时

有的冲突虽然也可以采取强制策略，但是，这时候的潜在损失远远超过了解决带来的好处。这是因为强制策略的成本过高，或强制策略会引发一些新的冲突。故此时适宜采取回避策略。

7. 当其他人可以更有效地处理冲突时

当存在冲突双方可接受的另一位有权威且有助于冲突解决的第三者时，就可以通过他来解决冲突。尽管我们相信冲突双方都有一定的冲突处理能力，但是，在双方无法有效处理冲突问题，或者是需要尽快解决问题时，可以考虑第三方介入冲突过程。第三方介入冲突过程至少可以起到以下一些作用：

（1）促进冲突双方之间的有效沟通。冲突的双方要进行坦诚的交流似乎是一件十分痛苦的事，特别是在冲突尖锐化以后，沟通更是难上加难。第三方能够制造出一种坦率的谈话氛围，减少因为另一方不坦率而带来的风险。

（2）制造一定的缓冲或冷却区间。当冲突双方的紧张或威胁程度过高，或者情绪过于激动时，双方就不可能理智地分析问题、解决问题。第三方的存在，可以时刻提醒双方，使当事人对事实有一个正确的判断，最终达成双方满意的方案。

（3）使冲突双方的讨论集中于实质问题。当冲突双方的讨论偏离了主题，或者只是注重于立场而忽略了实质利益时，第三方可以及时转移讨论的话题。

（4）参与整个处理过程，提高双方的满意度。由于第三方参与冲突处理的整个过程中，并发挥冲突双方的积极作用，使得最终方案能维护双方的利益。而且，冲突双方会感觉到，问题的解决方案不是外部强加给自己的，而是通过自己的努力来实现的，这样容易增强双方的满意度。

当然，第三方介入也存在着一定的局限性。而且，第三方干预有时并不受欢迎，它可能是冲突双方一种无可奈何的选择。但是，如果存在其他更有效的人来处理冲突时，回避策略是非常有效的。有时候装作不知道是解决冲突的最好办法，有许多冲突随着时间推移会自然消失的。恰如其分地回避常是解决冲突的灵丹妙药，古人所言"难得糊涂"大概就是这个意思。

8. 注意回避策略的层次

回避策略要注意层次问题。回避策略有三个不同的层次，分别是：

第一层次保持"中立"立场。某一双方冲突关系人宣布在这个时候对这问题仍无明确的立场。

第二层次为"隔离"。争议者在有限相互联系下，独自从其他团体追求其利益。此策略最常用于利益冲突存在，而因工作已明确划分，要防止公开冲突时。这一层次在实际操作中经常被采用。

第三层次为"撤退"。一团体常常被击败，为确保继续生存及避免任何新的冲突又导致另一次失败而采取撤退行动。某些情况下，"撤退"策略是非常明智的，好处就是"保存自己"。

俗话说"退一步海阔天空"，有时回避策略往往会收到意想不到的效果。当然，回避不等于逃避，不面对冲突，只是说在某些情境下，使用合作策略不可能，强制策略只会激化冲突时，可以换个角度，用暂时回避的手法来取得事情的进展。

（六）运用妥协策略

妥协分为一方妥协和双方妥协两种情况。一方妥协是指在解决冲突过程中，运用情感与安抚的方法，使一方做出某些让步满足另一方的要求。双方妥协是指让冲突双方都能得到部分满足，即在双方要求之间寻求一个折中的解决方案，互相做出让步。有时冲突双方，因认识问题一时难以解决，应分头帮助双方进行有关文件的学习，教育双方顾大体，识大局，互相宽容，互相谅解，争取合作，使双方认识到冲突带来的有害结果，讨论冲突的得与失，帮助自己改变思想和行为。回过头来再讨论冲突的原因，这样易于解决冲突。这样做虽然费时费力，但是"疗效"持久，抗体增强，效果好。

1. 势均力敌的双方坚持自己的目标时

当双方的力量不相上下并且对各自立场都坚信不移，但又无法达成一致的时候，可使用这种方式。

2. 对复杂问题达成暂时的和解方法

高效经理虽然表达出认可冲突的信念，但也很清楚在什么情况下必须利用妥协避免直接的冲突，并在必要时去推迟冲突双方的对抗。这样，虽然冲突一般是对抗性的，但其表现形式有时被减缓和控制了。

3. 在合作或抗争不成功时

对冲突管理的进一步研究发现，对不同的方式的选择受到每个人的基本哲学观的影响。美国咨询专家伯克认为，合作策略是最有效的。但是，在上下级的冲突中，人们的责任关系和冲突策略依赖于不同的性别。一般来说，当男性下级和女性上级同时被要求对某一位置承担责任时，下级往往采取妥协和对抗策略；而当对象为女性下级和女性上级时，下级则会回避这些策略。美国冲突管理专家卡洛琳（Canary & Spitzberg）等人经过调查适当的冲突策略和效果之间的关系发现，合作或结合策略往往被认为是有效的，但也不是总是这样；而竞争或分配性的策略被认为是效率中等；回避则被看作既不会有效，也不会适当。因而，为了有效地管理冲突问题，必须采取多种不同的形式。

4. 当目标很明确，但不值得努力使其实现时

回避方式表现出来的特点是，对己对人的考虑都比较少，在行为上采取回避冲突。妥协的特点是，对己对人的考虑都处于中等程度上，力求达到双方都可以接受的程度。合作反映的是，对己对人都予以充分的考虑，冲突双方公开讨论解决问题的方式，力求达到都满意的结果。独断则只考虑自己很少考虑别人。

正如前面说的，强制策略有导致产生潜在新冲突的危险，所以有时管理者即使可以实施强制策略也不愿意使用，而转为采取妥协策略，将自己需求的利益让与别人。其目的是希望未来在其他问题会有更合作的过程。

对冲突进行管理在不同的场合有着不同的策略，每种策略在特定的情境下是有效的，但是没有一个在任何场合、任何时候都普遍适用的策略。

六、冲突管理的具体方法

一旦冲突发生了，不管是在哪个层次上的，都得及时对它进行管理。冲突管理是一门艺术，在分析冲突的成因和类型的基础上，针对不同的冲突类型管理者需要采用不同的冲突管理方法来解决冲突。沟通、谈判、第三方的干预是三种最为常见的解决冲突管理问题的方法。

（一）掌握冲突管理的具体方法

冲突管理在不同的场合有着不同的策略，每种策略在特定的情况下都是有效的，但没有一个在任何场合、任何时候都普遍适用的方法。不论采用什么方法对冲突进行管理，首先都要弄清楚冲突的问题所在，即找出冲突的实质和原因，分清其所处的阶

段。针对不同原因引起的冲突，可以采取不同的策略进行管理；针对不同阶段的冲突，管理的方法也不尽相同。以下是几类较为常见的冲突管理方法：

1. 斗争

当双方发生冲突，特别是有形冲突，最容易想到的方法就是"武力解决"，尤其是当冲突双方实力对比相对悬殊的时候更是如此，这时可以凭借各自的力量进行一番较量，决一雌雄。这时，力量强大的一方往往会在冲突中获利。当然，实际的结果也不完全是这样的，有时候实力较弱的一方也会凭着自己的聪明才智，使用各种手腕来打败对手。在企业竞争中，不少实力弱小的企业会采取游击战术，与其他企业或组织结盟，或甚而采取讹诈等手段，以求与对手一争高下。

2. 吸收

有时候在实力悬殊的两个团体或个人之间发生的冲突，并不总是通过斗争来解决的。这种情况有可能是实力强大的一方出于长远利益的考虑，也有可能是双方都对自身的实力没有十分的把握。所以，不少冲突都是以强大的一方吸收弱小的一方而告终，即采用怀柔的政策，把双方的利益结合起来。比如，为了有效地解决工作中工人与管理层之间的冲突问题，不少企业的董事会中专门设有工人董事的席位，这是一个吸收方法的典型例子。

3. 回避

在有些情况下，由于冲突原因的特殊性，可以允许冲突有控制地存在下去，其目的是缓和冲突，使矛盾不至于激化。具体做法是可以将冲突双方人为地进行隔离或只允许双方有限制地进行接触，使双方感到冲突并未发生；或者是对发生了的冲突漠然视之，似乎从来没有发生过。

尽管回避法对彻底处理冲突问题似乎帮助不大，但它至少在以下两种情况下还是十分有效的：一是当冲突问题尚显得微不足道的时候，不足以引起管理者的注意，此时选择回避被认为是恰当的；二是当冲突是某些更为本质的问题反应时，简单的解决表面冲突不足以解决实质问题。

4. 诉诸上一级领导

正如两个小孩之间发生争吵，经常会去找父母一样，组织中的人们也习惯于把个人之间、群体之间发生的各种冲突交给上一级领导来裁决，因为上一级领导拥有处理问题的行政权力。

尽管领导的最后裁决不一定是最合理和公平的，但却往往都是双方都能最后接受的。

5. 谈判和协商

由双方通过谈判、协商达成一定的协议来解决彼此间的冲突，也是常用的方法之一。协商谈判时双方公开表明自己的观点，阐述各自的意见，把冲突因素明朗化，共同寻找解决冲突问题的途径。但是通过协商谈判来处理冲突问题，只能使问题得到暂时的缓和，其根源仍在，依然有可能再次出现。

6. 调解和仲裁

即我们所说的第三方干预的方法。当协商无效时，可以由双方都信赖的、具有一定权威的第三方人士出面，对双方的冲突进行调解，调解无效时进行裁决；或者是完全依靠法规来解决冲突。但仲裁方法容易使输掉的一方感到心理受挫，有一种受强迫的感受，这同时也是它的一个优点，即强制性的体现。

在不同的情形下，冲突管理有着不同的解决方法。熟练掌握各类方法在不同场合下的使用，有助于管理者及时发现和解决冲突，将损失减至最小。

（二）确定沟通的形式

成功的管理者必然是高效的沟通者，有效的沟通有利于减少组织中不必要的冲突发生。如果不能有效地沟通，就有可能引起冲突从而也会阻碍有效地进行冲突管理，我们的沟通能力也会在冲突中不断下降。为了减少因沟通而引起的冲突问题，有必要对组织沟通有个基本的认识。一般而言，组织沟通一般有两种基本形式：正式沟通和非正式沟通。

1. 正式沟通

正式沟通是根据正式的组织结构所建立的报告系统，该系统包含由高层级向低层级的下行沟通、由低层级向高层级的上行沟通、平行沟通、多向与多面的网络沟通等多项内容。

（1）下行沟通（downward communication）。下行沟通是信息在组织内部从较高的层次，沿着分工后形成的等级链，向较低级别层次传递的过程。它的典型表现就是上级向下级下达命令、分配任务等，这些信息往往带有命令和强制的性质。因为与上级之间的沟通情况直接影响了组织成员个人目标的实现程度，也影响与上级之间的关系。所以，一般来说，下行沟通受到普遍重视。但是，有时候也因为组织层次过多，信息传递路线过长，以至于信息在向下传递时被贻误，或者被下级人员所曲解。

（2）上行沟通（upward communication）。上行沟通是指组织中的信息，按照等级链，由下向上逐级传递的过程，它可以说是下行沟通的逆过程。其典型形式就是下级向上级领导请示、汇报情况、反馈信息等。作为管理者不能不听取下属的意见，因为听取意见是领导对下属支持和接受的表现，这样容易提高下属的满意度，并提高工作效率。此外，管理者进行决策所依赖的信息往往是来自于下属的工作。

（3）平行沟通（horizontal communication）。平行沟通也被称作横向沟通，是指组织内部同一层次成员之间的信息沟通。在工作设计的过程中，有些平行单位之间要求进行密切合作，否则整体任务就不可能完成。这时，这些部门之间就经常要进行各种平行沟通。可见，这种平行沟通往往是双方在完成自己工作的时候，谋求与平行单位的协作配合。所以，它不具有下行沟通的命令性和强制性，双方之间更多的时候是相互协商。

（4）网络沟通（network communication）。网络沟通是发生在组织中不同层次、不同部门之间的一种多向的和多面的信息沟通，由于它所涉及的范围较广，所以，信息传递迅速，影响大。

2. 非正式沟通

（1）重视非正式沟通的重要性。非正式沟通主要利用非正式组织进行。在非正式组织中进行传播的信息通常被称为小道消息。据估计，管理者制定计划所需的信息中，有50%是来自于小道消息。利用正式组织沟通不顺时，可以运用非正式组织进行沟通，如果这个小圈子的影响力够大，常会发挥意想不到的成效。不仅组织内如此，一般人际往来上也可善加利用。

当正式沟通缺乏时，传言就会因之而起，引起组织内部的动乱，此时非正式沟通常是人员获得信息的唯一方法，所以可以成为组织的另一个沟通管道。有一位总经理曾经发牢骚说："如果我散布一条谣言，我知道在一天内我就能听到反应；如果我传递一份正式备忘录，我要等待三个星期才能听到反应。"可见，小道消息在非正式组织中传播速度之快。管理者应该充分发挥非正式沟通迅速的特点，有效地获取所需的信息。

（2）了解非正式沟通的特点。应该引起重视的是，非正式沟通有其优点，但利用时仍要注意其所带来的隐患，只有健全的正式沟通管道，才能真正解决沟通上的问题。一般而言，非正式沟通一般有如下几个方面的优点和缺点：

非正式沟通的优缺点

优点	1. 补充正式组织沟通的不足； 2. 信息传递快速； 3. 传递正式组织不易或不便传达的信息； 4. 较不受时间场所限制； 5. 沟通产生共识后获得支持度较高。
缺点	1. 易传播谣言； 2. 易产生危害正式组织的指挥系统； 3. 人员会有任务冲突，有时不知道该听正式还是非正式组织的指令。

（3）掌握非正式组织的四种基本类型。非正式组织一般有四种基本类型：

①单线型。即小道消息由甲传到乙，由乙传到丙……依次传递下去，最后整个系统的人都获知该消息。

②饶舌型。即小道消息由信息源主动地传递给所有可能的人，当然，信息传递者也会根据接受者的不同，有选择性地进行信息传递。

③随机式。即信息由甲随机传递给某一部分人，而这些人又随机地把信息继续传递给其他的对象。

④集束型。即信息由传递者首先传递给被选定的特定对象，再由这些对象传递给其他个体。这是组织中较为常见的传递方式。

在组织内部，沟通是避免和解决冲突的一种常用方法，沟通的成功与否很大程度上取决于您采取哪种沟通的方式。在企业组织内部，最为常用的是正式沟通，在正式沟通受阻时，采用非正式沟通往往能收到意想不到的效果。

（三）提高沟通技巧

沟通的方式是顺利沟通、消除冲突的前提，而沟通的技巧则决定了沟通双方消除冲突的程度。因此，掌握沟通的技巧对于管理者进行成功的冲突管理有着很重要的作用。一般而言，在沟通时您需要对以下几个方面保持足够的重视：

1. 掌握成功沟通的基本要素

良好的沟通一般由以下几个基本要素构成：

（1）真诚待人。沟通者应该做到表里如一，切忌口是心非。

（2）相互理解。这是要求沟通者有设身处地把自己置于他人立场，并将这种理解传递给他人的一种能力。

（3）彼此信任。这是沟通者无条件地相信他人并予接纳的能力。

这些要素不能作为沟通的绝对条件，而只能看成是沟通的"信念"，它们是沟通者需要努力的方向和目标。

2. 做到知己知彼

为了改善沟通状况，沟通者必须做到"知己知彼"，才能"百战百胜"。

（1）首先要了解对方的思维模式。一般而言，人的思维模式可以分为三种基本类型：心智、情绪和务实。在此基础上可以进一步细分。

上述三类人的思考方式也是不尽相同的：心智中心型人最适合于以逻辑线性的形式处理信息；情绪中心型的人则是擅长非线性跳跃式、交互式和发散式思考，通过集体脑力激荡的过程解决问题；务实中心型的人的思考方式与前两种类型截然不同，他们偏好收集大量信息，花费许多时间，以系统式的方法处理信息，得出深入细节和务实的结果。这三种人在现实生活中的比例分别为：5%、80%、15%，可见绝大多数的人属于情绪中心型，心智中心型的人则只占相当的少数。

如果我们对这些状况一无所知，自然就会发生诸多不必要的误会、误解甚至冲突。反之，如果事先对于对方的个性有所了解，对他的某些反应就不至于误会，也不会做出容易让对方误解的动作。

（2）要充分认识自己。每一种思维模式类型的人，在对不同类型思维模式者的看法上皆不相同。如心智中心型的人认为情绪主观型的人有过多个人信息，思考不合逻辑，对话含义不清，且漫无目标，不知道他们到底想要什么等毛病；另一个方面，情绪主观型的人认为心智中心型的人待人接物过于超然与冷漠，与他们交谈往往对话不够深入，对于个人事项往往并不注意。又如务实情绪型的人认为情绪主观型的人说话步调太快，提供信息不足，以及从不考虑历史或过去事件；反之，情绪主观型的人则认为务实情绪型的人对个人感受触及不够，叙述过于咬文嚼字。

只要根据对方对各种问题的答案选择，或者对于对方言谈、举止的看法，就可以判定自己或者对方大致属于哪一种思维模式。这样至少有三种好处：了解自己最好以何种方式处理信息；自己应该以何种方式与对方沟通；了解自己最佳的学习方式。

3. 善于倾听

倾听是沟通过程中的重要环节，倾听有助于了解对方的想法，并有针对性地选择沟通的方式和内容，从而达到消除冲突的目的。倾听需要注意以下一些要点：

（1）倾听要主动。积极主动的倾听被认为是管理者最重要的技巧之一。在组织内部，有三种重要来源的信息需要认真倾听：顾客、下属和上级。倾听顾客的意见，有助于了解产品或服务的真实信息，提高顾客的满意度，增加销售量；倾听下属的意见，显示自己对下属工作的支持、关心和接受，容易形成一种开放的工作氛围，有利于提高工作效率；认真倾听上级的意见，有利于明确上司的要求和期望，出色完成任务，改善同上级之间的关系。

在组织内部，无论是一般成员还是管理者都有可能因为对周围环境或个人境况的不满而引发一定的情绪性冲突。这时，冲突者所需要做的就是发泄自己的不满，以消除内心的烦恼和不安，于是他们急于寻找倾诉的对象，也需要有人能耐心地倾听。

很多员工都会承认这样一个神奇的事实：尽管领导倾听完他的意见后并没有立即纠正他本身的错误，但他本人的愤怒和不满却大大地减轻了。管理者有效倾听，是管理者与员工进行有效沟通、缓解冲突的极好方法。

另外，在企业组织内部，尤其是员工个性差异较大的组织，会充斥着各种不满。因此必须设立人力资源管理专家来倾听和疏导。这不仅可以减轻企业领导的时间压力和精神压力，也使员工的不满得到专家真正的诊断，不仅帮助了组织，也帮助了员工。企业领导只需向员工表明他本人对人力资源管理专家的尊重，和定期与这些专家交流和研究就可以了。

（2）避免倾听过程中常见的障碍。要做到与其他人之间进行有效的沟通，提高沟通的有效性，管理者应了解并消除倾听过程中容易出现的几种障碍。几种常见的障碍有：

①选择性注意（selective attention）。不少人在听别人谈话时，会从自己的角度出发对话题进行一定的推测，甚至揣摩多于倾听。换言之，他们经常是带着自己的"假设"去有选择地听取对方的谈话。这种做法是人之常情，但同时也是倾听的一种障碍，它容易让假设或先入为主作为信息接收，遗漏某些重要信息。

②想说多于想听。也有的倾听者急于表现自己，说得比对方的还要多。当然，在倾听的过程中，接受者适当地提供反馈或进行补充是有必要的，但是过多的"说"，也会使对方不知道到底是谁在说，甚至会产生反感心理。

③心不在焉。这种障碍的表现是，倾听者一般都是从内——"心理"到外——"姿势"等，都显示出没有把注意力集中到双方谈话主题上来，或者是想别的事多于想

听的事，正可谓是"说者有心，听者无意"。

④想"不"多于"是"。也有的倾听者会人为地在交谈双方之间设置一堵"不"的心理墙，把谈话的所有内容都拒之墙外。例如，"我对该内容不感兴趣""他讲话的方式我不喜欢"或"这事根本不该由他讲"等，所有这些都会导致听者无法充分听取谈话者的意见。

⑤缺乏反馈。

倾听是为了获取信息，而反馈则有助于再进一步掌握自己所需的信息。缺乏反馈的沟通往往变成了单向交流，效果一般很差。

（3）积极反馈。倾听者通过复述和归纳对方的话可以确定自己已经听懂。有时候，这样做甚至会使说话人自己意识到自己话中的真正含义。重复和归纳技巧也有助于增进双方的和睦关系。

成功的反馈在积极倾听中起了十分重要的作用。有效的反馈可以通过下列方式得到加强：

①反馈特殊内容，而不是一般的；

②只有当人们接受时，才提供反馈；

③反馈的内容应该具有建设性，提出改进的建议；

④一次不要提供太多反馈。

沟通在于理解，因此，无论采取什么样的方式和方法，最重要的还是在于沟通双方的态度和诚意。心诚，加上采取合适的方式，是顺利沟通、消除冲突的必要要素。

（四）进行谈判前的准备工作

谈判是处理冲突问题的手段之一，而冲突是谈判代表的真正领域。正是冲突把谈判代表推向舞台，使谈判变成可能的和必需的。有计划地进行谈判可以最大限度地在谈判中达到自己的目的，同时又有效地解决冲突。在谈判前的准备工作中，需要注意的问题有：

1. 定义问题

确定问题是谈判计划中的第一步，包括：分析冲突情形；认知自己过去处理同样问题的经验；研究如何获取信息；向各类专家咨询（如房地产专家、银行家、会计人员，或自己的朋友等）。

确定问题以后，谈判者必须对这些问题进行排序：确定哪些问题是最重要的，哪些是不重要的。一旦进入正式谈判阶段，双方都忙于收集信息，进行讨价还价，达成协议等。如果他们不知道自己真正想要的是什么，可能会因为对方的压力而在最重要的方面做出让步。

确定问题的重要性有多种方法，其中最简单的莫过于对问题进行排序。排序无论是对有形的还是无形的问题都很重要。比较而言，对无形的问题进行排序可能更困难一些。

确定哪些问题是相互关联，哪些问题是相对独立的。如果问题是独立的，一般来说比较容易得到解决。但如果相互关联，解决的方法还必须兼顾到其他的问题。谈判者必须分清楚哪些问题是实实在在相互关联的，哪些问题只是为了取得更好的结果而人为地联系到一起。

2. 定义自身利益

在冲突过程中一般存在几种利益，它们可能是内在的，是双方的价值观或观念的反映；也有可能是结构性的，因为它有助于在未来取得更好的结果。在谈判过程中，有必要认清最主要的三种利益：

（1）实质利益。相当于我们常说的有形部分，它通常与谈判中的中心问题相关，比如经济或财务问题等。

（2）过程利益。过程利益与问题的解决方法有关。可能一方喜欢谈判，是因为他喜欢在谈判过程中鼻子对鼻子、吹胡子瞪眼睛的讨价还价；而另一方喜欢谈判，可能是因为谈判会给自己一个更好的结果等，于是，谈判的方法也会影响到各自的利益。

（3）关系利益。关系利益即双方在谈判过程中都考虑了彼此之间的关系，而不愿意做一些破坏两者关系的事。

3. 评估谈判双方的优劣势

在决定采取什么样的谈判态度之前，必须分析双方的优劣势。而对方的优劣势只能估计，因为我们所获得的信息是不完全、不确凿的。这个估计对您做出决定的影响有多大，取决于它的可靠程度。

经过评估之后，应该有效计划如何消除或减少己方潜在的弱点，或对方认为不当的地方。首先，事实上的或观念中的弱点应该得到承认。一旦您承认了它们，就应该开始准备给予答复。一个有用的反应方式是用事实来应答，这样做一方面可以为己方创造优势，并消除或减少弱点；另一方面又迫使对方陷入了劣势。

在确定或估计优劣势时，应考虑的因素有：各方的主要利益、环境造成的压力和限制、其他谈判人员。

4. 确定谈判的目标

在谈判前必须确定谈判的目标，这些目标直接影响着谈判者对谈判战略和战术的选择。常见的谈判目标有以下几种：

（1）挑衅性目标。挑衅性目标是那些试图使竞争者或对手逐渐被削弱，失去竞争力，遭受损失或其他伤害的目标，其重点不在结果如何，而在对被攻击方所起的影响作用。这样做至少可以使竞争对手在短期内遭受一定的损失，它可能是对对手过去的某些行为的报复，也可能是出于决策对长远利益的考虑。挑衅性目标也有可能是来自于强烈的、不愉快的情绪反应。如果是这样的话，谈判者不能因为感情上的因素而导致自己在经济上的损失。

（2）竞争性目标。竞争性目标是谈判一方试图从谈判中获得比另一方更多的东西。事实上，谈判者都希望尽可能从谈判中获得相对较多的好处。这样，双方的竞争性目标之间就产生一种相反的关系，即一方获利增多就意味着另一方获利减少，而双方又为自己多得而竭尽全力。

当双方进行的是一场"零和博弈"时，其本质就是竞争性的。由于有限度的收益或零和博弈等因素，必然导致双方产生意见分歧，这种分歧直接反映在双方谈判的态度上。

（3）合作性目标。通过签订一项协议而使谈判双方都获利，就实现了合作性目标。合作性目标的核心在于既达到己方目标而对方又不因此付出相应的代价或损失。这样的谈判双方都是赢家。合作性目标是谈判各方为了达到各自目标的一种积极的相互关系，这种谈判的结果双方都获利，故可称为双赢谈判。合作性目标能否成功，取决于谈判双方的各自目标，可行的合作性目标应该是相互分享的。

（4）自我中心目标。以自我为中心的目标只是一味地谋求特定的结果而不顾谈判对方的利益。这种目标仅仅出于己方的利益，因而既不伤害对方，也无助于对方。以真正的自我利益为目标的谈判，其结果对另一方来说只是接受一个谈判结果而已。这类目标的实现，除了产生协议本身外，一定需要对方采取一种超越协议的特别合作。

（5）保护性目标。保护性目标维护既存的利益或防止损失一边倒的情形发生。由于谈判的消极后果关系重大，因此，谈判各方的保护性目标是重要的。注意对方采取何种保护性目标，您还能从中发现进行实力谈判、双赢谈判、公平交易谈判或其他谈

冲突管理

判的可能性。

在谈判中，有时谈判目标不止一个，所以免不了会出现多项目标相互冲突的现象。当谈判者发现自己的多项目标发生冲突时，必须确定优先目标，以确定自己谈判的基本态度。

5. 了解谈判对手

谈判前必须考虑一下对方谈判者的个人喜好及其个性。如果对方谈判者能代表对方但委托权限有限，那么，您还必须考虑对方最后决策人的个人喜好和个性情况。通常可以从以下几个方面来判断对方的个性：诚实程度；掌握控制权的欲望；喜欢还是回避与个人冲突，或者喜欢竞争还是合作；表现个人特定形象（如坚忍不拔、公正、骄傲、积极向上等）的欲望；由于个人利益而常常轻视客户的利益；喜欢冒险并有能力应付不确定的压力等。

积极的准备工作有利于在谈判中占据有利地位，最终使谈判朝自己的有利方向进行。尤其需要指出的是，在谈判中千万不要低估谈判对手，只有源于对现实的充分认识和对人性的深入理解，无畏之举才是可取的。我们诸多的严重错误，究其原因，都是由于低估和忽略了对方的真实能力。

（五）进行谈判

冲突发生以后，用于处理冲突的方法是多种多样的，当双方选择了谈判时，就意味着冲突双方已经由对抗走向了合作，至少是承认双方之间存在着一定的共同利益。

当然，这并不意味着问题的解决，只有谈判的顺利进行才有助于冲突问题的解决。在谈判过程中，谈判技巧的掌握是很重要的，不同的谈判情景下，需要运用不同的谈判策略。通常将谈判分为两类，分配性谈判和整合性谈判。这两类谈判有着不同的谈判技巧和策略：

1. 分配性谈判的技巧

分配性谈判的主要目的就是使自己在问题处理中的收益最大化，鉴于此，谈判者应明确自己的谈判协议的最佳选择区域，并保证使其付诸实施。在谈判的过程中，谈判双方的谈判协议最佳选择区域不完全相同，正是这种不同才导致双方可以进行讨价还价。但应该注意的是，谈判协议最佳选择区域并不是一个谈判者可以接受的"下限"——您愿意达成的"最低"或最少的且有利的一致意见。

（1）四种基本策略。在分配性谈判的过程中，谈判者的基本策略就是使最终协议符合自己的BATNA，而这些又依赖于谈判对手的选择以及谈判技巧。在分配性谈判中，一般有四种基本策略：

①把最终协议推向对方的拒绝点。在事先了解对方拒绝点的情况下，谈判者可以尽可能把最终协议推向对方拒绝点，就是使最终解决方案逼近对方的底线，这是分配性谈判中最常用的策略。

②通过改变对方的信念，使其改变原先的拒绝态度。谈判者可以利用各种力量来改变对方的信念，使对方对方案的态度由拒绝转变为接受。

③出示否定性方案，使对方降低自己的拒绝程度。

④使对方相信现有的解决方案是最佳的。要使对方接受最终方案，必须说服对方，现有的方案在现有条件下是最佳的。

（2）两个根本的任务。无论您采取哪种基本战略，在分配性谈判中，有两个任务是非常重要的：发现对方的拒绝点，影响对方的拒绝点。

①发现对方的拒绝点——谈判底线。实施分配性谈判的四种基本战略的第一个任务就是发现对方的谈判底线。为了发现对方的底线，必须大量收集对方的信息，可以说信息是谈判的决定力量。您了解对方越多（如对方的价值观、拒绝点、对胜负的感受等），达成协议的可能性就越大。与此同时，您应该让对手无法了解您的确切信息。

②影响对方的拒绝点。了解对方的底线后，结合对自身实力的评估，谈判者可以采取措施来影响对方的拒绝点。谈判一方必须认识到，对方拒绝点的形成在很大程度上是受对您的理解的影响。所以，归根结底，要影响对方的拒绝点，您必须影响对方对您的认识。

影响对方拒绝点的最直接因素是：对方对您放弃谈判或拖延谈判成本的估计。当对方知道您需要迅速达成协议时，他就可以抓住机会，利用时间压力获得一个可观的结果。

同时，对方拒绝点的高低与自己放弃或拖延谈判的成本成反比。一个人越希望达成协议，他所做出的各种要价等就越合理。

所以，谈判者可以充分利用自身的实力以及对对方的理解来影响对方的拒绝点。

（3）常用的技巧

①序盘技巧：

虚张声势——即采取一种似乎已绝对设定了的立场，毫无变通的可能，但事实上并非如此。

地毯式搜索——在开始谈判时，将自己的要求扩大化，以测试对方的防线。

铁石心肠——向对手显示自己是不会轻易做出让步的，由对手看着办。

②中盘技巧：

得寸进尺——即在自己做出一定的让步时要求对手给予一定的回报。如果对手真的这么做，那么，可以再作出更大的让步，以期获得更大的回报。但必须注意，得寸进尺法每次只能取得一点的小胜利，不可期望一步登天。所以要学会乘胜追击，直至夺取最后胜利。

声东击西——表面上表现出喜欢某些事物，但真正的目标却是另一些事物，以转移对手的视线，使其无法了解自己的真实意图；

反守为攻——在谈判的过程中，先在一些小问题上做出让步，然后在关键问题上大力反击，令对手被动防守，这样可能会有重大收获。

"坏小子/好小子"策略——先由一名谈判人员扮演"坏人"的角色，提出非常苛刻的条件，令对手难以接受；然后，由另一位谈判人员扮演"好人"，做出一定的让步，提出一些优惠的条件。于是，谈判对手在做前后对比后，显然更愿意接受后者，有时还会显得无法拒绝后者的条件。

牵制策略——为了达到自己的目的，在谈判中处于主动的一方，可以利用各种有利的条件对对手进行牵制。牵制的方式有很多，通常有时间的、地理位置的牵制等。这种策略可以了解对手坚守立场的程度和是否存在反击的可能性。

③收盘技巧：

最后通牒——当双方相持不下时，其中一方以退场或其他方式威胁对方，迫使其在最后期限前达成协议。

有限权力——在谈判的最后阶段，如果谈判人员对谈判结果不满意，但是又无法进行反驳时。可以告诉对手自己没有足够的权力做出决定，必须请示自己的领导，并指出自己的领导可能会反对对手的提议，迫使对手就范。

2. 整合性谈判的技巧

相比较分配性谈判，整合性谈判更注重于双方的基本利益、共同满意的选择和产生明智协议的公正标准。整合性谈判需要掌握以下几个技巧和要点：

（1）把人和问题分开。谈判的冲突双方必须是共同合作而不是相互对抗，以有效地处理共同的问题。聚焦于问题，而不是另一方，这样有利于维护双方的关系。为了把人和问题分开，可以采用以下的一些建议：

首先，要意识到谈判者是人，而不是"对方"抽象的代表。作为参加谈判的人，是有感情的，因此在谈判的过程中不能伤害对方的感情。

其次，要从思想上做到把人和问题分开。如果认识上出现偏差，要找到修正的办法，"对位思考""讨论各自的认识""通过参与使对方成为利害关系人"等都是一些常用的方法。谈判者要清楚地认识、理解自己和对方的感情，把感情表露出来并使之成为合理的，也允许对方发泄怒气，不要对感情的爆发做出反应。双方的交流是为了理解，并最终达成协议。因此，应该认真听取对方的意见，采用对方信得过的方式进行交流。

最后，也是最好的办法就是做好预防工作。处理人与问题的最好时机是在它们成为问题之前。所以，在谈判之前与对方建立一种工作关系是必要的，这样可以避免因为彼此间不熟悉，无意中把一些"恶意"强加在对方头上。在谈判的过程中，要直接面对问题，而把对方当成精明的、讲求实际的合作者，共同寻求一个互利的公正协议。

（2）着眼于利益，而不是立场。为了寻找立场背后的共同利益，您应该把对方的利益看得同自己的利益一样重要，不要只关心自己的利益而忽视别人的利益。因此，在谈判中针对对方提出的要求，多问几个"为什么"，只有充分了解了对方提出各种要求的动机，才有可能改变对方的想法。

（3）寻找互相得益的可行方案。谈判者似乎很少注意到为了双方获利，而寻找并形成选择方案。正如前面所讨论的，当双方处于紧张的冲突阶段时，双方很难提出彼此都能接受的创造性处理方案。只要双方共同努力，即使各自的利益互不相干，仍然有使双方互相得益的方案可以产生。

（4）坚持使用客观标准。为了有效管理冲突，谈判者必须坚持基于客观标准评价的结果。如果谈判者为了有效地处理冲突而开始寻找客观标准，那么双方谈判原则的重点就从谈判地位转到不同的选择标准。

为了使双方不至于陷入无休止的个人意愿的争论之中，谈判者有必要事先准备一些可供选择的客观标准，并把它应用于谈判中。人们通常引用的客观标准有：市场价格、惯例、道德标准、科学判断、同等待遇、职业标准、习惯、效率、互惠等。

当然，现实中的谈判可能不像上面分析的那样泾渭分明，在实际谈判过程中，需要灵活运用各种谈判技巧，这样才能将谈判主动权掌握在自己的手中。

（六）进行调解

在冲突双方不能自行处理冲突问题时，第三方的干预是有必要的。干预者可以是某个人或某个组织，可以是依法进行的，也可以是应冲突双方的要求而进行的。常用的第三方干预的方法是调解和仲裁。

调解是这样一个过程，通过外部第三方的帮助，使冲突中的两个或多个参与者达成协议。调解在我们解决各种冲突中的作用越来越重要了。与仲裁相比，调解的成本较低，费时少，而且能取得更令人满意的结果。冲突管理中的调解一般有以下一系列步骤：

1. 与冲突双方建立关系

调解人员经过与双方的初步接触（可以单独见面，也可以三方共同会面），获得双方的信任，促进彼此之间的和睦关系。调解者对冲突属性的理解和保证与双方接受程度密切相关。同时，调解者还必须让双方了解有关调解的整个过程，最好能获取双方对调解过程的某种承诺。

2. 选择指导调解的战略

在与双方建立了一定的关系以后，调解者可以帮助双方评估各种可能的冲突管理和处理方法，帮助双方决定如何进行方法的选择，并协调双方使用的方法。

3. 收集并分析背景信息

协调好双方的关系后，调解者开始收集并分析与冲突参与者、冲突过程和实质内容相关的数据。这时，可以采取的方法有，把双方分开，分别了解他们对问题的看法，积极地倾听双方的观点。当然，调解者必须分清冲突双方的陈述与实际之间的差别，并检验数据的准确性，尽量使不准确或不可行的数据影响最小化。

4. 设计调解的详细计划

根据收集的各种数据资料，调解者必须认真分析，识别冲突里的特殊情境中所出现的偶然事件，并设计冲突处理战略以及应对随之引起的偶然事件的应变方案。

5. 在冲突双方间建立起信任和合作关系

调解者应该努力使冲突双方确定正确的参与实质性问题谈判的冲突哲学观，检查双方的观念，使双方之间的成见最小，建立相互信任的关系。同时，调解者还要促使双方进行互相交流，并处理在相互沟通中出现的各种类型的情绪问题。至此，调解者的准备工作就告一段落了。

6. 召开调解会议

调解会议的实质是为冲突双方打开一扇谈判之门。为了促使调解成功，调解者首先要营建起一种积极的、开放的气氛，确立基本的规则和行动指导的方针，并确定讨论的主题和问题的界限。当然，帮助双方明确自己的义务、优势和影响等，也是调解者义不容辞的责任。

7. 确定问题，制定调解议程

这是调解过程中关键的一环，调解者必须从自己所掌握的资料中分辨出与冲突双方有关的事实的范围，并与双方在讨论的问题上获得一致看法，决定处理问题的基本顺序。

8. 挖掘冲突双方的潜在利益

一旦完成上述工作，调解者可以同冲突双方交换彼此的观点和建议，检验双方可能做出让步的可能性。双方的冲突往往涉及多方面的利益，调解者应该帮助双方区分实质的、程序上的和心理上的不同利益，教育双方认识到各自的实质利益，并把讨论的重心放在现实的冲突上。

9. 寻找解决问题的选择方案

这一阶段往往十分精彩，也是调解人员最有成就感的阶段，因为整个调解过程将发生质变，双方开始积极地相互接触，并共同研究处理问题的方案。在冲突双方之间，树立具有多项选择的意识，引导双方以利益为基础进行讨价还价，并产生一系列方案。作为调解者，在必要的时候，也可以提出自己的解决方案，但这一方案不具有强制性，仅供双方参考。

10. 评价各种选择方案

有不少的标准可以用来评价各种可行方案，它们主要来自冲突双方的期望值，而每个调解者也可以根据调解的情况确定具体的评价标准。但每一次评估，调解者都要重新评估双方的根本利益所在，评价各种可行方案如何满足双方的利益以及满足的程度。而且，各种选择的成本和收益也应列入评估的范畴。

11. 最后的讨价还价

对于最后方案的选择也会导致双方之间一番讨价还价。这时，调解者应积极增加双方立场方面的共同点，形成双方共同接受的规则，或者建立某种程序来达到实质上的一致，以求达成一揽子协议。

12. 达成一揽子协议

冲突问题得到处理后，调解者应该使问题的解决正式化，建立有一定的强制性、保证双方共担责任的机制。所以，一定要让双方感到协议是他们亲手制定，而不是任何第三方强加给自己的，而且，协议的内容要准确地反映当事人解决冲突的设想。每一份协议书的内容可能各不相同，但一般来说，调解协议书应该包括如下一些基本内容：引言（简单介绍冲突情况），目的（即当事人所希望达到的目的），任务（详细记录整个方案的设计、评估、选择过程，以及最终形成的解决方案），各种应变措施（如修改条款、检查条款、未来冲突条款和条件变化后协议书的修改条款等），以及当事人和调解人的签名。

调解也经常用于劳工关系的冲突中，有时它还被看作是进行仲裁的前续步骤。调解也是解决民间和社区纠纷最常用的形式。

（七）进行仲裁

仲裁意味着冲突双方对冲突结果缺乏控制，但是，双方仍然保持着对冲突过程较高的控制。仲裁在第三方干预的冲突处理方式中是相当普遍的。仲裁的过程相当清晰：冲突双方没有办法协调彼此之间的差异，陷入了困境，把自己的情况交给中立的第三方去裁决。第三方听取了双方的意见后，决定最后的结果。

仲裁在某些情况下，比如"没有中介方的意见，问题因而得不到解决""争议双方的关系将在问题解决之后终止"会起到很好的效果。仲裁可以在调解失败后采用，而不管双方的关系是否会持续。仲裁没有统一遵循的规则可言，往往与实际情景和仲裁人的水平等因素有很大关系。但仲裁使冲突双方在一些细节上还是可以改善，使结果能部分地满足己方的要求。一般而言，在仲裁前后需要注意的有：

1. 重视仲裁前的协商

仲裁前协商是指一方尝试在仲裁开始之前说服对方接受一项与己有利的提议。如能成功，仲裁时双方就在数字范围内讨价还价，这于第一方相对有利。从理论上讲，仲裁人会了解争议双方仲裁前已谈判到何种程度并会受其影响。有些仲裁人分析情况时常受双方最后提议的影响。这样，最后提议其实界定了裁决的范围。这是仲裁之前的一种战术，一旦可能，不妨试一试。不过，要小心对方也会试图采取此法。

针对对手提出仲裁前进行协商，我们也可以采取相应的对策，即采取一种相对较高（或较低，可视具体情况而定）的协商立场。这样做，您就使自己处于一个有利的位置而进入仲裁阶段，因为您并没有或几乎没有做出什么让步。如果仲裁人后来知道了您协商时的立场，他会支持您而不是为难您。

2. 避免仲裁可能出现的问题

作为处理冲突问题的仲裁具有两个明显的优势：它为冲突问题的解决提供了明确的方案；它能帮助冲突双方避免因纠缠不清、无法解决问题而导致的巨大损失。但仲裁如一把双刃剑，本身也存在着很大的缺陷。在仲裁的过程中，作为冲突的一方应该尽量避免这些问题的发生：

（1）冷却效果（the chilling effect）。如果冲突双方知道自己处理失败时，可以诉诸仲裁，那么双方就会缺乏动力去寻找创造性的解决方案。于是双方避免做出承诺，除非自己愿意时，因为他们担心仲裁者会从彼此的陈述中分离出双方的差异。

（2）麻醉效果（the narcotic effect）。当双方都期望在自己的处理方式失败时，可以听从仲裁，那么他们会失去寻找其他解决办法的兴趣。因为寻找其他方法是一个辛苦的过程，而且不一定必然有结果。

（3）半衰期效果（half-1ife effect）。做父母的经常会注意到，当来自兄弟姐妹的仲裁要求增加时，不仅是要求进行决策的绝对数量的增加，更多的是这些决策往往不再能满足一方或同时满足双方的需要。这就是所谓的"半衰期效果"。随着仲裁频率的增加，冲突双方对仲裁过程的适当性和公平性逐渐清醒，于是，开始寻找其他解决冲突的办法。

（4）偏见效果（the biasing effect）。仲裁者必须注意，自己的裁决不能偏向某一方，自己必须保持一个公平的、不偏不倚的形象。但是，即使单独地看，某项决策对当前冲突问题的解决是公平的，但冲突双方仍然对仲裁者未来能否保持公平不敢确认。

（5）决策接受效果（the decision-acceptance effect）。相对于其他解决方法而言，仲裁没有要求冲突双方做出某种承诺。对团队决策行为的研究表明，团体成员对决策方案的承诺对于有效执行方案非常重要。而且，持久的冲突处理需要时间保证和有效实施，保证有效实施的最好的动力就是对决策的承诺。从这个意义上来说，仲裁极有可能导致最终决策无法执行，特别是当其中某一方对裁决感到不满意时。

需要说明的是，仲裁与调解之间绝非简单的替代关系，它们之间存在着千丝万缕的联系。两者相互结合，往往会起到意想不到的效果。

七、冲突及冲突管理最佳状态

导例：竞争中的冲突管理

玩具生产组需要不断地根据产品来变换生产方式和员工任务的分配方式，某项工作可能需要几个员工一起合作，工艺简单的则一个人就可以完成。

杨明：张玉，这次"字母熊"的设计你和另一个设计组的陈霞沟通一下，在周五以前你们两个要拿出一个像样的设计草稿给我。你们是两个组里最优秀的设计员，这次设计结果也可以从某种程度上反映你们两个组的能力，一定要加油啊。

周四，张玉向杨明汇报工作。

张玉：杨经理，我们本来可以把这只"字母熊"做得很好，但陈霞好像要和我竞争，不愿意合作，最后成品就像把两个人做的东西硬拼到一块，与原先设想的差得太远了。

杨明找来陈霞询问事情的原因。

陈霞：张玉私下向你汇报自己的工作，这本身就不是我们相互合作应该有的行为，她总是千方百计向你展示自己多么能干。她的确优秀，可我也同样是，没有她我也同样能够做得好，只是可惜了这么多天投入的时间和精力了。

如果部门中的工作通常并不要求相互配合，那么也许陈霞她们在工作中的竞争后果不会很严重。但在现在这样的工作环境中，工作方式已经发生了很大的变化，几乎没有不需要合作的工作了。

张玉和陈霞的冲突不仅仅是两个人之间的战争，它同样是团队间的战争。有些主管无意中纵容了团队间的恶性竞争。杨明在重要项目上让两个小组的头儿——张玉和陈霞竞争，而不是友好合作，使得整个项目都被破坏了。

【点评】如果竞争只不过是为了证明自己的实力，或是为了一顿牛排午餐，员工们很可能将适当的精力投入其中，这样，他们所进行的竞争不但不会有什么危害，而且能够提高工作效率。但应该注意的是，竞争一旦变得非常火暴、无法控制时，它就不仅仅为了炫耀实力，得到心理上的满足，在这种情形下，员工有可能歪曲统计数据以使其显得漂亮。最后获胜的往往是最好的"玩家"，而不是最好的员工。这种因竞争产生的冲突所导致的恶果无法估量，因此，在日常的工作中，冲突虽然是必要的，但是一定要掌握好火候，不能太激烈，也不能太平淡，适当的强度的冲突，才能提高工作效率。

（一）冲突及冲突管理的有效性分析

1. 冲突的控制

企业组织作为个体的有机整合，目的是发挥组织的整合效益和群体优势。当发生冲突时，冲突主体因相互之间的分歧和对抗，都极力否定对方，在冲突中胜过对方成了此时最重要的目的，而总体目标却显得无关紧要。结果企业组织内的大量财力和物力、管理人员的相当一部分精力和时间都耗费在冲突的处理上，这种内部冲突带来的成员之间工作上的相互制约和能量浪费使得组织应有的群体优势丧失，企业组织无法获得良好的经营效果。特别是当冲突双方的立场处于不可调和的极端对立状态时，有效的组织协作遭到彻底破坏，组织行为陷入混乱。如果冲突进一步激化而变得难以控制时，企业组织系统就不能再正常运转，不仅企业经营目标难以实现，企业组织都有可能走向分裂和崩溃。

冲突管理策略主要着眼于冲突发生以后冲突双方或第三方如何管理冲突，而忽视了冲突产生的根源。事实上，当懂得如何管理冲突的动因之后，冲突结果的管理就容易多了。因此，冲突管理研究的重点应放在怎样主动控制冲突的动因，而不是被动接受冲突的结果。

2. 案例："和讯博客"上的"海尔博客门"事件

一位顾客购买的海尔冰箱出现质量问题，由于种种原因三天后海尔才予以调换，该顾客气愤之下在其"和讯博客"上撰文宣泄对海尔售后服务的不满。海尔售后部门在看到该顾客的抱怨后，迅速采取紧急措施，立即派遣服务人员携两个大西瓜作为礼物登门道歉，与这位客户认真地沟通，告知其三天后才把冰箱送到的客观原因。

在海尔做出迅速反馈之后，那位发表博客的用户在事后的反馈里是这样写的："我很感动……因为我的一篇帖子，海尔派人上门沟通，让我有点自我感觉良好，感到作为用户受到重视。"从博客的回帖可看出，博客们对此事的看法有了很大的转变，从开始对海尔的负面质疑转变到客观中肯甚至是理解包容的态度。很多博客留言表示海尔

海尔公司

售后服务的周到是闻名遐迩的，呼吁人们支持民族品牌，对民族品牌多一些理解和包容。这场沸沸扬扬的"海尔博客门"事件因为海尔的及时反应，得到了圆满的解决，并没有给海尔的企业声誉带来太大的影响。从此事件可以看出，海尔对危机的反应速度非常快，处理危机的手法也十分成熟老练，问题解决三步法这种固定的模式使得海尔对企业危机的处理驾轻就熟。

3. 冲突强度与冲突管理

冲突的表面原因是沟通不畅，单层分析表明，不一致的意见是由不同的角色要求、组织目标、人格因素、价值系统等因素造成的，因此领导要植根于组织结构本身，通过重塑组织文化，培养团队成员创新意识、全局观念、合作精神和忧患意识，消除自我防卫，降低人际关系内耗，客观认识冲突，分析冲突情境，协调冲突，激发建设性冲突，有效转化和减少破坏性冲突，增强团队活力，提高整体有效性。在人际沟通过程中，一旦冲突发展到一定程度，其结果必然是恶性的。显然，在冲突产生时，能否有效地协调和控制其"度"，是领导引导团队向协同工作转化的关键问题。因此团队协同工作的真正实现还需领导抓住团队成员的心理，建立不同团队和与团队成员间沟通的桥梁，给予员工充分展示个人能力的空间。心理学者认为，冲突是指在同一个人身上，同时产生两个或以上强度相同、方向相反的反应倾向的情形。个人层次上的心理冲突，产生的过程为：需求→行为→冲突→目标，研究发现，个人因素与部门冲突的强度有密切关系，可能产生冲突升级。冲突升级是指整体上冲突强度的加剧，Pruitt 和 Rubin（1998）指出这种加剧具有以下特点：

（1）策略由轻微到严重；

（2）争论扩散；

（3）各方更加投入到冲突之中；

（4）目标改变，从追求个人利益到破坏他人利益。

按照罗宾斯对冲突过程的划分，冲突行为是冲突的外显，冲突行为的研究并不是一个独立的研究领域，而是与攻击、侵犯、暴力等相关概念的研究联系在一起的。罗宾斯（Robbins，2001）提出了冲突行为强度联合体的概念，以表述不同的冲突行为。所有的冲突行为都处于这个连续体的某一个位置。

虽然在冲突强度的连续体上，不同冲突行为由弱到强，呈层式递进，但就组织的某一具体冲突来说，其冲突的表现却并不一定会按部就班地升级，而完全有可能是爆发性、跳跃式的，这主要受冲突双方所处的形势、冲突者的心理、冲突的起因和需要达到的目的等多种因素的影响，是一个复杂的过程。但是，人群关系的观点认为，冲突是人际中自然发生的现象。互动论的观点则肯定冲突的存在，甚至鼓励维持团体适度的冲突水平，以使团体保持活力。一般情况下，冲突状态是指冲突的程度，它包含两层含义：

一是冲突的激烈程度；

二是冲突的频率。

一个企业内部的冲突状态应该是其内部各类组织冲突，更确切地说，就是各具体冲突状态的综合效果。根据可以看出适当的冲突具有积极的效果，大多数行为科学家和越来越多的实践者接受了这个观点：有效的管理目标并不是消除冲突，而是创设恰当强度的冲突以获得好的效益。

冲突强度与组织绩效的关系可用倒"U"形曲线来表示，即完全的零冲突或强度极小的冲突，有时掩盖部门之间的矛盾，可能使组织陷入缺乏生机和创新活力的"陷阱"；适当强度的冲突可以充分暴露矛盾，使问题表面化，然后通过支持群体目标的方法加以解决。完善管理机制，可以使组织绩效最大化。

Dreu（1997）认为，不适当的冲突会影响到工作的满意度及组织的绩效。在高水平的冲突条件下，组织之间秩序混乱，绩效不佳，成员处在高压环境状态下，工作满意度将下滑，而组织目标将无法达成；在低水平的冲突条件下，绩效及工作满意度也不会良好，因此只有在适当的冲突水平下，即冲突达到最佳状态时，绩效以及工作的满意度才会到达最佳状态。

（二）冲突及冲突管理最佳状态

1. 领导对团队冲突的作用分析

团队的组建一般具有特定的任务和时间安排，随着时间的推移，团队的冲突将表现出不同的冲突形式，冲突在团队的不同时间段一直存在，只是冲突的强度不同。管理者或领导要动态地分析冲突，引入时间因素，分析冲突出现的时间段以及在此时间段内的冲突类型，使有效性和各种冲突紧密联系在一起来进行问题的研究验证并揭示冲突和有效性的关系。对领导来说，要有效地管理冲突，首先要把建设性冲突和破坏性冲突区分开来。一方面要设法消除和避免阻碍组织目标实现、功能失调的破坏性冲突（如关系冲突）；另一方面又要使组织营造一种批评与自我批评、不断创新进取的氛围，维持和保护有益的建设性冲突（如任务冲突和过程冲突），激发员工的创造性，即冲突具有二重性，其效果有利有弊，应区别对待。

团队中适当水平的任务型的冲突能够提高决策质量、增强团队一致性，但在团队中，任务型的冲突常常处于很低的水平，因此，领导者可以主动制造建设性冲突并使冲突升级到需要的强度，从而达到平衡或制约的目的。组合新的工作群体，提高规范化和增加组织部门之间的相互依赖关系，也可以打破现状来促进积极冲突。激发建设性冲突的第一步是领导者应向下属表明冲突的合法地位，在团队内建立鼓励冲突的制度。同时，团队内必须营造鼓励冲突的氛围，要形成一种"畅所欲言"的氛围，管理者需要率先示范，坦然接受冲突并以自己的行动加以支持，对于敢于向现状挑战、倡议革新观念、提出不同看法的员工给予奖励。

但是领导者对制造建设性冲突一定要慎之又慎，因为随着任务冲突和过程冲突等建设性冲突水平的提高，不可避免地会产生关系冲突。尽管相关研究并没有具体阐明认知冲突（任务冲突）如何导致关系冲突（情感冲突）的产生，但有研究表明，这两种冲突是正相关的（Amason 和 Sapienza，1997），当团队成员的认知不一致被认为是对个人的批评或不尊重时，任务冲突或过程冲突就会转变为关系冲突。此时，领导的作用就表现为避免任务冲突或过程冲突向关系冲突的转变。特别地，团队领导要致力于减少负面的情感回应，减少团队成员带有敌意或攻击性的行为。例如，团队领导可以在团队工作过程中制定相关的行为准则，达到团队成员的期望，从而减少任务冲突和过程冲突带来的负面情绪。领导在团队内部加强与成员之间的沟通，直接坦诚地为组织共同目标而讨论相左的观点，将关系冲突转化为与工作相关的任务冲突或过程冲突，让冲突朝着良性方向发展，积极有效地利用冲突。因此，考虑到团队中各种冲突的相互联系及相互影响，要实施有效的冲突管理并达到冲突管理最佳状态，领导的作用不可忽视。

团队领导可以主动制造冲突并使冲突升级到需要的强度，从而使冲突双方达到一种平衡，实现制约的目的。组合新的工作群体、提高规范化和增加组织部门之间的相互依赖关系，也可以打破现状并有利于促进积极冲突。激励和制造冲突本身也是一把"双刃剑"，使用得当，可以使领导者自身或团队受益，使用不当，可能会造成被动并带来难以估量的后果。因此激励和制造冲突并达到需要的冲突强度至少要具备两个前提：一是要求领导者具有较高的道德修养，以组织的利益和目标为重，对冲突带来的后果有清醒的认识和充分准备；二是一切影响因素都应该在控制和掌握之中，以中等强度适当的冲突产生积极的效果，达到最佳冲突水平。

2. 团队领导者的冲突管理

管理团队冲突的关键之一就是事先制定基本规则。"我的经验并没告诉我混乱必然带来智慧，虽然有时是这么回事。"位于麻省剑桥一位有着丰富经验的高管教练施泰沃·罗宾斯（Steven Robbins）说道。通过制定指导方针来帮助解决争议是个好主意。

最重要的规则是：冲突应该公开解决。"给他们两个选择：直面冲突并把它解决，或者放弃冲突。"格特曼发展战略公司负责人霍华德·格特曼（Howard Guttman）说。

既然放弃冲突说起来容易做起来难，大部分情况下冲突应该被直接提出来。"我一旦注意到什么，我会把它拿到桌面上来直接说，"舍特曼集团的前董事长莫里斯·舍特曼说，"你希望有一个不断获得反馈的环境，那种环境下每个团队成员都有责任说明什么问题在困扰他们。"

反馈使人发脾气时，不要总是急着压下去。

"保留一些紧张感，"亨尼西说，"在我们的工作中，最好的团队以及领导者能够坚持在紧张感下不断寻求创新性的东西。创新的解决方案在这种情况下更容易产生。"

为了防止事情变得过于个人化，你可以使团员将注意力集中在问题上，而非其他成员身上。"将事项写在白板上，将团队成员以白板为中心围成一个半圆，使他们团结起来对付冲突。"罗宾斯建议道。

3. 团队冲突水平最佳状态的形成过程与内容

确定团队内部的最佳冲突水平不是一件容易的事，还需要了解有关的个体及其工作性质。必须看到现实中确实存在对冲突太少的情况。虽然现在还没有某种具体的方法对组织内部的冲突进行定量的分析，但是从感性的观点来进行分析，部门之间冲突原因主要为利益和职位的冲突、公司政策、文化和价值观系统的影响，不恰当的沟通方法和态度。组织结构是企业划分岗位与责任的载体，组织结构的形态不同造成的冲突强度会有所不同。要达到团队冲突的最佳状态，需要从团队成员、团队的组织结构和团队的内外部环境几个方面进行分析，从冲突的原因、冲突的"性质"的含义、冲突的"层次"区分等方面出发，充分发挥团队领导的重要作用，确定团队内部的最佳冲突状态，达到管理的和谐。

不同于传统的领导风格，当代领导者必须懂得充分授权，学会从挫折、忧伤以及其他冲突中找到解决问题和创新的办法。领导者在团队或组织中扮演的角色不是法官或仲裁者，而是中间人，帮助员工开诚布公地讨论问题，并促使他们精诚合作。组织中的冲突难以解决的根本原因在于组织成员都强调利益的不兼容，而忽视了合作可以取得的共同利益。这时，如果没有领导者指出他们之间的合作性目标，他们就不能有效地解决冲突。正如的分析研究，要达到团队冲突的最佳状态，需要团队领导做好以下几个方面。

（1）改善内部环境，营造相互信任、充分沟通的团队氛围，使成员之间形成共同的奋斗目标。

（2）设计重组组织结构，减少官僚式的集权结构对员工沟通所带来的桎梏。

（3）协调并培养密切的团队成员关系，成员之间交流融洽，了解发生冲突和矛盾时该如何处理，在工作中能互相支援、互相鼓励，以最佳状态服务于团队和组织。最终将团队中出现的任务冲突、过程冲突和关系冲突控制在合理的水平内，达到冲突最佳状态。

团队领导能够协调差异，将人们聚集在一起，创造一个稳定又不乏活力的环境。良好的沟通、充分地理解可以化解来自内部的冲突，使每个员工有满足感、安全感，让员工放下包袱，将情绪调整到最佳状态。团队领导需要加强积极的人际互动，从而协调冲突，激发任务冲突和过程冲突等建设性冲突，减少关系冲突等破坏性冲突，这对提高团队有效性的重要作用是不言而喻的。能否有效引导并调控冲突的过程和结果，在相当程度上取决于团队中个体情商和团队情商水平。每个个体都有个人的目标，而组织本身也有它的发展目标，只有在彼此目标一致的情况下，团队的合作和士气才能达到最佳状态。根据职业规划中经典的"人职匹配"理论，只有个人的性格、气质、爱好、天赋等符合职位的需要，工作才能进入最佳状态，要敢于面对现实，在自尊自爱的基础上，确立理想而又现实的目标，扬长避短，充分发挥自身潜能，使自己达到最佳状态。还需要对技术的深入了解以及出色的技术支持能力，才能够确保团队工作的最佳状态。团队冲突达到了最佳状态时，面对困境，团队成员较高的自我意识、情绪自控能力和彼此相互理解、沟通协作的能力，有利于疏导不满、减轻压力、营造良好的人文环境、维持团队的高昂士气和精神状态，使团队通过管理情感的能力超越逆境，实现团队目标。团队冲突的最佳状态要植根于组织结构本身，通过重塑组织文化，培养团队成员创新意识、全局观念、合作精神和忧患意识，消除自我防卫，降低人际关系内耗，客观认识冲突，分析冲突情境，协调冲突，激发建设性冲突，有效转化和减少破坏性冲突，增强团队活力，提高整体有效性。

因此，本研究认为，团队冲突的最佳状态是指团队领导以冲突的原因、性质和强度的研究为依据，通过协调、控制和管理，将任务冲突、过程冲突和关系冲突保持在合理的水平，使团队成员满足，使团队成员互助，使团队绩效提高。

当冲突达到最佳水平时，会使团队中的冷漠和自满降到最低程度，团队领导通过创造轻松、愉快的环境，使团队成员的思维更活跃、更愿意接受有挑战性的工作，使组织能够不断创新，从而提升其适应市场不断变化的能力。但由于管理的复杂性和多样性，人们难以定量地判断团队中各种冲突（任务冲突、过程冲突和关系冲突）在何种水平上是最佳的，因此，以冲突的强度、冲突的原因和冲突的"性质"的含义等方面为基础，团队冲突的最佳状态有以下表现形式。

（1）团队成员有原则，有毅力，能够自我控制，力图保持高的标准和质量。团队成员注重细节，希望提高生产率，同时还惯于激励他人提升自己，变得更加有效。由于团队有很强的条理性，团队成员对自己和他人会由于过于批判而产生冲突。团队成员不喜欢浪费和粗心可能会使团队成员无论事情大小都去插手，而且没完没了，会做出令人丧气的批评，引起冲突。在冲突的最佳状态，团队成员能够做出正确的判断、明智的决定，成为道德的模范。

（2）团队成员有爱心、善于处理人际关系的状态。慷慨、感恩，对别人的需要很敏感，总是试图满足他人的需要。团队成员赞赏他人的才能，能够扮演密友和向导的角色，擅长与人交往。然而，团队成员对别人的要求很难说"不"，团队无冲突，充满和谐，但是由于希望能够更好地帮助别人，自己会很有压力而产生冲突。团队成员不喜欢没有人情味的工作环境，这一点可能导致团队成员变得偏心，在人际关系方面浪费时间。在冲突的最佳状态中，团队成员会有同情心、慷慨，帮助团队建立更紧密的关系。

（3）团队成员具有较强的适应力、有野心。团队成员注意力集中、卓越、有干劲，知道如何按照顾客的期望更有效率地完成工作。团队成员往往很有吸引力、迷人、精力充沛。团队成员对团队成员自己、团队和企业都有很强的洞察力。团队成员喜欢被人注意，经常被成功与威望的地位所吸引。团队成员乐于竞争，对地位和个人进步的需求促使团队成员成为工作狂。这一点可能导致团队成员为了保持领先的地位而走捷径，从而产生冲突。在冲突的最佳状态中，团队成员变得很有才华，令人钦佩，经常被人们看作鼓舞士气的模范。

（4）团队成员经常反省，并且具有艺术才能。团队成员表情丰富，能给人深刻的印象，自我吸引，情绪变化较快。团队成员散发出独特的魅力，在对好的词语、创意及个人对产品的标准的追求上，团队成员不会妥协，不喜欢没有创造力的工作，对批评过度敏感，这一点可能会导致团队成员变得情绪无常，工作没有规律，从而产生冲突。在冲突的最佳状态中，团队成员能将直觉力和创造力带到工作中，并用团队成员有深度、独特的感觉改善工作。

（5）团队成员观察敏锐，好争论。团队成员是精力充沛的学习者和实验家，特别是在专业技术领域，团队成员喜欢跟从好奇心去理解细节，探索原理。团队成员有很强的分析能力，钟情于探索发现，而不是计划时间去约束和建立关系。团队成员不健康时可能会变得傲慢，不同他人做沟通，从而产生冲突，并经常会有思想上的斗争。在冲突的最佳状态中，团队成员变得有远见，能够将全新的理念带到工作中。

（6）团队成员比较吸引人的注意力，忠诚。团队成员讨人喜欢，有责任心，充满怀疑，勤奋，可信。团队成员能够建立工作联盟以使工作更加有效地完成。团队成员能够评定他人的动机和优点，从工作环境中寻找潜在的问题。团队成员不喜欢面对危机，希望大家意见一致，并对未来有预见。但是，如果没有团队赋予的权力，团队成员会变得迟疑不决，在采取行动方面就有很大的困难，变得喜欢指责他人，从而产生冲突。在冲突的最佳状态中，团队成员很有信心，独立，有勇气。

（7）团队成员乐观，积极主动，才艺广泛。在变化、多样性、刺激和创新方面非常擅长。团队成员有幽默感，能够让其他人支持团队成员的想法。团队成员总是追赶潮流，寻求新的可能性和观点。团队成员能够同时进行多项工作，但不能坚持。不健康时团队成员会变得很唠叨，注意力分散，能量不集中，许多工作都会半途而废，从而产生冲突。在冲突的最佳状态中，团队成员将焦点集中在有价值的目标上，工作会非常有效率。

（8）团队成员有力量，果断，自信，有权威，很清楚自己想要做什么，并总是有能力把它做好。团队成员能够作困难的决定，并把严重的问题看作对团队成员的挑战，克服当中的困难。团队成员希望占据支配的地位，觉得委托任务或与他人分享领导是非常困难的。团队成员乐于支持、保护并激励他人，但在不健康时，团队成员会威胁他人按照团队成员的方式行事，在企业内部和外部树立不必要的敌人从而产生冲突。在冲突的最佳状态中，团队成员变得宽宏大量，用团队成员的力量去提高其他人的生活水平。

（9）团队成员融洽、随和，接受能力强，可以信任。通过强调团队中的正面事物创造协调的团队，这样就能够缓和冲突或紧张的状态。团队成员支持、包容他人，能与他人共同工作，谦卑。团队成员不喜欢团队中的冲突，总是试图建立和谐、稳定的关系。但团队成员可能会因为要附和他人而放弃坚持自己的观点，内心却非常生气。不健康时，团队成员的工作会变得没有效率、固执、疏忽，从而产生冲突。在冲突的最佳状态中，团队成员能够协调差异，将人们聚集到一起，创造一个稳定但有活力的环境。

综上所述，团队成员特别是团队的管理者，要用辩证的思维来分析和理解冲突，允许组织内部一定的冲突存在。不断地提高诊断和处理冲突的水平和技巧，同时，利用冲突提高团队的有效性，基于冲突辨析及冲突管理来确定组织内部最佳的冲突水平，而不是一味地压制冲突、保持组织的平静，只有这样才能使管理出效益，使事业获得成功。

4. 案例：海尔的和谐管理

唐海北，海尔集团本部制冷员工。由于技术突出，由普通产品工艺员被提拔为厂长助理。他以极大的工作干劲和知识解决了制冷方面的国际技术难题，又被破格提拔为制冷产品本部技术部部长，成为海尔集团年轻的技术骨干。

李子全，海尔洗衣机事业部的一名普通农民工。他每天的工作就是上螺丝。但他决心将这份普通得不能再普通的工作干出名堂来，赢得父母对自己的认可和同事的尊重。他勤学苦练，年仅22岁就获得"山东省首届十佳农民工"荣誉称号和"富民兴鲁劳动奖章"，并参加了中央电视台举办的"状元360"总决赛，进入全国十二强，成为优秀劳动者的代表。

在海尔，像唐海北、李子全这样在岗位成才的例子还有很多。探究他们成才的原因，我们不难发现，是海尔文化的滋养给予了他们追求卓越的精神，是海尔对人才的尊重、对员工价值的肯定保证了他们持久的工作热情和创新的激情。是海尔的人力资源管理为企业的文化落实提供了保障，保证了员工积极性和创造性的发挥。而海尔的品牌美誉、服务口碑、创新速度都是结果，而不是原因。如果没有企业文化系统和人力资源管理有机的结合，海尔的发展速度不会这样快。

企业和企业之间的不同最重要的就是人不同，人和人之间最大的不同就是观念不同、追求不同。海尔的文化和人力资源管理塑造了这种不同。海尔首席执行官张瑞敏先生曾经对记者说："在海尔，最让我感动的是：很多普普通通在平凡工作岗位上的员工，能够用心去做自己的工作。一些生产线上普通的工人为了提高生产效率，搞一个技术改革，自己回家拿出钱用自己的业余时间去做。如果每个人都能够用心去创造，去发明，去把自己的工作做好，把自己的工作再提高一步，不管什么困难我们都能克服！只要是人，都希望得到别人的尊重，都希望他自己的价值得到承认。只要员工为客户创造了价值，企业就肯定员工的价值，这就是管理的核心。"

作为企业领导者，应该正确面对冲突、分析冲突、解决冲突，有效地利用冲突，从而提高团队的有效性。但是，如何识别和把握团队的冲突根源、过程和结果，辨析冲突。如何分析和评价团队冲突，如何针对团队进行有效的冲突管理从而达到冲突最佳的状态，是现代企业急需解决的管理难题。团队冲突辨析及冲突管理有效性研究是企业管理理论与实践的管理创新，是借鉴引进西方管理科学的最新成果，结合中国管理现象、问题展开的具有中国特色的管理方式研究。

八、团队领导与冲突管理

导例：哪种领导类型最有效

ABC 公司是一家中等规模的汽车配件生产集团。最近，有关部门对该公司的三个重要部门经理进行了一次有关领导类型的调查。

一、安西尔

安西尔对他本部门的产出感到自豪。他总是强调对生产过程、出产量控制的必要性，坚持下属人员必须很好地理解生产指令，以得到迅速、完整、准确的反馈。当遇到小问题时，安西尔会放手交给下级去处理，当问题很严重时，他则委派几个有能力的下属去解决问题。通常情况下，他只是大致规定下属人员的工作方针、完成怎样的报告及完成期限。安西尔认为只有这样才能形成更好的合作，避免重复工作。

安西尔认为对下属人员采取敬而远之的态度对一个经理来说是最好的行为方式，所谓的"亲密无间"会松懈纪律。他不主张公开谴责或表扬某个员工，相信他的每一个下属都有自知之明。

据安西尔说，管理中的最大问题是下级不愿意接受责任。他讲到，他的下属有机会做许多事情，但他们并不是很努力地去做。

他表示不能理解他的下属如何与一个毫无能力的前任经理相处，他说，他的上司对他们现在的工作运转情况非常满意。

二、鲍勃

鲍勃认为每个员工都有人权，他偏重管理者有义务和责任去满足员工需要的学说，他说，他常为他的员工做一些小事，如给员工两张下月在伽利略城举行的艺术展览的入场券。他认为，每张门票才15美元，但对员工和他的妻子来说价值却远远超过15美元。通过这种方式，对员工过去几个月工作表示肯定。

鲍勃说，他每天都要到工场去一趟，与至少25%的员工交谈。鲍勃不愿意为难别人，他认为安西尔的管理方式过于死板，安西尔的员工也许并不那么满意，但除了忍耐别无他法。

鲍勃说，他已经意识到在管理中有不利因素存在，但大都是由于生产压力造成的。他的想法是以友好、粗线条的管理方式对待员工。他承认尽管在生产率上不如其他单位，但他相信他的雇员有高度的忠诚与士气，并坚信他们会因他的开明领导而努力工作。

三、查理

查理说他面临的基本问题是与其他部门分工不清。他认为不论是否属于他们的任务都被安排在他的部门，似乎上级并不清楚这些工作应该由谁来做。

查理承认他没有提出过异议，他说这样做会使其他部门的经理产生反感。他们把查理看成朋友，而查理却不这样认为。

查理说过去在不平等的分工会议上，他感到很窘迫，但现在适应了，其他部门的领导也不以为然了。

查理认为纪律就是使每个员工不停地工作，预测各种问题的发生。他认为一个好的管理者，没有时间像鲍勃那样握紧每一个员工的手，告诉他们正在从事一项伟大的工作。他相信如果一个经理声称为了决定将来的提薪与晋职而对员工的工作进行考核，那么，员工则会更多地考虑他们自己，并由此而产生很多问题。

他主张，一旦给一个员工分配了工作，就让他以自己的方式去做，取消工作检查。他相信大多数员工知道自己把工作做得怎么样。

如果说存在问题，那就是他的工作范围和职责在生产过程中发生混淆。查理的确想过，希望公司领导听听他对某些工作的意见。然而，他并不能保证这样做不会引起风波而使情况有所改变。他说他正在考虑这些问题。

【点评】领导是一个企业团队的核心，负责企业的整体战略部署及未来的发展方向，是企业经营成败的决定力量，一个优秀的领导可以使企业摆脱困境走向辉煌，同样，一个无能的领导也可以使企业走向衰败。上述案例是三个不同领导，在冲突管理策略上持不同态度，谁的理念更对？在领导决策中，遇到冲突如何才能更有效地处理呢？本章将对上述问题做出讨论。

（一）团队领导概述

1. 团队特性中的领导

不论在什么企业组织内，有领导阶层就必然会有被领导阶层，因经济利益和自身价值体现上的明显差异，这两个阶层的人是对立的，其矛盾焦点是管理与被管理。团队领导职能是由宏观的团队运作环境以及微观的团队任务目标、团队资源和自身的能力决定的。在不同的团队发展阶段，团队构成以及作业特征的差异使得团队领导职能的相对重要性及其作用机制有所不同。

（1）团队发展

Kozlowski（2004）等人的团队汇集模型，把团队发展分为4个阶段：

阶段一，个体通过社会化过程形成对自我社会地位的认识、掌握人际交往技能、了解团队目标并形成统一认识；

阶段二，个体通过实际工作掌握作业技能和自我管理技能；

阶段三，上升到互动层次，队员通过角色关系的讨论，掌握职责任务和交往模式；

阶段四，进一步上升到团队水平，随着团队协作网络的完善，队员能彼此协调，应对环境的突然变化。

依据团队在不同发展阶段的特点，Zaccaro认为团队领导的职能相应地涉及两类：

团队过程的发展和塑造、对团队运作的监控和管理。在建立新团队或者有新队员加入团队时，领导的职责就是将个体组织成一个紧密团结、合作无间的集体，实现个体的同化和社会化。就发展职能而言，指出团队发展方向，增大队员为实现集体目标做出的贡献，创造积极的情感氛围等；另外还要提高团队的一致性，包括将个体目标与集体目标相结合。当团队发展到一定阶段，队员彼此熟悉并且形成了规范的互动模式以后，领导的职责是引导并授权团队实行自我领导，如 Manz 和 Sims（2004）研究了自我管理团队中的 6 类领导活动：自我强化、自我批判、自我目标设定、自我观察、自我期望及预演。

（2）团队异质性

团队异质性越高，需要的控制协调越多。Wiersema 和 Bantel（2005）认为队员经验、信念、价值观的不同会导致沟通困难，削弱社会同化。Smith 等人提出领导需要通过建立正式的规则、职责和行动步骤来控制和协调异质团队成员的行为。

Jehn、Northcraft 和 Neale 以及 Pelled、Eisenhardt 和 Xin（1999）都发现，团队构成的异质性与冲突成正相关。研究发现冲突包含两类，一类与组织有效性成正相关，如作业冲突、本质冲突或认知冲突，Amason 发现认知冲突可以提高决策质量，且它与理解决策以及对决策的情感接受成正相关。另一类会造成团队紊乱无效，如情感冲突、情绪冲突和人际冲突。团队领导需要鼓励具有积极意义的冲突，缓和调节具有消极影响的冲突，增加团队凝聚力。

Hambrick、Cho 和 Chen（2002）发现异质团队对竞争对手的行动的反应速度比同质团队要来得慢。所以领导要负责收集团队内外部信息，及时对团队目标和策略做出调整。

（3）作业互依性与紧迫性

Morgans（2003）等将团队行为分为两种轨迹：作业活动和团队协作，前者指个体队员完成作业的活动，后者指队员为完成作业而进行的各种互动行为。团队协作是指为了完成共同的团队目标，成员各自完成所分配的作业。由于团队作业在团队成员中的分解与分配，对成员完成各自作业时提出了相互配合和支持的要求，成员作业活动中相互间的配合和支持要求称为互依性，互依性的程度是团队协作的特征。根据团队成员互依性的高低，可以把团队协作分成四种——平行协作、继行协作、汇聚协作和协同协作，不同的协作类型对团队领导的要求不尽相同。对于互依性程度低的作业，如邮局投递班、车床加工车间等平行协作团队，团队领导需要说明团队任务、协调任务分配、整合队员的产出。在互依性程度高的协同协作团队中，时间压力不大时（如决策团队）队员能进行充分的沟通，团队领导要注意信息的收集和管理，承认、重视专家的意见。

部分协同协作团队会面对时间压力大的作业，如医疗小组、战机组、消防队、救援队、乐队或交响乐团、剧团等动作团队，队员之间不能进行充分的沟通，队员之间的默契或共享心智模型是团队有效性的关键，因此团队领导要培养队员的共享心智模型。同时环境的变化使信息量剧增，对于需要赋予意义的情景（如新奇环境，包含不熟悉的因素），队员会向领导求助，希望他能辅助进行信息的组织和解释。Klein 发现领导以任务前的简令形式进行的沟通可以使团队灵活地适应变化的环境，所以领导要承担意义赋予和传达职能。

2. 团队领导概述

（1）团队领导与群体领导

团队是由若干个体构成的特殊群体，群体行为的规律适用于团队，但团队也有其特殊性。团队不只是个体的集合，团队协作大于个体行为的相加。而且，不能简单地将若干个体组成的一个群体称为"团队"，并期望这个群体有像团队一样的表现。团队是由两个或以上彼此区别的个体组成的，个体之间存在动态的、互依的交互作用，拥有共同的目标、目的或使命，每个个体都需要履行各自特定的任务或功能，而且作为团队成员其生命周期是有限的。有效的团队表现或团队协作，不等于个体活动的简单累加或整合，还需要各个队员履行各自的功能，以实现有效的同步的产出。团队区别于群体的特点主要有共同的有价值的目标、队员间的协调、密切的沟通交流、作业的互依性、多样的信息来源、各自特定的任务和职责、与作业相关的知识、应对变化的适应性策略。

由于团队区别于一般群体的特点，团队领导有不同于一般群体领导的表现。一般群体的领导往往是被任命，由某个固定的个体完成的；而团队的领导，会随着任务、情境要求体现于不同的载体上，即它可以是特定的角色职责，还可以是共享的影响过程。例如，Stewart 和 Barrick（2006）提出的应该根据团队任务的特点，授以队员权力，实行不同程度的自我领导。

（2）团队领导与传统领导

团队内部高度的互依性特点使得队员在应对外部持续变化的作业要求时，沟通方式、信息流动和行为反应必须保持一致同步。团队的有效性不是个体贡献的简单相加，决定团队有效性的关键因素是能使队员行动一致。对于队员的团队协作技能的训练不像专业技能，可以通过传统的训练来完成，它是自然产生的、程序性的，是队员彼此协助配合，以团队的组织形式来完成作业时所得到的。团队协作技能的发展是超出传统训练所及的范围的，因此，团队领导就承担起了训练队员的团队协作技能的职责。而传统的领导理论关注领导者如何影响被领导者、激励下属、建立对下属的约束机制等，如论述领导及其下属的特质，领导行为对于群体、组织绩效的作用。而对于领导者在整合队员的专业技能，培养队员的团队协作技能，发展出协调、适应且行为一致的团队的职责没有详述，直接将这些理论应用于团队还存在不足。传统的领导理论将领导界定为一种行为风格、个体差异和个体领导者与下属的交互作用。考虑周到的领导者对其下属亲切热情；惯于构建体制的领导者为下属提供目标、标准、方向和进度安排。

团队领导可以被定义为：团队领导是一种职能，具体地说是动态的、社会激活的并受社会约束的一组职能，这些职能可以由若干个体随着时间推移交替承担，占据团队中的专家权威的地位，在这个意义上，领导不是领导者个体差异的产物，而是一个组织或单位的规则、规范和职责定义。

3. 团队领导职能

团队领导焦点集中于团队领导者对团队过程、团队情感、团队发展、作业绩效及团队稳定性的影响上。在描述领导者影响团队的生命周期和团队绩效采取的行动时，很多研究者采用了 McGrath（1995）的职能团队领导观。该观点将领导过程看作社会问题的解决，它不是指具体的领导行为（任务导向/关系导向），而是指在制定方案实现团队目标过程中所需要的问题解决活动。职能领导观认为团队领导是情境性的，团队领导者应该做的是保证团队有效性，做情境要求其做的。无论这些活动以何种行为模式表现出来，只要能有效实现团队目标，就构成了领导。这种职能领导观不仅注意到了领导本身的特点，还强调了领导和情境之间的对应关系。

团队领导在问题解决中要利用所获得的信息来实现目标。一旦确定了团队的任务或者目标，领导就要弄清任务的需要和要求，并寻找评估可能的解决方案，制订实施方案的计划，此时领导的任务是将团队的任务或目标转化成可操作的、具体的计划，计划中要充分利用一切现有的资源。领导要将计划传达给团队成员，让队员了解方案的实施所需要开展的活动、如何协调这些活动以及任务本身的信息和任务完成的条件；团队的人力资源管理，包括选拔、调配、激励、协调和监控个体，使其服从指令，整合队员的活动，训练提高队员的能力；团队物质资源管理，涉及获取、分配和利用物质资源。这些活动可能是团队领导最为突出的活动，尤其是在较低的层级上。有效领导通过上述活动使团队适应环境的变化，实现团队目标。团队领导一般具有以下职能。

第一，团队联络，包含联络、意义赋予、表征活动。领导需要诊断团队外的变化和事件，同时负责解释团队任务，例如，在军队中，连长和排长传达上级的命令时要转化成具体的行动，在这个转译过程中包含多种领导活动，其中主要是获取有关团队任务的信息和完成任务的资源。

第二，团队目标的建立。团队是以目标为存在前提的，目标在广义上可以是远景，狭义上是具体可操作的任务步骤，目标可以是短期、中期或长期的。建立了目标能使团队保持与外环境的同步。

第三，团队运作协调者。为了提高团队有效性，确保整体大于部分之和，团队领导要监控、协调队员的活动，将队员的活动实现制度化，同时让队员理解这种顺序的合理性，当团队活动不能适应环境时，领导要负责做出适当的调整，建立和维持合适的心理氛围。

总的来说，一方面，领导要对团队内部结构、任务分配、工作流动进行系统的监控、管理和组织，当组织的远景规划转化为团队的目标后，团队领导要明确任务需要，确定并评估可能的解决方案，选择最优方案并利用所有资源来实施方案，同时将这些方案计划有效地传达给队员（传达的内容具体包括实施方案所需要的活动、活动如何协调、评估作业或任务完成的方式）。另外，领导要在组织框架下根据团队目标选拔和管理队员及资源。人员选拔与管理包含选拔、聘用、培养及激励队员，团队领导不需要在每次分配任务后重新调整队员的知识、技能和态度，通过每次完成任务过程中的培训和指导，使团队在面临新的任务时，有充分的把握实施新计划并完成新任务。资源管理要求团队领导获取充足的资源并且有效地把它运用到团队活动中。

案例：企业战略制度的适应与冲突

凡是在电子产品或家电产品领域做过营销的，几乎没有不知道日本 Sony（索尼）的。从其创始人井深大、盛田昭夫开始，Sony 公司就建立并形成了自己的企业文化系统和管理系统。这种模式不仅仅是 Sony 有，日本其他公司比如丰田汽车、松下公司等，都有，是一个民族的习惯。也就是说，日本企业的文化普遍是：企业虽然对员工要求严厉，但是对员工的福利待遇是非常到位的；从公司文化和战略部署及公司的各种制度上，都最大限度地保障员工的利益，这些综合起来，便形成了非常强大的企业凝聚力；员工普遍形成了"以企为家"的观念，群策群力，共同创造财富和价值；企业在一般情况下不会辞退员工，员工一般情况下也不会跳槽，非常稳定，所有的智力和体力都放在了企业的发展上面。因此日本企业的发展与其企业文化战略、员工稳定程度、企业凝聚力等是密不可分的。

当 Sony 公司发展到美国的时候（比如 Sony 收购了美国最大的哥伦比亚电影公司等），也把在日本执行得很成功的企业文化和战略、管理方式等搬到美国使用，可执行了一两年，问题便凸显。Sony 公司的日本高管搞不明白：公司为美国员工提供和日本员工一样优厚的待遇及福利，为什么员工的离职和跳槽事件依然持续不断地发生？难道是公司错了吗？在日本，对企业来讲，员工频繁离职是企业的耻辱，肯定是企业出了问题。Sony 公司为此进行了大量调查研究，结果发现，这并不是自己公司的企业文化或战略本身有问题，也不是自己企业的管理和提供的待遇、福利有问题，而是美国人的习惯问题。美国员工习惯在一个企业或一个岗位干上两

盛田昭夫

三年就换工作或换企业，并且这种行为在美国文化中并没有任何对企业侮辱或否定的成分，也没有对员工否定或侮辱的成分，就是一种正常的社会现象、一种习惯，就好比中国人习惯用筷子吃饭一样，没有为什么要用筷子的问题，也没有什么好讨论的。

在这种情况下，Sony 只好调整自己的战略和制度（日本企业对员工的培训许多是以员工终生服务企业为目标的），通过各种预防和改革方案，逐渐适应了美国文化，最终站在美国市场的，是一个美国版本的 Sony，它具备美国化的战略、管理和习惯，对 Sony 在日本的企业文化和战略进行了本土化的扬弃，终获成功。

据美国 Sim 公司（经营半导体硅材料）北京办事处的经理 Penk 先生说，他们公司刚到北京的八个多月，准备在中国市场大干一番，结果在组建团队的时候就碰到很大的问题。他们在美国的管理模式很成功，结果在中国执行时出现了麻烦。Penk 先生举例说，他们准备招聘半导体硅方面的项目经理，招聘了两个了，都干了两三个月因不能胜任被辞退，究其原因是中国应聘者在找工作的时候简历中水分太大，他们已经连

续吃了两次亏。后来他才知道，中国许多咨询机构专门培训"找工作"的能力。在美国，应聘者主流是诚实的，他们没有估计到美国的评估系统在中国一用，就连摔了两次跟头。其实说到底，还是一个企业文化战略、企业制度等的适应和冲突问题

（二）团队领导在冲突及冲突管理中的作用

团队领导与组织中的变革型领导相似，通过培养队员自我管理的能力、授以自我领导的权力、采用分布式或轮换式的领导形式，能缓解团队冲突、处理团队运作障碍、提高团队凝聚力，进而提高团队有效性。团队的沟通协调活动可能是团队领导影响团队有效性的平台之一。杨昆和王二平（2004）在对软件开发团队管理研究后提出资源配置的协调有助于提高信息共享程度和队员对团队任务的关心度，进而促进团队目标的一致化和步骤的有序化，同时，团队协调活动会影响软件开发效率、软件质量和客户满意度。

1. 团队冲突中的领导

领导被"点头称是"的人包围。假如无论领导说什么，都引来一片叫好之声，这是一个不好的征兆，这说明团队里圆滑之徒太多了。另外，还有一种特殊情况，在团队发展到高峰的时候，由于巨大的成功，导致领导的威信过高，人们不敢怀疑领导的错误，在这种情况下，冲突也会减少，但领导也是常人，绝不可能永远不犯错误，而领导犯错误时，却没有人来帮助领导纠正错误。其实团队冲突是每一个领导者都绕不开的话题。团队冲突有良性与恶性之分，恶性冲突对组织整体绩效的影响非常大，如果领导者不能及时发现和解决恶性团队冲突，后果将非常严重。

M. L. 希拉德认为，辨别团队冲突有一个重要的前提，就是领导者要搞清楚在管理者和员工之间，达成一致的绩效标准是什么。如果管理者和员工之间对计划、标准、衡量尺度等因素达成了一致，而员工在工作中没有达到某个标准的时候，就会对绩效产生负面影响，这种负面影响会导致团队中产生恶性冲突。

要成为一个有凝聚力的团队，团队领导必须学会在没有完善的信息、没有统一的意见时做出决策。正因为完善的信息和绝对的一致意见非常罕见，决策能力就成为一个团队最为关键的行为之一。但是如果一个团队没有鼓励建设性的和没有戒备的冲突，就不可能学会决策。这是因为只有团队成员彼此之间热烈地、不设防地争论，直率地说出自己的想法，团队领导才可能有信心做出充分集中集体智慧的决策。不能就

不同意见争论并交换未经过滤的坦率意见的团队，往往会发现自己总是在一遍遍地面对同样的问题。实际上，外人眼中机制不良、总是争论不休的团队，往往才是能够做出并坚守艰难决策的团队。需要再次强调的是：如果没有信任，行动和冲突都不可能存在。如果团队成员总是想在同伴面前保护自己，就不可能彼此争论。而这又会造成其他问题，如不愿意对彼此负责等。

卓越的团队不需要领导提醒团队成员全力工作，因为团队成员很清楚需要做什么，会彼此提醒注意那些无助于成功的行为和活动。而不够优秀的团队对于不可接受的行为一般采取向领导汇报甚至更恶劣的方式，如在背后说闲话。这些行为不仅破坏团队的士气，而且让那些本来容易解决的问题迟迟得不到处理。教会领导如何就损害团队的行为批评自己的伙伴是一件不容易的事情。但是，如果有清晰的团队目标，有损这些目标的行为就能够轻易地被纠正。团队合作并非难以理解的理念，但当所涉及的人是具有坚强意志、自身已经成功的领导时，它极其难以实现。团队合作并非不值得这些艰辛经历，但其回报较少又代价高昂。如果领导没有勇气强迫团队成员实现团队合作所需的条件，还不如彻底远离这个理念。不过，这又需要另一种勇气——不要团队的勇气。

冲突是每一个团队领导者都绕不开的话题。团队合作一个最大的阻碍，就是对于冲突的畏惧。这来自两种不同的担忧：一方面，很多团队领导采取各种措施避免团队中的冲突，因为领导者担心丧失对团队的控制以及有些人的自尊会在冲突过程中受到伤害；另一方面，一些人把冲突当作浪费时间。团队领导更愿意缩短会议和讨论时间，做出自己看来早晚会被采纳的决定，留出更多时间来实施决策。

案例：领导冲突

某公司上下都知道，孟副总对许总一直心存不满，总是有意无意地和许总作对，但许总认为他是公司的元老，并且工作做得不错，还是很敬重他。但是，孟副总与许总之间的冲突还是摆到了台面上。一大早，孟副总手里拿着早上刚分发给各副总的下半年托管酒店的划分名单，怒气冲冲地冲进了总裁办公室，王琳见状，知道情况不妙，马上笑脸相迎并拦住孟副总："孟总您早，您找许总？"孟飞冷的一哼，拨开她，径直闯进了许总的办公室。王琳尾随而至，向许总解释，许总也看出了问题，摆摆手："小王，你先出去吧。我和孟总谈谈。"王琳担心地退了出去。

王琳坐回自己办公室，可以明显地听到他们争吵的声音。许总说："这是董事局讨论的结果，而且，大家都觉得你可以胜任这样的工作。"孟副总说："少说漂亮话！你是怕我做得太好，抢你的风头！把这些烂摊子给我，让我难堪。我在公司多久了，你的这点把戏，我会不明白？你要是容不下我，我辞职好了！"许总也提高声音道："孟总，我也是敬佩你是一位元老，请你对自己说过的话负责。你要是对我有什么意见，你就跟董事们去说。你要是想好了，我不会阻止你辞职的！"孟总重重地摔上门，愤怒地离开办公室。

王琳先给许总倒上一杯茶，让他消消气，接着建议由董事会的人来协调此事。她先给他们安排好一个合适的场所，然后提上好茶去找孟副总，说这茶是许总送的，又说许总请您和孙副总晚上一块吃饭。孟副总一听，又有点不高兴了，说："他想用董事会压我，没这个必要。他要是看我不顺眼，我自然会走！"王琳赶快解释道："当然不是，您别误会，许总绝没有这个意思。相反，许总经常在董事会上称赞您工作非常出色，咱们公司有现在的业绩，您有很大的功劳。晚上的饭局，就是大家聊聊，把问题讲清楚，可能大家都有点误会，否则以后大家的工作都不方便。"听了王琳这样一番说辞，孟总的语气缓和了许多，说："其实我对许总也没什么个人意见，不过是为了工作嘛。何况要把自己一手扶持起来的酒店拱手让人，心里难免不好受。"王琳道："对对对，您的心情我理解。其实董事会和许总也都是看重您的能力，才想让您领导那几个效益差的酒店。唉，都怪当初没和您好好商量，就直接发布名单了。是我工作的失职，您就大人不记小人过，别为这个失了和气。"

晚宴上，问题得到了很好的解决。

2. 团队领导在冲突管理中的作用

领导者都相信通过避免破坏性的意见分歧可以巩固自己的团队。但是，这种做法其实是扼杀建设性的冲突，将需要解决的重大问题掩盖起来。久而久之，这些未解决的问题会变得更加棘手，而领导也会因为这些不断重复发生的问题而越来越恼火。领导和团队需要做的，是学会识别虚假的和谐，引导和鼓励适当的、建设性的冲突。这是一个杂乱的、费时的过程，但这是不能避免的。否则，一个团队建立真正的承诺就是不可能完成的任务。

对于不同性质的冲突，企业领导者应该采取不同的方法来解决。对于破坏性的、情感上的以及危及企业存亡的冲突，应尽量避免它们发生，一旦发现此类冲突的迹象，就应该快刀斩乱麻，将其扼杀于摇篮之中；而对于建设性的、认知层的冲突，则应加以适当的引导，利用冲突发掘不同的意见，激发更多的创意。GE 公司前任 CEO 杰克·

韦尔奇就十分重视发挥建设性冲突和认知冲突的积极作用。他认为，企业必须反对盲目的服从，每一位员工都应有表达不同意见的自由，应该将事实摆在桌上进行讨论并尊重不同的意见。正是这种建设性冲突培育了通用公司独特的企业文化，使 GE 在过去的二十多年中获得持续、高速的发展。

许多成功的领导者都非常注意从外部引进各种新生力量，适时引进外部人才或进行人才内部调整对内部建设性冲突有很大的刺激作用。在组织中补充一些在背景、价值观、态度和管理风格方面均与当前群体成员不同的个体，一方面可以调整内部人员的结构；另一方面还可以对内部人员施加一定的压力，激励他们奋发向上，产生激发企业活力的"鲶鱼效应"。组织工作团队时，可以有意识地在人员配置上将思维方式相异、知识技能结构不同的人组合在一起。研究表明，异质性程度较高的高层管理团队较之同质性较高的团队更能做出高质量的创新决策，尤其是在解决那些复杂而又没有任何可借鉴方法的问题时，由具有不同知识技能和观点的人构成的团队往往有更高的工作效率和质量。

领导在团队中，特别是管理团队冲突中发挥着不可替代的关键作用。Kotlyar 和 Karakowsky（2006）的研究发现，不同领导类型会在团队成员中产生不同水平的认知冲突（或任务冲突）和情感冲突（或关系冲突）。衡量领导行为的两个维度——关系导向和任务导向，对关系型冲突和任务型冲突有更好的对应。关系导向的领导关注人和关系，有利于增加合作，提高下属的满意度。典型的关系导向领导行为包括支持、发展、认识、咨询。显然，这种领导行为与群体内的关系型冲突负相关。与之相对，任务导向领导更加关注与任务有关的事情，包括计划和安排时间表、明确群体成员的职责、协调下属之间的活动、提供必要的帮助。这一类型的领导也承担着帮助团队成员合作的职责，但是他们协调的合作更多的是功能型的，而不是关系型的。任务导向型的领导行为可以通过明确下属的义务职责，减少群体内的任务型冲突实现。

在团队中，往往由于团队成员对所讨论问题的不同见解而产生冲突，如何解决这种冲突以增强团队有效性成为领导面临的问题。任务型的冲突或者认知型冲突可以提供改进决策的动机，加深对问题的理解，充分考虑不同的意见。因此，对于这类冲突不应该压制，而应该保证在一定水平上。但是，关系冲突或者更为激烈的冲突会阻碍群体达成一致意见，应该努力避免。团队领导应发展团队内的信任与互相尊重，培养成员之间的合作，建立开放性的沟通准则，鼓励每一名成员积极参与，利用建设性冲突增强团队有效性，同时避免冲突的危害。领导在冲突中的作用总结为如下几点。

（1）团队的作用是帮助团队成员成长并实现自身价值，进而实现团队成员利益的最大化，并通过团队成员利益的最大化来实现团队利益的最大化。团队的每一个行为，都不能背离这个原则。

（2）制定一个价值标准，并制定一个符合这个价值标准的制度。比如生产线，完成量最多且质量最好的，受到最高的待遇。

（3）利用"利益驱动"来引导这个价值标准。符合价值标准的行为，奖励；违背价值标准的，惩罚。在日常工作中，注意引导价值导向，让大家时时刻刻能够意识到部门的价值取向是什么，并通过给予利益驱动来引导大家向这个方向发展。比如，要求大家写案例的时候，可以在每个月总结一下谁写案例了，谁写的案例水平高，等等，并予以通报表扬外加星巴克咖啡进行奖励。如此下来，写案例的风气就会形成。

（4）团队管理的一个重要任务是帮助团队成员发展，让团队成员不断成长。从利益的角度来看，利益预期也越来越高。常用的手段包括培训等。

（5）透明化管理。团队成员的眼睛是雪亮的，你可以欺骗一时，但绝对欺骗不了长久，因此妄图通过信息的控制，夸张一点说是"欺骗"来管理，只能适得其反，是非常不明智的。从团队成员的角度来看，思考角度的局限性以及信息的不对称性很容易导致猜疑，带来不必要的麻烦。所以，管理的透明化非常重要。

（6）个性化管理。团队的利益最大化是建立在团队成员利益最大化的基础上的，只有每个团队成员都实现自身价值，充分发挥自身能量，团队的利益才能得到真正的最大化。但是，前面已经提到了，团队有团队的标准和利益，团队成员有团队成员的价值标准和利益，两者肯定是矛盾的，这个时候就需要沟通，帮助团队成员修正他们的价值标准和利益，使之符合部门的价值和利益。另外，作为领导者，也不可能完全了解团队成员的付出、特点等，这也需要通过沟通来弥补。

案例：团队中的冲突领导力

有一天，销售团队中两个员工因为一个重要客户的归属问题发生了冲突。他们两个人一同来到经理的办公室，要经理就该客户究竟由谁管理做个决定。下面是几位领导的讨论。

李经理：我的做法是直接做出决定，将那个客户的归属直接交给其中的一个员工。并对另一名员工承诺，会以其他方式给予补偿，这样我就能平衡他们之间的利益。

Chris：你能说说这样做的理由吗？

李经理：因为这样做可以让团队更和谐，不伤和气。

Chris：的确，这样做是有这样的好处。张经理，你会怎么做？

张经理：我会把他们打发走，并对他们说，"这是你们之间的事，你们自己解决"。我的理由是，员工应该具备独立处理冲突的能力。不应该将冲突拿到经理这里来。否则既会牵扯经理的精力，也不利于团队成员的成长。

Chris：有道理。王经理，你会怎么做呢？

王经理：我会跟他们说，"你们先沟通，寻找解决办法。实在解决不了再来找我。但在找我之前，我希望你们已经完成全面的交流，并真正理解了彼此的立场和期望"。"当然我有个要求，就是沟通过程中，不要有人身攻击。"我每次都会在最后加上这句话。

Chris：你的理由是？

王经理：我觉得冲突管理的技巧不仅是每一个经理都应该掌握的，也是每一个员工都应该掌握的，因为我们的工作和生活都无法完全避免冲突。如果员工一有冲突就来找我，那会占用我很多时间和精力，影响我的工作效能，同时也不利于提升员工应对冲突的能力。还有，如果这种冲突不是发生在团队内部，而是发生在员工和客户之间，员工没有独立处理冲突的能力的话，团队的利益会受到影响，因为在那种情况下，员工不可能拉着客户，一起来找我这个经理对冲突进行处理。

但是，如果我完全不对冲突进行干预，则可能发生另一种情况，那就是会让冲突升级，从而可能引发冲突双方彼此攻击，而不能够将"冲突"作为一个共同的问题去面对，去寻找解决方案。

在我的团队中，我鼓励直面冲突，但却不放任冲突的发展。鼓励直面冲突的目的是帮助冲突双方明了彼此的利益或任务边界；不放任冲突的发展则是要控制冲突不上升到破坏双方合作关系的程度。

九、避免冲突学反馈艺术

（一）如何有效地提出反馈意见

"要给员工设定一个努力工作的目标，而不要让传统成为他们努力想要挣脱的枷锁。"

——哈尔·普洛特金（Hal Plotkin）

一般来说，在提出反馈意见时，要把重点集中在提高工作效率上，千万不要有先入为主的想法，也不要把意见反馈等同于批评。要确保你所提出的反馈意见是面向未来的、你所提出的问题在将来是有改进空间的。假如某一举动或行为是个一次性事件，那就完全没有进行意见反馈的必要。

1. 营造一个大家普遍乐意接受的工作氛围

有什么样的团队领导者，就会有什么样的团队风气、什么样的工作氛围，甚至是团队文化。一定要利用你的这一特权让大家在思想上达成共识：反馈是对双方都有好处的一次意见交换。

反馈是一种互利行为，你可以通过下列几种方式来帮助大家实现这种态度上的转变：

反馈应以明确的工作期望值为基础。

个体之间或团队之间需就改进或提高哪些方面达成一致意见。

对出色的表现给予肯定。

把反馈看作是一个持续的过程，而不是偶尔进行的一次武断的评价或惩罚。

建议：如果反馈意见的接受方认为反馈意见的提出方人很可靠，而且是善意的，那么反馈就会收到非常好的效果。

2. 在正式的意见反馈会议开始之前做好充分的准备大多数意见反馈都是对即时情况所做出的即时反应，而正式的意见反馈会议则会使你的学习和发展过程变得更加有序。你可以从以下几方面来着手为正式的意见反馈会议做好充分的准备：

收集你所需要的所有相关数据、事实和信息，只有这样你才能针对所要讨论的问题提出一个客观的观点。

好好考虑一下反馈意见接受方的观点，好好想想他是谁，以及他想如何发展。

预测一下他会对意见反馈会议做何反应。

可能的话，尽量调整你自己的沟通风格去迎合他的风格。（比如，如果他是一个外向的、善于交际的人，那么在提出反馈意见之前，你就要乐观、高调地从他的工作谈起。）

在提出反馈意见时，要对类似性别、种族、年龄或者其他方面的分歧等问题保持高度的敏感，不要让这些方面的问题影响到意见反馈的效果。

3. 要是你会怎么做?

每次都不欢而散

当罗恩看见凯蒂几乎摔门而去的时候,他真不知道该如何是好。他十分确定她确实是摔门而去的。她为什么每次都怒气冲冲地拂袖而去呢? 似乎每次只要他试图想要帮助她提高她的工作能力,她就会变得非常敏感。而这次他分明是非常礼貌、客观地告诉她一个事实:她的办公桌实在是太乱了,已经严重影响了她的工作效率。有时她会把东西放错位置,然后再花大量时间到处乱找,而这在罗恩看来确实是非常浪费时间。这有什么好难的? 也许你认为他应该坦诚地告诉她,如果她不接受别人的意见,她就走人。但这几乎是不可能的,因为凯蒂确实是个不可多得的人才:她有着很强的人际沟通能力,有很多创造性的想法,有股永不服输、坚持到底的韧劲儿。既然她能把很多大事处理得很好,那么他们就没有必要把时间浪费在讨论这些小事上。相反,他们应该把焦点集中在那些有改进和提高空间的问题上,这是罗恩的真实想法。但为什么他的方法对凯蒂不起作用呢?

"如果组织制度的特征是鼓励大家多进行一些公开的意见反馈,或者是鼓励大家多提出一些积极的、有建设性的意见和建议,那么员工对组织的忠诚度就会更高,自我价值感就会更强,他们就更愿意学习、更容易发生改变。"

——杰米·O. 哈里斯

4. 使改进型反馈意见会议效率更高的五个步骤

相对于正强化型(correltwereinforcement)反馈意见来说,提出改进型反馈意见(corrective feedback)的难度会更大一些。尽管如此,它却是领导者用来提高个人工作效率和组织生产力的一个至关重要的工具。

(1)确定员工的具体行为。员工的报告写得太过冗长? 员工上班迟到? 接电话的时候声音太大? 在与他面谈时,你的表达一定要尽量具体、准确。比如,不要说:"亚历克斯,你上班总是迟到",而要说:"亚历克斯,上个月你有八次迟到了一个小时"。

措辞一定要慎重,要时刻把注意力放在对方身上。比如要说:"我想确保你听懂我的意思了",而不要说:"我想确保我把我的意思表达清楚了"。

(2)少说多听。尽量不要说太多话,要学会倾听。一旦你向员工描述完他的问题行为后,你就要尽量鼓励他多做些自我评价,然后再密切注视他的反应,而且你要尽量一边用心倾听他说的每一句话,一边解读他的肢体语言。

主动地听。要密切关注员工所传递的信息及其背后所隐藏的含意，而不要只关注你自己的反应。尤其要特别注意他在描述什么、他的肢体语言反映出他有什么感受，以及他使用了什么样形象化的比喻和暗喻。

用你自己的话来解读员工所说的话。你可以用不同的词来重复员工的反应，通过这种方式来告诉他你听懂了他所说的一切。如果你确实没听懂，你就多问几个问题，直到你们两个人都确定完全明白对方的意思为止

建议：一定要针对对方的工作表现、工作技能和行为这几方面来提出反馈意见，因为这些方面更容易改变。

"注重行为而不是结论。"

——杰克·H. 格罗斯曼（Jack H. Grossman）

和 J. 罗伯特·帕金森（J. Robert Parkinson）

5. 使改进型反馈意见会议效率更高的步骤

①确定员工的具体行为。

②少说多听。

③就问题本身达成一致意见。

④就行动计划达成一致意见。

⑤跟踪反馈。

（3）就问题本身达成一致意见。在说出了你的担心并倾听了对方的回答之后，确定问题就变得容易多了。但事实并非总是如此，因为表面行为有时可能会导致更深层次问题的产生。比如，如果员工上班迟到，也许你们两个人都认为这是个问题，但你并没有看到造成他迟到的潜在原因：有可能他是因为家里有事才迟到的；也有可能他是因为对工作不满不想来办公室；还有可能是他认为只要把该做的工作做好就行了，至于上班的时间是早点儿还是晚点儿都无所谓。

在着手制订行动计划之前，你要先退后一步并总览全局。千万不要怕犯错误，因为你们双方都会从这个互利的过程中学到很多东西。

建议：在反馈会议上，要尽量让对方感到舒服。两个人不要分坐在桌子的两侧，也不要接电话。

（4）就行动计划达成一致意见。一旦你确实了问题之所在，你们就可以共同制订一个行动计划。该行动计划应该旨在解决最棘手的问题，比如，如果上文提到的那个员工上班经常迟到的话，他的行为就会严重打击那些按时上班的员工的积极性。

可以尝试着用几种不同的方法来解决这个问题。你可以：

给他一些诱惑：给他安排一些他所感兴趣的、让他觉得满意的工作，作为对他按时上班的一种鼓励。

给他立些规矩：要求他动作快些，并明确告诉他如果他还是拖拖拉拉的，他将会面临哪些后果（比如，拒绝有办公室特权）。

采用别的办法：团队可以实行弹性工作制，这样一来，在规定的范围内，每个人都有几次选择不来办公室的权利。

建议：如果你断定确实存在问题，那么你一定要拿出一个明确的证据，并说明理由。

建议：在反馈会议上，一定要控制好你的肢体语言：不要打哈欠；不要闲得无聊在那儿摆弄手指，把手指关节弄得嘎嘎作响；也不要盯着窗外看。

你可以这么做

6. 还记得罗恩的两难处境吗？

专家提出如下建议：

如果罗恩主观上认为凯蒂确实存在问题，我想他首先应该反思一下他自己的动机。如果凯蒂确实是个不可多得的人才，有着很强的沟通能力，很有创造性，又有股永不服输、坚持到底的韧劲儿，那她身上所谓的问题到底在哪儿？是罗恩出于个人的需要而对凯蒂发号施令并企图控制她？还是他确实为了凯蒂好才给她提出反馈意见，帮助她去改变和提高？是她胡乱放东西而浪费了许多时间这个问题确实影响了其他人？还是对他人无所谓，只是让罗恩感到大为恼火？至于她的办公习惯问题，他完全可以选择视而不见，如果确实有必要去解决这个问题的话，他可以选择一种更加明智的方法来提出反馈意见，这样的反馈会收到更好的效果。

其次，罗恩认为"没有必要把时间浪费在对她大加赞扬上"，但事实刚好相反。如果罗恩能够转而对凯蒂大加赞扬，他必定会有很大的收获。凯蒂把所有的大事都做得非常好，可罗恩非但没有给她提出正向的反馈意见，反而对她的一个小缺点横加指责。这样一来，凯蒂就会认为罗恩在无故找碴儿，而且还会认为他这个人天生就很刻薄。不但如此，凯蒂还会觉得他似乎完全忽视了她所做的那些正确的事情，她自然会产生一种挫败感。所以，要多花些时间给她提一些正向的反馈意见（事实证明这是非常值得的），尽量少要求她去改正那些无关痛痒的小缺点。也许这会改变她听到反馈意见时的感受，以及她对上司的看法。

建议：记住：有意义的奖励可以强力刺激别人做出改变。

（5）跟踪反馈。为了员工本人、为了团队，也为了整个组织，千万不要在会议一结束后就立即停止改变的过程，要继续看看他是怎么做的，以及他有没有严格按照已经达成一致意见的行动计划去做。如果问题并没有得到解决，你可以巧妙地利用更多非正式的场合来提出你的反馈意见，你也可以转而采取一些更为严厉的措施。

建议：如果你已经看到了正向变化，那就一定不要吝啬你的赞扬和认可。

（二）如何虚心接受反馈意见

"能否在市场中取胜越来越依赖于学习，然而大多数人都不知道该如何学习。"

——克里斯·阿吉里斯（Chris Argyris）

具有建设性的反馈意见给人的感觉就像是赞扬，而改进型反馈意见则听起来非常刺耳，让人难以接受，若想让人虚心接受并尝试着做些改变则更是难上加难。从某种程度上来说，尽管当别人建议你要提高你的能力、改变你的态度，或提高你的工作效率时，你总会有一种戒备心理和抵触情绪，但实际上，虚心地、不抱有任何成见地接受反馈意见与提出反馈意见是同样重要的。

1. 我们为什么会有戒备心理和抵触情绪？

那些所谓优秀的专业人士常常会对自己说："到目前为止，我几乎无所不知，毕竟我一直都在努力工作，我的技艺精湛，而且我对工作从未有过一丝一毫的懈怠。"

之所以会有人给你提出改进型反馈意见，那说明你犯错了，或者从某方面来说，你失败了。许多专业人士都对自己感到非常骄傲，因为他们总是能够高质量地完成工作。然而，对于其中的大多数人来说，失败本身就是一种威胁。内在逻辑（internal logic）认为，若要保持不败记录，一个最好的办法就是一直做到完美无瑕；若要一直保持完美无瑕，你就必须得死死地抓住你已经知道的那点儿东西不放。因此，内在逻辑认为：永远不要学习新技能，不要有新思想，不要运用新方法，也不要有任何新行为，这样你就永远不会失败了。

一旦竖起了戒备心理和抵触情绪这道屏障，即便是最好的反馈意见也会从这道屏障弹射回去，转而去归咎于另外一个人：要么抱怨上司不公，要么责怪顾客太过愚蠢。

2. 勇于尝试变化

接受反馈意见的一个秘诀就是要虚心倾听反馈意见，并承认你可以从错误甚至是失败中学到很多东西，最重要的一点是，你主观上必须是想要学习的。总之，我们的学习必须是一个持续的过程，尤其是在这个瞬息万变的世界里更是如此。

（1）为反馈会议做好准备。既要为会议的场所做好准备，也要为所要讨论的话题做好准备。

选择一个让双方都感到舒服的时间和地点。

在会前仔细而全面地考虑一下所要讨论的问题。先确定你的观点是什么，然后再去收集一些与此相关的信息，最后想一想你当下会有什么样的反应。

确定你想要从反馈意见中学到些什么。

建议：记住，你有权通过其他信息源来检查你所收到的反馈信息。这可以帮助你证实你所收到的反馈意见的真实性。

要是你会怎么做？

3. 实在是太热了

玛吉和她的哥哥蒂姆一起去海边度假，这让玛吉觉得高兴极了。他们谈到了她的新工作。这个新工作哪儿都好，除了一点。玛吉抱怨说，每当她跟大家谈起她的工作时，她感觉大家好像都在有意避开一些敏感话题，都不愿意和她深入交谈。蒂姆目光熠熠地猜测说，也许大家想说的都是她不愿意听的。而且她一直都很敏感，经受不住一点儿批评，如果有人冒昧批评她一下的话，她马上就开始难过。一听到这里，玛吉立刻就开始生气了，而且感到自己很受伤，于是她开始反驳她的哥哥。她心想，他怎么敢这么说我呢！蒂姆笑着说她老毛病又犯了。也许蒂姆是这个世界上唯一敢对她说这种话，而又不会严重伤害到他们之间关系的人。海水和阳光使玛吉比平时更加愿意反思。也许他是对的。是不是因为她听不得半点儿批评意见，所以大家才不愿意告诉她一些重要的事情呢？她能消除自己的戒备心理和抵触情绪吗？

4. 在正式会议中接受反馈意见的步骤

①为反馈会议做好准备。

②虚心倾听提出的反馈意见。

③慎重、理性地做出回应。

④明确你能从反馈意见中学到些什么。

⑤与反馈意见提出方共同制订一个改进行为的行动计划。

⑥在执行行动计划时，尽量寻求反馈意见提出方的帮助。

（2）虚心倾听提出的反馈意见。说起来容易做起来难，除非你能够消除你的戒备心理和抵触情绪，认真倾听反馈意见，否则会议只会是在浪费大家的宝贵时间。

如果你觉得到时你可能会有些不安，那就提前制订一些能够使你平心静气的策略（比如，深呼吸、短暂休息一会儿等等）。

认真倾听并尝试着理解对方的观点。但凡你对反馈意见中的任何一方面心存疑虑，你都可以提出疑问。

不要急于为你的行为辩护，要等机会成熟再做出回应，并清晰地列出你的观点。

（3）慎重、理性地做出回应。记住，提出和接受反馈意见的过程其实就是双方（或多方）之间的对话过程。高效的会议会使双方都有所收获。你的回应中可能会透露一些就连反馈意见提出方都不知道的信息，这不但能加深大家对同一问题的共同理解，而且还会大大提高你的行为发生改变的概率。

（4）明确你能从反馈意见中学到些什么。当你和反馈意见提出方就某一问题深入交换意见时，你必须明确你想从意见反馈的过程中学到些什么，因为毕竟意见反馈的主要目的是帮助提高你的业务水平。如果你的业务水平提高了，个人也发展得更好了，那么你的公司也会从中受益。

仔细考虑一下反馈意见和要求改进的正确性。

仔细考虑一下反馈意见提出方的真实目的。他想从反馈会议中得到什么？

此人对于具体情况有一定的了解吗？

你与反馈意见提出方之间是什么关系？他是你的上司、你的同事，还是你的客户？这种关系会影响你对反馈意见所做出的回应吗？

你们就哪些事实达成了一致意见？有没有彼此无法达成一致意见的地方？

此人愿意与你一起努力并帮助你提高吗？

将来你会如何提高？

（5）与反馈意见提出方共同制订一个改进行为的行动计划。如果你不参与行动计划的制订，你就会觉得它与你无关。行动计划中只列出那些你明确知道自己能做到的事项。

（6）在执行行动计划时，尽量寻求反馈意见提出方的帮助。别指望别人给你拿出一个现成的行动计划，也别指望把行动计划抛到九霄云外。在执行行动计划时，要尽量去向反馈意见提出方寻求帮助。比如，你可以先设定完成那些小目标的时间框架。千万不要忘记向反馈意见提出者表示感谢，因为从某种意义上来说，这是他送给你的礼物。

你可以这么做

5. 还记得玛吉的两难处境吗？

专家提出如下建议：

我们周围有很多人都有和玛吉一样的问题。在玛吉的世界里，她的自我形象大多建立在她从自己的角度出发来对自己进行的评价上：她认为自己一直都在全力以赴，工作一直都很努力，她所做的一切都出于一片好意。所以，她就把自己定义为一个好人，但她却意外发现，她很难接受别人的批评意见。然而，当我们沉浸在从自己的角度出发来作自我评价的莫大快乐中时，我们可能完全忽略了我们自己的意图和行为方式会对他人造成什么样的影响这一问题，这两者之间有着很大的差距。而恰恰是因为这种忽略才使得我们在面对批评意见时会本能地产生一种戒备心理和抵触情绪："我本意是为大家好，可大家为什么还要批评我呢？"

当我们意识到别人对我们的看法和我们对自己的看法这两者之间存在差异时，意见反馈就会成为提高我们的学习能力和自我意识能力的一个有力工具。如果我们能把意见反馈看作是一个帮助了解我们的本意和我们真正的行为对别人所造成的影响这两者之间差距的工具，那么我们就会渐渐把反馈意见看作是一份礼物而不是一种攻击。如果玛吉变得更有好奇心、更愿意主动和大家聊天的话，在面对反馈意见时，她很可能会消除她的戒备心理和抵触情绪。比如，当她在和同事谈论她的工作时，她就会变得更愿意倾听、更愿意去仔细体会她说了多少，以及她征求了多少她同事的意见。如果她能够学着去征求别人的意见，并本着一种想知道他们会说些什么的心态去倾听的话，即便他们说的都是些批评的话，也许她和同事之间会有更多进行开诚布公对话的机会。

（三）如何对意见反馈中的问题进行管理

无论是提出还是接受反馈意见都不是件容易的事，需要双方都抛开成见、敞开胸怀，不但要虚心接受所提出的反馈意见，看到它所能够带来的根本利益上的变化，而且还要对另外一种可能性，即反馈意见可能是建立在错误的假设基础之上的，持一种开放的态度。如果双方都认为反馈意见确实有真正的价值和意义，那么他们就要把全部注意力都集中在所提供的信息上，要慎重对待，不要匆忙行事。如果做不到这一点，每个人都有可能会碰壁。

也许你认为提出反馈意见并不是件容易的事，因为你：

觉得反馈意见都是否定的、无益的。

担心对方会因此而讨厌你。

担心对方会因你提出的反馈意见而变得手足无措。

以前曾有过类似的经历，即给对方提出反馈意见后，他不但没有接受，而且还心存敌意。

觉得反馈意见不值得让你去冒这个险。也许你不愿接受改进型反馈意见，因为你：

总是急于找借口为自己辩护，而且会马上竖起一道心理屏障，把可能提出的批评意见挡在心理屏障之外。

觉得这些要求你改进的意见和建议伤害了你的自尊心。

以前有过类似的经历，即反馈意见没有起到任何帮助作用，或者根本就没有证据证明它是正确的。

甚至当你收到肯定的反馈意见时你都会觉得不舒服，因为你：

不想脱离群众。

觉得其他人会对你心生妒忌。

反馈意见至少是两个人之间的互动，因此在许多情况下，即便双方都坦诚相待，反馈意见也颇有成效，彼此之间的沟通还是有可能会出现意外。以上所列出的这些问题是再正常不过的，但其理由却是站不住脚的，因为虽然意见反馈可能会伤害到彼此之间的感情，但它对整个组织的健康发展确实是大有裨益。因此从这个角度来说，意见反馈不但是非常值得的，也是非常必要的。

建议：公开表扬，私下批评。

然而，在有些特殊情况下，意见反馈可能会导致出现一些常理之外的问题，彼此之间的关系可能会对公开地或直接地讨论问题产生影响。比如：

向上级提出改进型反馈意见会很尴尬，甚至还有可能会影响到你的职业前途。

与沉默寡言的人进行沟通会影响意见反馈的进程。

在大家情绪都很紧张的情况下提出反馈意见会对彼此之间的关系造成本质的伤害。

提出不合适的反馈意见弊大于利。

要是你会怎么做

1. 从这一刻开始

上午9：54，贝齐走过劳拉的办公室并和她打了声招呼，劳拉看了一眼电脑显示器上的时间。她迟到了近一个小时，且刚刚错过了一个很重要的团队会议。劳拉决定在事情发展到无可挽回的地步之前立即着手解决。于是她给贝齐发了一封电子邮件，让她11点到她办公室来一趟，然后她深深吸了一口气。自从劳拉和贝齐成为好朋友之后，贝齐的工作就变得非常懒散。现在她竟然还习惯性的迟到、早退，而且连上周的周报告都没有交。劳拉有种任人摆布的感觉，这让她感到非常气愤。所有其他人都看到贝齐在偷懒。现在是10：05，劳拉还有不到一个小时的时间来想清楚该如何处理这种让人觉得不舒服的情况。

2. 向上级提出改进型反馈意见要三思而后行

记住，对于大多数人来说，接受改进型反馈意见并不是件容易的事，而接受来自下属的改进型反馈意见则更是难上加难。

包括你在内的全体团队成员都注意到一个问题，那就是你们经理在对团队工作进行评价时，存在前后矛盾的问题。结果，有些团队成员因为担心自己会在一些无谓的小事上出差错而给自己惹来不必要的麻烦，所以他们就竭尽全力地去把这些小事做得尽善尽美，结果却本末倒置，忽视了那些重要的大任务。你和其他团队成员针对这一问题进行了一番交流，大家一致同意由你来向你们经理提出反馈意见。你会如何针对他所犯的这个管理上的错误而给他提出反馈意见呢？

（1）确定该问题是否值得你采取行动。比如，如果上级领导的某些行为所造成的影响可以在团队内部得以纠正的话，也许你就没有必要去和上级领导进行面谈了。运用下面这个关于"向上级提出反馈意见"的工具表来帮助你做决定。

3. 向上级有效提出改进型反馈意见的步骤

①确定该问题是否值得你采取行动。

②作精心的准备。

③提前预约反馈时间。

④说明问题所在以及其对团队所造成的影响。

⑤密切注视上级领导的反应。

⑥采用建议或请求的方式。

⑦核实一下双方所达成的一致意见和所做出的改变承诺。

（2）作精心的准备。在这种情况下，你需要提前做一些精心的准备。设计一下你该如何陈述问题，并收集一些关于笔记、备忘录、工作描述、事件、日期、行为、反应和结果等方面的相关信息。

（3）提前预约反馈时间。不要让你的领导感到很意外！让他知道你想私下里和他商量一个重要问题，并询问什么时间、在哪里面谈对他来说比较方便。

（4）说明问题所在以及其对团队所造成的影响。如果对方的性格允许，当下的情况也允许的话，也许你更愿意以一种更加友好、更加乐观的方式开始你们之间的谈话。但事实上，在提出反馈意见时，你的谈话方式应该是越直接、越简单、越准确越好，而且一定要对事不对人，也不要用批评指责的语气和领导说话。

你可以这样开始谈话："我想和你谈谈该如何安排 X 项目的几个任务的先后次序。"

有些人虽身为领导，但做事却总是前后矛盾，这样一来就会严重影响团队的工作效率。所以，在进行意见反馈时，你务必要把这种负面影响说得具体些，越具体越好。

你可以这样说："马特和希瑟太过于关注版面格式的那些细节问题了，却没有拿出一些有实质性意义的内容。"

（5）密切注视上级领导的反应。密切注视他的肢体语言。他情绪有些紧张了吗？他把座位向后移了吗？他是双手交叉抱于胸前吗？所有这些信号都说明他想要疏远你。如果他是身体前倾在仔细倾听并频繁点头，这说明他想要了解事实的真相，他想要知道问题所在，这是积极的信号！

当然了，只有从他和你的对话中，你才能判断出他是否知道问题所在，以及他是否会虚心接受反馈意见并及时对自己的行为做出调整，这才是最为重要的。你可以偶尔问问他："这样做有意义吗？"这也是对他的一种鼓励和引导。

（6）采用建议或请求的方式。除非事情朝着不利的方向发展，否则在你陈述完问题之后，最好马上给出一个合理的解决方案。这样一来，你就会知道他是否真的愿意接受这一挑战。如果他愿意，他就会和你一起研究改变现状的种种可能性。

（7）核实一下双方所达成的一致意见和所做出的改变承诺。虽然整个反馈过程看似进展得非常顺利，但你还是要确保双方对所做出的承诺已明确无误了才行。在谈话结束前，你还要问一个问题："如此说来，我们是不是都同意把注意力全部集中在那些优先级别最高的任务上了？"你只需你的上司简单地说一句"是的"就足够了。

最后，要把整个意见反馈的过程全部记录下来，其中也包括结果。

4. 知道什么时候提出反馈意见会无济于事

有时你会发现，你的一个直接下属始终没有发生任何变化。虽然你们已经进行了多次意见反馈，也曾就行动计划达成了一致意见，并树立了成功的标志，但他依然我行我素，依然犯同样的错误。他没有发生实质性变化的原因可能会有很多：也许他根本不在乎，也许他觉得没有改的必要，也许他并不认同你的管理风格，如此等等。然而，过不了多久，你、你的团队以及你的组织就不用再为他所做的（或没做到的）而感到头疼了。那具体要怎么做呢？让我们为他指一条路。

针对他的问题，想一想还有没有什么别的好办法。

先和人力资源部取得联系，并争取得到他们的建议和帮助，这不只是为了该员工好，也是为了你自己好。

试着再开一次反馈意见会议，但这次要邀请另外一个人加入进来，比如人力资源部的一个代表，让他来见证整个过程。

准确记录下该员工说了什么、怎么说的、他同意了什么、他哪些地方表现得比较好、哪些地方表现得不好。

记住，你是在为与此事有关的所有人做一件大好事。

建议：在与词不达意或沉默寡言的人打交道时，你一定会觉得很郁闷，但千万不要表露出你的真实情绪。

5. 与不善交际的人共事要有足够的耐心

在与安静、内向或者沉默寡言的人打交道时，你要有意放慢意见反馈的进程，你的语速要慢，而且中间停顿要长。

最重要的是，你要问一些开放式的问题，即那些需要做出回应的问题，比如："你告诉顾客我们无能为力，请问你的基本理由是什么？"或者"你是怎么准备报告的？"这种类型的问题需要对方给出具体的解释，而不是简单地回答"是"或者"不是"。而且这类问题会让对方觉得你想更多地了解他的观点，而不是主观地想要把你对问题的看法强加给他。

6. 小心应对不安定的情况

如果当事人当下觉得很烦或很生气，那你就要等他们的情绪平静下来以后再进行意见反馈。

甚至有时候，虽然他们表面看起来很平静，但他们的情绪随时都有可能会失控。因此，从这个意义上来说，一定要做好如下准备：

如果对方因太过激动而情绪失控，你该如何应对？因此要做好充分的准备，并反复演练。

把反馈意见的主要观点记录下来，这样在提出反馈意见时，你就不会走神，也不会忘记重要观点。

尽量保持冷静。语速要慢，吐字要清晰。

尽量避免做出一些可能会被误认为是判定性的评价。

争取就一些细节问题达成一致意见，比如发生了什么、什么时候发生的等等。

你的反馈意见一定要简单明了，而且每次只谈一两点。

7. 避免提出不合适的反馈意见

在面对一个让人觉得不愉快的场面时，一般人都会选择逃避，这是所有普通人最正常的反应。在进行面对面的意见反馈时经常会遇到这种情况，但如果某个领导对反馈过程感到非常不自在，或是不愿意花时间来进行意见反馈，那么他就会采取一些不但另类而且效果也不怎么好的方法来进行意见反馈。

一家计算机网络公司每天都会接到大量的客户投诉电话，投诉公司客服人员在服务过程中犯的一些小错误。其中一个客服人员叫冈萨洛。尽管有时冈萨洛对客户投诉的问题也感到无能为力，但每次他都会尽全力去安慰他们、帮助他们。一次，一个客户投诉了一个问题，这个问题就连维修队都解决不了，结果这个客户对冈萨洛大发雷霆，这使得原本就感觉非常郁闷的冈萨洛一下子变得情绪失控，他一股脑儿地把所有的怨气都发泄在了这个客户身上。

该客户一气之下要求经理接电话，并正式向他投诉了他的客服人员在电话中的粗鲁态度。随即，该经理给整个客服团队的每个成员发了一封电子邮件，信中写道："某位客服人员在电话中对待客户十分粗鲁，这件事引起了我的极大重视。这种违反职业道德的行为严重影响了我们的团队、我们的顾客，甚至是整个公司。我们绝对无法容忍类似事情的再度发生。虽然这看似一小撮人犯的错误，但我们不会让一条鱼腥了一锅汤，不会让少数害群之马损害了整个公司的声誉，甚至是前途。在为客户服务的过程中，你们每个人都必须拿出你们的专业素养，礼貌服务于客户。"

在这个案例中，该经理向全队提出的反馈意见是：我们绝对不能容忍任何违反职业道德事件的再度发生。而事实上，这一问题并没有真正得到解决。相反，他却：

使整个团队中的每个成员都感到惶恐不安，因为大家都不确定错误是哪些人犯的。

使原本就因备受客户折磨而苦不堪言的团队情绪变得更加紧张。

通过电子邮件这种非面对面的沟通方式达到了保护自己的目的。

没有给大家树立起一个"有专业素养的、尊重人的"典范。

没有给予他的团队以应有的支持。

没有真正查出问题所在。

没有真正解决问题。

而下面这种做法才是比较明智的，会收到更好的效果。

爱德华：冈萨洛，谢谢你能来见我。

冈萨洛：不用客气。有什么问题吗？

爱德华：有，也没有。你是一个相当优秀的客服人员，你是知识最丰富、办事最得体的员工之一。

冈萨洛：谢谢你！那么，到底出了什么问题？

爱德华：是这样的，我也想弄明白问题到底出在哪里。我大体上跟你说一下事情的来龙去脉。昨天我接到客户打来的电话，她说我们的一个客服人员在电话中的表现让她觉得很难过。她说这个年轻人不但没有给她解决问题，而且还很粗鲁。我让她仔细回忆了一下整个谈话的过程。听完之后我觉得这个客服人员把问题处理得很专业，他首先向客户解释了他们为什么暂时无法提供相关服务，然后又告诉客户他也不知道该项服务什么时候才能恢复正常使用。但当顾客强烈要求得到更多信息时，这个年轻人开始冲她大喊，并说他无能为力。

冈萨洛：嗯，我感觉你说的那个人好像是我。

爱德华：是的，经过调查我们发现那个人就是你。我知道这不是你的一贯作风，所以我想听听你对此事有什么说法。

冈萨洛：当时我确实对她有些粗鲁，对此我并不否认。昨天晚上我们大家都被折磨得筋疲力尽，因为我们想不出一点儿解决办法，这让我感到很懊恼。所以当她开始对我尖声嚷嚷时，我就没控制好自己的情绪。

爱德华：尖声嚷嚷？

冈萨洛：嗨，就是大喊大叫那种。我当时感觉她就是在冲我嚷嚷。

爱德华：当然了，你知道即便是再难对付的客户我们也要礼貌相待。

冈萨洛：是的，我知道。我很抱歉！我现在要怎么做才能挽回呢？

爱德华：是啊！我们现在该怎么做呢？怎么才能使情况有所好转呢？你刚才说你觉得很累。你们客服部门需要多增加一些人手吗？

冈萨洛：一般情况下是不需要的，但在出问题的时候，比如服务器无法正常使用时，我们确实需要增加一些人手。

爱德华：听起来像是工作计划安排方面的问题。我们可以专门组织一个后备力量来应对突发状况。你觉得怎么样？

冈萨洛：那太好了！谢谢你！

在上述这个例子中，这位经理花了一些时间去：

收集事实。

查出谁应该对此事负责（而不是去指责整个团队）。

与员工进行面对面交流。

发现深层次的问题。

提出具有现实意义的解决方案。

获得了员工的感激、信任和员工对组织的忠诚。

这才称得上是高效意见反馈中的典范。

你可以这么做

8. 还记得劳拉的两难处境吗？

专家提出如下建议：

劳拉已经收集了一些有关贝齐的客观事实：上班迟到、缺席会议、没有递交重要报告。但她自己也草率地得出一个结论，认为贝齐之所以会有这样的表现完全归咎于她私下里和她成了好朋友。她认为贝齐是在利用她们之间的友谊。基于对这种感情关系的预先判断，劳拉准备采取行动。总之，劳拉必须要向贝齐提出反馈意见，但她完全是从居高临下的角度出发得出的这个推论，这对于意见反馈来说是极其危险的。

劳拉必须要注意的是，她对贝齐的异常表现所得出的结论也仅仅是出于她自己的一种假设而已，并不是事实，所以在和贝齐见面之前，她应该暂且把这些假设和推论放在一边。她可以先告诉贝齐她所看到的一些具体问题：迟到、早退、缺席重要会议等等，然后再告诉她这些问题已经对团队造成了什么样的不良影响。最后，她可以问问贝齐发生了什么事，以及为什么会发生这样的事，接下来，她只需仔细倾听就可以了。也许贝齐根本没有意识到她自己的问题，也许是因为她有严重的个人问题干扰了她的正常工作。如果劳拉坚持认为贝齐是在利用她们之间的友谊（也就是说，如果她的推论完全是建立在主观臆断基础之上，而非客观事实基础之上），那么这次意见反馈无论对于她们哪一方，都不会起到任何作用。给贝齐提出的这种带有偏见的反馈意见听起来更像是对她的一种人身攻击，这不但不能解决问题，而且还会破坏她们之间的友谊。

十、冲突管理案例

（一）关系协调："比尔—劳埃德"案例解析

在这一节所讨论的案例中，我们将在顾问的帮助下针对某政府机构中的两个项目负责人之间的异议进行谈判。第三方不仅通过其角色特性做出贡献，同时也积极参与调解。

案例背景：两个项目主管之间的冲突

比尔和劳埃德是某机构管理服务中心的两个项目主管，第三方大卫，是一名机构组织发展项目中的外部顾问。这个项目强调人际关系中的开放性，并且有人际关系培训、工作小组，以及团队建设等经验。

比尔负责一个新系统的开发项目，在一月份，也就是案例开始之前。他已经做了五个月的信息网络项目主管。他所开发的系统能否被采纳尚未确定，他必须依赖于各层监督以确保自己与高层的利益一致，因为决定权在高层手上。这种不确定性使得他流失了很多团队中的优秀员工，而且他不得不依赖于另一个团队，也就是系统研究项目小组（这个小组也属于管理服务部门中的一分子）为其提供项目所需要的专业技能。这些因素影响了比尔和乔治下属技术人员之间的关系以及工作斗志。乔治是系统研究项目的主管，负责此团队的 OSP 项目。

几个月之前，包括比尔和乔治在内的双方员工都在为 OSP 努力，且他们在非工作地点见过面以促进团队建设活动并完成了一些项目工作量。组织发展部门的顾问，包括这个案例中的第三方顾问，帮助完成了这里提到的团队建设工作。此次会议增强了全体团队中成员之间的互相尊重以及互相信任，增强了两个团队之间的凝聚力。对于比尔来说更重要的是。他更好地理解了乔治团队的角色、作用以及其办事风格。全团队决定不能让 OSP 项目中的这种不确定性影响他们手头的工作。

这里所讲的办事风格，起初形成于工作场合之外的会面。并在其后的几个月逐渐巩固稳定，它涉及低级结构（没有僵化的角色固定，人员作用根据任务要求不同而改变）并提供更多的机会让专业技术人员为项目献计献策。这种流动结构和互相影响的过程需要投入更多的时间进行团队讨论。这种会议本身包含了工作任务和团队建设。这样一来内部运作的质量就大大提高了。

劳埃德在一月份成了 OSP 项目的系统研究联络员。乔治那时也刚刚调任到此。在之前的一年，劳埃德也面临团队项目的前景不确定性。他非常清楚在机构中明确团队状态、改善团队效率、提高团队功能的重要性。他本人并没有直接参与到 OSP 项目中。他的下属乔治负责处理项目中的人事。但是，劳埃德已经从团队中的两名员工那里听说 OSP 项目仍然方向不明确，积极性也不高。劳埃德一月份担任联络员时，他曾想重新整治整个 OSP 项目，调整他的员工和他自己的角色。

一件事激发了冲突。在一次大会中，OSP 项目的各方参与者都到场了，劳埃德说了一些话让比尔觉得很不舒服。

一月末的一次非正式会议中，比尔、比尔的直接上司还有大卫都参加了。比尔的上司要同时负责比尔和劳埃德的项目以及组织发展项目。比尔特别提到了劳埃德参与员工共同会议的问题以及双方的总体关系态势。他们力劝比尔与劳埃德开诚布公这些担心，去试着了解劳埃德之前在会议上为什么那么说，并建立起更好的工作关系。比尔已经决定要这么做，并希望得到顾问的帮助。大卫便参与其中，提供支持。

第二天比尔联系了劳埃德，并在自己的办公室安排了一次会议，时间定在午前，然后打电话问大卫能否参加。大卫同意参加并要求比尔向劳埃德解释他的与会原因（劳埃德与大卫从未见过）并征求劳埃德的同意。大卫之后说到将由比尔和劳埃德双方来决定自己作为第三方的作用。

看上去劳埃德不满意的是他的员工在 OSP 项目中的地位，他与比尔的任务分配以及大 OSP 项目团队的办公风格。而比尔对这几个方面明显是非常满意的。劳埃德试图让比尔重新审视这些问题。比尔行动很迅速，部分原因是想趁着大卫在场多解决些问题。无论如何，当他们在比尔的办公室会面时，双方都认为这次有关改善关系的会议是符合各自利益的。

启动对话会议

当大卫到达时，劳埃德已经在比尔的办公室里了。比尔介绍大卫是他邀请来的公司顾问。比尔问劳埃德是否同意大卫参加会议，劳埃德表示他很欢迎。比尔问劳埃德是否参加过组织发展团队发起的多种培训小组，劳埃德表示他参加过；然后大卫说明自己是公司外部咨询团队，也是公司培训小组的员工。这个简单的互相了解旨在明确大卫作为第三方的身份。

比尔先自己忙了几分钟其他事情，好让劳埃德和大卫熟络起来。这段时间基本都是劳埃德在说话。比尔过来结束了他们俩的讨论，然后三个人就移坐在了三张能够面对彼此的舒服的椅子上。第一个话题并不牵扯双方关系，然后大卫借口离开了几分钟。随后大卫回来后。他们开始了关于双方关系的讨论。

开篇不利

劳埃德率先说了一大串自己和乔治的不同之处，即之前和比尔共事过的乔治。而且劳埃德声称OSP项目中存在很多漏洞，他最初上任的时候就很想修补这些漏洞。他的论述中还包括以下几点：

首先，劳埃德不满意的是他的员工不仅没能参与项目"战略性构建以及大局规划"，而且还被分配到低层次的"计算机技术工作"中。劳埃德还说道："而且，如果你需要的只是这种类型的人才，或许我的团队就不应该来这里充当劳力。"

其次，劳埃德还认为他的员工在比尔的团队中的角色仅仅定位在咨询与建议。他觉得他的员工仅仅当智囊而不参与决策是不行的。

最后，劳埃德提出在比尔针对专业技术人员的管理模式下，他们的工作方式使得劳埃德对于参与OSP项目的自家员工毫无领导力。

他指出这样的现状是他所不能接受的。他提出的方案是：将他团队中工作于OSP项目的专业人员剥离，并永久性地分配给比尔团队，并特别强调，这样就可以让他的项目"获得自由，寻找新的客户，做点别的事情"。

劳埃德的提议听起来更像是谈判技巧，而不是正经的解决方案。或许劳埃德是想通过给比尔施压来创造谈判优势并向比尔说明不能就这么将他团队的付出视作理所应当。

对手戏

劳埃德一直在一个人发表长篇大论，比尔怎么也插不进话，终于比尔不再试图打断他，而是决定用默不作声作为回应。劳埃德突然停了下来，意识到比尔的不满，觉得也应该让比尔说说。

比尔回忆到他和劳埃德之间真正产生问题是始于那次大会。他不明白劳埃德意在何为。他说道："实际上，我现在的感觉也是一样，不知道你所说为何。"比尔之后对劳埃德观点的回应可以总结为以下几点：

第一，比尔不同意计算机技术人员所做的只是不参与整体规划的低层次工作，他认为劳埃德的员工是可以参与到战略性建设中的。

第二，比尔在描述他心中这两个团队的客户—顾问角色时说道："系统研究部门的员工应为信息网络部提供资源和建议，而只有信息网络部拥有最终的设计权利并负责与高层沟通。"因此，在这一问题上他们都同意存在分歧。

第三，比尔认为他的办公风格并没有削弱劳埃德对其下属，即乔治的领导力。比尔向劳埃德保证在这一点上有任何问题都可以提出来。

在双方都阐述了自己的观点并进行了反证后，比尔请求大卫给出意见。在大卫阐述自己的观点之前，劳埃德说他想直接问问比尔是否想从自己那里调几个员工。比尔表示反对，他说这种调任肯定不会被批准，而且他在专业人才方面的需求也是暂时的，所以就不用考虑调任的问题了。

深层挖掘：从团体间到人际间

大卫建议应该把这种换位讨论当作一种谈判。劳埃德说道："如果你还需要我的员工为 OSP 项目工作，那你必须要考虑我提出的要求。"大卫再次重述劳埃德的观点以及比尔的回答（即上述各个论点），重述加深了对问题的了解。在讨论完这些问题时，他们又谈论了一些其他问题。

劳埃德不欣赏比尔的领导风格，认为管理太过松散，缺乏结构，还出现了小团体。劳埃德更欣赏干脆和有条理的风格。而相反，比尔很满意现状并不想让劳埃德干预。劳埃德则强调比尔必须要考虑对方的感受和喜好。

劳埃德同样谈到他对于 OSP 项目有一些整体规划，但是由于掌握信息不够充分，还不能够实践这些想法。因此，他想再重新审视并更好地了解这个项目。在后面的讨论中，劳埃德承认他希望自己起码能够更多地参与到项目中，并且通过其专长和能力在团队中得到认可。在会议中途有几个电话打进来，在比尔忙着接电话的时候，劳埃德向大卫再次强调希望自己的能力能够被重视这一愿望。劳埃德还列出了自己曾全权负责过的一些系统开发项目。

而比尔这边并未显示出对劳埃德工作积极性的肯定，也没有回应劳埃德渴望受到重视的希望。大卫认为，比尔之所以忽略劳埃德的要求，原因很有可能在于劳埃德之前批评过比尔团队。大卫观察到，这种微妙的人际关系问题可能会影响他们进行有效的沟通，阻碍问题解决的进程。

这次会议的结果是安排了第二次双方会议来回顾已完成的工作并改进今后的工作进程。在进行会议总结时，比尔谈到他对于这次增强双方共识的会议感到很满意。大卫希望能单独与各方谈话，看看今后还能帮上什么忙。双方都表示这正合其意。

各方的作风和能力都大大提高了对话的成功率。劳埃德的直截了当是很好的品质，使得问题很容易浮出水面。比尔的善解人意也驱使他去倾听劳埃德的意见并重新审视自己是否太过刚愎自用。

第三方与双方进行谈话，了解了他们的观点，也加深了对问题症结的理解，当然各方对此既可以认同，也可以表示质疑。他们陈述问题的方式使得各方的立场更易于理解，更合理，也更容易被接受。这种相互理解的氛围，合情合理的要求以及不断清晰的症结，让劳埃德说出不被重视以及缺乏参与的现状使他感到担忧。

第三方决定利用镜面角色来调解问题，本质就是让各方自行商讨解决方案。例如，他等待比尔首先扭转总是由劳埃德掌控谈判这一局面。他相信这样一来双方就有机会找到他们自己的谈判平衡点。劳埃德认为大卫起到了很积极的作用。在读完这份报告后，他说道：

"我认为这份报告低估了大卫作为第三方的作用。把他说成了一个局外人，在我看来并不是这样的。他不仅一直在场，还积极又具有建设性地参与整个进程，作用还是很大的。比如有一次在我不紧不慢、滔滔不绝的时候，他提醒我也应该停下来听听对方的观点。人们更愿意听从来自没有利益相关的第三方的意见，尤其是在急需建议的时候……总的来说，我认为他不仅起到了催化作用，更是我们的一部分。"

交锋后的反馈与进展

那天午后，比尔非常心悦诚服地告诉大卫，他认为这次和劳埃德的会议非常有建设性。他认为通过这次会议，他与劳埃德达成了一定的共识，并且可以将这种对话继续进行下去。他认为大卫作为第三方促进了开诚布公的沟通。

在那次工作总结会的之后几天，劳埃德表示虽然他和比尔之间还存在分歧，但是他们已经有办法解决了。

劳埃德的想法表明，相对于之前，他已经不再那么担心自己的员工是能否被重用或合作团队的工作风格等问题了。他还认识到其实比尔的团队也没有过类似的经验，因此他也就不再强求立马找到解决方案了。在与他的上级谈话后，他还更好地了解到这种结构也只是暂时性的，而且就算今后要做什么重大决定，现行的结构也能做到不偏不倚。

劳埃德这样说道："我们已经取得了一些进展……我已经能够更好地接受这样的工作风格……会议之后就能更好地了解比尔的立场……而且我相信比尔也更好地了解了我的立场。在集体会议上，比尔总结了我们在他办公室的讨论，我觉得很满意……现在我们对分歧都持有很开放的态度。"

劳埃德表示大卫起到了很大的作用，像大卫这样不仅了解这个事态，还能保持中立的观察者立场的顾问他非常欢迎。

几个月之后，比尔读了这份报告后补充道：

"从长期来看，对话的效果比报告中描述得还要好。虽然劳埃德还是更偏向于条理分明的结构。但是，在一个月之内，事情进行得很顺利，劳埃德也感觉非常顺心。在一月份我们加深了对个人需要的了解后，我们发现劳埃德能够更充分地参与到项目中，对项目所做的贡献也非常突出。"

同时大卫也注意到同一时期劳埃德更加尊敬比尔了。

结语

比尔和劳埃德之间这种面对面的交锋带来的潜在和实际后果是什么呢？在矛盾随时可能加剧的背景下，这种交锋扭转了态势，并缓解了紧张情绪。最直接的作用就是帮助双方澄清问题。例如，比尔能够重述劳埃德的立场，劳埃德认为这表明比尔非常能够理解自己。因此可以更快更好地解决冲突。仅仅几周之内，劳埃德就表示自己感到放松了很多，并说他和比尔之间非常公开。后来比尔也表示仅在一个月之内劳埃德就非常适应自己的办公风格了，而且劳埃德也更多地参与到工作中，且做出了一定的贡献。这种轻松愉快的氛围和融洽的关系能够帮助他们更有效地处理团队间的冲突。

第三方的作用一部分要归结于其积极的贡献（控制互动，加深对问题的理解，诊断关系症结）。更令人感到惊讶的是，第三方仅仅通过出席会议这样简单的方法就起到了重要作用。起初第三方之所以鼓励双方当面说清楚问题是由于各方对他有所期待（支持，处理问题的技巧，所掌握的知识，洞察力）并且他曾在双方参与过的培训小组工作，这种身份的象征意义也是很重要的。在接下来的两个案例中，积极干预冲突、解决进程并亲自参与到各方工作中，将成为第三方角色意义的更加重要的方面。

（二）深度冲突处理："麦克—赛"案例解析

这一章节所讲述的冲突发生在一个经营规模很大的制造公司分公司的两个经理身上。在上一个案例中，既有人际冲突，也有部门间冲突。但是在这一章节所讲的案例中，人际冲突，尤其是情感上的冲突则显得更为突出。第三方顾问在四个月内的两次访问视察中，积极地参与了冲突管理与解决过程。此章节将对公司以及冲突背景进行详述。

案例背景：主管助理和调度员间的冲突

赛（主管助理）和麦克（调度员）之间的冲突就发生于印第安纳波利斯分公司的管理部门中。公司总部位于底特律。工业和日用消费品生产线都位于印第安纳波利斯。

这里的员工更新速度很快。现有岗位上的员工对自己岗位的工作经验几乎都不满一年。他们的前辈大多数都升职了，有两个离开了公司。现在的员工都希望能够升到更好的位置上去，但是，他们也了解印第安纳波利斯工作分派的特点就是"要么升职要么走人"。如果此印第安纳波利斯分公司某位经理想要晋升，那么他或她就必须得到底特律总部的认可和其主管的推荐。

大卫作为第三方顾问已经在此公司与各方共事了 15 个月。在一次一日参观中，大卫参加了员工会议并提出了几点意见。他同样也与员工一一见面，讨论公司问题与每个人的疑虑，并分享他个人对会议有效性的认识。

员工会议通常都开得非常低调随意，还时常夹杂点幽默。在会议上更多的是信息交流而不是做决策。虽然明文是鼓励大家各抒己见，但大家很少公开表示异议。顾问不在场时，他们也会偶尔试图像顾问在场一样进行工作回顾、分析和改进。

现在的主管和他的大部分员工都保持着良好的关系，且互相之间可以很坦率地交流。他定期和下属讨论公司中的工作关系，并鼓励大家互相评估，真诚交流。可是在他的员工之间却缺少这种工作上的公开态度。

主管还为顾问准备了缜密的"管理发展议程"。他不仅想要建立良好关系，还想知道关于他自己和其他经理的反馈以提高工作效率。主管和其他一些员工都参加了有关促进工作公开性，增强人际交往能力的专题会议。

顾问大卫去西海岸公休的六个月中，没有去印第安纳波利斯。当大卫刚准备按计划去总部一分公司时，他接到了印第安纳波利斯主管的电话。主管说分公司的业绩没能达到预期，部分原因在于公司运作，而且主管的上级之间还有一些权力纠纷。

主管评价了他每个员工的工作情况。他表示对赛很满意，赛是他的助理主管，是他最重要的传话筒。而说到调度员麦克的时候，他谈道："麦克是个很年轻的员工，他不太愿意当调度员。他很强势也很有能力。他真的是太强势了，经常让人觉得没法和他讨论问题，连对我也一样。和他说话经常让人觉得很沮丧。不过他刚参加过一个培训，培养了他为他人情绪考虑的能力。他说他在培训中得到同伴的反馈，说他太过强势。然后我们一起愉快地吃了午饭，他给我讲了他在培训课上的经历。他还说在团体中有一段时间特别难熬，要等着不能急于说话，可是今他惊讶的是，当他静静地加入讨论的时候，大家居然认真地听他说并且接受了他的想法。我很开心他能学到这么宝贵的一课。但是，在最近的会议中，他又回到了原来的样子，又变得强势了。"

主管还讲了发生在上次员工会议中的一件事。

"昨天赛和麦克发生了一些不愉快。是赛首先打开天窗说亮话。他认为应该给调度员多一点工作，把提高调度员责任这一项放在了日程表上。这是我知道的第一件事情。麦克对他目前的工作很满意．因此他不买账。是赛的一个下属首先提出这个问题的。在会上，这名下属说调度员应该有服务精神，但是他和他的同事却没有享受到服务。我马上打断他说：'当然如果想要享受到服务，你的要求和主张也要合理才行。'"

主管仅在这段话里提到了赛和麦克的冲突，而且也只是草草带过而已。

在一次两日参观的第一天里，顾问尽量多地安排了和员工的会面。在与赛和麦克的会面中，大卫只模糊地记得主管那次匆匆带过的那次会议冲突。因此大卫还没有计划好如何全力解决这次冲突。

与麦克的会谈

顾问与麦克在会面中主要讨论了麦克近期在情感培训中的体验。麦克的经历很容易让人产生共鸣。他很担心他现在的工作以及工作关系。他现在作为调度员需要做大量分析工作，但他更偏好于那种依靠情商和直觉的工作。虽然现在升职了，但是他还是对退出生产部门不满意。此外，还有一件令他感到失望的事情，即之前他所负责的一项收购项目（X压榨机项目）后来交给了赛。他暗示他的工作热情减少了，比如在规定工作时间之外，他就不太工作了，而以前在下班后还是会继续忙的。

令麦克感到困惑的是，他在情感培训班中学到的坦率以及积极主动等品质，究竟该多大程度地用于工作环境。他感到在团队成员中有一个人和他有很深的矛盾，而且他认为这矛盾必须要解决。但至今他还没有准备好。他问如何将培训课上学到的东西实践到工作中。顾问的建议是，在参加培训之后到真正能够将学到的东西用于解决复杂人际关系还需要一段时间。麦克没有主动提那个与他有冲突的人名，此事也就暂缓了。后来，很明显他提到的关系冲突对象就是赛。

与赛的会谈

赛提到了好几个他希望改善的人际关系。包括他的下属以及新来的人力资源经理。他尤其关注的是他和麦克之间僵化的关系。

赛认为麦克不关心公司的成功与否，只在乎自己的事业。尽管赛没有这么明说，但是他提到的两件事情就已经清楚地说明了这个意思。首先，主管（不是赛）提到过这么一件事情，在底特律的公司调度员让麦克延迟上交业绩数据给分公司和主管在生产线上的上级，但他并没有照做。其次，令赛感到厌烦的是每次当他在负责 X 压榨机项目时，麦克都是一副事不关己的态度，不提供任何帮助。尤其让赛憎恶的是麦克总是想要独霸决策权。赛记起在近期的一次讨论中，他本想请麦克帮忙，但反过来却是他先结束了讨论，因为就算他很想从麦克那里得到信息和建议，但麦克实在是太没有礼貌了。

当赛看起来对麦克实在是忍无可忍的时候。大卫说道：

"你知道吗，我在这里就想着我们两个人对麦克的看法还真是不一样。今天早些时候我和麦克也谈了，我的态度很明确，他也表现得很友善。确实我是谈过一次，还是在特殊情况下谈的，但是还是想知道你们之间究竟是有什么问题，才使你对麦克有这么大的意见。"

之后大卫很快又补充道："我很想知道你在这段关系中扮演什么角色。"大卫还提出另一个问题："考虑到你和麦克已经积怨太久了，你没有想过其实你们之间只有一个主要矛盾，然后其他冲突都是由这个矛盾而起的吗？你怎么看？"

赛想了想这个问题，他似乎认为主要问题在于信任。赛举了一个例子，之前赛在提升一位麦克的前属下时，尽管他自己也觉得应该问问麦克，但却还是没有和麦克商讨。"我想我还是不太信任他，总觉得他会到处乱传。"赛在总结时说他的确该和麦克谈谈了。

大卫开始考虑在这次到访期间与各方作为两人小组一起工作。这样的计划占用了大卫的全部时间。但是在有一天下午 4 点 45 分的时候。大卫想或许可以稍稍改变一下计划，安排大家工作之余在一起喝点东西。这时还没有决定要安排对话，大卫先和赛沟通了这一想法。赛表示非常赞同并且同意因此而占有宝贵的家庭时间。大卫感到很矛盾。他又走过麦克的办公室确定麦克还在。大卫自言自语道："麦克准备好了吗？赛和麦克早晚都要正视这些问题，我是否愿意承担这样的责任？我现在有多少精力，今天若是安排一次这么费劲的对话，我还能剩下多少精力？"

大卫决定只要麦克能抽身出来就安排这次见面，并将此决定告诉了赛。赛知道后立马去麦克的办公室邀请他出来见面喝东西。大卫想到如果由他（而不是赛）去邀请麦克，可能会更好。赛回来后表示他们已经同意五点半在俱乐部见面。

大卫告诉赛人力资源经理与他之前有约，因此可能也会来俱乐部找他。于是大卫联系人力资源经理，说计划有变，简单解释了他认为赛和麦克之间的关系很重要，希望他们能好好处理。人力资源经理于是就说不来了。但是大卫又说若是能来也很好，或许能通过扮演内部咨询角色帮上什么忙。

下班后的会面：齐心协力，解决问题

四个人都到场后，先是闲谈了一会儿。大卫说："我想这次我们好不容易聚到一起，应该多聊聊，说不定能让我们的关系更上一层楼。"

一个停顿之后，赛对麦克说："我觉得你对我有些敌意，感觉很难和你共事。我想了解其中的原因，如果可以的话，我也会为此做出改变。"

麦克反应很快，他的答语也强调了他和赛的确很难共事。他强调直觉，赛遵从方法；他想通过开源为公司赚钱，但赛想通过节流给公司省钱；他总从大局着手，而赛却重视细节。然后麦克主要谈到了自己，他认为自己的个性很不适合做调度员，而且最近他丢了 X 压榨机项目，也挺恼火的，诸如此类。

麦克说了好一阵，虽然不好总结他的话，但后来赛、大卫和人力资源经理都觉得麦克已经跑题了，说的已经不是赛之前的问题了。终于人力资源经理打断了他。

人力资源经理用一种略带责备的口气说："你这并没有回答赛的问题，也没有顾及他的感受。"

麦克："这是什么意思？"

大卫："你似乎只在说一系列影响你的因素，可是这与你和赛的关系有何联系吗？"

麦克的反应说明了他并不想和赛正面冲撞，他还说如果赛不想听他就不说了。之后赛再次重述了他之前已经和大卫探讨过的问题。

赛："我不知道为什么你总和我过不去，我觉得原因不仅仅在于我们是两种类型的人……是不是因为我总说你想要给别人做主，还会因为你觉得我不信任你？"

（麦克没有答话）

大卫对赛说道（这时赛看起来比较失望，因为麦克对他的提问没有回应）："其实你这样提问，麦克很不好回答的。可不可以再多说说你的看法和你的情绪来源呢？"

为回应大卫的要求，赛需要举一些例子来说明自己究竟为什么对麦克有这样的情绪。他想起了那件没有经过麦克同意便提升了一名麦克前下属的事情。"这明显是因为不信任我。"麦克说道，并承认他的确因此怀恨在心也不明白为什么不和他联系。

后来，赛又说起了另一件事情。"我们需要调度员做更多的工作，我们需要调度员为生产提供更多的数据。"麦克回应道："赛呀，你做的工作比调度员还多呢。你看报告看得那么仔细，以至于我都要靠你来纠错。还有，你能自己决定自己的问题在哪儿。我已经做了一个调度员能做的全部了。"

这样的沟通恐怕只能让人看到问题的表面，感到对方的不满。赛又想说另一件事。

赛："有一件事情我不能接受，就是 X 压榨机的事情。这个项目我需要你的帮助。你了解背景信息，也很有这方面的能力。但是当你不能全权负责时，你就什么都不管了。我最受不了你说的那句'如果我不是头儿，我就不管不问'。"

麦克："但我就是这个样子，这就是我的真实感受。"

（赛耸耸肩，双手掌心向上一摊，表示很无奈。）

大卫（为了支持赛也为了让麦克正视矛盾）说道："你这种态度并不能帮助解决问题。"

后来。麦克说道："我必须承认我不愿意为你工作。"（麦克提到可能一年之后赛就成为下一任主管。）他这么说似乎想表示他不愿意为 X 压榨机出力，主要是因为他对赛有意见。

麦克出去接了个电话，在这期间，剩下的三个人都保持沉默。大卫问赛："你感觉怎么样？你觉得今晚你们俩都是真心想解决问题吗？还是只有一半真心，还是压根儿就没有？"赛回答道："一半吧。"

麦克回来后，大卫告诉麦克赛的感受，并问了麦克同样的问题，麦克也觉得也就只有一半真心吧。

双方都表示这次见面是之后开展对话的开端，双方也想在有机会的时候解决这些冲突。大卫后来意识到当初或许可以就鼓励他们定好下一次的时间和地点继续对话。

这次见面的结束是因为赛、大卫，还有人力资源经理都还有他约。但在麦克出去打电话期间，他为了这次见面取消了自己当晚的其他活动。大卫解释了他要离开的原因，赛在之前也暗示过今晚要早点走。（大卫不希望让麦克感到被拒绝。）

麦克在开车送大卫回旅馆的路上说，他觉得这次见面太仓促了。他对赛的很多其他意见和不满都还没说，而且他很担心赛真的会担任下任主管，这样，赛就成了他的上级了。另外，他说面对一个直接问题时，他不太想说得太尖锐。到了旅馆就没有再说下去，这问题还是挺伤脑筋的。

员工例会：赛的爆发

周四早上是每周员工例会。主管和他的六名下属都到场了，只有一个日用产品经理没来。在这次例会中赛和麦克又照常发生了摩擦。不过好像可以看出会上有些事情明显是和赛与麦克的关系有关。首先，麦克和员工分享了调度员的所谓"保密文件"内容，还说其实这些内容底特律那边上级是不让说的。大卫认为这是在对赛和赛的团队示好。

第二件事是在麦克在发言时，显得非常强势。讨论的话题为是否需要增加一名工业产品运营总经理，因为目前业绩实在是不太好。工业产品线上的销售经理和生产经理也在近期向主管反映了这个情况，也在给主管助理赛的报告中申请这方面的人事变动。大致设想是的确需要创建一个这样的职位，但是，目前在位的销售经理和生产经理都资历不够。麦克向主管施压，质疑他这样的设想，并告诉主管该怎么做。虽然主管克制了自己的情绪，没有反击，并且听从了麦克。但是，麦克在这次会上对主管表露出的强势已经惹恼了赛，并导致后来赛对麦克的情绪爆发。

这次商业会议结束之时，大卫对会议做了简要评价并提出了几点建议。大卫将这次会议与之前做了比较，觉得风格和作风还是大有不同。这次的会议各方力量不均等，大卫仅仅说明了几项会议进程的问题和人际沟通问题，包括麦克和主管之间的问题。麦克又一次向主管表现出他的强势、自负和固执。但是大体来说，他向主管提出的新型汇报体系还是很好的，因为工业部现在实在是太糟糕了。

当赛拍案而起，转身对着麦克狠敲桌子，用几乎暴力的方式打断麦克的时候，麦克的回应依旧强势。赛真的是太生气了。

赛："真是的！你一直这么说（工业产品部门很糟糕），但是当我想让你为此做出一份力时，你又躲开了！"

麦克："等等，在上周的会议上，我试图做点什么的，是你不想让我继续干的！"

赛（反驳）："我那时叫停会议是因为我实在受不了你了！"

赛和麦克就这一点又争论了几分钟，然后在麦克转移了话题又重复两次说到了他对调度员工作的不满以及他不适合这样的工作。麦克被质疑又一次在讨论他和赛的关系时把话题转到自己对工作的态度上。

大卫："我必须要重新考虑你的行为了，你是不是一直想说明你自己不适合这个工作？现在有两种假设。第一，你想最小化你的个人风格和工作之间的这种不和谐所带来的影响，第二，你想明确表示，夸大并证实这种不和谐。"

麦克："我想尽量减少这种不和谐带来的影响。但我现在也确实在考虑这家公司是否真的适合我。（他继续说到或许更明智的选择是换一家公司。）"

赛："我相信大卫的第二种假设。你是想让大家都相信这份工作确实不适合你。（赛在此观点上又做了一些详解。）"

大卫（对麦克说）："你是否会觉得你在工作时需要依赖赛？赛之前说过他会依赖你，但是你从没说过类似的话。"

麦克："对，我并不依赖他。"

大卫："如果你坚持这么说了，那要解决问题真的很难。"

这里所做的文字记录没能充分表达出当时双方在情绪上的强烈冲突。虽然在会中其他人都没有加入冲突，但是能看出来大家都是很关心这个问题。

在会议之后，顾问对双方和其他与会者做了以下评论：

"我不确定这个问题是否真的有解决方案。麦克，你说你完全在工作上不依赖赛，这真的让事情更加难办。在面对你的消极情绪的问题上，你们两个人都很强大，也都持有开放的心态——这是相当好的激励因素。但是问题在于即使在你想要努力解决分歧的时候。你表现出的强烈个人风格也会制造出更多的人际矛盾。在这一点上，可以请他人帮助。

赛和麦克各有所长，如果失去麦克将是公司的损失。麦克有属于他自己的独特能力。我们需要找到一种解决办法能让麦克愿意为赛的项目出力，这的确是个挑战。但从某种角度来说，麦克，这是取决于你的，你要告诉别人如何帮助你进行有效工作。还有很重要的一点是你们双方应一直保持联络。"

在总结员工会议时，主管建议大家一起去吃个午饭，他推荐去那个俱乐部。在出办公楼的路上，人力资源经理对大卫说："我只能说，我真的很感动。"六个人都一起去俱乐部了。

在员工会议之前，其他人都不知道他对麦克有这么大的意见。主管也只是提到了他们之前的小摩擦。人力资源经理在和大卫谈目前人力和人事问题时，也没有提到他们的冲突。在员工会议前，赛曾说："我也想知道为什么我对麦克有这种感觉。"他显然也是有疑问或顾虑的，但是并没有感到过多的困扰。

赛的怨气在上次见面后就暴涨了，很明显是因为那晚麦克很不配合的原因。这种不满，加上麦克后来在员工会议上的挑衅性行为，导致了赛的情绪爆发。反过来又使得整个事态升温。这样的高压对质是双方敌对的最高峰，而且毫无疑问，这不仅使得那天下午大家都默然不语，静静反思，也为之后的关系改善和发展做了铺垫。

休战、复原和关系修复

到了俱乐部之后，大家都点了饮料，先是处理了一些杂事，然后主管向大卫咨询该讨论些什么话题。

大卫刻意避免在午餐时候继续讨论麦克和赛之间的工作问题。因此，他抛砖引玉，让大家讨论以后在一起更好的工作模式，他自己也就此提出了两三点看法。但是在后面的讨论中，他们发现其实之前有点误解。几周前员工们都对大卫的到来很感兴趣，但很明显人事经理还不太清楚大卫是来做什么的。吃饭时一名员工问人事经理是否同意大卫在此工作，人事经理表示非常欢迎。这时大卫表示很震惊，因为即使人事经理还不知道大卫作为顾问来的目的也能把会议和见面安排得这么得当，还"指责"人事经理太精明了。（在这里大卫成了人际双方中的一方，并且这对后面解决问题有帮助。）

麦克说他觉得那天晚上他被"耍"了。首先，大卫很惊讶麦克会这么说。大卫重新整理了思绪，回想那晚是如何和赛以及人事经理商量，然后才安排见面的。大卫承认他们有计划过怎么让你们更好地沟通，但这绝不是操纵。无论如何，麦克说道："我再也不会相信你了。"

当大家喝完小酒，从吧台走向饭桌时，大卫对大家，也是对麦克半开玩笑地说："其实我带的是白帽子（在美国将好人比喻成戴白帽子），但现在我知道了，麦克以为我是带黑帽子的（在美国将坏人比喻成戴黑帽子）。"

然后麦克表现得很犹豫，很矛盾，说道："这种对我本人以及对我工作做事的坦率的反馈，正是我希望从团队中得到的，但是并没有"。

在吧台时的讨论太过跑题，餐桌上又拖了太久，一顿饭吃到了下午。后来大家都在反思早上会议上发生的冲突以及冲突带给他们的影响，一边休息一边轻松地聊天。另外，大家还直接讨论了赛与麦克的矛盾，方才麦克提出的困惑以及他对大卫的加入有何感想。

大卫（对麦克）说道："我很担心你不相信我，在这个团队里，信任对我来说是最重要的。我想听你多说说你的想法和感受。"

麦克："其实也不是信任的问题。我觉得自己在走钢丝，这关乎到我的事业。至少是我在这个公司的未来。"

大卫："风险在哪里呢？这对你在公司未来的发展有什么影响？"

麦克："赛也记仇的。他一定会因此而跟我有隔阂，这对我是不利的。"

大卫："我知道你的意思……以后的事情也只有以后才知道了。现在谁也猜不准。就算你问赛也得不到什么答案……但是我能感觉到赛是一个正直的人，他讲道理、讲公平，我认为他是不会用这两天发生的事情为难你的……实际上，就我所了解到的，跟你相比，赛好像从不怎么担心他的前途也不太在乎这些办公室闲话。"

大卫（过了一会对麦克说）："至于我在这次冲突中所起到的作用，我还是要多跟你说一些细节，让你知道究竟我是怎么决心让你和赛之间多点沟通的。昨天下午在我和赛聊天的时候，他提到了他对你的消极反应，我对他说基于我和你的谈话，我时你的感觉是相当积极的；因此，我对赛说：'我想知道在这场冲突中。究竟多少是因为麦克，又有多少是因为你呢？赛。'"

即使麦克很担心自己在此次冲突处理中承担很大的风险，但他还是用各种方式暗示他希望大卫继续在此与他以及他的下属一起工作。

大卫表示大家能一起来吃午饭，非常有凝聚力，也都能参与到这次冲突中，这使得大家能感到安心。同样，团队中的每个成员都需要一个机会来审视这次冲突教训，并从中吸取经验。幸运的是，主管和其他团队成员在面对这场冲突时，显得很从容。这无疑在帮助大家减少在未来工作中对拒绝和不赞同的恐惧起到了很长远的作用。否则，在被否定时，当事人可能就要被嘲笑了。

触动根本

当大家都回到办公室时，大卫在离开前又顺便去了每个人的办公室。

在赛的办公室里，赛说道："和他人正视问题和讨论分歧的能力，我还要再学学。"

大卫安慰道："你已经进步了很多，最重要的是你有勇气，有开放的心态，而且也想进步。"

在麦克的办公室里．麦克说道："我能做点什么？我了解我自己，对人有点冲撞，但是我需要一些技巧和方法来改变。"

大卫做出以下劝告："赛觉得你总是一下子说很多，有很多意见。当他实在听不下去的时候，他就会生气。你应该帮助他，通过他的力量来让自己的发言适可而止。其他人也觉得你很有'压制性'。其实呢，当你表达完一个意思后，就该停下来让别人跟上你的思路，问问别人是否你的表达太过强烈。也可以寻求第三方的意见。同时也要给予他们支持。

我发现你通常都不会让别人抓到你的把柄。如果有人质疑了你的观点，你就会反过来再挑他的毛病。而且通常都是不着边的。这会让人觉得很无助。应该及时制止自己并大声自问：'现在，是不是我自己也有一些问题呢？'应该让真实的你来回答你内心的问题。"

麦克和大卫一直讨论这些大卫提出的建议，直到大卫觉得自己真的明白了大卫所讲的重点。后来在与人事经理的讨论中，大卫极力主张他担任起第三方的角色，并提醒他，作为团队中的一员，他需要承担更多的责任。

进展

在大卫离开印第安纳波利斯的六周后。他接到了来自团队几名成员的几个长途电话。

大卫从人事经理主管和麦克那里了解到，现在麦克和赛并没有积极改善关系。而且麦克最后还认为真正的冲突是在他和主管之间。如今麦克和主管在认真地解决他们之间的问题，希望能够达到共识。

麦克提到了几个他不愿意和赛继续再就冲突问题讨论的原因：（1）他发现在会议中他讲得越少，赛就讲得越多。就好像只要他退出，赛就能开个"个人秀"，就像解脱了一样。（2）麦克还说他曾两次遭到赛的回绝。一次是在工作结算时，一次是在涉及更多人的情况下。（3）麦克说他现在意识到无论如何，赛作为主管助理，只是在做主管希望的事情。所以是主管，而不是赛决定接管他的 X 压榨机项目，这件事一直是麦克心里的结。

在这种情况下我们还能得知，或许麦克觉得改善自己与主管的关系是因为这对他的事业来说更加重要。主管自己则很想改善自己与几个下属的关系，但是却不太关心下属之间的关系如何。很明显麦克清楚地表明了他很不欣赏主管那种高高在上的"领导范"，而反过来主管也觉得麦克的强势很有威胁。

和解

六周之后，大卫继续当起了顾问。赛表示他没有和麦克继续商议双方关系是因为麦克对 X 压榨机的事情还有成见，而且每次和他共事时都会觉得不舒服。但不论如何，他还是想. 和麦克以及顾问再一起谈谈。

麦克对大卫解释道：他起初从赛那里，然后从主管那里得到的反馈已经让他开始调整自己的工作风格了。他和大卫讨论了这些调整的本质以及麦克要为此付出的个人代价。麦克也想再和赛好好谈谈，如果赛还有兴趣的话。

三个人决定一起进餐。最开始，大卫不确定赛和麦克这次见面想达成什么样的目的。不过很快两个人就说明这次见面还是想谈谈两人的关系问题并沟通一些其他的个人见解。

麦克开始说他自己内心的困境，他如何应对这些困境，他付出的个人代价。他对于克服这些问题的渴望，以及或许即将到来的职业选择——他说这些话他几乎都没有和其他人说过。之后麦克还将自己的心里话说出来分享。

他自己构建了一套员工守则以帮助自己克制总想要占支配地位的念头。他非常想要按照标准做到。第一，他想学习如何使别人有更多的选择，并且用不带偏见的方式陈述问题，避免把自己的观点强加到别人头上。第二，他决定只要别人没有主动询问或邀请他，他就绝不插话。但是事实上很少有人邀请他参与。这也就证实了别人包括赛，都因为他的退出感到松了一口气。他虽然感到不受重视，感觉到被拒绝。但是这种感觉只是他个人的，他仍相信这样的员工守则是更先进的全面管理方式。第三，他表达了对赛以及他人项目的关心，尤其表达了对赛的 X 压榨机项目上的关心。

之后麦克描述了他现在是如何处理他人期望与自己需求之间的差异的。他的天性就是想要全身心地投入到工作中，他对工作的热情或许比大多数经理都多。但他现在正在与此做斗争，正在试着让自己在调度员的岗位上投入适当且足够的热情。同时也要和完全不管不问这种态度做斗争，这也是麦克和赛之间矛盾的一个核心问题。

最后麦克讲到了自己的职业选择。到达他为自己设定的员工守则很难，需要付出很多代价，并且他也在寻找其他工作机会。他总结他是积极的倡导者、承办者，适合"独角戏"。他可以和上级以及下属很好地相处。但是很难和同级共处。因此或许他想找一个同级关系没那么重要的工作。

大卫从与麦克先前的谈话中已经部分了解到了他的这种想法和感受。因此，他鼓励并帮助麦克用适当的语言表达自己的感受。赛一直都很沉默，在麦克说完的时候也一言不发。但是大卫观察到赛是很专注地在听而且很感动。麦克无论如何已经说出了自己的感受、想法、解释，以及自己的职业前景。现在，他很紧张赛会有什么反应，或是压根没反应。

大卫让赛分享自己此刻的感受和想法——以回应麦克。赛表达出对麦克的理解和同情，并对麦克对自己的关心表示真心的感谢。他也同样承认麦克想要直接帮助他的心情。他提到他希望麦克能是一个"适量帮忙的人"。赛说到麦克有时候过分投入以至于让人感到窒息，有时候又完全撒手不管，这两种情况下很难和麦克合作。

赛继续若有所思地说道："我发现我更喜欢和你的下属沟通调度方面的事情。"麦克的反应是："说得好！"这个感叹是自发且强烈的。好像有了这句话才能证实赛先前对麦克表达的理解和同情是真实可信的。在麦克吐露出自己心里进退两难的困境后，赛如此充满同情，也非常坚定强硬的回应让大卫感到很震惊。然后麦克就自己下属升职一事寻求赛的同意。如果升职成功，此下属就会成为麦克的接班人。

这次在午饭中的会面非常动情，是属于赛和麦克之间的和解。他们经历了令人感动的真情吐露，也互相沟通自己内心深处的担忧。这和之前会面中表现出的敌意形成了对比。他们现在表达出了对彼此的关心，虽然他们各自的工作方式不同，还是不太和彼此共事，但是至少现在彼此之间更多的是积极情绪，而不是先前的消极情绪。大卫预计双方或许还是很难形成和谐的工作关系。

这次第三方顾问的作用相对于之前来说，积极度有所下降。但是毫无疑问第三方的出席还是让各方感到更安心，也为各方会面起到了助推剂的作用。

结果

在后来的几周内，麦克和主管一起努力解决分歧。达成了共识并建立起了良好的建设性关系。当顾问两个月后再次来此公司时，麦克对自己的生活状态和工作前景都非常满意。最后，大卫还观察到在两场时间很长的商业评估和规划会议中，赛和麦克能够很好地和彼此沟通合作，而且非常有效率。

在这个案例的前前后后四个月中，赛和麦克的关系得到了很大的改善。最开始两个人之间弥漫着消极情绪，这大大影响了手头的工作，也阻碍了未来事业的发展前景。在案例最后，双方建立了非常令人满意的工作关系（意料之外）。

这里记录的一系列会面与会议中，第三方起到了非常重要的作用，促成了这些积极的改变。在处理冲突和修复关系期间，有一些变化影响到了麦克个人，这也潜在创造了关系改善的可能。但是各方并没有合作以解决问题，也确实没有在其关系上取得什么实质性进展。在继续用对话方式改善各方关系上，麦克只做出了很小的努力和尝试，并且对此失败感到很失望。

最后，改变自己行为的压力落在了麦克身上。他为自己设置的选择是"要么适应要么离开"，无论哪种对他来说都不容易。大卫考虑到如果麦克还这么坚持自己的强势，可能要付出很大的个人事业代价，因此支持他换个职位。麦克在自己能力范围内打探了新职位，但是没有令麦克和其家人满意的结果。而且，麦克自己很想努力学习如何和同级在一起有效工作。就算要改变自己的强势他也愿意。这里应该说明麦克的改变并不是绝对的。后来他在有些不影响他人的方面还是变回了以前的强势作风。两年之内这里的管理人员都被提升到了公司的其他岗位上。

（三）寻求和解："弗雷德—查尔斯"案例解析

此章节所记录的案例发生在一个大公司的两名分公司经理之间。他们的对话主要包括澄清分歧，努力寻找创建更和谐的人际关系以及与员工关系的方法。第三方在此案例巾所起到的干预作用明显比前两个案例更加积极。

案例背景：人事经理与生产主管的冲突

查尔斯，人事经理；弗莱德，生产主管，都向分公司总经理汇报工作。大卫，第三方顾问，在过去几年中定期与总经理的员工一起工作。

各方的冲突来源

大概六个月之前，查尔斯从另一家分公司被提升至此。但是他在这里的表现并没有令总经理满意，总经理也就此和他谈过。查尔斯最主要的问题在于，相对于他的前任。他没有担任好内部顾问与咨询的角色。查尔斯认为这并不重要，反而他认为很多被他前任忽略的问题很重要。

查尔斯因为工会关系处理得不好而被批评。总经理认为查尔斯对工会的怀疑是多余的。分公司的各个经理都认为他们和工会主席的关系不错，而且觉得工会主席是个值得信赖的人。查尔斯在先前的工作中并没有直接负责工会关系这部分，但是他以前的部门和工会的关系比较糟糕。

弗莱德是最近被提升至生产主管这一岗位的。虽然有些人和他合不来，但是也有一些人很看好他，包括总经理也对他很有信心。大家认为他能够很好地处理当前压力，解决好新问题，并且带领大家创造更高的业绩。在这两方当事人中，弗莱德的人缘相对更好。

他们的工作关系非常重要。虽然两人都想改善关系，但是人事主管查尔斯还有更重要的事情。目前生产部门里的大部分员工都是人事部负责的。为了更有效地工作，查尔斯和他的部门必须得到弗莱德和其部门的认可。实际上，查尔斯如果想和工会主席处好关系，必须先和弗莱德友好相处，因为弗莱德和工会主席之间比较熟络。

弗莱德和查尔斯都是新进的经理，所以两个人和大卫的相处时间并不长。查尔斯明白大卫在这里的工作，知道大卫所能起的作用，并且认为大卫是可以信赖的。而明显弗莱德非常安心，因为几个亲密的同事和两个上级对他都很有信心。

弗莱德对不断深化的冲突的看法

周五下午，大卫接到了来自弗莱德的电话：

"我给你打电话是因为今天和查尔斯发生了一点不愉快。我们的关系不应该是现在这样，我不知道问题在哪儿……我觉得他不相信我，我也试图和他谈过这个问题……他觉得我总是拒绝他的提议，我也能理解他为什么这样想。

今天是他第五次埋怨了。问题在于旷工，我承认我们生产部门在这一点上确实做得不够好。然后他就对我说：'哎。你也知道，我跟你说过五次了，你就是不听。'我说：'真讨厌，没这么简单。'我承认他说的没错，但是很讨厌他这么自负。其实这里面我还有一点不满意，就是我们部门其实少五个人，但是他们人事部就是不给我们分配。因此，我很讨厌他这种自负的样子。

事实上我们确实并没有很重视考勤问题……但是他（查尔斯）也是站着说话不腰疼。

我告诉他：'没错，的确该让你加入一起解决这个问题，但是你自己本身也是有问

题的……而且我不喜欢对别人太过度的批评。'

我们还是坐下好好谈谈吧。"

大卫问弗莱德现在对于查尔斯的感觉如何。弗莱德回答道：

"我说得太多。自己都觉得尴尬了。会上有总经理、总工程师，还有查尔斯的一个下属，让查尔斯的下属听到我说的这些，我觉得很抱歉。"

大卫问弗莱德在处理不满的问题上，与查尔斯是否有分歧。弗莱德回答说：

"是的，他总是怀疑工会主席。有些事情我们其他人都觉得没问题，但他还是拖着。

实际上，当这位工会主席刚上任的时候，我也对他有所防备。起初，他看待事情总是非黑即白，现在他能够更加辩证地看待问题了。我们之间也建立起了信任。

在查尔斯刚来的时候，我还是有什么事情都和工会主席分享。查尔斯认为很多事情我都做得很不明智，很可能让我们有所损失。我只能吁一口气，我可没有他说的这么缺乏判断力……结果呢，他也学我一样和工会主席安排活动。我只是希望通过这样我们之间能有更多的共识。工会主席也找我谈了目前的矛盾。我也告诉了查尔斯，并要求他也信任工会主席。"

大卫认为如果查尔斯不喜欢弗莱德和工会主席走得太近，也是合情合理的。弗莱德回答道：

"这倒是没错，但是如果他不信任我，我真的会很恼火。

而且，在他刚来的时候，有一场关于薪水的会议。会上他（查尔斯）说话总是兜圈子，我还想他或许不喜欢有话直说。不过我觉得他现在好多了。

问题是，为什么他不信任我呢？而且每次我把信任问题放上台面时，他就会说：'你怎么知道我不相信你？'

他这么容易就能让我抓狂，这一点让我很生气，气得我牙痒痒，倒也不是他故意的。但是在这里没有第二个人这样……我应该更冷静更理智地对待，因为也没有什么个人仇恨。他其实是个挺好的人……普通人……没有针对我……在工作之外我们也没有什么交流。"

大卫让弗莱德好好想想自己和工会主席的关系究竟在哪些方面让查尔斯不高兴。弗莱德回答道：

"在申诉大会上，我说我同意工会主席的看法，当查尔斯怀疑我怎么知道工会主席要做什么的时候，我还是说我和工会主席关系很铁，会前就知道他的想法。查尔斯说这是第五次申诉了。工会主席的想法可能也改变了。我说我已经见过工会主席了。没错，这或许会让查尔斯觉得很受威胁，但是，工会主席也确实想同时和人事经理以及生产主管搞好关系。"

查尔斯的看法

在接下来的一个周三，大卫通过电话和查尔斯谈话。查尔斯说道：

"上周五和弗莱德在一起开会时，我们双方都有点情绪化。起因是我太担心旷工和工作态度怠慢的问题。几个月之前，我向弗莱德确认过这个逐渐严重的问题，我说：'嗨，是谁负责这一块的？'弗莱德回答说：'我让我的两个生产部门的监督员负责的。'然后我问他有什么我能帮上忙的，他说不用。两周后我问他工作进行得怎么样。他又说了让我放心的话。这之后又发生了三次。最后我们之间就产生矛盾了。我认为这原本是可以避免的。他的一个监督员一下子管得太严格，没有循序渐进，也没有提前警告。

周一早上我和弗莱德谈了谈，明确我们的分歧。或许一个良好的工作更加重要，但是我觉得真的很有必要和他谈谈旷工的问题了。我说我不想没有经过你的同意就插手管你的人。而他却说让我尽管放手去管，只要我觉得有问题的地方都可以管。因此，我认为问题至少解决了一部分。

或许总工程师和他谈过，劝他不要简单化地把问题咬得太死。也不能对别人的感受不管不问。

星期六早上我觉得总工程师态度非常和蔼可亲，他说：'我能帮上忙的地方你就说。你们俩和我关系都不错，我也不会让你们互相找对方麻烦。'

我相信正视我和弗莱德之间的冲突对我来说是有好处的，因为总经理和总工程师都在场。我尤其希望总经理能看到我积极不保守的一面。从这次事件可以看出我是准备好接受挑战、承担风险的，这也正是总经理一直期待我做的。"

在查尔斯要和弗莱德会面的前一刻，查尔斯告诉大卫之前还有很多人都或多或少地和弗莱德合不来，暗示着他很确定这不是他（查尔斯）的问题。

一次直观冲突

在这次两日访问中，顾问花了半天时间参观了分公司，观察并对总经理的员工大会做了评价。之后弗莱德和查尔斯也有所交流。查尔斯表示关于工作时间和日程安排的管理决定或许会产生一些劳工冲突风险——要不就是工会吵着停工，要不就是激进地想要开展谈判，试图限制管理层的权利和灵活度。

弗莱德（针对查尔斯的顾虑）说道："你对此事有偏见，在此方面我一定会努力说服他们，绝对不会让加班加点的。"

总经理（打断弗莱德）说："我明白这是判断的问题，但也不知道该怎么权衡。但的确值得思考……我可以听听你们两个人的意见吗？（总经理是在暗示他希望在会议外把两个叫在一起谈谈）"

弗莱德（继续揪着这个问题不放，表示这个问题是很多其他问题的关键）说道："我觉得我们应该投票解决这个问题。不能东一榔头西一棒子。重点是我们要把公司经营得像点样子。"

查尔斯（反驳）道："请记住投票决出的最糟糕的事情就是停工，从劳工关系角度出发，还是有很多潜在问题的。请容我深入谈谈。"

总经理说道："你们两个都可以再深入谈谈。"

领导想保证他们两个能够见面商讨，并且把结果向他汇报。而且总经理也劝弗莱德从查尔斯的角度想想，也让查尔斯从弗莱德的立场出发，这样一来，两者之间便有了一定的共识，态度也中立了一些。

处理"弗莱德—查尔斯"冲突的决定

在员工会议之前，大卫一直没有决定如何利用这剩下的一天半。很多员工表示很想和大卫谈谈。有的想单独会面，有的想两人一组，还有的希望和一名或多名下属一起参加。大卫力图拒绝不要回应得太多，能够在团队成员都在场的情况下做决定，他也希望在双方关系有进展的基础上再做安排。

在会议结尾，员工表示对会议不满。大家也提出并讨论了一些人事上的困难。然后大卫咨询大家对于他剩下的一天半有什么提议。

计划是大卫在午餐和午餐休息时和其他人见见面，然后在下午3点和查尔斯以及弗莱德会面。如果有必要的话，这会也可以一直开到吃晚饭的时候。对于查尔斯和弗莱德来说，这样开放性的会议安排恐怕是最合适不过的了。顾问计划参加第二天的工作小组会议。

究竟查尔斯和弗莱德的会议应该以什么样的方式开呢？有这样几种可能性：会中每个人都有一个机会来清楚地阐明自己的想法，想谈什么，不想谈什么。如果一方不想参加，那他可能会用多种隐晦的方式表达自己不愿参加的想法（例如，想避而不谈，觉得会议时间和自己的安排有冲突，或是一直岔开话题）。同样，在对于双方会面的讨论中，也能看出其他员工觉得查尔斯和弗莱德之间的冲突解决的紧迫性。

对峙：分化期

把问题搬上台面

这次会面源于大卫提议弗莱德和查尔斯继续就员工大会上的异议进行讨论。他们也同意，并且照办了。因此第三方可以观察他们的行为模式，倾听他们的想法，并且在他更积极参与解决方案之前发掘他们的潜在顾虑。

事情很快就清楚了。查尔斯也并不是非要反对弗莱德的提议。他只是想在咨询法律顾问和公司人事面前保留自己的"判断"。另外，弗莱德认为查尔斯太过谨慎，声称即使自己作为一个生产部门经理都能看得出这个决定和劳工关系无关，但查尔斯就是不信。弗莱德认为有关日程的决定可以只是暂时性的，然后如果查尔斯再发现有什么问题，也可以随时再讨论，由于这个决定会影响到今后三周的工作，而查尔斯也可以在几天之内得到他想要的建议，因此这个问题并不紧急。但无论如何，这个问题和他们之间的人际关系以及员工之间的冲突还是有关联的。

一段时间之后，正在讨论变成双方不断重复自己的观点的时候，大卫试图把他们的注意力转到更宏观的冲突层面上。大卫问道：

"查尔斯，你对于人事经理的角色有不同的理解，而现在这个特定的问题也只是其中一个例子而已。我知道你想用这个事情说明你希望无论何时，只要有劳工关系方面的问题，就应该来咨询你、而弗莱德呢，不应该仅靠自己单方面的认识就来判断劳工关系的重要性以及潜在的意义。你觉得自己作为人事经理，在很多方面被忽略了，是这样吗？"

大卫转向弗莱德，继续说道：

"弗莱德，我知道你一直在说这个决定是显而易见的，而且你不喜欢查尔斯小题大做，把这个问题提升到权力管辖上。但就算这个决定是正确的，它能成为普遍规律吗？"

后来的对话证实这些问题的确是他们分歧中的重点。

明确办事风格差异

然后，大概过了一会吧，弗莱德发现了自己和查尔斯的不同。继续接着这个想法，大卫建议每个人都谈谈对于个人风格差异的理解。在后面的讨论中，弗莱德和查尔斯表现得与之前很不同。

在双方都表达完自己的观点后，弗莱德补充了另一个差异所在：他在和人交往，处理问题时，更愿意相信人和事情做展现出的样子。而查尔斯总是"盘问，不信任。怀疑，假设别人有信用问题，凭空制造矛盾。"在和大卫的讨论中，弗莱德显得越来越情绪化，也表达出对查尔斯风格的想法。弗莱德认为自己"愤怒""生气""被限制住"，弗莱德也觉得查尔斯"太烦人""令人难以接受"。弗莱德一直在主导谈话，因为他看起来急需把这些问题都说出来。

现在听听查尔斯说了什么、大卫把弗莱德的观点又回顾了一遍，好让查尔斯能够从中挑选他认为重要的做出回应，而不仅仅简单地回答弗莱德的最后一个问题。

查尔斯反对弗莱德说自己不信任他人，他说弗莱德绝对举不出一个例子的。因此，弗莱德举出员工会议的例子，声称查尔斯对工会的态度就是缺乏信任。最后两个人在回顾这个事例时，都完全不同意对方的观点。

在讨论中，顾问发现查尔斯有一种特定的行为总是能惹恼弗莱德，并让弗莱德压力更大。大卫也觉得查尔斯这种行为很让人不舒服。查尔斯总是喜欢问诱导性问题，让人很难回答。要不就是被迫承认错误，要不就是显得前后不一致。这是种审问的风格。在后面的一个小时中，大卫尝试了四种方法让查尔斯注意到自己的问题，来改正这种行为模式，并消除它带来的恶劣影响。

第一，大卫让大家注意到了这种审问式的风格，并问弗莱德对此做何感受。弗莱德承认他很讨厌这种风格。因此，查尔斯更好地了解了别人对他行为的反应和态度。

第二，为了与上面所提到的联系在一起，大卫分享了如果自己是那个被盘问的人，心里会有什么感受。大卫的表达方式非常生动，也非常不友善。

第三，大卫后来不再关注那个让两人发生争议的会议了，因为两人对会议的讲述和重现十分不一致。大卫问："你俩想怎么解决分歧呢？"他们的回答也戏剧性地表现出他们的不同。弗莱德更倾向于忽略这个问题，他觉得这个没什么意义，而查尔斯则想找一个证人，盘问弗莱德，然后不惜一切证明自己是正确的。当查尔斯发现这一差异时，他也对自己的行事模式有了更多的了解，也明白了或许这并不总是有用的。

然后，查尔斯先前没有太多机会说自己对弗莱德行为的意见，于是他补充了一点。

查尔斯："弗莱德，你不够谦逊。"

弗莱德："你想教教我吗？"

大卫："查尔斯，你认为自己是个谦逊的人吗？"

查尔斯："是的。"

大卫："弗莱德，你觉得查尔斯是个谦逊的人吗？"

弗莱德："他那是假谦逊。"

然后查尔斯提到他先前承认自己对日程安排所反映出的劳工关系问题缺乏足够的认识。他这么说是想暗示自己是谦逊的人。弗莱德表示不同意这种解读。他认为查尔斯这样承认自己"缺乏认识"是具有战略性目的，不认为这是一种谦虚。

后来，弗莱德又指出查尔斯让他深恶痛绝的一点。他认为查尔斯总是怀疑生产部在劳工问题上所做的判断。"好像他是在帮我们省麻烦，站在我们的立场的。"

个人攻击升级

他们又讨论了近期的一件事情。弗莱德发现盒装牛奶的价格有所上升。而由此得到的利都投入到了娱乐基金，而娱乐基金本不需要这么多钱的。因此，弗莱德向人事部的一个员工表达了他对此事的反对。这时弗莱德和查尔斯又开始就此事老调重弹，而且语气都非常强硬。

查尔斯："我的下属跟我说了。'天啊，真糟糕，我们的生产主管真的已经无事可做，非要来怀疑我们的牛奶定价。'"

弗莱德："这太没有礼貌了。你们对此并没有合理的解释。牛奶的价格影响到了每个人，而大家从娱乐部的基金中只能得到一点好处。"

查尔斯："是你不礼貌吧。公司里只有你一个人在抱怨牛奶价格，你觉得这说明什么问题？"

弗莱德："这些问题总有人要说。比如，我举个例子，如果不是我让你关注垃圾问题，那大家现在每天都要踩着垃圾。有趣的是，这是你们人事部唯一需要操心的事情（弗莱德的意思在于生产部门要做更多的决策，因此被批评的概率也会相应增大。这种不均衡也是令弗莱德不舒服的原因之一。这里，在牛奶事件中，他似乎想要得到更多的均衡感）。"

查尔斯："如果你愿意管理餐厅，我们很乐意让你接手。"

大卫在此时打断了他们的对话。他表示已经下午6点25了。和总工程师之前已经约好在他办公室聊天喝东西。现在已经晚了半个小时了。尽管大卫这么说时脑子里并没有想好，但是他知道此时确实需要打断对话，因为双方已经开始人身攻击了，而不仅仅是理清基本矛盾。

大卫开始总结双方讲话的要点，并提到双方的观点都有可取之处。一部分原因是想要结束这次对话。

"关于牛奶价格的问题我认为有点反反复复，说不到重点。让我试着就我所听到的内容对二位的观点进行总结。弗莱德的意思是说'我一提到牛奶价格上涨，娱乐基金会增加，但是一时半会也用不到那里的钱，这是没意义的，你就会生气，为什么呢？'其实他真正想说的是'查尔斯，为什么你就不能就事论事呢？'我也能理解弗莱德的想法。

而查尔斯想说的是'弗莱德，你的批评已经不是事情本身了，代表着你对我们整体的态度，而且你总试图为我们做主，我非常讨厌这点，就好像是你总是想要在我们这纠错——这也是最令我们反感的一点。'这我也必须说，是可以理解的。

我理解得对吗？我抓住你们两个人的主要观点了吗？"

双方表示同意。

很明显，由第三方提出的总结陈述能够让双方更好地理解对方，尊重对方。也避免了在对话中回答那些令会面无法进行下去的问题。而且，大卫也掌握了双方在人身攻击和破坏攻击以及反攻击时所常用的伎俩，他们用这些招数陈述并支撑自己的"核心观点"。大卫能够注意到这些招数非常有用，可以帮助双方了解对话中的行为模式是如何发展或减弱的。这对大卫来说也是一个很好的办法，用来区分有建设性和有破坏性的对话。而这点大卫也是事后才意识到的。

继续对话开拓新视野

总工程师加入他们并一起去喝东西吃晚饭。一直谈到了晚上11点半。

总工程师在大卫的邀请下加入团队并和弗莱德以及查尔斯一起参与会议。虽然总工程师相对没那么积极，但是也做出了一些贡献。第一。他让大家帮他想想关于一个下属的事情该如何做决定。团队成员对此做出回应并一起讨论。第二，当被问到他对查尔斯和弗莱德的冲突有何看法时，他的回答很模糊，说道："我觉得你俩应该互相学习。"在总工程师说完这个后，他们便能更深入更直接地处理问题。第三，总工程师的出席使得他们不好再用"不公平"这个招数。而且总工程师也表明在以后无论是他们某个人，或是两个人有什么问题都可以找他。

下面的讨论将重点放在顾问身上，首先从抽象的角度描述他的干预，然后进行清晰地说明。

分析发展过程

一次有趣的互相讨论表明了分析正在进行的互动是很有用的。过了一段时间，生产主管弗莱德，转向大卫。

弗莱德："大卫，有点跑题了，我想知道对于我的想法，你怎么看。我已经和工会主席谈了谈你在这边对于管理层所做的工作，他觉得很有意思，也很感兴趣。你知道他也想发展自己的能力……我想问问你是否愿意和他见个面？大概一个小时就可以。"

大卫："你这么问我，真的让我进退两难。这个想法不错，我也很想对此做出回应，但是，如果我这么做了，你和查尔斯的关系中又会出现新的问题。你和查尔斯说起过这个想法吗？（弗莱德表示他没有。）我想现在查尔斯一定坐在这里感到被排挤，被忽略了，有点不高兴了。这就是个例证，你并没有把查尔斯当作人事经理看待。"

弗莱德："我的天哪，我明白你的意思了。这是潜意识的。我从没想过我会排挤或忽略查尔斯。"

区别化对待他人

在他们的讨论过程中，大卫请大家注意他所提到的所谓一个人行为中的多样性。然后他会问另一个人是否注意到了这些多样性。在有些案例中，有些行为会遭到消极反馈，而有些行为则会得到积极响应。大卫想尽可能努力寻求这些行为的不同之处。说明如下：

回想在之前的对话中弗莱德称查尔斯是"假谦虚。"他说这话的情景是，查尔斯承认自己对有些事情缺乏理解，弗莱德认为这种谦虚是一种战术，为了赢取时间。那天晚些时候，查尔斯在一件事情中表现出了"故意压人。"当弗莱德被顾问打断其发言时。查尔斯表现出些许幸灾乐祸。大卫向查尔斯指出了这一点，查尔斯也承认。他一下子脸就红了，说道："对不起……""我不该这样……我也不喜欢这样的自己。"但是，弗莱德好像完全忽略了查尔斯说的这些后悔的话以及为自己感到羞耻的情绪。

大卫通过两个事例，认识到了查尔斯表达谦虚的与众不同的方式，然后他问弗莱德："我想跟你确认一些事情。刚才查尔斯说了什么，你觉得他刚刚说的也是'假谦虚'吗？"弗莱德说这次他倒不觉得是假的。实际上，大卫最大限度地给了弗莱德机会让他支持查尔斯在第二个事例中的行为。更重要的是，这种提问让查尔斯明白了自己有时候是这个样，有时候又是另一个样子。

各方预期

大卫建议双方预测一下在这个建立良好关系的过程中。在这样的对话下，会有什么令人失望的地方。

查尔斯："在某一时刻，我感觉整个过程都很有用，我们也能建立起很不错的关系。（查尔斯激动地说。）"

弗莱德："不是那么容易的。我觉得在这个过程中，我们不断了解到了彼此是如何互动的，又是在哪些方面令时方不满的，渐渐地也能适应对方的模式了。"

大卫："我想我比较赞同弗莱德的说法。部分原因在于查尔斯大体上总是认为自己可以和弗莱德这样的人打交道，而弗莱德则不这么认为。"

大卫同样指出先前对查尔斯潜在的拒绝。查尔斯承认自己也感受到了直接的拒绝。双方都应该注意这个拒绝他人的问题，他们讨论今后是否能把这不好的一点改掉。能够做到有话直说，而不是拐弯抹角。这次对话之后，查尔斯或许能在今后更直接地和弗莱德讨论问题，例如被拒绝等带来的影响，而不是用间接的方式反击。

双方相似点

顾问指出了双方的相似点，尤其是他们在讨论过程中举例子的时候（发言的方式、指责以及说教对方的样子，带有优越感的谦虚，帮助他人或告知他人的模式）。以下例子说明了这点：

弗莱德强有力的指出对于查尔斯爱说教这一点，不仅仅他这么认为，他的下属也有同感。弗莱德还说："你的样子就好像指出我们的缺点是你的责任一样，好像你的义务就是纠正别人，而不是提前防范问题的发生。"

过了好一会儿总工程师说道："你们两个人都喜欢说教对方。"大卫表示同意并指出弗莱德经常用一些带有说教意味的字眼，例如"你知道吗……"在过去一小时，大卫举出几个例子说明了这一点。弗莱德完全接受大卫的反馈并说他自己甚至都没有意识到自己在用"你知道吗"这样的话。

共同目标

大卫提出了一个目标，并认为如果双方没有达成的话将很有可能误入迷途。这里的目标就是通过劳工谈判解决管理上的首要问题。这个以及第三方行为可以通过以下对话进行解读：

弗莱德："我希望我的两个下属在有关办公室的问题上能有发言权。"

查尔斯："我会试着为他们提供这个机会。"

弗莱德：（态度非常明确，坚定地说明他希望为生产线上的人们多争取到一些控制力度。）

查尔斯：（说明生产线上的员工可以有发言权，但是不能有决定权。）

弗莱德：（提到了是否能"全体同意"）

查尔斯："现在提前说所有决定都会得到一致肯定是不现实的。"

弗莱德："好吧，或许这只是假设而已。"

大卫："是的，但是为什么呢？我看到你在这件事情上据理力争；好像你在想方设法地让人事部难办，尤其是针对查尔斯……恐怕如果你们不解决好这个问题的话。在劳工谈判之前的管理问题将会比谈判还难办……一个最开始的小小分歧将会慢慢地被夸大，甚至被极端化。（这时，转向总工程师：）我希望你也能加入——在最开始的几次讨论中做中间人。"

查尔斯（插话）："这也是为什么我之前说想让你加入。"

大卫（不高兴地看着查尔斯）："我说的和你说的是不一样的。我认为他（总工程师）是中立的。而你在这里却想拉帮结派，或是用我说的话反对弗莱德。"

这场对话表现了第三方的干预效果。首先。大卫先确定总工程师的中立地位并确认他作为中立人的行为是非常合理的，同时调整对总工程师的预期，更加清楚他在以后双方出现冲突时的作用。第二，大卫将自身从情景中脱离，并"惩罚"了查尔斯，因为他的行为表现出想要打压弗莱德的意图。

对峙结果

在"弗莱德-查尔斯"的案例中，我们是否有希望解决两人本质上和情绪上的冲突呢？如果有希望，解决的概率又有多大呢？对于两人各自的角色预期的确包括一些本质上的分歧，但是这些分歧从某种程度上来说是可以调和的，只要他们能和睦相处，对彼此抱有积极心态，还是有希望冰释前嫌的。

在这六个月中，他们了解了彼此，虽然每次见面争论程度都不很强烈，但是双方每次展现出来的愤怒情绪都是真实的。但情绪并没有强烈到让对话无法进行下去。最后，当发现或许他们的个人风格（拐弯抹角，易冲动）才是导致双方不满的因素时，双方也没有表现出足够的意愿来进行调整。

总结来说，双方冲突看起来还是有解决方法的，或者说能够得到更好的控制。如果他们双方在劳工问题以及各自角色定义上的想法差异再大一些的话，可能这里所描述的对话以及处理方法就要受到更大的限制。在那种情况下，想要得到解决方案，必须要从人际关系结构以及公司组织结构开始改变。

如果能够解决好管辖权的问题，那么或许可以在各自对于劳工问题的不同看法，以及做决策时候的不同风格问题上有一个全新的认识，创造出更和谐的，全方位的，均衡的工作关系。如果问责机制能有所改善，那么管辖权问题就不会那么重要；反过来，如果两个人能和平共处，互相尊重互相信任，那么问责也就不会那么有破坏性了。

在正视冲突的过程中，并没有大的情绪爆发；而都是保持在非常中等的情绪中。有的时候，讨论会陷入重复和循环中，但是总体来说，整场对话还是取得了进展。例如，彼此对于各自和他人的人际关系模式以及彼此所关心的问题有了初步了解，从后来的行为中也能看出对彼此更深入的认识，而且再往后已经能揣测对方的想法了。大家在有了对于个人行为及思维模式的了解后，便可以预测到对方的做法和反应，这样一来，他们就可以试着就此事开开玩笑，并且或许可以避免发生冲突。因此，这种模式本身虽然对彼此来说都是有攻击性的，但是不见得会为矛盾火上浇油。

在这一天结束的时候，双方都了解到了自己以前的做法是如何激增矛盾的，而且双方似乎都更乐意用更加积极的态度来审视对方。各方更好地了解到，在大部分双方有本质性分歧的问题上，其实双方情绪以及公司组织行为都是潜在的导火索。但是，双方并不见得更加尊重对方。他们学习并践行了一些消除误解的方法，或许比之前所用的更有效。他们在改善关系的时机以及可能碰到的困难上达成了共识。也就是说，查尔斯不应该太关注短期突破，弗莱德也应该对最终一定会达成调解抱有更乐观的态度。或许他们还想拥有更和谐的关系，并加入了共同的项目中，例如监管培训。各方已经强烈地意识到如果他们不能解决好冲突，调整好人际关系，将会给公司带来多大的损失，尤其是在劳工谈判前几个月准备期的节骨眼上。

第八章　商务写作

一、商务写作的特点

　　正如曹丕在《典论·论文》中所述："文本同而末异。"文章是对客观事物及主观认识的反映，都具有共同的基本特征，如观点鲜明、结构严谨、层次清晰、轻重分明、详略得当等，但不同的文体的"个性"也是异常明显的。作为人际交流、信息传播、社会管理、经济建设的重要工具，商务文书具备应用文的基本属性。商务文书是专业应用文，比通用的应用文更具鲜明的社会性、严密的科学性和典型的中介性。概括地说，商务文书主要有以下特点。

曹丕

（一）实用的目的性

　　文章的写作都具有目的性。文学作品给人以审美愉悦，用来陶冶人的情操；理论文章给人以思想启迪，提高人们的认识……而商务文书不同，它不是有感而发，而是为事而作的。它是针对现代经济活动中的各种问题，适时地做出分析、阐述、说明和通报等，以解决实际问题，使生产、经营、管理诸活动都沿着正确的轨道正常运行，实现最大的经济效益。可见，商务文书的功能正是通过直接的实用价值体现出来的。这种实用性正是区别于文学写作及其他文体写作的本质属性，背离了实用，商务文书的行文就迷失了方向和目标，商务文书的价值也就不复存在了。

　　商务文书服务于商贸经济的运行。现代的"生意"远非"即时清结"的交易，往往要经过繁琐的文书往来才能完成一宗"生意"。在涉外商务中，从商务意向到双方接触，从谈判到协议成功，从方案的确定到货物的接收，从报价到提单，每一个环节都离不开商务文书的往来。在其过程中，有时一个数据的失误会直接造成公司的经济损失，一个歧义的表述会引起法律诉讼，一个有失礼貌的提法会失掉一个客户。可见商务文书质量的高低可以决定商务的成败。写作时，切切不能忽视实用的目的性，随心所欲任意发挥。

（二）信息的真实性

商务文书既然以实用为目的，行文就必须以事实为依据，不允许虚构、虚拟、合理想象、移花接木和张冠李戴。写作中所选择和使用的所有信息材料都必须是完全真实的。这一点与文学作品具有明显的不同，文学作品也讲求真实，但文学作品的真实更强调的是艺术的真实。文学作品允许环境的渲染、形象的塑造、情节的虚构，其"真实"是相对的。

作为商务信息载体的商务文书，讲求信息量要大，但有一个重要的前提，那就是信息都必须是真实的、有价值的。这就要求在写作过程中，在大量收集信息的基础上，严格鉴别信息的真假。对一时难以辨别的信息，最好不使用；实在需要使用时必须注明信息的可信程度，仅供参考。否则会给领导层的决策带来失误，同样，会给广大消费者的消费带来误导。就以商务文书中具有艺术性的广告来说，广告管理法就曾规定："对利用广告弄虚作假，欺骗用户和消费者的广告客户，责令其在相应的范围内发布更正广告，并视情节处以广告费两倍以上五倍以下罚款；给用户和消费者造成损失的，承担赔偿责任。"广告是以真实为其生命，所有商务文书的写作都应以真实为第一生命。

尤其值得注意的是，有些信息来源于商务活动的个别现象，信息不能反映其事物的本质特征。这种非典型性的信息不能看作商务文书中"真实"的信息。商务文书中信息的真实必须达到局部真实与整体真实的统一。

（三）建构的规范性

商务文书建构的规范性，亦称模式性。所谓模式，指事物的标准形式，或使人可以仿照的规范样式。商务文书中大部分文体有相对稳定的结构，即指其文种、格式、语体、语境、布局等有大致相近的样式，有大体统一的文面要求。

这种模式化建构是商务文书区别于文学作品的重要特点。文学讲求标新立异、变幻无穷，力图摆脱模式的束缚，强调韩愈在《答李翊书》中所阐明的观点"惟陈言之务去"。其"陈言"，既包括内容，也包括僵化呆板的形式。只有这样，才能满足读者多方面的审美欲求。应用写作则不同，为了更好地、更快捷地"应"付生活，"用"于事务，必须有一定模式。这样，作者写起来简便、快捷，读者看起来一目了然，便于准确判断和反应，更好地处理事务。

模式化建构形成的原因有二：

一是法定使成。指由党政权力机关或某一权威机构以法规形式加以认定而颁发，对文本格式、处理办法有严格规定的法定模式。如商务写作中经济诉讼文书、股票上市文书等文书的写作。

二是"约定俗成"。指在长期写作实践中，格式、用语、布局，代代相传，互相效仿，从而形成的社会公认的习惯模式。如商务写作中经济活动分析报告、市场营销方案及各种商务信函等文书的写作。

要求建构的规范性，并不是说应用文体就是呆板僵化、一成不变的，相反，建构的规范却更强烈地要求提高应用写作的技能与技巧。而且，这些模式、规范，也将随着时代和社会的不断发展而或多或少、或快或慢发生变化。再者，随着写作工具的电脑化、电子软件的不断开发，应用文体也将更趋于模式化，新的模式就会逐渐取代旧模式。如功能强大的中文文字处理系统 Words，设计了许多应用写作的模板，就可以为写作某一文书提供格式和排版样式。

（四）表述的准确性

写文章都讲求表述的准确性。文学作品提供给人们的是审美价值，其表述可以运用多种表述手法、技巧，无须那么拘谨，循规蹈矩，可给读者留有驰骋想象的空间。但商务文书是服务于经济建设的基本工具，从内容到形式不能有任何偏差，其表述必须准确、简明、严密。

由于文书的性质、功用不同，就会在语言运用上表现出不同的语言体式。商务文书文种较多，在语言上就难以运用一种不变的语体来表达，因此，表述讲求准确，首先必须语言得体。如表述工作研究成果的各种调查报告、预测报告、可行性研究报告、经济活动分析报告，以及一些技术性较强的产品说明书等，应当运用准确、严密的"科技语体"。科技语体不仅要求用词准确，注意区分同义词的细微差别，区分词语的感情色彩，注意修饰限制的分寸，还要求造句准确，注意选择恰当的句式和语调；不仅要适当运用专业术语和富有理论概括色彩的抽象词语，还要多有长句、复句，以增强判断的准确性和推理的逻辑性。又如反映生产经营活动态势的商务信息、诉求于消费者的商品广告等，都具有宣传性、鼓动性特点，应当运用形象、生动、可感的"宣传语体"。宣传语体要求贯注感情、刻画形象，注意各种表达方式的综合运用和句式、语调的变化；注重文采，适当运用来自群众，经过加工提炼的新鲜活泼的群众口语。

同时，商务文书反映的是商务领域的各种现象、各种活动，它要解决的是商务领域的各种问题，具有明显的专业性。因此在行文表述中常常使用某些商经类专业术语。表述专业术语可以说不谙商务之道者，即使有一定语言表达能力的人也难以担此重任。在表述中切忌说行外语，乱用术语名词，搞出笑话。商务文书要反映数字，说明数字，要从数字中发现问题、分析问题，寻找解决问题的对策和措施。数字准确才可能使文章具有科学性和说服力，比如绝对数、对比数、平均数、参数、系数以及基数、序数、分数、小数、倍数等都有着显著的区别，不能混用。有关数字的词语概念要明确，用法不能让读者产生疑窦。

上述正是商务文书的主要特点，其他如主体的服从性、行文的时效性、构思的逻辑性以及读者的指向性虽也是商务文书的特点，但多是以上特点派生出来的，或尚算不上区别于其他文体的本质属性，故不累赘了。

二、剥去写作的神秘外衣

哈佛商学院的管理课有这样的内容，就是不要把商业类文书看得很神秘，如完整的融资商业计划书应该其实只包括以下内容：

1. 公司介绍；

2. 产品/服务；

3. 商业模式；

4. 市场，行业，竞争分析；

5. 战略规划；

6. 财务预测；

7. 融资计划；

8. 管理团队。

就是教授们提醒学生，在写作类计划书时，一定要抓住各部分的写作特点和要求，教授们这样解释：

公司介绍

明确说明这个公司是要做什么；这个公司是一个什么样的公司而不是一个什么样的公司；未来会成为什么样的公司。在第一部分所提出的一些想法要非常的明确，要能吸引阅读者的注意力，不需要详细地展开，而只要建立一个结构框架，在后面的部分逐渐展开就可以了。

产品、服务

也就是要说明你的想法是什么？你的产品和服务是什么？解决用户的什么问题？站在客户的角度来看，产品的独特性、创新性体现在什么地方？你的典型客户有哪些？

商业模式

既然为客户提供了价值，就要说明企业的价值如何实现？从什么途径获得收入？

很多互联网公司在这个问题上会受到投资人的质疑和挑战，因此需要在这方面下足功夫。

市场/行业，竞争分析

也就是要了解目标市场，包括市场规模及成长性，市场分析预测要客观可行；要敢于竞争，要明白只有太细分且没有成长空间的市场才会缺少竞争者。分析竞争要素时，要体现自身的竞争优势和自身的价值定位，并揭示企业胜出的因素。

战略规划

这方面的内容包括产品、人员等规划，对外合作战略、市场营销战略等。投资人需要看到你在哪些方面有想法，企业未来的走向和目标。

财务预测

这是从量化的角度来看企业过去及未来的经营。在写作这部分的时候要注意：

历史财务数据力求事实，预测力求合理，包括假设条件、收入结构、费用结构。等等；

通常这部分一份简单的损益表就可以了，但背后支撑的详细预测报表需要单独准备。

要注意的问题是：所有的预期要理性，要考虑外部市场变化因素，还要符合投资人对企业的成长需求。

融资计划

也就是你需要多少资金；出让多少股份；公司估值如何；你在什么时候需要这些资金；资金的具体用途等等。

管理团队

公司目前由哪些人在负责运营管理，对于这部分要着重突出。

明确了写作内容之后，我们要做的就是怎样写得明白晓畅、能够打动潜在客户。下面是我们给出的几点窍门：

1. 缩小主题和标题的范围

作者在开始写作之前，要明确以下三个要点：

其一，给题目下定义，要保证在这个标题所涵盖的范围内，你可以充分对它展开论述。

其二，明确文章的主题，即你想要澄清的观点。

其三，我要说的内容会让人耳目一新吗？兰德告诫说，如果答案是否定的，那么干脆不要把它写在纸上。

2. 判断读者的类型‘

所有的商业写作者，都是面对读者的。所以，要想使文章具有说服力，就要分辨我们所针对的目标客户有哪些特征。

3. 制订写作计划

像许多经验丰富的作家一样，我们对写作提纲的作用深信不疑，建议做两个试验来检验提纲的完整性。第一个是精髓试验：只有提纲作为一个统一的整体可以被人理解，它才是完整的。第二个试验检验的是最后的因果关系。它说明，如果你写出提纲，并详细指明了各种因果之间的逻辑演进，这些关系都能证明你已经得出的结论，那么这个提纲就是完整的。

4. 调动潜意识的思维去打草稿

人类的潜意识具有很强的创造力。写作时，你必须接受一个前提：即不管对错，都是你的潜意识在写作。基于此，你要尽可能地调动你的潜意识，要不停地写，不要琢磨每个句子的措辞。避免不由自主地对句子进行润色，或者对初稿进行重大修改。要努力流畅地、一气呵成地写下去。

这样做的好处显而易见，可以最大限度地调动大脑的思维，尽可能减少修改润色的必要性。

三、商务写作的原则

写作的难度不在于单纯地去影响读者，而在于如何精确地按照你的意志去影响读者。

——罗伯特·路易斯·史蒂文森
（Robert Louis Stevenson）

高效的商务写作都有一些基本原则。一旦你掌握了这些基本原则，你就会对各种形式的商务写作应付自如。

1. 明确写作目的

在开始写作之前，你首先应该问问自己："我为什么要写这份商务文书？"商务写作有以下几个目的：

解释或说明你的行为："因为卖方的报价太高，所以我们决定放弃与他们的合作，另找合作伙伴。"

传达信息："资方想让全体员工知道，我们新产品的季销售额超过了预期。"

影响读者："工程组需要如期交付任务。"

传达一个好消息或是一个坏消息："不幸的是，发动机在过了保质期的第二天就失火了。"

要求采取行动："设计组应该在 5 月 1 日之前完成并提交所有产品的规格。"

在下笔之前，你一定要牢记商务写作的目的。许多人在准备阶段常常忽视了他们的写作目的。有一个方法可以帮助你避免类似问题的发生：在打草稿之前就把写作目的先写下来，然后在写作的过程中不时地参考一下最初记下的写作目的。打完草稿后，你再从头到尾仔细看看它是否实现了你最初的目的。

2. 以读者为中心

如果没有充分考虑到顾客的需求和态度，公司就无法与顾客建立联系。同样，如果你不了解读者、不了解他们的想法、不了解他们喜欢用哪种方式来接收信息，你就无法与他们建立起联系。

一定要从读者的角度出发来对商务文书进行构思、起草、组织和编辑，这不但会使商务文书的内容表述得更加清楚，而且还会增强读者采取行动的动力。如果读者知道你想要表达什么观点，知道他们接下来该怎么做，那么他们的工作就会变得容易得多。

为什么以读者为中心是如此的重要？下面是一个真实的故事。一家公司想要通过寄送明信片的方式来告知大家公司地址变更的消息。尽管写一张明信片看似非常简单，但该公司在写明信片之前却没有认真分析其读者群体。由于该公司没有站在读者的立场上去看问题，结果明信片上漏掉了一个至关重要的内容：公司搬迁的具体日期。客户知道公司新址，但却不知道具体什么时候开始启用新址。

3. 注意力持续时间

罗杰（Roger）必须得给区域销售代表发一份备忘录，详细说明部门春季目录的计划部署情况，其中包括所有新的和现有的产品。他想提醒这些区域销售代表注意目录的完成时间和交付时间，他还想提醒大家不要忘记提交所有应该收到该目录的客户的姓名和邮寄地址。对此，他深陷困境，他完全不知道该如何设计这份备忘录。

首先，第一段应该先说明该目录的目的，然后再叙述一下该目录中的要点或特点。最后，他还想提醒读到该备忘录的人在 2 月 15 日之前把所有客户的地址寄过来。他暗暗想："要把所有的事情都说清楚大概需要半页纸的篇幅。我想知道他们能真正看多少？"如果你处在罗杰的位置，你会怎么做？

4. 把关键信息表述清楚

一旦确定了写作目的并认真考虑了目标读者，你就要把你希望读者记住的关键信息分离出来。对这些分离出来的关键信息的表述一定要简明扼要，通常只用一两句话就可以了。比如："为了保证按时交货，我们必须在 5 月 1 日之前完成产品的设计工作。"

一般情况下要把关键信息放在文章开头部分，或者相对比较靠前的位置。随后再描述细节问题，或回答一些类似"为什么?"或者"我的建议会带来什么样的后果?"等这样的问题。

为了使文章的内容表述得最为清晰，每篇文章最好只讨论一个主题。如果你发现你所要表述的两个关键信息之间没有任何相关性，那最好分别写两篇文章。

5. 内容要简明扼要

工作繁忙的读者比较喜欢阅读简洁明了的文章。实际上，只要能够清晰地表述所要传达的必要信息，文章的篇幅越短越好，只有短小精悍才能重点突出。另外，简洁的语言还能为读者节省许多宝贵的时间。让我们看下面这个例子：

有五位顾客对琼的工作感到极为不满，并扬言要起诉她。于是，在老板的建议下、在企业法律顾问的帮助下，琼给这五位顾客写了一封道歉信。

作为商务文书的起草者，你一定要知道一句话多长才是最理想的。在上面这个例子中，了解读者的需要就显得十分重要。读者需要知道是琼的老板建议她写这封道歉信的吗? 有必要把企业法律顾问扯进来吗? 有必要提到有五个很不满意的顾客吗? 有必要提到他们扬言要起诉她吗? 如果没有，就可以考虑把这些信息删掉。

你可以这样说：

琼向不满顾客写了一封道歉信。

注释：无论读者在读、在看，还是在听，他们都不会全神贯注。所以，在写作时，千万不要过多地去描述细节，否则这些细节就会喧宾夺主。一定要明确主题。

6. 确定传达信息的策略

即便是一篇组织结构完整的文章，假如不是由一个合适的人，在一个合适的时间，采用一种合适的形式来写，恐怕也达不到预期的效果。因此，在你正式开始写作之前，一定要慎重考虑谁是这份商务文书的发起人：是你? 你的老板? 还是整个团队? 发起人不同，其对读者所产生的影响也不同。

同时还要考虑一下，你的写作时机是不是为时尚早或略显滞后。如果为时尚早，也许你所提出的问题还没有引起大家足够的重视；如果略显滞后，也许你就会错过提出建议或避免问题发生的最佳时机。

最后，选择不同形式的商务写作会产生不同的效果。在选择具体的形式时，一定要慎重考虑一下你的写作目的、你的读者群以及你想要表达的信息。比如,如果想让大家知道客户满意度调查结果,你就可以以电子邮件的形式给公司每个人发一份简报,然后再详细告诉他们如何才能看到报告的全部内容。你也可以针对这次调查结果专门召开一次会议,并邀请公司的管理层,以及其他重要的相关人士出席会议。

只有经过深思熟虑,你才能选出一种最为理想的写作形式。尽管有时你会选择书面形式,但如果能把口头表述作为书面形式的补充,这两种形式的结合可能会产生最佳效果。

下面这张"聚焦表格"可以使你在写作时不违背上述基本原则。

你可以这么做

7. 传递信息

如果你处在罗杰的位置上,你一定要在第一段就把关键信息表述清楚,然后再在后面几段中叙述细节问题。比如,你可以像下面这样写:

这是最新的春季销售目录:我们计划在 3 月 17 日之前由你们负责样本(25 份)的生产工作,而客户将会在 3 月 30 日起的那周收到他们的目录。该目录是一个强有力的销售工具,因此务必要附上客户的通讯录。最迟要在 3 月 1 日之前把客户的邮寄地址给我。

几乎所有人都会认真看第一段内容,所以要把主要信息放在第一段。

四、商务写作的准备阶段

确立主旨和搜集材料,是商务写作准备阶段的两项基本任务。在实际写作中,这两项任务往往是交织进行的:确立了主旨才能知道需要采集哪些材料,而通过采集材料,又能使主旨更为明确。为了叙述的方便,现分而论之。

(一) 确立主旨

1. 主旨的含义

什么是主旨?商务文章的主旨,就是作者在文章中通过各种材料所表达的基本思想,它包括文章的主要意向或中心内容。主旨贯穿在文章的始终,体现写作的意图,是文章的核心和统帅。一篇文章的材料如何取舍,结构如何安排,语言如何遣用,以至标题如何制定，都要根据主旨表现的需要来决定。

商务文章涉及文种繁多，表达方式、体例形式也各有不同，其主旨的表现也随表达方式的差异而有所不同。例如，在请示、批复、消息、通信等以叙述为主的商务文章中，其主旨表现为对人、对事的基本看法和处理意见，或是办理某些事项的要求与做法；在管理制度、招标文件、产品说明书等以说明为主的商务文章中，其主旨就是它的中心内容，即通过说明对象的解说，使人明白它的内涵、特性或功能等，从而理解它、掌握它，或者正确地使用它；在可行性研究报告、工作研究、经济论文等研究性文章中，其主旨就是它所表现的基本观点和主张，还有数字和图表作论据；而在采用抒情方式撰写的广告词中，其主旨就是通过情感的抒发而表现出的主要意向。

商务文章是信息的载体，作者之所以要写作，就是为了向特定的阅读对象传递某种信息，以便解决某些问题。不论作者写何种商务文章，总具有一定目的的。作者的写作意图和目的反映在文章的内容中，就构成了它的基本思想、主要意向或中心内容。

2. 主旨的特点

与一般写作相比，商务写作的主旨有以下三个突出的特点：

（1）从主旨的产生过程看，商务写作往往意在笔先，主旨先行。文学写作，一般是作者在客观环境的刺激下，有思想感情要抒发才写的，这种写作是在创作冲动的驱使下主动进行的。在动笔之前，有的作者已有明确的认识和写作意识，更多的作者则是在写作的过程中，不断丰富、深化对生活的认识，有的甚至改变了创作的初衷。而商务写作任务的产生主要来自领导的布置与工作的需要。这种"遵命写作"的文章，通常不是表达个人的意见，而是代表着一个部门、一个单位、一级组织的意愿。这也就意味着商务写作的主旨在动笔之前就已经确立好了，作者的任务就是根据既定的主旨来拟定提纲、组织材料，通过写作来体现出领导的指示精神和组织的意图。

（2）从主旨的提炼过程来看，商务写作往往受制于人。商务写作和其他写作一样，都是客观生活的反映，主旨的产生都要经过一个提炼、深化的复杂过程。而这种提炼和深化，不像文学写作那样主要根据作者自己对生活的认识与感受，可以灵活、自由地进行，商务写作主旨的提炼、深化过程是在撰写者与其他参与人之间进行的。由于商务写作往往是"遵命写作"，因而要受到许多主客观因素的制约。这种制约既来自领导、决策部门、约稿单位、约稿人，也来自政府的方针、政策，国家的法律、法规以及群众意愿等。例如请示、报告与批复，就要体现领导的意图；投标书既要符合招标方的要求，又要不脱离本单位的现有条件；广告词既要体现广告主的意向，又要为群众所喜闻乐见。所以商务写作主旨的提炼过程往往表现为集体斟酌、推敲，有些内容重要、涉及面广的文章，常常事先拟好提纲、草稿或讨论稿，听取各方面意见，修改后再正式行文。

（3）从主旨的内涵来看，商务写作的主旨较少个人感情色彩。由于商务写作的主旨是作者认识、上级意图、群众意愿和社会生活实际等多种主客观因素的融合，它的提炼、深化过程是作者与有关人员之间进行的，所以最终确立起来的主旨可以说是集体智慧的结晶。由这个特点所决定，商务写作的主旨与文学写作的主旨相比，较少个人感情的色彩。它要求对人对事的分析、评价要站在客观的立场上，即使是那些不排除感情因素的文种如通讯、广告等，写作时也不能感情用事，凭个人的好恶来确立文章的主旨。

3. 对主旨的要求

对商务写作主旨的基本要求是：

（1）正确。正确，是对商务文章主旨的基本要求。所谓正确，是指商务文章的主旨要符合实际，符合科学，正确地反映事物的内在联系和发展规律，揭示事物的本质。主旨是否正确，直接关系着商务文章的价值和生命。例如"不吃'旺旺'，流年就会不旺"的广告，就因传播迷信内容而被工商管理部门下令停播，并被"立案调查"（见2005年2月23日《扬子晚报》）。

（2）集中。所谓集中，是指商务文章的主旨要简明、单一。一般说，一篇商务文章只能有一个中心思想，所以写作时必须一文一事，而不可枝乱叶蔓，头绪纷繁，妨碍了人们对文章中心内容的准确把握。主旨集中、单一，能使文章中心突出，意思明确，目的清楚，也可便于文件的传递和处理，提高工作效率，及时解决问题。

（3）鲜明。所谓鲜明，是指商务文章必须观点明确，态度明确，语言明白。要将提倡什么，反对什么，要做什么，不准做什么，应该怎么做，不能做什么，都写得明明白白。只有主旨鲜明，才便于人们准确理解和把握。

（二）搜集材料

1. 广泛占有材料

材料是写作的基础。商务写作文种众多，涉及面广。为了写好商务文章，必须通过实地调查和文献检索等办法搜集各种材料，包括政策性材料、业务性材料和体验性材料。

政策性材料，是指国家的有关法律、法规，政府的有关政策、法令，领导的重要讲话和报刊的重要社论等。政策性材料是商务写作的依据。不论是制订工作计划、总结工作经验，还是拟公文、签合同，都要以政策、法律为准绳。所以在写作前首先要搜集有关政策方面的材料。

为了写好商务文章，除了要搜集和熟悉政策性材料，还要广泛搜集和掌握各种业务材料。所谓业务材料，是指有关业务方面的计划、总结、通报、简报和会计核算、统计报表以及各种有价值的数据资料。

政策性材料和业务性材料都是间接材料。除此之外，作者还应该深入到实际工作中去，用自己的感官直接到现场摄取各种直观印象，获取第一手的直接材料。体验性材料是一种感性认识材料，它是升华为理性认识的坚实基础。它的鲜明性、准确性和直接性是其他材料所无法比拟的。例如，要撰写市场调查报告就必须亲自进行市场调查研究，这样才能真正了解消费者的消费心理与消费需求，正确把握市场动态、存在问题及其发展趋向；要编写会议纪要（谈判纪要）就得亲自参加会议（或"谈判"），这样才能使写出来的"纪要"突出中心，抓住要点。所以，通过直接体验获得材料，是商务写作活动必须充分重视的一个环节。

商务写作所需要的材料不仅面广而且量大，为了获得所需要的材料，必须花费很大的工夫。关于搜集材料的途径和方法，本书第三章将进行全面的阐述，此处就不再详谈了。

2. 认真梳理材料

获得材料以后，还要进行梳理。所谓"梳理"，就是对材料进行分类整理。商务文章对材料所做的整理，既要依据材料的性质，又要考虑到文体模式。其方法主要有以下两种：

（1）阶段法。阶段，是事物过程的停顿点。任何事物，尤其是动态运行的事物，都由若干阶段所组成。对这种阶段性强的、有一定的时间跨度的材料，就可以分阶段来梳理。例如，一篇题为《坚持改革，不断完善经济责任承包制》的专题总结，就是按探索承包、试行承包、完善承包三个阶段来梳理材料的。一般说，那些反映某种事物发展过程的工作总结，往往运用阶段法来梳理材料，并采用纵式结构形式。

（2）方面法。所谓"方面法"，就是把材料按照一个问题的几个方面，或者按一个中心的几个问题来分类。这种方法常用于分析型、论证型的商务文章，如分析型的市场调查报告、经济活动分析报告、审计报告、经济论文等。有一篇题为《"四曲"齐唱路自宽——内蒙古化德县粮油贸易公司深化改革搞活企业的调查》的文章，就是按照改革体制、开拓市场、广泛收集信息与加强企业管理这四个方面（即"'四曲'齐唱"）来梳理材料的。按这种方法梳理材料写的文章，其主体部分往往采取横式结构形式。

五、商务写作的加工阶段

在基本完成了确立主旨、搜集材料的准备工作以后，商务写作的作者就要进入精心构思、编制提纲的第二阶段，即加工阶段。搜集材料，确立主旨，是确立"言之有物"与"言之有理"的问题，但仅仅这样还不够，还要精心构思，编好提纲，即考虑如何组织安排材料，以表现和突出主旨，也就是解决"言之有序"的问题。

（一）精心构思

1. 构思的性质

商务写作与文学写作一样，都有一个复杂的构思过程。但这两种构思的性质不尽相同。第一，文学构思主要是形象思维活动，它以创造性想象为基本手段，预构间接反映客观事物本质的形象画面；而商务写作构思主要是抽象思维活动，它以理论分析为基本手段，预构直接揭示客观事物本质和规律的蓝图。第二，文学写作构思是一种审美过程，它必须依靠作者的情感体验才能进行；而商务写作的构思则是一种探求真理的过程，它必须依靠客观冷静的思考和大量确凿的事实。商务写作与文学写作的构思一样，都是复杂而富有创造性的思维活动。

2. 构思的任务

商务写作在构思阶段主要有以下三项任务：

（1）深化认识。认识活动贯穿于写作活动的始终，从搜集材料到加工、起草和修改，都离不开认识活动。但写作准备阶段的认识一般是初步的、零散的和不确定的。构思就是使已有的认识深化，即一方面要使写作目的具体化、清晰化并更加符合实际；另一方面要通过进一步研究找到并确立事物的本质和规律。认识的深度，直接决定文章内容的深度和分量。商务写作经常出现的问题是写作成品的内容一般化。内容一般化的症结，在于没有深入思考，揭示事物的内部联系和深层本质。

（2）清理思路。思路就是文章所表达的各种内容之间的逻辑关系。认识过程常常会走很多弯路，获得某种认识的成果也可能有种种途径，选择哪条途径最好，怎样更简洁地表达出认识成果，这就是清理思路的任务。清理思路有几条基本原则：首先要符合人们认识事物的一般规律，例如要有中心，有重点，有连贯性，要完整等；其次，要符合所表达的客观事物本身的结构特征和变化发展规律，例如时间先后合理，空间位置得当，比例关系正确，内在联系清楚等；最后，还要符合特定读者的认识习惯和方式，例如不同年龄、不同文化水平和不同专业的读者群思维习惯和方式各有特点，作者在清理思路、谋篇布局时，对此应有充分的考虑。

（3）安排结构。这里说的"结构"，是指具体写作成品的结构。编写提纲和打腹稿，是安排结构常用的两种方法，它们是深化认识和清理思路的物化形式。在构思中及时用词语记录下思考的内容。写在纸上，就是提纲或纲要，放在心里就是打腹稿。用词语记录下构思的内容和过程，是控制构思方向、检验构思成果、提高构思效率的最好方法。

（二）编制提纲

编制写作提纲的过程，是将精心构思的内容按照一定的顺序排列的过程。

1. 提纲的内容

文章的写作提纲是经过精心构思，从材料中提炼出来的初步的文章的结构形态，是作者写作思路的直接体现。写作提纲的内容包括以下几个方面：

（1）标题和观点。标题是商务文章的重要组成部分，大多数商务文章对标题有严格要求。编制提纲首先要概括出准确、完整、简明的标题。观点是文章的核心，它引导着作者的总体思路。商务文章观点的表达一般是直接的，因此，在提纲中要用简洁、明确的语言表达清楚。

（2）材料和结构。材料是经过作者挑选后决定采用的阐述观点的事实依据和理论依据，是文章的重要组成部分。编制提纲时，要标出文章所用的主要材料。设计结构是编制提纲的目的。写作提纲要根据主旨的需要，把材料分析、思路开掘的结果反映出来，如文章的结构形式、层次划分、段落安排及启承转合等。

（3）字数的分配。对那些篇幅较长的文章，写作提纲要估算总字数，并具体分配各部分的大体字数，予以注明，以保证突出重点，均衡布局。至于篇幅短的文章，一般不需注明字数分配。

2. 编制提纲的方法

（1）确定结构方式。结构方式的确定，既要研究事物发展和人类认识的规律，又要根据表现主旨的需要与文种的特点。在商务写作中，文种与各自的结构方式存在着一定的对应关系，其结构方式的确定有一定的规律性。商务写作常用的结构方式有以下几种：

①总分式结构。总分式结构，是指文章按照有总有分的逻辑顺序进行结构组合。其中总项作总体介绍；分项作局部阐述，一般分项均为并列关系。这种结构的总项要精炼扼要，准确有力，能统领或概括全篇；分项中的各项要从不同角度或方面分别说明总项，各分项之间是并列的，不能互相重迭、包含或交叉。

总分式结构有先总后分式、先分后总式和先总后分再总式三种表现形式。

②三段式结构。三段式结构，是指文章按照"提出问题——分析问题——解决问题"的辩证逻辑形式安排结构。"提出问题"不是提出中心论点而是提出矛盾，提出一个要讨论和分析的问题；"分析问题"是对提出的问题进行分析；"解决问题"是指最后经过分析得出结论，这个结论是作者对问题的看法和主张。这是一种螺旋推进式结构，许多分析研究型的商务文章往往采用这种结构形式。

③纵横式结构。纵横式结构是纵式结构和横式结构的合称，它们是商务文章主体部分常用的两种结构形式。

纵式结构，又称链式结构，是指文章主体部分的各项内容按照递进方式排列的结构。常见的有以时间为序式，以事件或人物发展为序式，以认识发展为序式，以情感变化为序式等。在纵式结构中，各项不能独立地说明主旨，而是要串联起来才能说明主旨。因此，缺了其中一项，文章就会显得残缺不全。同时，各项也不能平等并列，而是有先后次序、深浅轻重的区别。

横式结构，又称并列式结构，是指文章主体部分的各项按照并列方式排列的结构。写作中常说的列举式、分述式、分类式、条款式等都属于横式结构。

有些涉及内容比较多、篇幅比较长的文章，常常不是单一的纵式或横式结构，而是采用纵中有横或横中有纵的纵、横结合的结构方式。

④固定式结构。固定式结构，是指商务写作中的某些文种，如请示、批复等公文，

审计报告、合同以及诉讼文书等文种的结构都有统一规定或约定俗成的结构方式，连怎样开头和怎样结尾，也都有严格的规定。作者必须按这些规定行文。

（2）编制具体纲目。写作提纲是以"纲"和"目"的形式，将写作内容要点概括出来。写作提纲的基本形式如下：

文章标题

$$
总纲（主旨）
\begin{cases}
一、（大项目）
\begin{cases}
（一）（大项目）
\begin{cases}
1.（小项目，具体材料）\\
2.\cdots\cdots\\
3.\cdots\cdots
\end{cases}\\
（二）（大项目）\cdots\cdots
\end{cases}\\
二、（大项目）\cdots\cdots\\
三、（大项目）\cdots\cdots
\end{cases}
$$

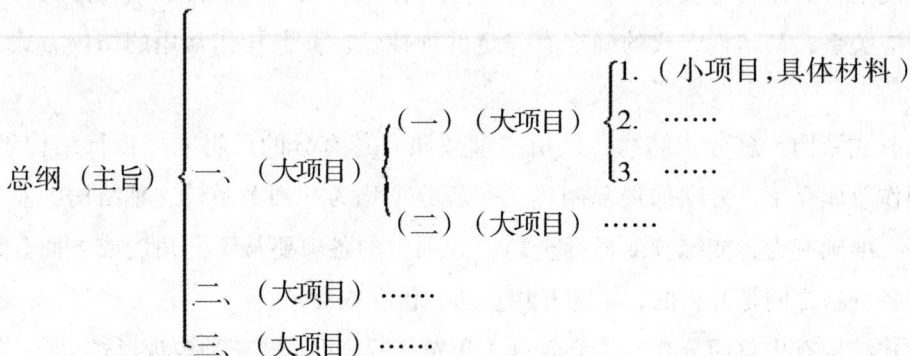

文章的主旨是总纲，总纲之下的大项目、中项目、小项目，都是总纲的"目"。同时，每一个项目既是体现上位项目的"目"，又是统领下位项目的"纲"。

编制提纲有以下几种方法：

（1）标题法。标题法，是指用标题的形式把文章的主要观点、材料和层次、段落的要点概括出来的方法。一般同一层次的项目概括要用相同的句式，最好字数相等。这种方法文字简明扼要，一目了然。缺点是有些标题受字数的限制难以揭示所统领的文字的要点，甚至出现词不达意的情况。

（2）句子法。句子法，又叫主题句法，是指用一个个能够完整表达意思的句子，把各层次阶段的内容揭示出来。这种方法完整、具体、明确，容易理解和掌握。不足的是文字多，形式不够美观。

（3）示意法。示意法，是指用简单的词语、数字或代号，把文章的内容高度概括出来的方法。它没有完整的句子或标题，所列纲目内容，只有作者自己明白，别人不易了解。这是一种简化式的提纲，适用于时间少、任务急和个人单独起草的写作。

六、商务写作的整合阶段

商务写作的最后一个阶段的工作，就是按照一定的构思对作者的认识以及各种材料进行整合，使已有的认识进一步系统化、深刻化，使已有的表达形式整体化、完善化。这一阶段的主要任务是起草撰拟和修改定稿。

（一）起草撰拟

起草俗称"打草稿"，是作者按照写作成品的总体构思和拟定的提纲，通过连贯的语言文字或图表，把全部内容定型化、书面化的过程。

起草撰拟的方法，主要有以下两种：

（1）一气呵成法。一气呵成法，是指作者有了充分准备以后，按照提纲的要求一直写下去，一气呵成写出初稿的起草方法。这种方法能使作者思想集中，写得越快，思路越连贯，上下语言环境更易于把握，使文章的结构更紧凑，语言更简练，语气更顺畅。一般篇幅较短的文章，多采用此方法。

（2）分段起草法。这种起草方法是把全文分成几个部分，分段撰写。每写好一个部分，从头至尾检查、修改一遍，没有大的问题，再接着写下一个部分。这种方法主要用于撰写篇幅比较长的论文和复杂的可行性研究报告等文章的起草。因为这类文章的写作，要运用严密的逻辑推理，或要进行复杂的计算分析，倘使前一步稍有差错，就会使后面的推导发生相应的错误。因此，作者撰写此类文章时，一定要从头至尾，一个部分一个部分地检查、核实。

（二）修改定稿

修改定稿是写作过程的最后阶段。一般来说，修改是贯穿在整个写作过程始终的，这里指的是完成初稿后的集中修改定稿。

1. 修改的范围

（1）内容的修正。商务文章要求主旨和观点必须正确、鲜明和深刻。因此，修改时首先要检查文章所表达的基本观点与现行法律、法规、方针、政策是否一致，看看材料能否为主旨或观点服务，主体意识是否表达清楚。对错误的、模糊的和肤浅的地方要进行修正。

（2）材料的增删。商务写作要求材料真实、典型和充实。因此，要检查文章的内容是否翔实，材料有没有多余，详略是否得当。同时，还要审核材料的真实性和典型性。对不真实、不典型、多余的材料要进行删减，对缺少的材料要适当增补。

（3）结构的调整。商务写作要求结构严谨、完整和有条理。因此，要检查文章的内部结构是否合理，是否符合文体要求。不合理的、不符合要求的应该进行相应的调整。

（4）语言的推敲。商务写作要求语言准确、简洁和通俗。因此，要反复推敲语言，看看有没有废话、错别字、病句等，语言表达是否准确，是否符合文体要求。对语言的推敲不能满足于没有错误，而要追求妥帖、完美。语言的推敲是一项艰苦的工作，本教材第四章对此做了专门的阐述，这里就不再详谈了。

2. 修改的方法

（1）念读修改法。念读修改法，是指朗读草稿，发现问题进行修改的方法。念读不同于阅读，它是出声地读。口念，耳听，容易发现问题。实践证明，这是一个行之有效的修改方法。

（2）重抄修改法。重抄修改法，是指通过重抄发现毛病，边抄边改的方法。抄写是修改的极好机会。作者抄写与别人抄写不同，他往往是边抄边想，是一个重新咀嚼、推敲的过程。

（3）冷却修改法。冷却修改法，是指把写好的初稿先放一段时间，等写作热情过后，再进行修改的方法。这种方法可以使作者重新调整思路，放松心情，改换心境，有利于再次思考，重新认识，发现问题。

3. 修改的符号

作者在修改时，要学会正确使用各种修改符号。本书附录部分收有《校对符号及其用法》供大家翻阅。

七、商务写作的材料

（一）材料类型与选材要求

商务写作的材料，是指作者为了某一写作目的而搜集、摄取的有关情况、事实、根据、理论和数据等。它是提炼文章主旨、形成观点的基础。商务文章种类繁多，内容涉及面广，需要使用各种不同类型的文章，在选材上也有自己的特色。

1. 材料的类型

从不同的角度和标准出发，可以将商务写作的材料分为不同的类型：

（1）从材料的形态特点分。有事实材料和观念性材料

事实材料，是指客观存在的具体事物、情况以及书刊中记载（或广播、电视中播放）的具体事实，如商务活动、商务事件、统计数字等。

观念性材料，即理论材料，包括党的方针政策，有关的法律条文与法规文件，以及权威理论家的有关论述等。例如，邓小平同志关于"社会主义也可以搞市场经济"等论述，就是极其重要的观念性材料。

（2）从材料的来源分，有原始材料和文献资料

原始材料，是作者根据写作的需要，深入社会实践进行调查、观察所获得的材料。例如，恩格斯为了写作《英国工人阶级状况》一书，就曾用了 21 个月的时间，对英国工人进行实地调查，从而掌握了大量丰富而生动的材料，为该书的写作奠定了坚实的基础。

文献资料，是人们运用文字、图形、声频、视频等手段，记录和保存的信息及其载体的总称。它包括图书、报刊、文书档案以及各种声像资料等。文献资料是商务写作材料的又一重要来源。

（3）从时间角度分，有历史材料和现实材料

距离写文章的时间较远，反映事物以往情况发生、变化的材料，是历史材料；距离写文章的时间较近，反映事物现状和结果的材料是现实材料。为了了解事物发展的全过程，就必须把现实材料和历史材料结合起来，通过对比分析认识和掌握研究对象的发展规律，找到解决问题的途径和方法。

（4）从材料的性质分，有正面材料和反面材料

正面材料是指具有积极、先进、经验性，可供表彰、褒奖特点的材料；反面材料则具有消极的、落后的，需引以为戒的特点。在总结、调查报告、工作研究等文章中，常用正面材料作为反映成绩和经验的佐证，而以反面材料作为揭露问题的根据。

（5）从材料的范围分，有综合材料和典型材料

综合材料也叫面的材料，它是把同类的个别材料加以集中、归纳，从而反映事物整体概况的材料；典型材料又叫点的材料，它不是孤立的单个材料，而是能代表一般的能反映事物本质的材料。综合材料反映事物的广度，典型材料则反映事物的深度。在写作中，倘能将这两种材料恰当地结合起来，可以大大增强文章的说服力。

以上介绍了对材料所做的一般性分类方法。实际上，材料的分类是一项比较复杂的工作，从不同的角度，按不同的标准，可以对材料进行不同的分类。

2. 选材的要求

写作犹如盖房子。盖不同的房子要用不同的材料，写不同内容、不同文体的文章，对材料的要求也不尽相同。撰写商务文章，在选材上有以下三个要求：

（1）掌握充分的材料

撰写现代商务文章，必须掌握充分的材料。所谓"充分"，是指要搜集与文章主旨有关的各个方面的材料。例如作者搜集总结或调查报告的写作材料时，既要注意正面的典型，又要注意反面的材料；既要注意面上的情况，又要听取群众的反映；既要注意现状，又要了解历史。只有掌握了全面情况，做到"胸有全局"，写作时方能得心应手，对客观事物做出正确的认识、分析和评价。反之，倘若抓住个别材料就妄加判断，往往容易出偏差。列宁在《统计学和社会学》一文中曾经深刻地指出："在社会现象方面，没有比胡乱抽出一些个别事实和玩弄实例更普遍更站不住脚的方法了。罗列一般例子是毫不费劲的，但这是没有任何意义的或者起完全相反的作用，因为在具体的历史情况下，一切事情都有它个别的情况。如果从事实的全部总和，从事实的联系去掌握事实，那么，事实不仅是'胜于雄辩的东西'，而且是证据确凿的东西。如果不是从全部总和，不是从联系中去掌握事实，而是片段地和随便挑出来的，那么，事实就只能是一种儿戏，或者甚至连儿戏也不如。"（《列宁全集》第1版第23卷第279页）至于究竟搜集到多少材料才算"充分"，那就要因文而异。比如同是管理文书，草拟一份简单的商务批复与起草一篇大型企业的年度工作总结，所需材料的数量是不可相提并论的。

（2）选择真实的材料

一切文章都要求真实。但文学作品所追求的真实是艺术的真实，它的材料虽来自生活，却又是经过艺术加工的。鲁迅在《我怎么做起小说来》一文中说得很清楚："所写的事迹，大抵有一点见过或听到过的缘由，但决不全用这事实，只是采取一端，加以改造，或生发开去，到足以几乎完全发表我的意思为止。人物的模特儿也一样，没有专用过一个人，往往嘴在浙江，脸在北京，衣服在山西，是一个拼凑起来的角色。"正如鲁迅所说：这种艺术的真实"不必是曾有的实事，但必须是会有的实情"。（《鲁迅全集》第6卷第328页；《什么是"讽刺"》）

商务文章的真实则要求材料翔实、精确，完全符合客观实际，决不能进行"艺术加工"。例如文章涉及的人和事，必须是真人真事，不能移花接木，张冠李戴；宣传的成绩、经验，必须真实可靠，恰如其分，不能弄虚作假，任意拔高；特别是对使用的各种数据，必须反复核实，做到准确无误。反之，如果商务写作的内容失实，甚至弄虚作假，就会因信息传播不当而使企业信誉受损，并在经济上蒙受严重损失。例如上海蒙华日用化工厂"蒙妮坦奇妙换肤霜"的广告就是一个典型的案例。这家工厂于1992年与香港的一家美容制品公司合作，生产出一种名为"蒙妮坦奇妙换肤霜"的产品。该厂在其制作的广告中宣称"奇妙换肤霜——令你旧貌换新颜"，"一次使用，更换老化皮肤，八次使用，彻底换了模样"。可是一些消费者使用该产品后，却出现了水疱、红肿、肤色变黑等过敏反应。于是他们纷纷投诉生产厂家。经工商管理部门调查认定，蒙华日用化工厂的广告词夸张失真、言过其实，并以医院名义暗示疗效，漠视和损害了消费者的利益。最后工商管理部门做出如下处理决定：蒙华日用化工厂因发布"蒙妮坦奇妙换肤霜"虚假广告，被判罚款668万元。值得注意的是，这种弄虚作假的现象在广告特别是化妆品、营养保健、医药卫生等产品的广告宣传中屡有发生。

为了正确地反应商务活动的情况及其发展的态势，准确地分析和预测市场的供需变化动态，营造一个健康的市场经济氛围，必须大力提倡实事求是的文风，彻底杜绝商务写作中材料失真的现象。

（3）摄取典型的材料

在商务写作中，作者通过社会调查和文献检索获得的大量材料，不可能全部写进文章。在写作时，作者必须根据表现主旨的需要，摄取典型材料来写。所谓"典型材料"，是指能够深刻地揭示事物本质、具有广泛代表性和强大说服力的材料，如权威的论述、典型人物、典型事件和具有重要意义的数字和细节等。运用典型材料，可以收到以一当十、以少胜多的效果。例如《优秀企业的优秀文化》一文，通过企业行为里的一些"点点滴滴的'小事'"，反映了许多著名企业的优秀文化。该文"可贵的廉洁风尚"部分有这样一段文字：

日本企业"小气"是出了名的，"小气""节约""以少钱办大事"都是日本企业的企业精神和企业成功的秘诀。这里举几个日本丰田公司"小气"的例子：

1. 抽水马桶里放3块砖，以节约用水；

2. 东京街头处处是丰田车子，而丰田在东京却连一个分公司也没有，原因是东京地价太贵；

3. 每次开会前贴出告示，告诉与会者一秒钟值多少钱，然后乘以开会总时间等于会议成本。有时开会前提出 10 个为什么，如会议的目的是什么，必要吗，会场远吗，估计能得到什么结论等；

4. 在丰田，手套用坏了，坏哪只换哪只，两只都坏了才能换一副；

5. 公文纸正面用过了，裁成纸条再反面用……

（2003 年 12 月 5 日《扬子晚报》B37）

于细微处见精神，上面介绍的这些"点点滴滴的'小事'"，正反映了丰田人崇尚节俭、精打细算的本质，在选材上是成功的。

（二）原始材料的采集方法

材料是写作的基础。如前所述，按照材料的来源和搜集方法，可分为原始材料和文献资料。调查是采集原始材料的重要方法。它是调查者根据一定的写作目的，以口头或书面形式采集、核实写作材料的重要途径和方法。

1. 调查的作用

（1）搜集写作材料

调查的首要作用就是搜集材料。不论是写请示、报告、计划、总结，还是写市场调查报告、市场预测报告与可行性研究报告，都要通过调查搜集有关材料，否则，无法动笔。又如一些管理制度虽然不直接摄入具体的现实材料，但它都是在调查情况的基础上针对现实存在的问题撰写的。这些制度中的一些条款往往是采集的原始材料的一种升华。

（2）核实已有的材料和已形成的观点

商务写作的作者既要掌握直接材料（第一手材料），又要占有间接材料（第二手、第三手材料）。占有的间接材料不一定真实，这就要通过调查去核实。例如撰写某个单位的经济活动分析报告或审计报告，就不能只根据该单位提供的一些书面材料来写，而要深入下去进行调查，一方面验证已有的书面材料，另一方面搜集一些新的真实材料，然后才能动笔。同时，作者观察了解的范围总是有限的，由此形成的认识与观点是否完全正确，也需要通过调查来核实、印证。

2. 调查的态度

（1）甘当小学生的精神

不论是在组织内部或是向组织外部进行调查，都要有满腔的热忱和求知的渴望，要有甘当小学生的精神，虚心地和被调查者一起探讨事实的真相与本质。只有这样，才能真正获得大量真实的材料，正确地认识客观事物。

（2）实事求是的态度

做调查必须采取实事求是的态度。坚持实事求是，就是坚持原则，坚持一切从客观实际出发；而不是为迎合某种需要，歪曲事实真相，或者到实践中去寻找几个特殊的事例来印证预先提出的观点。那种带着框框去找材料，合意则取，不合意则弃，"材料为我所用"的态度是不对的。搞好调查研究，必须坚持"实践是检验真理的唯一标准"的观点，做到"不唯上，不唯书，要唯实"（陈云语），勇于面对现实，找出其固有的规律，得出正确的结论。

3. 调查的方法

调查的方法有普遍调查和非普遍调查两种。

（1）普遍调查

普遍调查就是在一定的调查总体范围内，对所有的对象逐一进行调查，简称"普查"。通常所说的普查，是指一些涉及全国性范围的全面调查，如人口调查、科技普查、工业普查、地质普查等。企业在经营活动中，为了获得某些重要资料，有时也运用普查的方法。例如在市场调查中，对某种产品的所有用户进行的全面性调查就是一种"普查"。由于普查范围广、耗资大、时间长，因而在市场调查中，仅适用于对某些价值昂贵的专用设备的用户的调查。

（2）非普遍调查

非普遍调查，是在一定的调查总体范围内，只选取部分样本为对象进行调查，并通过对这些样本进行调查来了解全体的一种方法。重点调查、典型调查和抽样调查都属于非普遍调查。

①重点调查。重点调查，是从一定的调查范围内的全部调查对象中选择一些重点单位（或地区）进行调查，以了解总体的基本情况。所谓"重点单位"，是指在总体中具有举足轻重地位的单位。这些对象虽然数量不多，但它们调查的标志在总体中占有绝大比重，通过对这些单位的调查，就能够对总体有个基本的了解。在市场调查中经常运用重点调查的方法，如要了解某种农副产品的资源情况，可到这些产品的主要产地进行调查。

②典型调查。典型调查，是从一定的调查范围内的全部调查对象中选择一个或几个

有代表性的典型对象进行深入、细致地调查。做好典型调查的前提是要选准典型。为了选好典型，在调查开始前，首先要对调查对象进行初步的分类研究，然后根据调查的目的确定调查目标。例如，要总结先进经验，就要选择各方面业绩突出的单位为典型；如要研究存在问题，则要选择各项工作都比较落后的单位或地区作为调查的对象。

③抽样调查。抽样调查，是根据概率分布的随机原则，从总体调查对象中，按一定的规则抽取一部分调查对象作为调查样本进行调查，并以此来推断总体的特征。这是一种通过部分了解和掌握总体的比较可靠的调查方法。由于抽样调查能在较短的时间内，用较少的人、财、物取得推算调查总体的数字依据，因而为人们所广泛运用。搞好抽样调查的关键，是要根据调查的目的恰当地抽取样本。抽样的具体方法很多，常用的有以下几种：

纯随机抽样。纯随机抽样，又称简单随机抽样，这是一种完全按随机原则从调查总体中抽取单位对象来组成样本的抽样方法。通常的做法是：先将所有的调查对象进行编号，然后将号码写在纸片上拌匀，再用抽签的方法任意抽取若干单位对象作为样本。这种抽样方法简单易行，但如果总体单位对象比较多，便将难保证样本能均匀分布在总体内。

机械抽样。机械抽样，又称等距抽样、系统抽样，这种抽样方法是将所有的调查对象按照某一标志顺序排列，然后按相等的距离（即固定的机械间隔），每隔若干个抽一个。例如，要调查某商场1200名营业员的文化水平与业务情况，预计抽取40名作为样本，只要按营业员的花名册每隔30名抽取一个样本就可以了。这就是机械抽样法。这种抽样方法简便易行，能使样本更均匀地分布在总体中。

分层随机抽样。分层随机抽样，又称分类抽样，这种抽样方法是先根据调查的目的将调查总体按照某一特征分组（类），每一组（类）称为一层，然后在每一层中随机抽取一部分个体为样本，从而形成一个代表调查总体的样本"代表团"。例如要调查某企业青年职工的业务技术情况，可先按文化程度这个标准将青年职工分为初中、高中、中专或技工、大专、本科五组（层），然后按比例在每一层中随机抽取若干名作为样本。这种抽样方法代表性很强，误差较小。这是抽样调查中最重要的一种抽样法。

4. 调查的方式

调查时，调查者不仅要选择恰当的调查方法，而且还要根据调查的要求和调查对象的具体情况，采用合适的调查方式。常用的调查方式有以下几种：

（1）开调查会

开调查会，是进行社会调查的一种最基本的调查方式。开调查会要有明确的目的要求，事先拟好调查纲目，以便与会者围绕中心发言。每次参加调查会的人不必多，三五个或七八个即可，要找真正有经验或了解情况的人参加。在调查会上，调查者要口问手写，创造一种自然和谐的气氛，尽量让与会者畅所欲言。必要时，调查者还可以和与会者展开一些讨论。

（2）个别访问

个别访问，是一种调查人员直接与调查对象见面，进行面对面的访问。个别访问可根据调查对象的特点进行有重点的访问，如向领导人了解面上的情况，向当事人了解事情的具体经过，向知情人了解问题的关键。为了避免产生一些不必要的疑虑，调查者在进行访问时，首先要向被访者讲明访问的目的。访问后，还要对访问所获得的材料进行必要的核对。

（3）现场观察

现场观察，即由调查人员亲自深入到调查对象的现场，了解事件产生、发展的整个过程，从而掌握大量丰富生动的第一手材料。这是一种很重要的调查方式。一些内容比较复杂、涉及人和事的面比较广的事件或问题，往往需要采用这种方式。

（4）问卷调查

问卷调查，是以书面形式询问调查对象，以获得所需材料的一种调查方式。调查用的问卷实质上就是一张调查表。但这种调查表不同于一般的数值统计调查表，它是用来了解调查对象的要求、爱好、态度、观念以及他们对某种事物的性质、属性、品质、等级、程度的评价等。目前，在社会经济活动中，对经济决策的民意测验和对企业形象、产品质量以及消费者需求的调查，都常常使用问卷调查的方式进行调查。

一份完整的问卷通常包括标题、问卷说明、被调查者基本情况、调查内容以及调查者情况等项内容。问卷要将调查内容分解为若干个具体的问题以供回答，并给每个问题加上编码号，以供统计或进行电脑处理。问卷要根据调查的目的和问题的性质采用适当的询问方法。目前，常用的询问方法有以下几种：

二项选择法。二项选择法，也称"是非法"或"真伪法"。它所提出的问题仅有两种答案可以选择："是"或"否"，"有"或"无"等。这两种答案是对立的，被调查者的回答非此即彼，不可能有更多的选择。这种方法，适用于互相排斥的两项择一式问题及询问较为简单的事实性问题。例如：

您家里现在有电脑吗？

有□ 　　没有□

多项选择法。多项选择法，是指对所提出的问题有多种答案，被调查者可以选择其中一种或几种（一般不超过两种）进行回答。例如一份"汽车用户研究"的调查问卷中就有这样一道题：

您主要是通过什么途径了解这款车的？

电视广告（　　　）

电台广播（　　　）

报刊广告（　　　）

路牌广告（　　　）

车展会（　　　）

顺位法。顺位法，是列出若干项目，让被调查者按重要性决定先后顺序。这种方法便于让被调查者对其购买动机、感觉等做衡量和进行比较的表达，也便于对调查结果加以统计。例如：

您选购电冰箱的主要条件是（请按您所考虑的顺序将答案填在□中）：

价格便宜□ 　　　　牌子名气□

外形美观□ 　　　　制冷效果□

容量大小□ 　　　　维修方便□

比较法。比较法，是采用对比提问的方法，要求被调查者做出肯定回答的方法。例如：

请循环比较下列不同牌号的盒装牛奶，哪种更好喝（好喝的，在□中划√）：

光明□ 　　　　伊利□

伊利□ 　　　　蒙牛□

蒙牛□ 　　　　光明□

上述二项选择法、多项选择法、顺位法和比较法均属于限制型（封闭型）调查表的询问方法。

自由回答法。自由回答法，是由调查人员根据调查内容提出问题，让被调查人员不受约束地自由填写答案。运用这种方法制作的调查表称为"开放型调查表"。这种调查表的优点是便于了解真实的情况，缺点是答案各不相同，不便于归纳整理。

八、商务写作的实施

（一）撰写初稿

记住，在撰写初稿时，你只管写而不要考虑每个细节的对错。初稿的句式结构可以不那么工整，也允许有拼写错误、语法错误或标点错误，因为毕竟初稿只给你一个人看。

这样做有两点好处：首先，你可以把全部注意力都集中在你想要表达的关键想法上；其次，草稿不会牵扯你太多时间和精力，因此你可以随意改变文章的先后顺序，甚至把整个初稿都丢掉你也不会觉得可惜。

1. 想从哪儿下笔就从哪儿下笔

没有哪一条规定你写文章一定要首尾呼应。你可以先把文章框架或计划放在眼前，然后你觉得从哪儿下笔最舒服你就从哪儿下笔。许多写作经验丰富的人都会把介绍性的材料放在文章的末尾处。如果你已经知道结论是什么，然后再去写一个吸引人的开篇就变得容易多了。

比如，你可以先选择一个章节标题，然后再围绕这个标题写一段文字。写完之后，你再选择下一个章节标题，如此等等。定期地停下来把你的初稿和你所制订的计划进行对比。

2. 分门别类地写

你首先应该采用一个合适的方法来把你的写作任务分割成若干便于操作的小部分，如果你没有这么做，即便是写一封重要信件这样的小事也会把你难住。如果你把写作看作是由若干简单的小任务组成的，那么你的写作水平必然会逐渐提高。

以下几类情况会经常出现在商业信件、备忘录和电子邮件中：

宣布变动

背景信息

实施计划

最后期限

解释步骤

结果

结论

建议

评论

建议采取的行动

呼吁行动

评估

一份正式的倡议书通常会包括以下几个标准的组成部分：

标题占一页纸

目录

内容提要

引言

陈述客户需求

建议采取的步骤（或者技术计划）

实行该计划的好处

该计划的影响

计划的实施

实施该计划所需的条件

成本分析（或者你的投入）

协议声明

附录

3. 撰写倡议书的注意事项

为了对公司的整体需求有个更深刻的了解，在下笔之前，组织相关人士召开一次倡议规划会议。

你的倡议书要以客户为中心。告诉读者你们的产品或服务该如何满足客户的需要。虽然你没有必要把你们产品或服务的全部特性统统都列出来，但你一定要把客户的需求与你们产品的优势和其能为客户带来的影响结合在一起。

回答"为什么"的问题。

要具体。你提供的信息越具体，你提供的解决方案就显得越真实、可操作性就越强。

为了能够产生更好的视觉效果，要好好设计倡议书的版面。

4. 对于技术文件要给予特殊考虑

在给非专业读者撰写技术文件时，你一定要额外花一些时间来仔细分析一下目标读者的具体情况。问一问你自己："这些读者对我要讨论的主题了解多少？"在这种情况下，许多作者都采用两栏模式（two-column）。其具体做法是：一栏是为专业读者而写，而另一栏则是简化并浓缩的信息，专门为非专业读者而写。

5. 撰写商业备忘录的注意事项

每个备忘录只限一个主题。

主题一定要尽可能具体。

要用清晰且具体的标题来重点强调最后期限和建议采取的行动。

把相关观点归为一类。

要根据视觉效果来设计备忘录。

尽量用主动语态。

如果你非常了解你的读者群，你的语气就应该更加友好些，可以不用像其他商务信件那样正式。

（二）组织段落

段落是任何形式文章的基本组成部分，它不但可以用来引领每段的主题，而且它还可以用来告诉读者你即将阐述另外一个观点。因此从这一意义上来说，段落是读者的向导。另外，段落还可以使商务文书的作者思路更清晰、注意力更集中。

1. 限定每段主题的数量

要限定每段主题的数量，这一点很重要，因为只有这样读者才会觉得文章前后连贯、内容简洁。一般情况下，一个段落应该包括3—12句话不等，而且每句话都要有一个主题。

每段中涉及的主题数量越少越好。如果一段中有超过三四个主题，读者在阅读的过程中就有可能产生困惑。

2. 过渡要自然

在构建段落时，你要仔细想想怎样才能把各个段落有机地结合起来，并最终形成一篇完整的文章。如果段与段之间，或者一段内的句子与句子之间的过渡比较自然的话，读者就会很容易看到观点和观点之间的内在联系，以及你对观点的论证过程。

让我们来看一看段落与段落间的过渡（加黑部分）。

有些人虽极力主张增加饭店的座位数，但他们却没有对施工、运营成本和税收等问题做估算。**在没有做估算的情况下就贸然对他们的提议做出评价，这无疑是在浪费时间。**

即使建设成本是合情合理的，也是可操作的，我们还必须要面对另外一个问题：我们无法保证收入肯定会增加。没有人知道餐位数增加一倍会对饭店的年收益造成什么样的影响。我们能不能主观上认为年收益也肯定会增加一倍，或者增加75%？

上面这段文字包括两个段落，每段谈了一个主题：扩大饭店的现有规模所需的成本和饭店规模扩大以后效益会发生怎样的变化。中间的过渡句很自然地就把读者从建设成本这一主题直接带到了效益主题上来。另外，有些词和短语也会在句子与句子的过渡中发挥同样的作用。让我们来看一看句子与句子间的过渡（加黑部分）。

库存经理对我们的成品库存一直严格把关。**结果**，公司对流动资金的需求降低了8%。

在这个例子中，"结果"这个词使前后这两个句子的关系衔接得很自然。除此之外，还有其他一些非常有用的过渡词，比如"结果""另外""同样地""与此同时""例如""最后""另外一方面""而且"和"不管怎样"等。

3. 撰写商业信件的注意事项

以私人间的沟通语气开始。

为了能够一下子抓住读者的注意力，要把关键信息放在第一句。

一句话的长度要控制在20个字以内。

为了便于阅读要留出空白处。每段要在5—6行左右。

要多用主动语态代替被动语态。

要尽量用含有积极意义的词。比如，要用"投资"一词来代替"费用"或者"成本"等词。

为了收到更好的视觉效果，要精心设计信面版式。

要在信的末尾处对你提到的主要观点加以总结，或者提出你建议采取的措施。

不要在信的第一句话就提到附件。如果你要随函附上一个附件，那就在后面的正文部分提及附件。

尽力避免采用过分正式的风格。

必要时，在信件的末尾处写一些虽简短，但却充满友善和私人关怀的话。

（三）编辑内容

对于我写过的每一个字我都会改了又改。我使用橡皮的频率远远高于使用铅笔的频率。

——弗拉基米尔·纳博科夫（Vladimir Nabokov）

你写初稿的目的是为了把你所有的主要观点按照逻辑顺序进行排列。完成初稿后，接下来要做的是对初稿的内容进行编辑，而编辑的第一步就是确定文章的框架、逻辑以及中心思想。

弗拉基米尔·纳博科夫

1. 突出中心思想

在写文章时，大家常常会因为不清楚该说什么而失去焦点。试想，如果连你自己都不清楚该说什么，你又怎么能够指望读者明白你的意思呢？另外还有一个大家常犯的错误，那就是他们只关注自己想要叙述的事情，却完全忽视了读者的需要。为了避免类似问题的发生，你要仔细回顾一下你的初稿，并尝试问自己下面两个问题：

我把中心思想表达清楚了吗？

读过文件后，读者知道该怎么做了吗？

如果对这两个问题中的任何一个的回答是否定的，你就有必要重新审视一下你最初确定的写作目的、目标读者和你的底线标准。然后再对你的文章进行编辑，要以读者为中心，文章的中心思想要更加明确。

2. 明确内容

当你在读初稿时，重点看看你的写作目的是否明确且易于理解。同时，你还要重点检查一下文章的内容是否精确、文章涵盖的范围是否全面。

在你明确文章内容时，你要问自己以下几个问题：

我对信息的表述足够准确吗？

我的信息足够全面吗？

读者是否明确知道他们应该采取什么行动，以及行动的最后期限？

我有没有明确接下来应该采取的措施?

3. 要策略地对你所要传递的关键信息进行排序

另外一个需要重点关注的问题就是，你应该把关键信息，即你最希望读者能记住的事情，放在什么位置。一般情况下，你应该开篇就提到这些关键信息。如果你把关键信息放得太靠后了，读者就极有可能会一带而过。

如果你确定读者不太接受你的观点，那你就策略地把关键信息放在读者最有可能看到并仔细思考的地方。在介绍关键信息之前要做好铺垫，这样会收到更好的效果。

要回答读者的"为什么?"

你不但要在文章中清楚地陈述你的关键信息，而且还要清楚地告诉读者它为什么会那么重要。比如，如果你传递的关键信息是你的项目需要延期才能完成，那么不要在叙述完后马上就结束。你还要回答以下几个"为什么"：

如果无法延期会发生什么情况?

延期会对谁造成影响?

延期会对你所负责的其他项目产生什么影响?

读者会受到什么影响?

千万不要忽视这些"为什么?"，它们是使你文章可信度更高的关键。务必要以读者能够理解的方式来向他们解释为什么这些关键信息那么重要。

你在文章中一定要清楚地说明你所传递的关键信息会造成什么影响，而且一定要用读者能够理解的术语来解释。例如，不要这样说："A选择比B选择好"，而要说："A选择比B选择好，因为A选择可以使年运营成本降低30%"。

4. 编辑内容的步骤

要以读者为中心。

内容明确。

策略地对你所要传递的关键信息进行排序。

一定要回答"它为什么那么重要?"这一问题。

（四）编辑文体

简明的写作与高水平的写作一样难。

——W. 索默斯特·莫姆（W. Somerset Maugham）

在编辑的第二阶段你需要赋予文章一些视觉上的吸引力、赋予它美妙的声音和旋律，就好像你的文章会唱歌。只有具备了这些方面的特性，你的文章才会给读者留下深刻的印象。

1. 设计视觉效果

如果你的文章只是逻辑清晰、思想连贯，那它还不足以对读者造成本质上的影响。你应该让读者一眼就能捕捉到文章的关键思想，而不要让他们迷失在密密麻麻的文字里。如果你的文章简单易懂，且重点突出，那就说明它已经产生了非常好的视觉效果。

你应该设计一个很好的视觉框架，让它足以冲击读者的眼球。虽然大家每天都要阅读大量的文章，但如果你能想办法加强文章的视觉效果，它就会更突出、更容易给读者留下深刻的印象。你可以运用以下几种方法来加强文章的视觉效果：

标题要能够突出文章中最重要的几个观点。

句子的长度不要超过 20 个字。

要用短段落和句子群，最多 5—6 行。

要多留出一些空白部分。

粗体和斜体可以更好地突出重要信息。

采用编号或项目符号列表。

用表格的形式来组织复杂信息。

加强视觉效果的注意事项：在使用电子邮件或其他形式的电子文件时，要慎用视觉效果，因为读者可能会由于没有相应的程序而无法按照原来的格式打开你的文件。

你可以运用"视觉效果设计指南"来使你的文章收到最好的视觉效果。

2. 写作语气要符合读者的口味

你的写作语气会直接影响到读者的感受。比如，如果读者是你非常熟悉的同事，你最好是采用非正式的语气；但如果读者是客户或管理者，这种语气就会让人觉得很反感。

你所运用的语言类型也会影响读者的理解。许多人似乎对一些晦涩难懂的语言或是古语情有独钟，似乎这会让他们看起来更有学问；而有些人似乎也会出于同样的原因而宁愿去选择一些冗长的、复杂的词，而不是一些短小的、简单的词。

其实想要显得更有学问一些本身并没有错，但相对于那些晦涩难懂、华而不实的词来说，清晰易懂、简单明了的词则更有助于达到写作目的。比如，让我们来看这样一段话：

我们即将召开一次为期很短的先期策划会议，来共同商讨一下南希委员会刚刚接到的一个任务。在她们正式工作之前，我们大家先紧密团结在一起来共同商议有关该任务的一些相关事宜。

以下是一个更为简单明了的说法：

我们将开个小会来共同讨论一下关于南希委员会刚接到的任务中的一些事情。

3. 力求言简意赅

你写文章的语气要直截了当，同样地，文章的句式结构和段落结构也应该做到简单明了。

在回头检查你的语言是否言简意赅时，你要问自己以下几个问题：

是否每段都控制在 6 行以内？

是否每段只讲一个观点？

是否每句话都控制在 15—20 个字左右？

是否省略了不必要的词？

注释："省略不必要的词"，这是小威廉·斯特伦克（William Strunk Jr.）和 E. B. 怀特（E. B. White）在他们合著的经典之作《文体要素》（The Element of Style）一书中首次提出的。该书影响了几代学生的英语写作水平，让他们受益匪浅。不必要的词不但会让读者感到反感、降低他们的阅读速度，而且还会分散他们的注意力，使他们很难聚焦文章的关键信息。务必省略不必要的词，千万不要吝啬。

4. 尽量使用主动语态

语态是用来反映句子主语和谓语动词之间关系的。如果是主语发出动作，句子就要用主动语态；如果是主语承受动作，就要用被动语态。使用主动语态的文体，其表现力会更强。我们来看下面的例子：

主动语态：我们给客户发了一封信。

被动语态：一封信被我们发给客户了。

这里的主动语态会给人留下更深的印象。另外需要注意的是，在说同一件事情时，使用主动语态比使用被动语态用字更少、语言更简练，而且看起来不那么正式、不那么冗长。

但这并不是说被动语态就不好。有时，在一些非私人报告和技术性较强的文章中使用被动语态效果会更好。但如果你想要你的文章显得更加铿锵有力、更加斩钉截铁，那你最好多使用一些主动语态的句子。

5. 力求准确

所谓准确的文章就是指文章中的语法、标点符号及拼写都准确无误。虽然有些纠错软件可以帮助你纠正语法和拼写上的错误，但不要过于依赖这些软件。比如，如果你误把 there 写成了 their，或者误把 effect 写成了 affect，软件就不会发现这些错误。如果文章的内容事关重大，那最好是让一位非常出色的同事来帮助你检查初稿中的错误。再好的作者也离不开客观的编辑的帮助。

6. 编辑文体的步骤

设计视觉效果。

写作语气符合读者的口味。

力求言简意赅。对信息的描述要力求简单，但要全面。

使用主动语态。

编辑准确度。认真校对以保证你所使用的语法、标点符号和拼写都准确无误，这样可以使你避免遭遇尴尬。

第九章　知识管理

一、知识管理概述

（一）知识的应用和管理

过去在生产和生活过程中，人们已经注意累积并利用各种知识。到了知识经济阶段，一方面技术知识在不断地增加和深化，它的作用也越来越大；另一方面由于分工和专业化程度的提高，制度知识也在不断地发展。人们需要更加自觉地认识和发挥知识的作用，因此，知识作为一种资源，作为一种生产要素和作为一种资本，对于它的管理需要专门加以研究。

在农业社会，自然资源在生产和社会生活中起着关键的作用，因此自然资源成为管理的重点，企业关注的是资源的积累。到了工业社会，除了自然资源外，资金和生产能力也是关键性因素，所以资金与生产能力的管理也成为管理的重点，企业关注资源与生产能力的合理配置与开发。在经济发展的现阶段，自然资源的优势已不再成为经济增长的关键，而知识资源的作用却日益显示出其重要性，因为它能促使有限的自然资源得到更加合理和充分的利用。人的智力资源是取之不尽、用之不竭的，越开发越多。如何开发利用这种特殊的资源，其组织管理是一个崭新的课题。

现在企业界已经逐步重视知识的管理。Baldridge 奖励基金会曾经针对今天的社会经济发展，向 300 位企业总管征求有关什么是当前重要趋势的意见，有 88% 的人认为知识管理是重要趋势，仅次于国际化（占 94%）而居第二位。

近年来人们关注知识的应用和管理，是由于下面这些原因：

首先是高新技术的发展与知识密集型产业的出现和迅速成长，知识的重要性日益突出；

其次是传统产业的改造也急需知识的有效应用和创新；

再次是市场需求的迅速变化使得人们更加希望通过对客户知识的掌握来开发和生产适销对路的产品；

最后是跨行业、跨部门的经营也需要更广泛的技术和管理知识。

当前在急剧变化的复杂条件下，及时正确的决策依赖于更多的知识。人们常把决策失误归咎于缺少信息，实际上缺乏的是能够洞察全局和预见未来的知识。

前面说到，创新需要组织的知识，需要隐性知识，由于现在人员的流动日益频繁，人员离职或退休常把宝贵的隐性知识流失掉，因此企业不能不关注怎样保存这类知识资产。

总而言之，人们希望通过知识来主宰变化，而不至于被变化所主宰。

知识作为一种生产要素，作为一种资本投入，将引起经营管理方面的重大变化，因此在资本运营中如何管理这种特殊形式的资本，显然是一个新的课题。

未来学家托夫勒曾经说过："掌握知识的知识更有力量。"把知识管理提到日程上来，对于发展知识经济会起到促进的作用。

长久以来，随着知识应用的日益广泛，人们已经自觉不自觉地在组织和管理知识。企业也深知技术知识与管理知识的重要性。对那些有固定形式的知识，如技术文化资料、图纸、专利等能自觉加以管理（即通常所谓的技术管理或档案管理），而对一些无形的，特别是隐性的知识，则常常未予重视，因此在人员退休或者离开企业后，有些极宝贵的隐性知识无形中就散失了。即使是有形知识，由于散在各处，缺少有效的索引，常常出现重复引进或开发，或者传播过于迟缓的情况。现行的企业制度、风气有时甚至会损害或妨碍知识的获取、传播和应用。因此，把知识管理作为一个重要的任务提出来，加以认真地理解和研究是有现实意义的。

从广泛的意义上来说，对知识的管理主要在四个方面：

（1）科学界的知识管理。这是在知识管理中最为久远的领域，已经有 100 年以上的历史，它涉及在科学界、研究室、实验室中怎样对知识的创造、传播等进行管理问题。

（2）社会上的知识管理。这涉及社会和文化中的知识过程，如学校教育、城市与社区文化、终身学习等。

（3）组织中的知识管理。这是知识管理中发展最晚而进展最快的领域，包括企业知识管理、非营利组织的知识管理、政府的知识管理、教育单位的知识管理等。其中企业的知识管理是最活跃的。现在企业不但自己进行研究开发，而且和学术机构联合进行科学技术和管理的研究开发，知识应用与创新活动的重点将逐渐集中在企业之中。本书也将以企业的知识应用和创新为重点。

（4）个人的知识管理。这是很久以前人们已经在不自觉地进行了，但是提到日程上却是近来的事。

（二）知识管理的定义

近年来，人们在研究以企业为重点的知识管理的过程中，对知识管理做出过下列各种定义：

"知识管理乃是对企业知识的识别、获取、开发、分解、使用和存储。"

"知识管理是将所有的专业知识，不论是在纸上，在数据库里还是在人的头脑中，加以掌握并分配到能够产生最大效益的地方去。"

"知识管理是获取恰当的知识在恰当的时候交给恰当的人，使他们能做出最好的决策。"

"知识管理涉及发现和分析已有的合需要的知识，并规划和控制开发知识资产的行动，以达到组织的目标。"

"知识管理就是鼓励创新与知识共享。"

"知识管理是系统地寻求、处理、理解和使用知识以创造价值。"

"知识管理乃是利用组织的无形资产创造价值的技术。"

"知识管理乃是以信息为基础的活动，通过组织性学习创造显性与隐性知识。"

"知识管理乃是运用集体的智慧提高应变和创新的能力。"

"知识管理是帮助人们对拥有的知识进行反思，调整和发展企业内部结构，提高人们进行知识交流的技巧，增加获得知识的来源，促进知识交流。"

上面这些定义从不同的角度说明了知识管理的任务、内容和特点。我们不必去追求一个统一和全面的定义而可以从知识管理的具体任务来进行理解。

对一个组织（企业、院所等）来说，知识管理涉及下面这些问题：

（1）本组织中需要的知识是什么；

（2）现有的知识在哪里，可以从哪里获取；

（3）如何传播；

（4）如何生成新的知识（创新）；

（5）如何有效利用；

（6）知识如何储存、更新，如何保护，等等。

当知识与经济融合时，则需要知道：本组织的知识投入有哪些、知识成果表现在哪些方面（物质产品、技术能力、制度、组织管理变革等）、知识如何分配与交换、如何利用等。

（三）知识管理的特点

如果说工农业生产中的管理是管理实物的生产，知识管理则是管理知识这样一种特殊的、抽象的产品的生产，产出的知识又回用到实物的生产或服务中去。

由于知识是一种无形资产，它的管理远比有形物资管理来得复杂。特别是隐性知识存在于人的头脑之中，人员流动又会造成知识的散失。

前面我们曾讲到，创新要依靠组织知识，而怎样使创新集体中每个人的知识都能与其他人沟通共享，形成组织知识，是一个非常复杂的组织行为和社会过程。传统的管理思想和模式在这里是不适用的，需要另辟蹊径。

当前知识管理刚刚兴起，所以还有许多人对它有片面的或者不恰当的看法。

有些人认为知识管理只是对现存的知识进行管理，以利于多次使用，而没有意识到，更重要的是对怎样生成新知识进行管理。

有些人认为知识管理仅仅是利用信息工具对可编码的知识进行管理，没有意识到，除了可编码的知识外，隐性知识在知识管理中是十分重要而且无法用信息工具直接管理的。产生这种认识局限性的一个原因是由于可编码知识管理的信息系统是从信息管理的系统演化而来，有一些知识管理含量极低甚至仅仅加上包装的信息系统也被夸大称之为知识管理系统，因而使人产生错觉。

也有人认为知识（特别是隐性知识）存在于人的头脑之中，别人无法觉察，是无法加以管理的。

凡此种种，都使人产生误解而对知识管理的重要性认识不足。

考虑到知识管理的特殊性，在组织和管理知识时，应该充分注意到下面一些特点：

（1）知识产生并存在于人的头脑之中，知识运作必然是以人为主导的，人的价值观、信念、情绪和意志都将会产生影响；

（2）知识共享是创新的必要条件，应该创造条件鼓励和推进知识共享；

（3）技术工具能增强知识活动，但正确与有效的应用还取决于人；

（4）必须同时重视显性知识与隐性知识，二者不是对立的，而是互补的，当前尤应重视隐性知识的获取与转化；

（5）知识管理必须受到高层领导的重视，并列入组织的经营管理总体框架之中；

（6）知识管理是在一定的文化背景基础上进行的，因此，民族文化、企业文化的各种因素常常成为决定性因素。

目前对知识管理有宽窄两种理解：一种更加宽泛的理解是把知识管理当作一种新的管理理念。这种理解认为，在知识经济时代，一切管理都应该以知识为基础。另一种较窄的理解则认为知识管理仅仅是对企业的知识生成与应用加以管理，就像财务管理一样，只是企业管理的一个领域。前者可以说是"用知识进行管理"，后者可以说是"对知识进行管理"。

由于知识管理的高度复杂性，兼有技术与人文两种属性，而且两种属性是交互作用的，所以具有跨学科特点，涉及的学科有：①管理科学；②认知科学、心理学；③社会学；④信息科学与技术；⑤系统科学与系统工程；⑥法学；⑦哲学；等等。

由于知识管理涉及多种学科，所以在知识管理的发展过程中，一些名词、概念、定义等还要借用所涉及领域中已有的结果，但不同领域的定义、概念会有所差异，这也会给知识管理的研究带来困难。因而特别需要横跨几个学科进行开拓，在原有学科的边缘建立新的领域。

（四）知识治理与知识管理

21 世纪之初，有人提出了知识治理的概念。根据文献，知识治理是在更高层次上对知识管理的研究。知识治理的主体是知识所有者，包括个人、组织、企业、政府、民间组织等。知识治理的客体是知识本身和承担知识生产、知识组织、知识转移、知识创新等过程的组织和个人。相对于知识管理，知识治理强调从更高层次对知识过程中的各种利益相关人如知识转移者、知识利用者的利益关系，通过设计一个组织的或整个社会的知识过程所涉及的相关组织结构和运行机制来进行协调，保证知识过程的顺畅和具体知识活动的顺利开展，而不涉及具体的对知识进行生产、组织、转移等活动。后者则是知识管理本身的任务。

1. 开发执行官的领导艺术

哈佛认为，随着商业环境正在发生根本性的变化，培养管理者的途径也日益进入公司现有经验之外的新领域。由于对成功的企业领导者的要求已经改变，因此培养领导者的方法也发生了变化。

"全球市场是复杂的。"哈佛公司课程资深主任简·希勒·法伦说，她曾帮助全世界成千上万的公司高层行政人员制订培训计划。"市场的节奏千变万化，公司自身已经不能提供他们想要的那种培训体验和发展环境。"

当你在温室里培养领导者，最后只能培育出温室里的花朵：它们看上去非常美丽，但是一旦与外界接触就会枯萎。

领导能力开发不是一个独立的过程。尽管公司的确有培训领导者的正式项目，但是大多数情况下，执行开发是在工作中进行的，更重要的是，服务于工作的需要。随着前程似锦的管理者向前发展，他们会面临一系列的挑战，从中他们学会在各种环境下运用这一模式的方法。开发过程会给予年轻的执行官极其广泛的自主权来拓展其能力并迅速其成长。

有时候，企业领导人常常不能预见，一个不合常规的与传统企业模式格格不入的员工可能成为很有潜质的领导者。

例如，一位高级行政人员在公司里被认为是一个古怪和脱离现实的人，"公司不知道该拿他怎么办，"法伦说，"但当首席执行官来了之后，他认识到这个特立独行的人对于经营一个迅速发展的新业务将是个理想人选，经营这些业务需要对整个商业环境有全新的视角。"除了在财务、营销、技术、企业并购、经营管理、供应链和其他领域磨炼业务技能外，管理者培训课程需要进行得更加深入。他们需要从三个方面来衡量领导力水平：个人、团队和组织动态，领导者需要深入了解他们个人的强势和弱势。

在一个公司的培训课程中，管理者认识到很多失之交臂的生意却可以通过跨部门的合作得以挽救。"当你把这些聪明、有能力的人聚集在一间屋子里的时候，他们会创造奇迹。"法伦说，"他们认可个性、能力和资源，而公司以前却几乎没有意识到这些。"

五项指导性的原则推动了培养领导者的方法取得显著的成效：

（1）关注全局

与大多数消费品公司不同，尽早地给那些有培养前途的人划出责任底线。

（2）给予管理者行动的自由

卡夫前首席财务官加里·科赫兰说，这种方法减少了独裁，鼓励了个人的主动性。"如果你做得对，你不必写许多备忘录，"他回忆说，"一旦展现了你的能力，你就能放手去做，然后就能形成自己的处事风格。"一旦年轻的管理者掌握了基础业务，就给他们留下足够的空间，让他们决定如何达成目标。

（3）教导管理者影响力的艺术，而不是发布命令

培养管理者影响力的艺术，使他们有能力调动整个公司的其他人员来共同完成工作。负责品类和品牌的执行官们不能简单地发布命令，他们必须学会说服别人并且统一意见。正如一位前执行官所说："你要经常让许多人围桌而坐，如果你想成功的话，你需要让那些人各抒己见。因此，重要的是学会如何激励他们，而不是利用职权操纵他们的职业生涯。"

（4）不鼓励自我宣传

鼓励的是团队成就，而不希望个人成为焦点。吉姆'柯林斯在他的著作《从优秀到卓越》中研究了具有个人魅力的公司领导者所带来的危险性。

（5）为人才找到合适的位置

并非每个人都能领导公司，公司能给出的承诺是致力于留住人才，并且为没有成为领导者的价值创造者创设角色。当然，不是每个人都能成功地晋升到领导能力开发计划的最高层。经常将这些人转到职员部门，而不是解雇这些有经验的业务经理。的确，公司的最高管理层致力于安排一定的"职员名额"来留住优秀的人才为公司工作。

但是，其他公司可以采纳基本的思想。任何公司都能仔细思考自己的商业模式和基础性原则，都能为强化这些原则的管理者绘制出职业道路，都能赋予年轻的执行官们像成熟的首席执行官一样思考并行动的职责。

2. 知识管理时代下的领导能力开发

近年来，以新技术革命为先导的人类社会步入知识社会，时代的重心都在向知识化转变，知识迅速成为经济的力量，已开始重新演绎出新的生命力。知识经济化，其中一个重要方面，就是新技术发展要求，不断对领导能力产生影响。哈佛的课程中关于这一点也有专门的讲解。

哈佛认为，学会如何领导不只是一个认知的过程，其中也有情感因素。你向谁学习和你学习什么一样重要：两个人可以给我同样的建议，但是我会更善于接受曾经历过与我眼下所处的实际情况相似的人提出的建议。只有通过与你有过同样经历的人进行联系，经验教训才可能真正成为你自己的。

有教授说过："著名的医院会做两件事：一是照顾病人，二是教导资浅医生。奥美也在做两件事：一是照顾客户，二是教导年轻的广告人。在广告的领域里，奥美就好比一所教学医院。"奥美建立了具有特色的教学型组织文化，成了一个成功的知识型组织。

社会进步的力量，通常也来自先驱者对于新思维模式、价值观的塑造和扩散。对于企业这个组织而言，同样如此，在个人与组织整合互动的过程，最具有动态影响作用的因素便是领导，领导者个体行为常常会深刻影响着组织的群体行为。

但是，"瓶颈永远在瓶子的上端"，在目前知识导向的产业结构与企业变革压力下，如果组织领导者们不能认识到这种变革趋势并体现出相适应的领导力，则其所领导的组织必将会在这个浪潮中落伍。

管理大师彼得·德鲁克提出：因为信息科技的发展，使得企业组织的变革中"管理权与所有权分离"的第一次变革，到"指挥控制型组织"的第二次变革，发展成为"知识型组织"的第三次变革。

哈佛教授们经常告诉学生：知识已经成为管理行为的基石，如果企业领导不能以知识作为决策的基础。在面对专业知识工作者时，会不可避免地陷入难以知识共鸣的困境，也会发生知识对话的落差以及相互沟通的障碍。

显然，团队型领导风格相对来说是较为完美的领导方式，尤其是随着知识经济时代的来临所导致的领导权力动因的转移，使团队型领导风格更显重要。传统领导理论强调的是"职位权力"，主要体现为合法权和奖惩权，前者是一种经过正式任命的权位权力，后者则是领导者对其下属的资源控制、奖赏、调职、减薪、降级或解雇而让部属不得不接受其领导的权力。然而，"职位权力"正逐步被以知识为基础的"知识权力"所取代。

可以说，"知识权力"下的领导行为更多是一种素质影响力，它依赖于领导者的素质品格，使得部属因心悦诚服而接受其领导，并完成其指派的任务，这样的领导行为要求领导者做到以下三点：

首先，要能给员工指出愿景，愿景是一种希望，也为一种能量，它是组织战斗力的目标；要成为团队训练者来帮助员工培养技能，对于知识型员工来说，领导者不善教导就难以领导。

其次，领导要起到感召的作用。大家都说"榜样的力量是无穷的"，员工为什么愿意跟随领导朝着一个共同愿景去努力奋斗，根源还在于员工对领导者行为和人格的信任，只有当领导者的做法让员工感到信任和尊重时，他们才会自觉自愿地追随领导者的做法，这就是榜样的力量。

最后，领导要给员工动力，要为员工喝彩。奥格威说："当员工有令人激赏的表现时，明确地表达你的赞美。"当然，赞美并不排斥责备，领导要善于为员工设立SMART的工作标准，员工没有达到时同样需要予以适当的责任。因为，最容易损伤团队士气的事常常是领导者容忍员工二流的工作成果。

一个领导者只有善于赋予团队以愿景、感召和动力，而不仅仅是过程控制、资源协调，才能真正实现从单纯管理者到真正领导者的转变。而且，"领导者"这个头衔并非专属于那些看似高高在上的人，我们每个人都会在特定时间、特定地点置身于作为领导者的境地，因此，"领导力"是每个人都应该培养的一项技能。

老师们最后告诫：在知识管理时代，企业家如果继续专注自己的权力，企业就无法适应瞬息万变的外部环境，企业员工尤其是那些知识型员工的主动性、积极性和创新性就会受得到损害，企业的经营管理决策的科学性就无法得到保证。

3. 技术≠知识管理

很多教授在哈佛的课堂上讲过，知识管理是为企业实现显性知识和隐性知识共享提供新的途径，是利用集体的智慧提高企业应变和创新能力的有效方法。它包括这样几个方面的内容：建立知识库；促进员工的知识交流；建立尊重知识的内部环境；把知识作为资产来管理。

他们认为，在企业中推行知识管理，不但需要员工们懂得知识管理的理念，而且要通过知识管理系统来使之变为现实。如何实现企业的知识管理系统，往往是企业知识主管和高层领导所关心的重要问题。近年来，由于信息技术的进步和IT产品的大量出现。现在许多IT厂商都推出了自己的知识管理系统开发平台，不少人认为知识管理系统就是一个现成的可以买来使用的软件包。但是，目前这些IT厂商的知识管理开发平台都仅仅是提供了一个可以进一步开发的工具，要实现企业的知识管理系统，不但要掌握这些工具，而且要对自己将要设计的系统具有清晰的认识。同时，还必须懂得通过什么样的途径，才能够减少失败的概率，有效地完成所规划的知识管理系统。

新技术并不是包治公司所有顽疾的良药，在采用知识管理之前，什么样的公司在什么样的情况下才适合使用知识管理？我们需要思考。

几乎所有具有合理规模的公司都可以通过规范的知识管理体系实现生产力的显著提高。

要确定贵公司是否能够从知识管理受益，公司规模仅仅是第一步。第二步要评估在对待知识方面的公司文化，从而明确需要改进的地方。

有哈佛教授指出，在知识管理流程中常常可以避免无谓的重复劳动。"如果你的目的是试图改变公司的文化，你不应该抛弃已有的结构体系或沟通方式而重新建立一个崭新的系统，这将使这项工作倍加困难。通常的情况是，公司已经存在某些结构或方式，你只需增强它们的便利性和友好性。"

他们强调，知识管理曾经被 IT 供应商和咨询师许以过高的承诺，其实却总是被他们弄得一团糟，以至于现在很少人仍然相信它。一些实行知识管理的先锋，如可口可乐公司已经终止了他们的知识计划。

然而说到底，知识管理不仅是竞争优势的来源，而且也决定了如何对价值链的重组。而那些保守的人，任何时候都会像在 19 世纪抵制新机器使用一样抵制最佳做法和新软件的运用，即知识管理。但是，知识管理也有其自己的特殊要求，如何使知识管理产生切实的成果并不是一件简单的事。知识有各种形态，它可以嵌入到设备、工具、流程以及聪明人的头脑中，并使他们都做得更好。知识的外在形态并不重要，从知识运用中所学到的经验是相同的，与知识的外在形态并没有联系。

不管是什么知识形态，要获得成功的规则都是类似的，你必须做好两件事情：第一，尽力共享最佳想法、促进同事之间的对话与交流以及给公司的每一位员工都提供他们工作所需的知识。这是人们常说的知识管理的主要内容，它很容易说，但要真正做到却很难。第二，要主动地去寻找和运用这样一些知识，它们能够极大地而且不断地增进公司为客户服务的能力。知识管理的范围可以大到像通用电气所使用的一些方法和理论。如根据需求来生产、六西格玛质量管理，也可以小到像英国石油与 Schlumberger 合作开发新的水平孔钻探技术。

教授们提醒同学，千万不要以为你能够通过上面两项工作的任何一项就能获得成功，如果你跳过其中任何一项工作，你就会坠入无法真正改善财务底线或者无法改变公司文化的境地。传统的知识管理可以帮助促进公司文化的变革，而你也更需要注重产生成果的驱动力，这种成果将确保最终的变革。

知识管理的理论基础其实很简单：如果你让每一位员工都能够得到另外的人所掌握的知识，并且得到他们完成其工作时所需要的核心内容和信息，那么每一个人的决策都会更优，公司运转将更为健康，更有效率，而每一位员工也会更快乐。当然，真正要做到并不简单，知识管理中存在一些缺陷：（1）很多企业盲目武断地开始知识共享是一种"反自然行为"，因此明智的做法是以小项目启动，最好是那种可以在 6~9 个月的时间内评估其成效的试水项目，而一旦推广的时机到来时，必须投入相当的资源，才能获得可观的收益。（2）企业过分依赖技术捷径

人们往往认为技术是包治所有知识管理顽疾的良药。但事实却不是这样，那些仅仅简单堆积资料而不进行整理和分析的公司往往会发现，由于存储空间有限，加上耗费时间查找错放的资料，过多的信息比完全没有信息更糟。

知识管理的成功要求有合适的流程和基础设施，确保把正确的知识和信息在正确的时间输送到正确的地方，这包括人员也包括 IT。知识管理还需要一个变革程序以激励从业者之间互相合作。

注重主动地去寻找能够极大地而且不断地增进公司为客户服务的能力，这一点似乎与传统的知识管理大不相同，因为他们看起来是功能性的，但是这种专注于成果的努力是而且总是与知识相关。

（五）知识管理学科的构成

我们先对过去国外学者在构筑知识管理的学科架构（framework）方面已经做过的工作进行一些回顾，希望从这里便得到一些启示，来构建我们自己的学科架构。

近年来国外的学者基于他们的实践与理论思考，曾经建立过一些知识管理的架构，虽然有些学者在综述这些架构时，把它们分成规范型与描述型两大类，但是许多架构很难归于上述两类中的哪一类，同一架构，有的综述者认为是规范型的，有的综述者却认为是描述型。

现有的架构有的是以任务为基础的，有的是以过程为基础的，二者也很难分开。所以我们这里就不按上述分类而统一地加以列述。

美国的 Arthur Anderson 咨询公司与美国生产力与质量中心认为组织中的知识运作与管理包含下面七项任务：①知识的生成；②知识的辨识；③知识的收集；④知识的适应；⑤知识的组织；⑥知识的应用；⑦知识的共享。

美国的 Dataware Technologies 公司认为应包含：①识别业务问题；②准备进行变革；③组建知识管理队伍；④进行知识分析与审计；⑤确定解决问题的特点；⑥实施知识管理的具体工作；⑦将知识与人关联起来。

Ernst and Young 公司则提出了下面一些任务：①知识的产生；②知识的表达；③知

识的编码；④知识的应用。

C. Holssaple 与 K. Joshi 提出的任务是：①获取知识；②选择知识；③内化知识；④使用知识；⑤生成知识；⑥外化知识。

J. Liebowitz 认为应包含下列任务：①将信息转化为知识；②辨识与检验知识；③掌握并保存知识；④组织知识；⑤检索并应用知识；⑥组合知识；⑦学习知识；⑧生成新知识；⑨发布知识。

Price Waterhouse Coopers 公司提出一个五个 F 的内容：①发现（find）知识；②过滤（filter）知识；③针对问题形成（format）知识；④传送（forward）知识给适当的人；⑤从使用者获得反馈（feedback）。

R. Ruggles 提出的任务只有：①生成知识；②进行编码；③进行传递。

R. van der Spek 与 A. Spijkervet 认为应该有：①开发新知识；②保护已有的和新的知识；③分配知识；④组合有用的知识。

K. Wiig 则认为应该包含：①生成知识；②组合与转换知识；③传播应用知识；④实现价值。

上面列述的都是有关知识管理全过程的，还有一些只针对知识管理中的一些特定过程，如新知识生成过程等，这些我们将在后面有关章节中再介绍，这里就从略了。

上述方案直接针对的是任务，但也隐含着贯穿在其中的工作过程。还有一些是直接按照过程来建构的，例如，T. Beckman 提出过一个包含八个阶段的过程性架构。

阶段 1：知识的识别。

阶段 2：知识的获取。

阶段 3：知识的选择。

阶段 4：知识的保存。

阶段 5：知识的共享。

阶段 6：知识的应用。

阶段 7：新知识的生成。

阶段 8：知识的推销。

我国学者邱均平认为知识管理学科可以从广义和狭义两种角度来理解。狭义的知识管理是指对知识本身的管理，包括：①知识的创造；②知识的获取；③知识的加工；④知识的存储；⑤知识的应用。

广义的知识管理则不仅包括对知识本身的管理，还包含与知识有关的各种资源和无形资产的管理，包括政府知识管理、企业知识管理、个人知识管理在内的综合知识管理，涉及知识组织、知识系统、知识资产、知识活动、知识人员的全方位和全过程的管理。

其他学者也认为，知识管理的核心对象应该是知识本身，而广义的知识管理内容则包括和知识相关的设施与活动。

国外有些综述性的文章，如文献，认为这些架构普遍存在一些不足之处，首先是对人的作用因素关注得不够，其次是从系统的观点来看，只着重于系统本身而忽视了系统的外环境，特别是文化环境。此外，知识的运作与管理过程是和组织的学习分不开的，而这些架构恰恰忽视了学习任务和过程，也就是说，从过程的观点来看，大多数把工作过程看作是一种线性过程，忽视了反馈的作用。新知识的产生是和反馈作用分不开的。有些方案尽管也考虑了学习，但却是按单回路学习构建的，而实际上知识的生成、创新的实现常常是基于双回路学习的。

从上面列举的架构以及对它们的批评看来，如果我们希望建立一个较为完整的框架，应该充分吸收各方案所提出的任务并加以综合，而以工作过程将其贯穿起来。全面考虑知识与人的联系，系统本身与外环境的联系，以及学习的重要作用。同时克服沿直线运行的局限性，充分考虑学习回路与反馈的作用。

（六）研究知识管理的几条主线

近年来，关于知识管理的研究，是沿着三条主线进行的：第一条是把重点放在信息管理上，因为信息是知识的载体，通过对信息内容和信息工具的管理来实现知识管理。从事这方面工作的大都是具有信息技术与计算机专业背景的，他们致力于信息系统、人工智能等工具方面的研究。第二条主线则是把重点放在人的管理上，研究者大都是具有社会科学与人文科学专业背景的人，他们着重研究人的行为、技巧和思维方式。第三条则是把重点放在知识资产管理之上，因为知识作为一种生产要素，作为一种无形的资产，对它的有效运用和使它产生新的价值则是从经济角度对知识管理的一种研究视角。

重点放在信息管理上的模式可以说是从知识的供应出发的，力求提供更多有组织的知识。在管理显性知识（可编码知识）方面确实显现出很多的优越性，特别是信息资源的管理为知识管理建立了科学的基础，提供了把知识看作对象来管理的有效方法和工具，但在把知识看作过程来管理时，信息系统的作用由于局限于信息流程，对知识的转化缺少深入的分析，这方面还有待进一步发展。另外，在有效管理可编码知识的同时，对隐性知识的组织管理却显得力不从心。总而言之，这种模式对于人和组织的行为因素考虑得有限，再加上从事这方面工作的一部分人的职业偏见，见物不见人，就更使得这一模式显示出其局限性。

重点放在人的管理上的模式克服了上面的局限性，主要从知识创新的需求出发，对隐性知识的作用和转化给予了充分注意，多方面考虑了组织与人的行为因素。但是在处理大量信息、编码知识方面，在知识的积累与传播方面，没有强调采取一些先进方法和工具，因而无法使知识管理本身全面科学化。

重点放在知识资产的管理上的模式则改变了人们过去仅限于有形资产的传统观念，探讨怎样把无形的智力资源和有形的资源结合起来创造新的价值，对于知识资产的特点进行了研究，并加以度量，还探讨了它的增值以及利润分享方式，使得知识与经济的关系更加直接，但缺乏对知识过程及其管理细节的研究。

沿上述三条主线中的某一条进行研究，可以解决某些具体问题，但缺少从总体上的把握。因此国外有人建议将其中的几个方面加以综合来研究。

我们认为，应该利用系统工程的思想和方法将三者结合起来，加以综合研究。如果能够利用系统方法来从整体上综合加以分析和综合，就能更全面和深入地考虑各种因素及其相互影响。

二、向知识管理要增值

21 世纪被称为知识爆炸的时代，知识管理也成为一个时髦词汇。那么，究竟什么是知识管理？AMT 的定义是：

知识管理是协助企业组织和个人，围绕各种来源的知识内容，利用信息技术。实现知识的生产、分享、应用以及创新，并在企业个人、组织运营、客户价值以及经济绩效等诸方面形成知识优势和产生价值的过程。

从以上定义可以看出，知识管理归根结底是一个管理工具，对于企业来说，为什么要实施知识管理？知识管理到底能产生哪些价值？不管是考虑推行知识管理的企业，还是已经推行知识管理而遇到瓶颈的企业，这些都是其迫切渴望了解的问题。

知识管理的价值到底有哪些？从企业不同管理视角来看，企业到底可以从知识管理中获得哪些收益？我们将从战略视角、业务视角、人力资源视角、IT视角、文化视角、变革视角六个方面，帮助企业高层、业务部门、人力资源部门、IT部门、文化建设部门以及知识管理推动部门分析知识管理该如何有效开展，从而使知识管理能最大化地服务于企业的战略及业务目标达成。

（一）战略视角看知识管理：打造核心能力，促进战略落地

知识管理如何服务于企业的战略目标，可概括总结为"可积累、可复制、可管控、可持续"，即从企业高层视角，重点关注企业是否能从知识管理的应用中解决以下几种问题，从而促进企业战略目标落地。

企业资产积累：通过知识管理，使企业的知识资产也能像实物资产一样可实时盘点，可积累不流失，打造有记性的企业；

企业对外发展：通过知识管理，形成企业标准化可复制的能力，从而帮助企业实现可复制的扩张，高速且稳健；

企业内部管控：通过知识管理，助力企业战略转型和变革推动，帮助企业建立一体化有效管控能力；

企业可持续经营：通过知识管理，使零散的信息转变为结构化知识，并形成组织智慧和企业的核心竞争力，支持企业的可持续发展。

1. 知识管理帮助企业"可积累"，打造有记性的企业

企业如果能恰当运用知识管理，就能够变成有记性的企业。

"以史为鉴，可以知兴替。"只有牢记历史的国家才能吸取教训，繁荣发展；只有牢记失败经验的企业，才能转变观念，改革创新，搏击商海；只有牢记自己目标和理想的人，才能永不言弃，勇敢面对挫折，成就自己的梦想。如何牢记？必须具备好的记忆力，成为有记性的人或组织。

人没有记忆力是很麻烦的事情，如果把昨天的经验教训忘了，就很可能重蹈覆辙。这样的话，小则损失效率，大则造成风险。绝大多数中国企业没有把知识管理作为重要的议题。企业到了一定规模，并没有把知识放入管理领域，更不用说知识的清点和积累了。很多企业没有有效和有意识地开展知识管理，没有认真地在知识管理方面做工作，这样就对企业的运营造成了极大的不稳定性。

很多企业都曾出现过一个问题：对于项目的经验文档和客户的信息资料，没有一个统一的服务器存档，资料文档都存在个人电脑中。从企业要不到资料，要通过个人关系拷贝。如果某个核心员工流失，则企业很多重要的项目资料、客户信息就再也找不回来了。企业像是一个太阳，如果员工像地球绕着太阳一样服务于企业，就会比较稳定；如果哪天太阳绕着地球转了，企业风险就会非常大。

而企业如果较早地就开始建立比较完善的知识管理体系，使分散的知识实现集中化管理，对凌乱的知识进行结构化的分类管理，使隐性的知识能够显性化管理，那么企业曾经做过的项目的所有文档，就可以立即找出来，所有工作所需的相关文档信息，就可以自主查询到。组织变得有记忆力，不是记在员工脑子里，而是记在公司的 IT 系统中，企业的知识资产也能得以持续积累，从而使企业真正像太阳一样具有庞大的能量和吸引力。

通过知识管理可帮助企业建立起基于 IT 支撑的稳定可持续积累的知识架构。首先，从企业的战略和业务需求出发，识别出企业的核心知识和企业的知识管理目标；其次，建立起企业的知识分类体系，形成企业的知识架构并通过 IT 固化；最后，在此基础上，通过知识的螺旋，保证知识能够不断得到有效的积累、复用和创新。

2. 知识管理帮助企业"可复制"，实现高速稳健的扩张

企业要实现快速发展和规模扩张，如从区域性到全国性的发展，从十几家门店到成百上千家门店的扩张，以及同行业的并购整合等，如何实现"成功模式的快速复制"，是企业要解决的一个核心问题。如何迅速建立新组织的运营管理体系，如何实现最佳实践的快速传播复用，使新进员工快速融入和学习等，对企业的标准化可复制能力提出了比较高的要求。

这种标准化可复制能力在消费品及连锁经营行业中尤其重要。连锁经营的理想状态就是能够将成功模式不断复制。如麦当劳、肯德基在全世界数万家门店能保证统一标识、统一管理规范、统一业务流程、统一服务标准，从而保证为所有消费者提供一致的标准化产品和服务，这就是标准化可复制能力的体现。这种标准化可复制能力需要通过知识管理对已有管理体系和知识经验进行梳理，形成一系列标准化操作指导手册和配套的分销零售系统工具支撑，是成功复制移植的基础。

同样，一家服装企业在全国有几千家店铺，在同样的区位，店和店之间的差别会很大。为什么这个店比那个店卖的货更多？我们分析之后发现，这与衣服的摆放陈列、营业员的待客用语有很大关系。企业可以从不同的店铺里选取好的方法，形成终端零

售标准化来推广，最终实现最佳实践在整个终端门店的复用。

对于知识密集型的企业，项目经验的复制和人才培养也是知识复用效果的受益者。

无论是技术研发还是项目型运作的组织，通过提炼项目运作过程中的标准方法和已有项目的最佳实践，可提高项目的快速复制能力，使每一个新的项目在已有经验的基础上进行，避免每个新项目都是从"零"开始摸索，从而保证项目的高质量和快速交付，使企业在规模扩张的情况下，依然保持规范可控和高质量。如万科房地产能做到各楼盘的"均好性"，即是靠知识管理的有效推广应用。

项目管理人才和专业人才的缺乏是知识密集型企业发展普遍面临的瓶颈，通过知识管理系统地梳理专家经验，通过知识的学习共享进而加速人才的培养，使得新员工能够快速地成长，使得企业过去积累的知识经验能够得到有效的传承复用，从而使企业和员工个人通过知识管理获得双赢，为企业的快速发展缓解人才瓶颈。

3. 知识管理帮助企业"可管控"，实现战略一体化管理

对于处在快速发展或者战略转型期的企业，如何保证企业发展稳健、高效可控，需要企业具备一体化管控能力。所谓一体化管控能力，包括从企业内部统一沟通语言、建立一体化共享服务平台，到战略变革推动的整个过程，知识管理都可以在其中发挥积极作用。

知识词典、知识分类，统一语言：公司快速发展过程中，需要不断吸纳来自不同背景的各类人才进入公司共同工作，人员规模扩大了，但是人效反而降低了。究其原因，首要的一个因素是缺乏统一的沟通语言。虽然大家说的都是普通话，但是对具体词汇的概念理解可能完全不同，如在战略规划中，就有"战略举措、业务策略、战术、经营计划、行动方案"等若干个名词，对于其内涵和颗粒度，个人理解不一，这种情况下，就有必要定义公司的统一知识词典。如华为曾在内部知识平台上设立《华为词典》，将各跨部门可能用到的专业词汇进行详细解释，保证大家的理解一致；三星在20世纪90年代"新经营"的变革期，也通过《三星人的用语》手册，记载了上百个"用语"，并详细解释每一个用语，有些用语还包括历史典故和故事解释，以此来推动变革共识和文化建设。通过统一的知识分类体系，也能够统一各部门查找信息、分析问题的视角，为一体化管理奠定基础。

建立一体化共享服务平台：作为集团总部，如何发挥价值，如何避免对下属分支机构的过多管控，而同时又能保证战略的一体化管理？这就需要集团总部充分利用知识管理的手段和工具，打造一个能提供有效共享服务的一体化平台。统一的共享服务

平台是实现一体化管理的有效工具。首先，实现了公司执行体系的统一，标准化了公司的业务流程和规则；其次，建立起集中的信息发布和交流平台，使公司的方针策略和管理要求迅速贯彻到各个业务单元的每一个员工；最后，可全面及时地掌握各业务单元信息和知识，信息的透明化有助于消除部门壁垒，有效实施管控，从而形成整体的协调性。

通过知识管理进行变革推动：企业的战略与管理变革会受到很多人阻碍，这些阻碍可以分为三种：（1）不知道：对变革的内容不清楚；（2）不愿意：变革会触及个人利益；（3）不能够：不具备变革所要求的能力。对于第一种情况，要通过知识推广更广泛地宣传战略变革理念，从而加速变革；对于第二种，要通过知识管理宣传和树立标杆，同时通过知识分享，让在变革中表现优秀的团队更健康地成长，从而带动起拥护变革的大多数；对于第三种，则要通过知识管理提高经理人和团队的技能，把在变革中的知识经验快速地在组织内部分享。借助知识管理的手段，推动和促进变革目标的达成。

4. 知识管理帮助企业"可持续"，形成企业核心竞争力

基业常青是所有企业家的梦想，然而如何实现持续经营，永续发展？尤其是在大数据时代，如何集成整合大量的各类系统数据/信息，实现人和信息的有效互动，提升业务洞察力，使业务更高效、决策更智能？企业需要通过知识管理的工具，实现各类结构化与非结构化数据的集成，并从中提取最佳案例和商业智能，最终衍生形成组织智慧和企业的核心竞争力。

（1）投资和决策能力

投资和决策直接决定企业的发展方向和定位，企业能够提供什么产品和服务，什么时候提供，如何定价，投资收益如何分析，如何抓住市场契机及时推出具有优势和竞争力的产品，这些都至关重要。通过知识管理和商业智能，可对内外部信息进行有效分析，并结合历史的项目经验，从过去的投资决策经验中学习提升，从而为新的投资和决策提供支持。

（2）客户和市场能力

在当前激烈甚至残酷的竞争环境下，如何迅速地占领市场、开拓客户，并在市场成熟时保持客户，是企业生存的前提。通过知识管理，使重要的客户关系人脉不因核心业务人员的流失而流失，加强客户关系管理，使企业形成良好的客户基础；可以对客户信息进行有效追溯和管理，全面完整地了解客户需要及客户行为，通过对客户行

为的洞察，提供有针对性的产品或服务，同时保持对客户服务的连续性和一贯性。

（3）管理与运作能力

错综变化的企业内外部环境给企业的管理和运作带来很大的难度，同时也提出更高的要求。在这个从管理要效益的年代，及时按质交付产品和服务已经成为一个基本要求。通过将知识管理和业务流程紧密结合，可以使业务运作管理的经验得以有效积累，帮助企业实现管理的持续改进；通过知识管理工具的引用优化传统流程，实现直通处理和智能化业务流程，实现内部管理运作的成本优化和效率提升。

（4）学习与创新能力

知识型企业的核心就是通过学习，培养企业不断创新的能力，使企业在瞬息万变的市场竞争中能够敏锐地感知外部的变化，并迅速地做出反应，保证企业在适当的时间开发出适合市场需求的产品。企业通过构筑良好的知识学习环境，使得知识能够在企业内部生成、交流、积累，能够在企业外部与其他企业进行交流、共享、合作，企业员工的创新能力能够不断被激发，从而使得企业能够不断地得以进步。

（二）业务视角看知识管理：流程管道，知识活水

从业务视角来看，知识管理到底如何帮助业务提升？如何通过知识管理，使每个部门/岗位的员工都能像最有经验的员工一样工作，提升每个岗位的专业化能力？

一方面，要避免知识管理和业务运作两张皮，避免知识管理变成业务活动之外、锦上添花或者可有可无的"鸡肋"。我们的建议是"流程管道，知识活水"，只有紧密结合业务流程，将知识的积累和应用融入业务过程中去，才能避免知识管理变成无源之水。

另一方面，不同业务领域的业务特性和知识特征决定了其关注的知识内容和知识管理模式也会有所不同，因此知识管理的推行也必须和业务特性与业务需求紧密结合。

1. 什么是"流程管道，知识活水"

案例分析：为何知识管理项目昙花一现？

A公司是一家致力于电子通信产品的民营高科技企业。由于企业管理层对于研发的高度重视，企业在产品创新方面能够快速占领市场并获得竞争优势，从而促进了企业的快速发展。然而民营企业员工流动性大，特别在A公司所从事的通信行业，员工跳槽离职频繁，如何保证公司的核心知识资产不流失？此外，作为知识密集型的高科

技企业，如何使已有知识能够快速地得到重用和共享，从而提高企业生产力？随着企业规模的快速扩大，新员工招聘越来越多，如何使新员工能够快速地掌握岗位知识和技能？这些需求使 A 公司领导层逐步意识到知识积累和共享的重要性。因此，在年度规划会议上，企业领导层授权信息部门的小 G 在新年度里将知识管理作为一个重要项目来负责。

小 G 受命作为知识管理负责人，经过一个月的相关资料和业界最佳实践的学习，形成了初步的知识管理实施方案：

首先，考虑到公司员工对于知识管理的概念还比较陌生，同时缺乏知识共享的意识，小 G 认为首先要进行知识共享理念的宣传，收集一些知识管理的案例和故事，通过公司内部网向所有员工发送以进行宣传。

其次，成立知识管理团队，在每个业务部门选择一两个业务骨干负责本业务领域知识管理的推行，同时对所发布知识的安全性及内容等进行审核。

再次，制定相关的知识管理制度和激励措施，以促进知识共享和知识发布过程的规范化。

最后，在公司内部 OA 系统上搭建知识管理平台，通过系统对知识发布进行集中和统一管理，并对激励制度和知识发布流程进行有效支撑。

小 G 的方案经过相关领导和知识管理团队成员的讨论获得一致通过，A 公司的知识管理项目从 3 月份正式启动。

3 月份的主要工作是知识管理理念宣传、相关制度拟定，以及知识管理平台开发。

知识管理理念宣传：主要通过网上搜集的相关知识管理的案例和故事，如《七个小矮人的故事》等每周定期向所有员工进行宣传，寓教于乐，在公司里引起了强烈的反响。根据知识管理团队成员的调查反馈，通过一个多月的集中宣传，公司员工对知识管理的概念已经不再陌生，并对目前公司正在推行的知识管理项目有了初步的了解。

知识管理制度拟定：考虑到公司的信息安全制度，知识管理制度中规定了知识发布流程，要求对所有提交共享的知识必须由指定的业务领域知识管理员进行审核，以保证知识发布设定了正确的安全级别和读者权限，同时对知识质量进行把关。另外，设定了相关的激励制度，对在知识管理平台中积分较高的人员每季度发放小礼品进行激励。

知识管理平台开发：平台开发主要在原有文档管理系统中增加知识审核流程，根据知识发布数量和读者评分进行积分统计，同时增加了知识收藏、知识推送、知识订阅、知识搜索、专家地图等功能，使共享知识的员工可以看到自己的积分增长，并根据积分设置了不同的级别和荣誉头衔；同时所有员工也能够方便地获取到所需要的知识以及知识发布人的信息。

4月份对知识管理平台进行了全面的测试，同时各部门知识管理团队成员将已收集的相关知识放入平台，在"五一"长假后知识管理平台正式向用户开放，同时发布相关的知识管理制度，知识管理宣传内容由案例变成对平台使用和相关制度的宣传，知识管理工作开展得如火如荼。整个知识管理团队成员也极为振奋，平台启动后的一个月时间，平台访问量逐步上升，根据平台中的访问量统计，每天最多时有60%的员工在对知识管理平台进行访问。

然而经过两个月的试运行，小G发现平台中增加的知识数量并不多，很多员工都是出于新奇登录平台去看看，但很少有知识共享。知识管理团队通过一致讨论，认为现有的激励制度不是很好，不具有吸引力，因此决定每双周对平台中发布的知识进行统计，选取3—5名知识贡献者进行奖励，并通过内部邮件进行宣传。

改进的激励措施取得了一定的收效，新发布的文章数量增多，整个知识管理工作进入了按部就班的状态。小G也暂时将精力投入其他项目。但是新的问题很快出现了，小G发现知识贡献者比较集中，当初为了能够让平台吸引更多的眼球，设置了休闲类的栏目，而知识发布多集中在这些栏目，工作中所需的一些核心的项目总结和经验技能等资料很少，长此以往，知识管理平台将不免有不务正业之嫌。小G又将知识管理平台积分规则进行了调整，鼓励原创性文章，并要求休闲类栏目的知识审核员加强质量审核把关。

半年的时间过去了，小G召集知识管理团队成员一起开会进行总结，大家对知识管理的热情似乎已经不再，平台中很难有真正有价值的知识出现。为什么知识共享境遇如此尴尬，大家一起讨论分析原因：

"重要知识都掌握在业务骨干手里，而这些人是公司里最忙的人，所以都没有时间去贡献。"

"知识发布要设置读者权限，哪些人应该有权限阅读都没有把握，所以索性不共享，谁需要直接邮件发送就可以了。"

"知识共享不能靠自觉，要通过流程固化，强制执行，否则很难长期推行。"

……

听着大家的讨论，对于如何使知识管理落到实处，真正对业务起到积极的作用，小 G 陷入了沉思……

案例中出现这种局面，有一个重要的原因：知识管理与日常业务工作相脱离，成了工作以外的事情。

这是绝大多数企业实施知识管理时的一个共同的问题。知识管理与日常业务工作的脱离意味着知识和业务不是同步发生的，公司员工需要在业务工作完成之外，另外花时间写东西、传文档。根据笔者的粗略估计，这将使得员工的工作量增加到正常工作量的120%—150%。这种工作量的增加，如果只是一时一事，还可以凭大家的热情来承担，但是长期下去就难以维系了。

另外，对于不同的员工，这种工作量的增加往往是不同的。企业里往往"重要知识都掌握在业务骨干手里，而这些人是公司里最忙的人，所以都没有时间去贡献"。相应地，有比较多的工作闲暇的员工，往往掌握不到最重要的知识，而只能共享一些常规性的工作文档，还有各种生活、娱乐类的文档，这也是为什么知识管理系统中往往生活、娱乐类板块和社区的文档和讨论最多，其次就是规章制度、通知公告等内部基础信息以及各种来自外部的纯知识性的资料。

要解决上面提到的知识管理所遇到的困惑，比较可行而有效的方法就是要将流程与知识结合起来。

（1）将流程与知识紧密结合

我们知道，流程代表的是企业里工作的流转，可以把它视为横向的流转，即"流程管道"。在横向的流程流转的同时，在每个流程的节点，都有对知识的应用和新知识的产生，就像管道中流动的水一样，经过一些管道节点的加工装置，使管道中源源不断产生新的知识，即"知识活水"。所谓将知识和流程结合起来其实就是将这种横向的业务流程流转和知识的应用与创新结合起来。如果企业里拥有大量的知识文档，但没有很好地与工作流程结合起来，知识终究是放在"柜子"或者"文档库"里，是孤立的，它的功效就不能得到最大的发挥。我们要管理好企业所有的知识，就要将它们依附在流程上，由于有了这些知识的积淀，组织的智商才能得到提高和改善，即知识管理与业务流程之间，是"改造""优化"而不是"替代"的关系。经过知识改造后的业务流程能够更好地运作，大大地提升效率，避免错误的再次发生，并且能触发业务创新。

我们可以对此做更详细的说明。每位员工在工作的时候，可能会查阅以往的文档，在这些以往沉淀下来的知识的帮助下，更快更好地完成任务，这同样也形成文档放入了知识库中，但此时新生成的文档和原来的文档已经有了本质的变化，它是经历了一圈知识循环后沉淀下来的内容，包含了该员工的思考以及他的一些经验性的内容，其实是依照了"显性知识—隐性知识—显性知识"这条路径产生出来的更新的知识。这样可以不断地完善企业的知识库，同时也在一定程度上留下了员工的隐性知识。我们可以用一张图来表示。

（2）知识与流程的结合要做好几件事

知识与流程的结合是知识管理的一大发展方向，它能够切实地解决流程管理单方面不能解决的问题，同时也为知识管理开辟了一条新的道路。为了能将流程与知识结合起来，企业通常要做好几项工作。

首先，要能建立起企业的流程体系，清楚地知道企业里面有哪些流程，它们是怎么流转的，以及流程的管理维护机制如何。这是最基础的工作，只有清楚地定义了流程才能将知识与流程结合起来。

其次，在了解了企业流程的基础上，我们就可以沿着流程对知识进行清理了。它的目的就是清点出在流程的各个环节上有哪些知识，它们的存在形式是什么样的，各领域知识的强弱状况如何，并根据不同业务领域的特点，形成每个领域开展知识管理的方法。

再次，在系统地梳理了企业各流程中的知识后，要建立知识与流程相结合的更新维护机制，保证有专人能负责各个流程上知识的管理，实现动态更新，形成相对于流程的纵向知识流，不断地充实企业知识库。

最后，选择一套合适的软件系统来实现这一管理思想。这套系统除了要具备知识管理系统通常所拥有的功能外，最好能够在定义工作流转的同时与相关的文档及专家关联起来，从而使员工在每个工作节点上都能获得所需的资源。

通过这样一些工作，把知识与流程很好地结合起来，更大限度地实现流程管理及知识管理的价值。

后面几节我们将从一般企业典型的研发、制造、营销、服务各个业务领域分别分析知识管理是如何与业务流程相结合的。

2. 研发领域的知识管理

这里，我们可以进一步将研发领域引申为以项目方式运作的知识密集型组织。这类组织的典型特征就是输入输出的都是知识，知识产生和应用的过程就是业务的过程。研发领域知识管理必须考虑以下业务特性：

研发人员工作时需要很多参考信息。一个公司研发人员在进行设计时，需要许多参考资料，这些资料来自内部和外部，其中包含上游厂商的技术信息、签约厂商提供的技术信息、过去项目的成果、公司目前库存零件项目及数量、零件成本等信息。这些信息有的来自外部，有的来自公司其他部门，有些则是其他研发同仁的工作成果。不但资料格式种类很多，而且如果未统一搜集并保管，将导致研发人员必须自行收集所需的信息，重复消耗人力资源，严重影响产品开发的速度及品质，而新进人员由于不清楚有哪些资料可以使用，影响更大。

研发作业要求必须遵循有关的规范。公司的产品开发包含好几个阶段及步骤，从拟订产品规格及开发计划、概要设计、详细设计、样本制作、数项测试工作到试产作业等，因而每一项工作都有既有的知识，包含标准作业程序、标准工时、作业规范、输入及输出文件、负责单位及人员等，这些知识是否以统一的格式表达、是否集中管理，直接影响到相关人员是不是知道有哪些信息可以使用。

研发工作产出的管理。公司产品开发的各项作业是同时进行的，但是成果文件与资料要等研发作业完成后，才会交到资料中心。在这之前是由人员个别保管，并未主动对外提供。研发部门会同时进行好几个产品开发项目，然而其他部门并不了解个别研发人员的工作情形，例如设计是否变更，本身使用的资料是否要跟着修改等，导致工作协调性差，无法发挥同步工程的效果，严重影响工作效率及品质。

研发重要经验的累积。在众多产品开发作业中，公司的研发人员会遇到许多问题，这些问题解决的方法及巧思都是宝贵的知识资产。如果没有系统工具协助相关人员将这些知识记录储存，并提供给其他人员参考，将导致公司丧失宝贵的知识资产。

研发过程中的问题发现与讨论。公司的研发人员在工作时会遭遇到许多问题，像是产品测试时出现的瑕疵、设计变更等。当问题发生时，是否拥有适当的机制可供彼此讨论解决方法，或是发表意见？此外，部门间工作协调时，有没有足够的沟通渠道，可以随时了解特定工作项目的执行情形及进度？如果这些问题的解决仍然停留在靠电话追踪的阶段，会很消耗研发人员的时间。

综上所述，研发与知识管理之间有着密切的联系，整个研发过程从最初的规划设计直到最后的知识产品与成果总结，都需要知识管理来规划、协调。

大部分项目型组织已意识到知识管理的重要性，但实施起来难度依然很大，其存在的最大问题是知识积累和业务过程相脱离。具体表现为项目实施过程中重点关注进度，忽略相关知识文档的同步提交和保存，相关文档往往是在项目结束后再整理，这就导致完整性和时效性无法保障，很多宝贵的资料散落在各项目组内部。另外，企业内独立的知识管理部门往往脱离业务部门，通过知识管理平台收集到的往往是一些和核心业务关系不大的文档资料。

"1+1+1"解决方案（项目型组织的项目管理、流程管理、知识管理有机集成）是解决知识管理与业务过程脱节问题的一种很好的方式，即通过将项目管理过程、业务流程和知识管理相结合，梳理知识历程图，明确不同流程环节需要输入的知识及需要参考的东西，并通过模板样例使知识沉淀标准化。将知识的积累和应用与业务过程相结合，通过统一的知识管理系统同时实现业务流程管理和知识管理。

在项目的不同阶段，也可以引入相应的隐性知识管理工具，如项目启动阶段，进行项目策划会，由有经验的专家提供项目的整体思路和建议；在项目的结项阶段，由项目组进行行动后反思（After Action Review，AAR），对项目过程中的经验教训进行总结和提炼等，帮助实现隐性知识的显性化和及时的积累复用。

3. 制造领域的知识管理

进行制造领域的知识管理，首先要分析制造领域的知识需求和特性。一般来说，制造领域的知识可分为三类，针对不同的知识类型，可采取不同的知识管理方法。

产品工艺流程和技术规范。与研发领域知识管理不同的是，此类知识的产生和知识的应用大部分情况下不是同一个主体，产品工艺流程和技术规范等知识主要来自产品研发阶段，因此制造领域知识管理的关键在于对各类工艺流程和技术规范类知识结构化分类管理，并通过知识地图、知识及时地推送、操作指示看板等方便生产使用者对知识的获取应用，即实现"合适的人在合适的时间、地点获得合适的知识"。如在生产车间对应工位张贴的操作指示，即是实现业务流程发生点的知识应用。

生产过程中的纠正预防和技术改进类知识。对于生产过程中的纠正预防和技术改进类知识，可以设置知识改进的机制和流程，实现生产过程中的技术改进建议需求等反馈，从而促进现有标准化工艺流程、操作手册的更新；也可和一些管理流程相结合，如在技术改造问题处理流程中增加案例、分析报告等知识输出要求。对于此类知识需要设置对应的知识管理工作者，其工作的很大部分就是定期将这些提炼出来的隐性知识点变为标准化手册的一部分。

有经验的技术工人的隐性知识。很多企业都面临着这样的技术传承问题：老的工人即将退休，其多年积累的实操经验和技能知识由于文化程度不很高，或不善于归纳总结，知识很难显性化；以"传帮带"带徒弟的模式培养速度慢，不能满足企业发展的要求。如何实现有经验的技术工人的隐性知识显性化管理成为制造业的一个难题。

分析这类知识我们发现，如果对生产过程中的知识应用进行一个有组织的记录，则可将隐性知识转化为显性知识。具体怎么做呢？其实非常简单，为技术水平高的师傅配备专职的"徒弟"，这些徒弟主要是做辅助工作，领材料以及联系技术、质量人员等。当然，有一项重要工作就是帮助师傅对物质生产过程进行结构化的记录。他们把客户订单和具体的设备耦合在一起，只研究具体订单在本机器上的生产过程。在时间上结构化为准备、作业、流转三个阶段，在资源上区分为人工、技术、工艺、分解动作、材料、过程材料、输出品等，在个人知识体验与把握度上分为职业意见、上游建议、下游要求、匹配岗位要求等，在经验形成过程方面区分为职业教授（比如设备提供商提供的培训）、师带徒、延展培训（比如客户或者供应商提供的相关培训）、工作感悟等。每天帮助师傅进行这样的一个过程，而且是每一笔生产任务都这样处理。

通过物质生产过程来呈现知识生产过程，每一笔生产任务都不厌其烦地进行记录，知识管理主管进行格式内容符合性的审核。积累了几个月，就可以从中提炼出生产制造过程中的隐性知识，最后显性化为企业核心知识资产。

4. 营销领域的知识管理

根据营销领域的知识特征和应用需求，知识管理可分为三个层级。

第一层级：各类市场信息、客户信息的实时传递和交流共享。

营销的业务特征决定了其组织一般都是跨地域的，同时需对市场保持快速的反馈，因此营销知识管理的第一步就是解决信息的及时传递问题，实现跨组织的信息共享。这一层次实现营销信息/知识的"温饱型消费"。

对于此类信息，需建立统一的知识分类体系和标准化的信息/知识结构要求，同时落实信息搜集的责任主体和处理流程。比如：对于竞争情报信息，需要明确收集哪些竞争对手的哪些信息，针对不同类型的信息明确具体由哪些人来收集录入系统，哪些人来汇总分析，如终端销售人员需要收集在同一商圈内的竞品门店信息，包括门店位置、门店级别、销售情况、新品上市情况、实景拍照等，通过 IT 系统上传，由总部市场部进行综合分析。

第二层级：销售业务过程的标准化。

营销人员作为企业和客户的主要界面，在销售的不同过程和阶段需要掌握各类产品知识和销售技能，同时也需要记录不同的业务过程和客户的接触信息。对于此类知识管理，需要和销售业务流程紧密结合，对销售业务流程标准化，明确各个业务活动的需求知识、产出知识，实现营销信息的"流程型消费"。

通过销售过程的规范化，同时结合销售工作任务管理，既实现了销售的知识管理要求，同时也完成了对销售人员的有效管理。如通过客户拜访流程的标准化，明确客户拜访的标准化步骤，以及客户拜访完需要记录的信息表单，实现了有经验销售人员的知识复用，同时将拜访完客户后信息的录入，通过 IT 系统和费用报销及销售员的业务考核相挂钩，保证了客户信息的及时收集。

第三层级：通过外部市场客户信息和销售信息的综合分析支持营销决策。

这些知识的载体主要是各类营销分析报告，需要建立稳定的分析模型和固定周期的经营分析体系，在分析的过程中不断提炼和发现市场及运营规律，从而逐渐形成标准和经验值，如促销是否有效的衡量标准，季节、温度的变化对市场产生的影响等，通过持续的经营分析，沉淀管理智慧，有效支持管理决策。这一层次的知识管理主要消费者是企业内部管理、决策人员，这一层次可称为营销信息/知识的"预测型消费"。

5. 服务领域的知识管理

服务领域典型的如呼叫中心或售后服务部门。知识管理的应用使服务领域的传统业务模式产生了极大的转变。反映了知识管理实施前后业务的变化。实施知识管理产生了专业化分工，出现了专门的知识工作者进行知识的整理和提炼，不断积累的知识库取代了专家模式，促进了自助式知识应用，从而不断改进流程运作效率，提高客户满意度。知识管理的应用深层次地促进了业务流程的优化，将成为未来一种大的发展趋势。

（三）人力资源视角看知识管理：加速人才培养，提升员工满意

进入 21 世纪，企业面临的最大瓶颈是人才的瓶颈！如何通过知识管理，建立人才快速培养的核心能力？如何通过知识服务，提升员工的满意度，并最终提升人力资源的整体工作成效？这就需要将知识管理和人力资源工作紧密结合，知识管理的重点也应逐步从传统的以"知识"为中心转到以"人"为中心。

1. 建立以学习地图为核心的人才培养体系

静态的知识只有通过员工的掌握和应用才能最大化地发挥价值，但是员工如何快速掌握所需要的知识，实现能力的提升？"学习地图"在岗位发展和知识资源间建立了有效衔接。

"学习地图"（Learning Maps）是指企业基于岗位能力而设计的员工快速胜任学习路径图，同时也是每一个员工实现其职业生涯发展的学习路径图和全员学习规划蓝图。

GE 应用学习地图结合行动学习的 30/30 模式取得了巨大的成功，公司每一个关键岗位通过 30 天的学习路径再设计流程，能使所有关键岗位人才的培养周期缩短 30%，解决了公司最关切的人才瓶颈问题。

如何绘制学习地图，具体流程为：

（1）岗位梳理

基于公司战略和业务的要求，梳理对应的组织架构和岗位族，明晰岗位主要职责和典型工作任务，以及岗位的职业发展路径。

（2）岗位能力素质模型设计

基于岗位职责和典型工作任务，明确完成对应职责/典型任务所需要的知识和能力要求。

（3）基于能力的混合式学习资源库建设

基于岗位能力要求，综合考虑各能力的学习规律，设计学习资源库。注意，根据成人学习的 70—20—10 法则（即。70% 的学习通过在岗实践，20% 通过向他人学习，10% 通过自我学习），在学习资源库建设的时候不应以传统的面授课程为主，而应更多地考虑采用多方位的整合资源，如把企业知识库、E-Learning、知识分享会、读书会等一系列组织学习方式整合起来，从而打造出一个全方位的学习资源环境；员工可以根据需要向不同的资源申请帮助，或者从不同的资源池中获取所需的学习资源。这种灵活的分散化、实时化学习方式，更加贴合知识工作者的当前所需，能达到"即学即用"的效果。

（4）绘制学习地图

根据岗位职业发展路径，明确每个岗位晋升阶段所需要掌握的能力和对应的学习资源，从而使员工对成长的每个阶段的能力要求和如何获取学习资源有清晰的认识，为员工职业发展和能力提升建立明晰的路径。

要保证学习地图的有效实施落地，必须要保证"学"和"教"两端资源的供需平衡，然而，现实情况下，多数员工愿意知识索取，难以保证知识贡献，应如何解决这类难题？

一方面，强调"学习—实践—输出"的知识循环，通过"教学相长"的理念，使知识的总结、提炼、传播变成发展到高阶岗位的必修能力项。如对于一个新任项目经理的培养，初期需要学习项目管理基本知识；当作为项目经理成功完成项目后，就可以通过项目行动后总结（AAR）来进行项目经验的贡献分享，这既是对项目管理能力的考核检验，又是对新任项目经理的培养和晋升的学习标杆。

另一方面，学习地图上能力项的达成情况需要和相应的岗位晋升体系相挂钩，员工知识贡献情况也需要和相应的人才评价考核体系相挂钩，这样才能保证知识学习与知识贡献的要求有良好的机制保障。如对于管理岗位的领导力提升，需要掌握教练技术和下属培养指导能力，那么每年进行的培训次数和下属人员的成长情况就可以作为对该管理岗位领导力考核的重要指标。

2. 建立以人为核心的知识服务体系

一项针对员工离职调查的人力资源调研报告中发现，员工离职60%的原因是出于对组织氛围的不满意。如果员工能在一个协同的、友好的环境中工作，则可以提高对组织的归属感，提高满意度，从而表现出更好的绩效。

如何提升员工满意度，尤其是核心人才的满意度，我们发现他们有一个很共性的需求，即不断自我提升和对知识的需求，那么从人力资源工作的服务职能角度，就需要考虑如何更好地为员工提供知识服务。

传统的知识管理以知识资源为核心，即企业过多地把关注点放在激励员工贡献知识，提高知识库中的知识文档量，以及规避因为员工流失造成的知识资产流失风险上，结果却导致知识库中积累了大量的知识，但这些知识根本无法与员工的知识需求相匹配。这种现象的普遍存在显示出企业在开展知识管理时容易忽视以下两点：其一，知识管理最终要以满足员工的知识需求为目标；其二，知识管理的定位应向知识服务转型。

显然，两者对比知识服务更有生命力，所以企业开展知识服务，除了前面提到的以员工职业发展通道为基础构建学习地图之外，还应从以下各方面着手考虑提升服务职能：

首先，在内容方面，企业的知识管理工作不但要管理已有的知识，还应根据员工的需要和公司战略需要去主动地组织创建出新的知识。例如，企业可以内部立项做知识产品的研发，使员工切实因为知识服务提高工作效率和满意度，这样才能"接地气"。

其次，应主动向员工提供各种可能的知识求助渠道。员工在知识库查询过程中有困难或者有找不到的信息（包括最新的模板、技术、相关案例等知识），或者在工作中面临问题和困惑时，都可以有相应的求助渠道，如导师、知识管理专员、领域专家、在线问题库等。

最后，在 IT 支撑方面，更多地站在员工的角度去考虑如何更方便地获取知识，如在业务系统中设计嵌入窗口帮助员工更方便地进行知识库查询，在业务系统加入及时的知识点提醒，等等。另外，随着智能手机的普及，APP 等应用的拓展将更加方便知识交流。例如，传统的知识问答是 Web 界面，如果把知识库、知识问答和专家库等知识管理系统功能做成 APP，员工就可以随时把查询知识、提问和回答问题、与专家在线交流等功能打包随身携带，这样的灵活使用将更充分地利用好员工的碎片时间，从而实现知识学习实时化。

3. 发展人才，而不依赖人才

前面我们讲了如何整合知识资源建立系统化的人才培养体系，如何通过知识服务提升员工的满意度，然而很多企业还是不得不面对人才流失的头痛问题！留住人才永远是人力资源的一大难题，需要结合企业的整体人才策略、用人机制、人才激励机制等进行综合考虑。但"铁打的营盘、流水的兵"，人才靠留是不可控的，因此企业除了考虑改善留人机制，还要考虑如何让人才流失对企业的影响降到最小。

第一，企业需要形成人才快速培养的核心能力，除了系统化的人才培养体系，还需要建立共享和持续学习的组织氛围，打造学习型组织。这样"江山代有才人出"，企业就不会因为某些关键岗位的人才流失而影响业务发展。

第二，人走了知识被留下了，依然具有人力资源的价值。通过什么样的形式让人才在工作的过程中，以及在离开企业之前把应该保留的知识留下来？这就需要用到前面提到的"流程管道，知识活水"的工具，使在工作过程中的员工岗位知识的输出，得到有效的保存和积累，形成组织的资产。因此，人力资源部门也是知识管理工作的最大受益者，需要积极地加入知识管理的工作推动中去！

在很多知识密集型企业，将人才培养和知识管理都纳入企业大学或者人才培养中心等类似部门进行统一的管理，以更好地实现知识和人的有效结合，既发展人才，又使企业不依赖人才。

(四)IT 视角看知识管理：让合适的人、在合适的场景、获得合适的知识

企业的 CIO 们经历了从信息孤岛到 ERP 等大型系统的升级集成的考验，现在又面

临着各类非结构化信息、零散知识的管理挑战。如何跨越时间、空间的限制，将所有的知识碎片集成整合，实现让"合适的人、在合适的场景、获得合适的知识"，打造适宜企业战略发展和业务需求的知识管理系统？CIO 们需要综合考虑企业不同的业务特性和知识特征，以及企业的信息化水平，来进行知识管理系统的整体规划。

一般来说，企业的知识管理系统可归纳为以下三种应用。

1. 业务协同知识管理平台

这类系统适合知识密集型或者知识服务型的组织，如咨询服务部门、研发部门、以项目方式运作的业务组织等，其典型特征是业务流和知识流是同步的，知识内容主要以非结构化知识为主。相应的信息系统既是业务系统——支持工作流程的流转，同时也是知识管理系统——在工作流转的同时可以和相关的知识资源关联起来。

业务协同知识管理平台实施的前提是进行相应业务流程的标准化知识历程图梳理，如项目型组织的知识管理，需先梳理建立各类型项目标准化工作任务（WBS）和流程，明确各任务节点的知识交付物、参考文档等，最后通过信息系统固化其运作过程。对系统的功能点有以下具体要求：

项目标准化模板的积累与应用。根据已实施的项目，可以自动导入到组织经验知识库中进行提炼、完善与改进，从而形成新的项目标准化模板。项目建立时，系统会根据项目的类型和项目的重要级别，选取对应的项目标准化模板自动初始化项目，实现项目标准化流程知识的复用。

项目任务、工作流程、知识文档的三位一体。项目人员需在该平台上完成对项目的计划和工作汇报，以及相应流程的审批；根据项目标准化模板所定义的每个任务节点可参考的输入文档，当执行该任务节点的工作任务时，可通过页面的知识链接自动找到对应的知识文档，帮助项目成员在正确的时间获取最需要的帮助；根据每个任务节点对知识交付物的要求，可通过系统要求必须上传对应的知识文档才能关闭该节点的工作任务，规范项目成员在正确的时间提交正确的文档，从而使知识积累得到强制执行，实现项目计划任务、工作流、项目文档管理的统一。

项目动态知识地图的生成。当项目任务、流程、知识文档三者同步时，可按照项目、项目阶段、项目类型等动态地提取相关的知识资料生成知识地图，以进行项目知识的聚类展示，如对某个项目形成项目各阶段交付物的完整知识地图，或者对项目的设计阶段形成所有设计文档的知识地图，并根据不同岗位的知识需求，进行定向的知识推送，从而简化知识检索过程，提高知识获取的便利性和知识推广复用率。

2. 互动的知识交流平台

随着 Web 2.0 技术、移动互联网等新的 IT 技术的出现，交互式学习、社区化学习、移动式学习模式随之兴起，使学习已经无处不在；员工们已经不满足于传统的知识管理系统，新一代知识交流平台成为一种新的需求。在这种情况下，从最初的 BBS 论坛到专家库、问题库、知识社区、知识维基、博客等应用层出不穷。

专家库：建立企业各领域的专家黄页，使员工可以随时找到合适的专家资源进行沟通求助，使专家资源价值能够最大化。

问题库：旨在当员工遇到问题时，可以方便地进行求助，为员工提供了一个实时求助的平台。

知识社区：围绕某一特定领域和主题进行交流分享，使企业中某一领域的从业者或者对该领域感兴趣的人可以建立一个虚拟的社区交流圈，促进领域/主题的经验交流共享和积累。

知识维基：通过协同写作技术，使具有共同兴趣、创作的成就感的一群人为同一个目标展开知识协作，共同创建维基百科全书。

博客/微博：使员工可以即时分享自己的感想和经验，为隐性知识的显性化提供了一种良好的途径。

……

知识交流平台的各种应用层出不穷，令人眼花缭乱，然而无论是哪一种应用，其生命力都难以持久。我们看到很多企业做的互动交流平台，或者门庭冷落无人问津，或者主题偏离了初衷，不得不中止整改或者暂停。作为这一新时代知识管理的应用，如何保持其持久的生命力，一定要解决下面的几个问题：

首先，知识交流平台上各栏目的设置一定要从工作/绩效目标出发，围绕核心的业务需求，帮助实用化地解决业务过程中所遇到的问题，才能激发起员工参与的兴趣，也是让知识交流平台体现其商业价值的重要途径。因此，在规划知识交流平台之前，需要调研哪一类知识是员工在业务处理过程中所重点关注和需求的，同时通过知识交流平台可以达到其他线下渠道交流不能替代的效果。

其次，用户体验第一。无论哪一种应用，都必须要满足"方便、即时性"的用户体验要求。一个多余的按钮可能就会减少一半的知识贡献动力。用户体验一方面体现在操作的便捷性和界面的人性化上，另一方面要适度增加娱乐性，使学习交流成为一项随时随地的服务以及让人愉悦甚至上瘾的事情。

最后，必须要有人负责持续地维护和组织规则的引导。企业内部的这些知识交流网络，作为一种非正式组织，必须要受到企业组织规则的约束和引导，这是企业内部的知识交流网络与互联网上自发形成的社会网络的区别。如何既保持参与者的自发和积极性，同时又使交流不偏离企业的经营和管理目标，必须要处理好网络的自发性与组织的约束性之间的矛盾，从而塑造出符合期望的知识交流网络。

3. 集成统一的知识共享平台

企业已经实施了 ERP、PDM、CRM、OA 等多个系统，有些知识已经在各信息系统中存储起来了，有些知识还散落在不同的地方；最关键的是，需要获取知识的时候，不知道到哪里去找，或者要从多个不同的渠道去找，费时费力，找到的也可能不是最新的版本。研究显示，大部分研发人员做的 90% 的"创新工作"是重复工作，因为这些知识已经存在于组织内部或组织外部；知识工作者 1/3 的时间用在了寻找某些他们一直没有找到的信息上。因此，建设一个集成统一的知识共享平台成为企业的必由之路。

统一的知识共享平台建设必须要考虑以下关键问题：

（1）在多个系统间的信息/知识集成

知识共享平台需要将散落在不同地方的知识集成起来，实现知识的分散化到集中化管理的转变，必须识别各领域的知识特征和关联，设计结构化的"知识分类体系"，其中包含知识目录、知识多维分类属性及文档命名规范，使多源的知识能够被重新系统地规划和整理。

同时，在考虑多个系统的集成策略时也要考虑不同的知识存储策略，一般集成的知识共享平台只是加入业务系统中的知识链接，知识源文件还是存放在原有的业务系统中，这样能够保证知识"单一创建、多处引用"，避免版本的不一致；不过这样也会带来另一个问题，即系统间的权限要求不兼容，以及不同的系统界面造成读者体验差等问题。

（2）在保证信息安全的前提下共享

当系统集成实现"把所有鸡蛋放在一个篮子里"时，不可避免就会加大安全风险。当所有的知识文档集成共享时，如果想要实现安全的共享，即"合适的人、在合适的时间、获取合适的知识"，就必须要有良好的信息共享安全机制保障，这就要求集成平台能够提供多种类型的权限管理方式。

（3）良好的信息获取和推送机制

当知识成为企业的重要资产被管理起来时，这种无形资产就与财务资产相类似了，即都要做到保值、增值。所谓保值，就是能准确地清点我们的知识资产；增值实际上就是知识的复用。知识资产的特征：创造一项知识资产的成本很高，资产的重用性越高，带来的增值越大，要想办法最大限度地重用，这是知识资产增值的重点。

当集成的知识共享平台包含大量的知识内容时，保证知识在需要时能有效地被获取，是知识资产增值的重要环节。知识的获取可以分为查找和推送两种方式：

知识内容查找除了传统的按照目录方式之外，就是通过强大的跨平台搜索功能，然而这些依然不能满足企业级的用户的知识应用需求。企业级的知识应用区别于互联网上知识的查找，其更要求知识的质量和深度，要求能够根据与业务活动和岗位的相关度进行系统和关联的知识呈现，由此派生出对知识地图的应用需求。所谓知识地图，即关于某一主题知识的聚类显示，能使学习者对于所查询领域的知识有系统的了解。

在知识地图之外，能够根据岗位权限和定制内容进行知识内容的定向推送则可以大大提高知识的复用率。这些最终都通过员工个人的个性化门户予以呈现，是知识共享平台获得良好口碑和应用效果的基础。

（五）文化视角看知识管理：从协同共享到学习型组织

当公司营业额快速增长时，产品、市场和人员之间的协同需求就凸显了。大家要协同，就需要分享知识的氛围和场合。我们的知识管理就顺着这个思路启动了。

公司要发展，必须要有共享和开放的文化，必须保持不断地学习和创新，才能保证在快速变化的市场竞争环境中不被淘汰出局。

以上是来自不同客户方高层对知识管理的期待。知识管理要保持持久的生命力，最终必须要落实到企业的文化上；而一个以共享、持续学习为基础的开放、创新的企业文化才能保证企业不断发展，在激烈的市场竞争中获得领先地位。

1. 明确知识文化的内核

记得有位外国学者用一种人际活动的观点来探讨企业文化，他觉得可以用四种颜色来代表不同的企业文化形态。

冷淡的绿文化：组织成员通常都非常聪明能干，偏好于以自己的方式做事而不依赖别人的指导。

热烈的红文化：组织成员通常都胸怀大志，认为自己强大有力，可承担更大的领导者职责。

真诚的蓝文化：组织成员是人群导向的，渴望相互支持并注重友善的人际关系，乐于助人。

愚钝的灰文化：组织成员通常循规蹈矩，视野狭窄，只关注分内之事而不是公司目标的达成。

如果从价值的观点来看知识文化，知识文化所倡导的组织人际活动就应该有助于达成两种效果：一是作为个体的每个成员要有更强的能力，二是作为群体的组织应该充分发挥知识聚集效应。因此，理想的知识文化，应该是这样的一种图景：以蓝色为底，红色点缀其间。

更直接来说，知识文化的核心就是"共享"，正是共享给个人和组织带来了更大的价值，这可以通过知识共享困境图来说明。假设企业中有两名员工，各自所具有的知识竞争力指数各为 6，即（6，6）；若其中一名员工愿意共享知识，另一名却害怕共享知识会降低自己的竞争力而选择藏私，则其竞争力会因吸收他人知识而提高为 8，但共享的一方则因单方面共享而造成相对竞争力降为 5；若两者都愿意共享知识，则可以通过共享而产生互动并激荡出更强的知识竞争力，双方的相对竞争力指数均提高为 10。我们从中可以看出，如果两名员工都藏私而不愿意共享，则总体竞争力为 12（＝6+6）；如果一名员工共享而另一名藏私，则总体竞争力为 13（＝5+8），而且共享一方的共享意愿会因得不到知识回报而降低，则共享难以维系；而如果两名员工都选择共享，则总体竞争力达到 20（＝10+10），并会形成不断的共享反馈环。

因此，对一个企业来说，藏私型的员工越多，企业的整体竞争力就会远低于具有共享文化的企业。知识共享文化将是知识文化塑造的核心所在。在具体的共享文化塑造中，企业通常需要以共享为指向，营造和共享价值取向相一致的组织氛围。比如，AMT 为某一家企业制定了以共享为核心的知识文化愿景。

学习——员工有主动学习和成长的意愿，并以创新精神挑战不可能之事；

和谐——良好的团队合作、相互信任的氛围，以创造充实的工作和人生；

行动——与其坐而论道，不如起而行之，员工积极主动地将知识共享贯彻到日常行为中；

反思——不仅总结成功经验，也要形成失败经验反思机制；

生态——企业内形成了网络式的知识分享环境，学习、分享成为企业的 DNA 无处不在，从而形成一个学习型的组织生态系统。

从以上的知识文化愿景可以看出，在塑造知识共享文化的基础上，企业将不断发展形成学习型组织。彼得·圣吉认为："最成功的企业将会是'学习型组织'，因为未来唯一持久的优势是有能力比你的竞争对手学得更快！"学习型组织是一个精于知识的创造转换和应用的组织，是一个善于学习、不断创新，具有强大再生能力的组织，它能够使组织在内部与外部环境发生变化时，迅速、准确有效地做出反应，从而获取竞争优势。

2. 知识文化的塑造

研究发现，有高达54%的企业主管认为知识管理的最大障碍来自组织文化层面。为什么文化的作用如此重要？文化就如企业的空气一样，其质量状况如何，会直接影响到所有员工的身心健康。由于其辐射圈很大、继承性很深，因此想净化它并不容易，而一旦得以净化则会对企业所有员工的行为规则产生影响。

塑造有利于知识管理的企业共享文化应关注以下几个方面：

使员工具有积极的知识取向。员工聪慧、好奇，愿意自由探索；管理人员鼓励知识创造和运用，高度评价各种学习活动。

使员工愿意与别人共享知识。员工没有和别人共享自己知识的原因主要有两个：一是没有时间和精力来共享知识；二是不愿与别人分享成功经验，相信自己的价值及工作保障在于独有的专业技术和经验。

与原有的企业文化相融合。公司原有的企业文化有时并不利于知识管理，甚至会妨碍人们共享知识，如在一些大的设计公司里，设计师们往往对个人设计有很高的成就感，因此不屑于使用已有的设计。但知识管理要真正在公司中有效地实施，就必须要考虑到公司已有的文化，因为要改变它是一个非常困难和长期的事情，尤其是当一个公司的文化已被实践证明是非常有效时，就没有必要对其做大的改变。

应取得企业高层管理者的支持。高层管理者的支持有利于在公司内形成知识管理的氛围，也可以取得资金或其他资源的支持。

知识文化的塑造与强化是一个不断循环的过程。我们把这个过程分为六大阶段：一是强调文化转变的必要性；二是充分交流与沟通，就清晰的文化愿景与员工达成共识；三是管理层的支持和行动，作为榜样；四是强调员工参与；五是配套相应的管理体系；六是人力资源的配套措施，固化员工的行为。总的来说，文化的转变和员工行为的改变需要遵循一定的步骤，通过系统的方法，由企业高层、主管、员工的共同努力来推动，而不能仅靠单一的个体行为。

（六）变革视角看知识管理：算出知识管理的价值

虽然知识管理本质上是一种管理工具，但实施知识管理也是组织的一项投资。任何投资都要对其投入效果进行评估和测量，尤其对于知识管理实施团队来说，如何采取一种有效的评估和测量体系来发现知识管理推行的问题，并能够量化知识管理的价值，将对持续推进知识管理发挥积极的作用。

知识管理的评估本身就是知识管理的一个重要组成部分，管理的过程就是评估的过程。知识管理不同于有形资产的管理，它是围绕企业的"知识"展开的，但企业的显性知识和隐性知识的管理没有统一的标准。因此，为适应日益加剧的竞争环境的需要，企业首先应探索和建立适合自身的评估体系。其次，逐步建立和完善知识管理的评估体系，形成评估信息库。这有利于总结在知识管理项目中学习到的经验，有助于发现知识获取、开发、利用、共享等环节的问题，找出改进措施，进一步提高知识管理的水平。最后，发挥评估体系的激励作用。有效的评估与激励机制相结合，有助于激发团队和员工的积极性和创造力，提高企业的知识共享程度。微软、IBM、西门子等世界驰名的知识管理领先企业已经证明，创造一套评估标准和测试基准，即知识管理的评估体系，是它们成功的关键因素之一。

关于知识管理评估工具，业界知名的如美国的亚瑟·安徒生提出的 KMAT（Knowledge Management Assessment Tool 1）方法，它用五个维度（领导、文化、评估、技术和学习行为）来评估企业知识管理的成效；MAKE（Most Admired Knowledge Enterprise）的德尔斐法等，此处不再赘述，本书从企业操作便利性的角度提供以下三种评估方法思路供参考。

1. 基于知识管理实施过程的评估

在知识管理的推行工作中，需要通过知识管理评估来检查推行的进展、存在的问题，从而促进知识管理持续改进优化。

在知识管理实施的不同阶段，评估的重点有所不同。

导入阶段：进行知识管理现状评估，判断所处的成熟度阶段，了解知识管理项目实施的准备度；

试点推行阶段：主要是对知识管理实施进展的评估，可根据项目计划进展情况每周/每月定期进行统计评估；

全面推行持续改进阶段：这一阶段的评估将融合前一阶段的知识管理评估方法，同时更加专注于知识管理效果和效益的评估，一般每半年/年进行一次评估。

根据三个阶段不同的评估重点，需要选择可操作的评估指标与之匹配，不同阶段的评估可参考表中的指标。

知识管理实施过程评估指标实例

知识管理实施阶段	评估指标	指标说明
导入阶段	知识管理成熟度评估： ● 人的维度 ● 知识的维度 ● 管理的维度 ● 系统的维度	对知识管理现状进行评估，从人、知识、管理和 IT 系统支撑的维度评估当前所处成熟度阶段，了解知识管理项目实施的准备度
试点推行阶段	知识管理系统中各类型知识文档的数量： ● 专利、核心技术文档等 ● 内部知识、外部知识等 ……	盘点已梳理的存量知识资产数量，实现知识资产"有积累"
	专家资料库中已完善的专家信息量	盘点已梳理的专家资源
	知识管理系统使用情况： ● 知识管理系统的反应时间； ● 站点访问量，下载数量，每页面或栏目的使用者驻留时间，可用性调查，使用频率，浏览路径分析，用户数，使用系统的用户比例等	全面了解知识管理系统的用户体验和推广普及率
	学习研讨会等隐性知识分享工具的使用频次、参与员工数量	评估隐性知识管理的推广情况
	参与知识管理项目的团队人员数量： ● 各部门知识主管人员数量 ● 参与知识梳理人员数量 ● 参与知识管理培训人员数量	评估深度参与并了解知识管理的人员数量

知识管理实施阶段	评估指标	指标说明
全面推行持续改进阶段	知识文档质量评估： ● 文档平均点击率 ● 文档评价分数	定量的用户使用情况反馈，以评估知识复用率
	有用性调查（使用者认为知识管理有助于其完成任务）和使用实例（用户以定量形式指明知识管理对项目目标实现的贡献）	通过用户反馈评估知识管理的使用效果
	通过实施项目节省的金钱、时间以及人力；相对于实施知识管理之前的项目成功的比例等	知识管理效益评估

2. 基于知识管理战略目标的评估

　　企业在实施知识管理前都要先基于公司的战略目标制定明确的知识管理目标，因此可以通过参照知识管理的总体目标来评估知识管理的绩效，从而"以终为始"地开展知识管理工作。

　　显示了某企业基于知识管理战略目标的评估指标体系。从表中可以看出，知识管理工作必须要基于整个企业整体的战略和业务目标，如帮助企业提升产品竞争力，或者在企业规模化发展的过程中，提供标准化体系复制，以帮助企业更稳健地扩张。基于企业战略目标确定知识管理的重点工作，并通过其带来的实际业务绩效反映知识管理工作的价值，从而使知识管理和业务工作能真正达到紧密结合。

基于知识管理战略目标的评估指标实例

企业战略目标	知识管理战略目标	评估指标
提升产品竞争力	提升研发工作效率，促进技术创新	● 知识管理实施前后研发项目目标达成率对比 ● 知识管理实施后专利、技术秘密等增加情况
提升规模化运营能力	营销标准化体系复制	● 营销标准化体系推广终端数量 ● 营销标准化体系推广后带来的管理成本节约、品牌形象提升等
建立可持续积累的企业知识架构	知识积累不流失	● 知识管理系统的知识文档增量 ● 知识管理平台文档质量评分
形成快速的核心人才培养机制	加速核心人才培养	● 核心岗位人才成长速度（如项目经理的成长周期由2年缩短为1.5年）

3. 基于时间成本的价值评估

知识管理在企业组织内的价值，最容易被企业认可的一点是：通过知识的复用可以提高员工的工作效率，在一定程度上节约工作时间。因此，从这个角度出发，我们就能给出一个简单的时间成本与价值创造对应的评估模型。

对于成本分析的简单估算公式

$$V = F \left[C, T, N, M, P(v) \right]$$

其中，C：某岗位级别薪资（月度薪资）；

T：某岗位因知识管理而节省的工作时间（月度）；

N：某项目/工序所需的总人数；

M：项目/工作重复度；

$P(v)$：此类项目年度总数或相同工序小组总数。

这个模型使用的核心在于，通过时间成本的节约来衡量知识管理给组织带来的价值，关键因素在于"因知识管理而节省的工作时间"的测算。但知识型企业的工作者具有一个特点，就是存在一定的不确定性，它不同于流水线式的那些规范的、有明确测量指标的工作。因此，如果想对知识工作者工作时间的节省进行具体测算，还需要辅以"时间管理/任务管理"的辅助工具。在使用这个工具时，只需要录入被测试对象所填写的工时记录，就能够分门别类地计算出不同工作单位时间内（建议以"月度"为单位）所节省的工作时间。需要注意的是，如果这仅仅是针对某一个体进行的时间成本的计算，结果的准确度可能偏低；但当被分析的知识工作者达到一定数量，即以某一个组织整体为测算对象，并且时长延长到以季度或者半年度为单位，来测算群体的工作时间节约时，得出的结果的准确性就相当高了。

由于知识资产的特殊性，不可能完全定量化地测量知识，也不可能完全精确地评估经济价值。但是作为知识管理实施中涉及的企业高层、业务部门、人力资源部门、IT部门、文化建设部门以及知识管理推动部门，能从各自不同的视角体验到知识管理实施所带来的价值，那么企业知识管理的开展将会事半功倍！

三、最大限度地开启企业成长的加油站

（一）技术不是包治所有知识管理顽疾的良药

知识管理就是为企业实现显性知识和隐性知识共享提供新的途径，知识管理是利用集体的智慧提高企业的应变和创新能力。知识管理包括几个方面：建立知识库；促进员工的知识交流；建立尊重知识的内部环境；把知识作为资产来管理。

在企业中推行知识管理，不但需要员工们懂得知识管理的理念，而且要通过知识管理系统来使之变为现实。如何实现企业的知识管理系统，往往是企业知识主管和高层领导所关心的重要问题。近年来，由于信息技术的进步和IT产品的大量出现，现在许多IT厂商都推出了自己的知识管理系统开发平台，不少人认为知识管理系统就是一个现成的可以买来使用的软件包。但是，目前这些IT厂商的知识管理开发平台都仅仅是提供了一个可以进一步开发的工具，要实现企业的知识管理系统，不但要掌握这些工具，而且要对自己将要设计的系统具有清晰的认识。同时，还必须懂得通过什么样的途径，才能够减少失败的概率，有效地完成所规划的知识管理系统。

新技术并不是包治公司所有顽疾的良药，在采用知识管理之前，什么样的公司在什么样的情况下才适合使用知识管理？我们需要思考。

几乎所有具有合理规模的公司都可以通过规范的知识管理体系实现生产力的显著提高。

要确定贵公司是否能够从知识管理受益，公司规模仅仅是第一步。第二步要评估在对待知识方面的公司文化，从而明确需要改进的地方。

巴力咨询公司的知识管理总监马克·G.马奇耶认为，在知识管理流程中常常可以避免无谓的重复劳动。"如果你的目的是试图改变公司的文化，你不应该抛弃已有的结构体系或沟通方式而重新建立一个崭新的系统，这将使这项工作倍加困难。通常的情况是，公司已经存在某些结构或方式，你只需增强它们的便利性和友好性。"

知识管理曾经被IT供应商和咨询师许以过高的承诺，其实却总是被他们弄得一团糟，以至于现在很少人仍然相信它。一些实行知识管理的先锋，如可口可乐公司已经终止了他们的知识计划。

然而说到底，知识管理不仅是竞争优势的来源，而且也决定了如何对价值链的重组。而那些保守的人，任何时候都会像在 19 世纪抵制新机器使用一样抵制最佳做法和新软件的运用，即知识管理。但是，知识管理也有其自己的特殊要求，如何使知识管理产生切实的成果并不是一件简单的事。知识有各种形态，它可以嵌入到设备、工具、流程以及聪明人的头脑中，并使他们都做得更好。知识的外在形态并不重要，从知识运用中所学到的经验是相同的，与知识的外在形态并没有联系。

不管是什么知识形态，要获得成功的规则都是类似的，你必须做好两件事情：第一，尽力共享最佳想法、促进同事之间的对话与交流以及给公司的每一位员工都提供他们工作所需的知识。这是人们常说的知识管理的主要内容，它很容易说，但要真正做到却很难。第二，要主动地去寻找和运用这样一些知识，它们能够极大地而且不断地增进公司为客户服务的能力。知识管理的范围可以大到像通用电气所使用的一些方法和理论，如根据需求来生产、六西格玛质量管理，也可以小到像英国石油与 Schlumberger 合作开发新的水平孔钻探技术。

千万不要以为你能够通过上面两项工作的任何一项就能获得成功，如果你跳过其中任何一项工作，你就会坠入无法真正改善财务底线或者无法改变公司文化的境地。传统的知识管理可以帮助促进公司文化的变革，而你也更需要注重产生成果的驱动力，这种成果将确保最终的变革。

知识管理的理论基础其实很简单：如果你让每一位员工都能够得到另外的人所掌握的知识，并且得到他们完成其工作时所需要的核心内容和信息，那么每一个人的决策都会更优，公司运转将更为健康，更有效率，而每一位员工也会更快乐。

当然，真正要做到并不简单，知识管理中存在一些缺陷：

（1）很多企业盲目武断地开始

知识共享是一种"反自然行为"，因此明智的做法是以小项目启动，最好是那种可以在 6~9 个月的时间内评估其成效的试水项目，而一旦推广的时机到来时，必须投入相当的资源，才能获得可观的收益。

（2）企业过分依赖技术捷径

人们往往认为技术是包治所有知识管理顽疾的良药，但事实却不是这样，那些仅仅简单堆积资料而不进行整理和分析的公司往往会发现，由于存储空间有限，加上耗费时间查找错放的资料，过多的信息比完全没有信息更糟。

知识管理的成功要求有合适的流程和基础设施，确保把正确的知识和信息在正确的时间输送到正确的地方，这包括人员也包括 IT。知识管理还需要一个变革程序以激励从业者之间互相合作。注重主动地去寻找能够极大地而且不断地增进公司为客户服务的能力，这一点似乎与传统的知识管理大不相同，因为他们看起来是功能性的，但是这种专注于成果的努力是而且总是与知识相关，如六西格玛方法不过就是关于改进质量的知识。

（二）能否提升知识型工作对知识型员工的影响力

知识型员工是指具有较强的学习和创新能力，能够充分利用现代科学技术、知识，通过自己的创意为产品增加附加值，提升企业形象和竞争力的员工。这类员工一般具有较强的个性、独立性、创新性、流动性和自我实现性，如何有效管理和提升知识型员工，成为企业管理者关注的话题。事实上，我们可以提升知识型工作对知识型员工的影响力，但这需要条件和措施。

1. 明确定义，科学分类

在研究中我们日益清楚地发现，在公司中运用同一种方法来提高所有知识型员工的劳动生产率是不可能的。因此，如果管理层希望提高劳动生产率，就需要将其知识型员工进行分类。他们首先需要确定公司中知识管理工作的种类，以及针对这些种类的最适当的措施。他们还需要确定知识管理工作中那些真正的"关键任务"种类，即那些劳动生产率的提高对于公司战略至关重要的知识管理工作种类。

很多人以为知识型员工仅指高学历的员工，而将一些具有丰富知识、经验和较强的学习能力和创新能力但没有高学历的员工排除在外，这是不对的。高学历员工虽然具有高学历和一定的专业知识基础，但在这个知识快速更新的时代，如不与时俱进地学习和更新大脑，也将成为知识老化的非知识型员工。有高学历没有创新能力的员工也算不上是知识型员工。因此，要对知识型员工进行科学分类管理，提升管理绩效。

2. 明察秋毫，因人设事

不同的知识型员工有不同的专业背景、兴趣爱好和志向。酒店管理者应根据知识型员工的专业能力和岗位取向配以适当的职位，使其学有专攻，志有所向。

3. 不断激励，适时培训

美国哈佛大学的管理学教授詹姆斯说：如果没有激励，一个人的能力发挥不过20%~30%，相反，一个人的能力则可以发挥到80%~90%。因此，企业在为知识型员工提供合理物质报酬的同时，还要注重突出其精神激励。如给予取得相当成绩的知识型员工以公费旅游的机会，对其进行进一步培训等。据美国国际数据公司一项最新调查显示：如果企业缺少培训机会，44%的员工会选择在一年之内更换工作。

知识型员工的薪水和生活一般是有保障的，他们来到组织中的目的，是在争取劳动报酬的同时，寻求一种自我价值的实现，追求高层次的自我超越和自我完善。因此，企业除为员工提供一份与贡献相称的报酬外，还应健全人才培养机制，为知识型员工提供受教育和不断提高自身技能的学习机会，使其具备一种终身就业的能力，同时，要充分了解员工的个人需求和职业发展意愿，为其提供富有挑战性的发展机会，创造开拓发挥的最大空间，包括授权管理和内部提升机制两个方面，即让员工在工作中有发言权和一定的管理决策权，提供适合其要求的上升道路，让知识型员工能够随企业的成长及贡献，获得公平的职位升迁或是创造新事业的机会，让员工能够清楚地看到自己在组织中的发展前途，使之与组织呈长期合作、荣辱与共的伙伴关系，为企业尽心尽力地贡献自己的力量。

4. 注重沟通，充分授权

知识型员工有较强的自主性，不喜欢家长式、官僚制的对话。管理者可通过平等有效的沟通，给知识型员工家庭般的关切、朋友般的关注，体现酒店的人情味，给知识型员工以尊重感、归属感，还可在一定职权范围内对其充分授权，激发其工作动力，充分发挥其创新能力。

5. 鼓励参与，共同发展

知识型员工有较强的独立性、流动性。管理者应营造民主的管理风气，建立民主的管理制度。使知识型员工获得尊重感，积极地参与企业的日常管理甚至决策。从而激励其产生强烈的责任感，不断为企业献力献策。企业应突破传统企业的思维模式，使管理方式更为多元化、人性化，以激励其主动献身与创新的精神，主要包括：在机构内部建立公平、公开、透明的"赛马"机制，让员工在既定的、大家认同的规则面前，公平、公开地竞争，在充分的发展空间内优胜劣汰。其次，要建立健全有利于人际沟通的制度，提倡管理者与员工之间的双向沟通，靠理解和尊重，靠高尚的人格和互动的心灵建立管理者和员工之间的关系，并通过这种心灵沟通和感情认可的方式，使知识型员工在自觉自愿的情况下主动发挥其潜在的积极性与创造性。

6. 营造舞台，人尽其才

知识型员工有强烈的个性和自我实现性。管理者应充分了解其个人需求和职业发展意向，根据企业自身的职位资源，为其提供合适的职业舞台。如给予其更具创造性、挑战性的职位、任务，使其不断挑战自我，超越自我。

长久以来，公司在寻求提高劳动生产率的过程中忽略了知识管理工作，这个庞大的群体对于当前公司的成功具有不容忽视的重要意义。将知识型员工进行分类并配以相应的措施，我们将开启后工业时代的一次革命。

（三）智力资本是靠兴趣引发的知识提升，而不是单纯的信息填鸭

智力资本是指一个公司两种无形资产的经济价值：组织资本和人力资本。在知识经济中，人力资源的地位日益重要。实际上，知识经济是智力资源消耗型经济，它主要依赖于知识、智力的投入。可以说，知识经济是以智力资本的投入为主的经济，智力资本是知识经济的基础。智力资本的提出正是人力资本理论深化和知识经济发展的结果。智力资本与人力资本概念产生的历史背景不同。人力资本是在解释"经济增长之谜"的情况下，经济学家们经过长期研究由费雪、西奥多·舒尔茨、贝克尔等人提出的，代表着经济学理论的新发展。而智力资本是在两个不同的背景下被提出的，一是在对人力资本理论的研究中，发现人力资本概念中的智力比体力更具有增值作用，智力资本在经济增长中起着关键作用；二是在知识经济迅猛发展的过程中，企业的市场价值远远高出其账面价值，虽然有资本运作的因素在其中，但是企业的无形价值是市场价值增值的主要原因。因此，人们将这部分资本称为智力资本。

智力资本不仅仅是最终产品，它还包括了全部的知识以及一种有效的组织结构，这种结构可以使知识的拥有者将产品推向市场，取得超越竞争对手的良好收益，并且在下一次使用时提高使用效率。

美国密执安大学商学院教授尤里奇认为：由于以下几个原因，管理人员必须高度重视智力资本。

（1）智力资产是企业唯一增值的资产，而大部分其他资产（建筑物、设备、机器等）从企业购置那一天起就开始贬值。管理人员的工作任务就是将知识转化为经济收益，将智力资本转化为顾客需要的消费价值。

（2）企业的智力型服务工作量在不断地增加，而不是逐渐减少。

（3）智力资本高的员工已成为企业的"志愿者"。优秀的员工可在许多企业找到工作，但他们自愿到某个企业工作。"志愿者"对企业的归属感较强，因此，他们比较敬

业；与经济收入相比较，他们更重视工作的意义；与追求经济待遇的员工相比，他们较少跳槽。

（4）许多管理人员不重视或贬低智力资本。由于竞争日益激烈，顾客要求日益提高，企业采取的不少管理措施，例如，精简员工人数、减少管理层次、增加员工的职责，增大了员工的工作压力，降低了员工的工作生活质量。因此，不少员工已经跳槽或准备跳槽。

尤里奇认为，智力资本是由员工的敬业精神和员工的能力决定的。能力很强、缺乏敬业精神的员工不可能做好工作；而敬业精神很强、能力很弱的员工也无法有效地完成自己的工作。那么，如果打算构建本公司的智力资本，应该注意些什么问题呢？

答案就是公司的经营战略。如果你不确定某项事物对你是否有利，何苦费事寻觅？因此，一开始制订计划时，就应该洞悉知识将如何推动公司业务更上一层楼。麦肯锡公司的顾问布鲁克·曼维尔和纳撒尼尔·富特在《快速公司》杂志的下篇文章中指出："公司必须清楚地知道它提供的东西具有何种价值，它的客户是谁。只有这样才能将知识资源结合起来成为与众不同的公司：以协调一致的方式服务于全球客户，迅速有效地应对竞争环境的变化，更加快捷、价廉、高效、创新地为客户提供产品和服务。"

度量、掌握和开发智力资本，最有效的工具又是什么呢？

我们将讨论 5 个工具。记住，运用每个工具的目的是为人们建立相互协作的网络，而不是为技术建立相互联结的网络。

1. 同业社团

同业社团又被称为"工作网络"。一群拥有正式联系的专业人士，由于他们面对共同的一类问题，寻求共同的解决途径，因此他们本身就拥有知识的储备。作为建立人力资本最热门、最模糊的方法，如果操作得当，同业社团可以创造并传播知识。

2. 经验教训数据库

编制数据库将主要经验归档以备今后参考，这便将隐性知识转化为显性档案，每个人都可以查阅。

3. 公司黄页

按照问题所涉及的领域将公司内部专家编录成册，这样就将为查找权威而进行的烦闷工作转化成一个高速度的流程，并且有助于公司将人力资本汇聚成"库"，避免重复浪费搜寻信息。

4. 知识论坛

如果说公司黄页和经验教训数据库反映的是知识的"存量"概念，那么知识论坛就更类似于知识的"流量"概念，它为公司全部人力资本和客户资本的互动提供了一个虚拟空间。

（四）不要失去你的员工，他们是强大知识体系的载体

随着知识经济时代的到来，掌握最有价值的知识资本的知识型员工日益成为企业提升竞争力的宝贵资源。以知识、科技和信息的产生、创新、流通、分配及应用为基础的知识经济正向我们走来，全球性的竞争将更加激烈，那么，谁将是竞争中的胜者？是那些占据人力资源综合素质的竞争。在人员流动日益频繁的今天，如何降低知识性员工流失给企业带来的损失是企业人力资源管理中的一大难题。随着知识型员工的出现，企业知识的流失也覆盖了职业的整个生命周期，包括招聘、雇用、履行职责、留用和退休。公司可能尝试过许多未经整合的方法来解决这个难题，其中一些方法具有一定价值，如指导计划、知识数据库、返聘退休人员为合同工等，但大多数方法仅仅是治标而已。综合性问题需要综合性的配套解决方案。

如果员工流动过于频繁，企业缺乏一个比较稳定的员工队伍支撑，尤其是如果没有对组织保持忠诚的知识型员工的支持，企业必然会因缺乏人才而面临被市场淘汰的风险。流失风险识别就是识别其流失可能给企业带来哪些风险：

（1）掌握核心技术或商业机密的知识型员工的离职可能导致企业赖以生存的核心技术或商业机密的泄露。一旦发生这种情况，带给企业的将是极大的损失，尤其是当这些知识型员工跳槽到竞争对手企业或另起炉灶时，企业将面临严峻的竞争压力。

（2）知识型员工的离职可能导致企业关键岗位的空缺。由于知识型员工掌握某种专门的技能，所以一旦他们离职，企业可能无法立刻找到可替代的人选，那么这一关键岗位在一定时期内会空缺出来，这势必影响企业的整体运作，甚至可能对企业造成严重的损害。更糟糕的是，如果出现了知识型员工的集体跳槽，那么企业面临的风险将是成为一个没有血肉的空壳，假如不及时补充，面对的必然是死亡。

（3）知识型员工的离职使企业必须重新招募和培训新员工，以满足对人员的需求，这就需要支付相应的招募和培训费用，有时还要付出赢得新客户所需的成本。知识型员工属于稀缺人才，需要企业花费更多的成本来获取，而且招聘来的新员工是否胜任工作，是否能融入企业都具有不确定性，这些都是企业面临的风险。

知识的流失及其对劳动生产率和业绩的影响使问题更加错综复杂，因此一个或单一的办法不能解决所有问题，公司需要有整套的战略、方法和技术，并应该遵循下列步骤：

　　1. 确定公司最濒危的知识，并建立管理制度

　　公司首先必须确定信息和经验的流失将给它们带来的最大危险在哪里，这部分涉及绩效管理和职业发展制度的建立，因为这些制度本身可以确定员工中拥有最关键知识的人。

　　2. 建立知识社团

　　建立一个信息知识共享的电子化互动平台，使知识型员工能够自主方便地了解到各种所需的信息和知识，一方面增加了知识型员工的知识，另一方面加强了员工之间、员工与管理者之间的交流。通过这种开放式沟通，还可以随时了解和关注员工中存在的各种问题，有利于对员工流失的防范比较顺畅的方法之一，是将公司主要专家的即时通信（IM）对话保留并存档，这些对话往往富于见解，一般来讲一旦从电脑屏幕上消失就销声匿迹。但现在新的手段可以截取这些对话，消失后也可以重新取回，从而保证了通过即时通信传输的知识仍然留在公司内部。

　　3. 运用较为先进的电子学习法

　　电子学习法使员工培训方法发生了革命性的改变。过去有一种狭隘的看法，认为只有在"正式"组织的课堂式的环境里培训才能称为学习。电子学习法将公司从这种认识中解放出来，它使高质量的培训内容在传播过程中保持一致，将以求学者为主导的、随时随地地学习变为可能。

　　帮助知识型员工自主进行职业生涯管理。开展职业生涯管理，可以使知识型员工清楚地看到自己在组织中的发展道路，而不至于为自己目前所处的地位和未来的发展感到迷茫，从而有助于降低知识型员工的流失率。

　　4. 实施内部流动制度

　　某些知识型员工本身就有较强的流动倾向，其流动具有某种必然性，他们或者是由于对原有工作失去兴趣，或者是想尝试新工作以培养新技能。针对这种情况，企业可以采取内部流动的方式来迎合这种需求，减少离职倾向。

　　5. 招聘新员工时挑选与组织相适配的知识型员工

　　近来的研究显示，几乎80%的员工流失与招聘阶段的失误有关。同时，失误的主要原因不是流失的员工不能适应工作要求，而是因为他们不适合该企业的文化。为了

减少流失率，在引进新员工时就应严格挑选程序，注意知识型人才的态度、个性和行为要与组织相适配，进行基于文化的招聘过程。

另外，为了减少事故所带来的损失而采取的控制性措施，即当知识性员工流失时，采取一定的策略以减少知识型员工的流失给企业带来的损害，使损失最小化。具体措施可以考虑以下几个方面：

（1）做好人才备份工作

这一工作有利于保证企业不会因某些关键知识型员工的流失而中断新产品研发和市场开拓。做好人才备份，一方面要强化人才的储备和技术培训，使某项关键技术不会只被一两人独占；另一方面，同一尖端技术岗位至少要有 2~3 人同时攻关。

（2）合同约束

合同约束即在员工进入企业之前，采用契约的形式规定员工对企业的义务，约束其行为，目的是为了防范由于员工流失而给企业带来的损害。

（五）知识管理需要克服的四大障碍

知识管理继续引领时尚并夺人眼球，但它仍然只足一个命运多舛的概念，只有少数的组织机构，如世界银行和施乐公司，开发了强大的知识共享系统，并已经成功地在日常运营中运用。许多公司虽然采取了行动，但最终虎头蛇尾。根据美国生产力和质量理事会（American Productivily and Quality Council，APQC）对知识管理进行的多次查检，大多数项目在试水阶段便面临陷入困境的危险。

怎么会如此呢？美国生产力和质量理事会的专家以及其他专业人士，将通向知识管理的成功之路上的几处障碍标注出来，其中包括：

1. 缺乏商业目的

乔治·华盛顿大学教授南希·M. 狄克逊（Nancy M. Dixon）著有《共同的知识：公司如何以分享所知而兴盛》（Common Knowledge How Companies Thrive by Sharing What They Know）一书，她指出，太多的公司将知识管理本身作为最终目标，这些公司执行知识共享方案的原因，是因为它们认为会有收获，或者它们理所当然地认为有效的组织机构应该能在部门之间进行知识共享。

这其实是本末倒置。狄克逊认为，"推动知识管理的目的不在于催生知识管理，而是在于解决公司最迫在眉睫的问题，将知识管理用于它最能发挥作用的地方。"美国生

乔治·华盛顿大学

产力和质量理事会的会长卡拉·奥德尔对此也大加赞同，她说，"知识管理无法在公司发挥有效作用的首要原因是其推崇者不能将知识管理与现实中的经营问题结合起来。如果仅仅设法提供人们沟通和分享的工具，就如同先有了答案，再去寻找与答案相匹配的问题，这本身就是缺陷之所在。"

成功的案例都是先有经营问题，然后知识管理帮助解决这些问题。例如，安永公司为了帮助公司顾问更快地提出企划书，开发了 PowerPack 文件汇整系统，它能根据特定行业筛选信息。福特汽车公司的所谓"最佳实践复制系统"是为了帮助工厂管理人员完成年生产力提高 5% 的公司目标。在安纳达口石油开采和加工（Anadarko Petroleum）公司，计划分析师蒂法尼·泰勒（Tiffany Tyler）指出，"每个人都希望凿出一口新油井，人们对此兴致盎然。如果可以表明我们能将整个作业周期缩短一周，并对在何处钻井有更好的决策（这就是公司知识管理所要达到的目标），那么当问及'你们是否接受知识管理？'时，大家都会给予肯定的回答。"

2. 计划不周，资源不足

麦克德莫特顾问（McDermott Consulting）公司的总裁理查德·麦克德莫特（Richard McDermott）合作参与了多项美国生产力和质量理事会的研究项目，他指出，许多公司将注意力集中在知识管理的试水项目上，而遗漏了后期的成果推广。"试水项目因其新颖而获得大量的重视和支持。高层管理人员看过试水项目后觉得很棒，他们准备带头督导。"然而，时移世易，高层人员更迭，加上市场变化，公司的注意力转移到其他地方，资源很快地消耗殆尽。

为了避免这种情况的发生，麦克德莫特建议在启动试水项目的同时就要制订推广计划，这才能使管理人员明白（并做好计划）。"试水项目的结束，才是真正工作的开始。"此举对于确定公司已准备好为知识管理配备资源起着重要作用。麦克德莫特认为，"如果你准备投资 50 万到 100 万美元实施三个试水项目，那你就该想到在全面推广时，会有相当可观的更大投入。"

享有最佳实践的公司在这些投入上从不犹豫。美国生产力和质量理事会调查的标志性企业中，许多一开始就投入 100 多万美元来启动知识管理方案，每年用于持续发展和维护的费用更是超过了这一数字。狄克逊指出，像安永顾问公司，每年将销售收入的 6% 都用于大刀阔斧的知识管理，虽然这一数字还包括了不是专为知识管理而进行的技术投资，不过知识管理终将因这些技术而受惠。

进程的量度

知识管理中一个棘手的问题是，很难进行绩效评估。但难度大并不意味着不可能。乔治·华盛顿大学教授南希·M. 狄克逊指出，"需要对两个问题（结果和过程）分别进行测评。"对结果的评估取决于通过更好的知识管理所期望达到的目标，如提高劳动生产率、更快的周转率等，狄克逊认为，"只要确定了具体的知识管理目标，就可以进行评估。"

对过程的评估取决于知识管理体系的性质，你希望知道员工是否按要求行事，如他们是否接入数据库，利用其他同事的咨询技能，将企划案存入知识库等。狄克逊认为，虽然要想确定知识管理是否已经"实施"是困难的，但可以评估的是员工是否在从事你所认为的知识管理，你也可以评估他们是否达到你所要求的目标。

3. 缺乏责任人

如果没有专人负责，推行知识管理的举措最后极有可能是不了了之，而对于大公司来讲可能需要多个负责人。美国生产力和质量理事会的会长、《假如我们明白自己所知道的一切——内部知识和最佳实践的传播》（If Only We Knew What We Know: The Transfer of Internal Knowledge and Best Practice）一书的作者之一卡拉·奥德尔的看法是，"经验表明，如果大公司要推动知识管理，除了资讯科技人员外，还需要四个核心成员专门负责。"而较小规模的公司，只需要一名专职人员即可，像安纳达口石油开采和加工公司的泰勒。但如果无人负责，知识管理就不可能持续。

推动知识管理的举措越大，越需要更多的、不同岗位的人参与，许多大型专业服务公司莫不如此。安达信（Andersen）会计师事务所拥有庞大的知识管理系统，双重备份信息库。安达信的顾问 W. 托德·赫斯金森（W. Todd Huskinson）表示，公司的知识管理之所以成功，原因之一是数百名员工参与其中，他们帮助项目经理从最新案例中吸取教训、编写信息并持续更新，甚至开设电话专线指引顾问善用知识管理系统。更有甚者，在项目结束的验收清单中，还包括诸如经验和教训是否已收录进信息库一类的问题。"因此，合伙人和管理人员必须签署'是的，这个项目对公司的知识管理有所贡献'。"

4. 缺乏用户针对性

知识管理不是一招鲜吃遍天，相反，只有根据特定公司的需要定制特定的方案，知识管理才能发挥最大功效。例如，安永公司的 PowerPack 文件汇整系统，就是专为特定行业的顾问而设计；雪佛龙的项目资源组，是由特定领域的专家所组成的顾问团，专为资本密集型产品的管理人员出谋划策。狄克逊指出，知识传输系统的设计"越是想迎合公司里的所有人，其作用和功效就越有限"。

知识管理还需要从另一方面加强其针对性，即必须符合企业文化，美国生产力和质量理事会的一项研究表明，一个基本的要求是，"它必须与公司已有的核心价值观紧密联系起来"。以下面两个公司为例：

在 IBM 公司的 Lotus 开发公司，人们普遍意识到 Lotus 是在"创造"协作技术，因此，这里的员工不仅对 Lotus 数据库献计献策，还留意其他同人的独到见解。此外，Lotus 的企业文化是"宽容"，即项目在开始时无须十全十美，"员工可以尽情尝试新的设想，然后再对不当之处进行修正"。这些在知识共享的过程中处处可见。

福特公司强调的是避免冒险以及正确地做事。"由于福特的研发团队内部以及团队之间运用企业内部局域网来进行沟通和分享知识，所以高层管理人员可以看到原始文件、分析报告以及大家的讨论。而有机会看到原始文件而不是'润色'报告，正是建立在福特的公司价值基础上——谨慎、完整而详细的分析"。

知识管理还是一个新兴领域，所以许多公司现在才开始推行，因而许多推行的公司陷入重重困境也就不足为奇了。尽管如此，这些公司还是可以向先驱者学习借鉴。奥德尔指出："那些对知识管理早已胸有成竹的公司，是通过尝试和摸索才累积了宝贵经验；而对那些刚入门的公司而言，只要善于撷取前人经验，就能够跨越障碍，进步神速。"

四、知识管理在企业管理变革中的应用

当前全球经济环境不断发生变化，企业如果不能顺应形势进行经营管理的变革，就很难生存下去。各种管理变革都和知识的作用分不开，因此研究知识管理和一些管理变革的关系，是很有意义的。本章将探讨几种典型的管理变革中的知识管理问题。

（一）企业再造工程

1. 企业的再造工程

在企业实施知识战略时，需要对当前管理界提出的企业再造工程加以关注。企业的再造工程是美国在 20 世纪 90 年代初期提出的一种管理变革思想。企业的再造 工程（reengineering）乃是企业为了在像产品和服务质量、顾客满意度、成本、员工工作效率等绩效指标上取得显著改善，对业务过程从根本上重新思考、并进行彻底改造的工程。

回顾经营管理的变革过程，对于我们理解企业再造工程的产生及其重要意义是有帮助的。

18 世纪劳动分工思想的产生与应用，对提高工人劳动生产效率和降低商品成本起了很大作用。按照这一思想，工作流程细分为许多细小而可重复的步骤，每步都由专人完成，要求工人按既定规程操作，同时也要求管理层进行严格和周密的控制，以提高生产率，保证产品质量，降低成本。时至今日，大部分生产还具有这种特点。

随着工业的进一步发展，劳动细化程度不断提高，企业组织结构也越来越庞大而形成金字塔形结构，层次多而臃肿。为了解决上述困难，提高生产与管理效率，一方面出现了流水线的组织形式，使工作本身更加简单化，大幅度降低了成本；另一方面把分工原则运用于管理本身，将大公司分成更小的分公司，各分公司只管某种类型产品的生产、市场、营销，并使工程技术人员与管理人员在职责上进行分工，把庞大而松散的组织切割成一个个职能模块（运营模块）。每个部门或者执行人员不需了解整个过程，只要对细化后的简单任务承担明确的责任。决策者通过各职能模块的利润、亏损、库存水平等财务报表上的指标数字，了解各部门的经营情况，进行宏观控制。这种串行的经营过程模式对于 20 世纪 60~70 年代之前，需求不断增长、市场供不应求、产品类型较为稳定的生产来说，是很有效的。

到了 20 世纪 80 年代，这种格局面临严峻的挑战，这是因为企业生存与发展的空间环境发生了巨大的变动，这变动是由顾客、竞争和变化三方面引发的。

首先是顾客需求发生了变化。过去是厂商提供标准化的产品与服务以满足顾客的消费需求。现在由于供过于求的现象越来越普遍，消费者的需求日益多样化与个性化，他们会运用自己的选择权；获取信息的渠道又由于信息技术的迅速发展而变得极其广阔。这样就使得顾客在生产与消费过程中发挥了主导作用，而使企业由生产型、经营型向经营服务型转变，以满足顾客需求为导向而求得自身生存和发展的经营理念，成为战略的核心思想。

其次是竞争的影响。在市场经济条件下，企业之间总是存在着竞争，但今天的竞争比起以往还有许多新的特点：竞争变得更加激烈，竞争内涵从价格扩大到质量、交货速度、售前售后服务。广泛深刻的技术革新与信息技术的应用使竞争形式更加复杂，竞争范围更加广阔。新成立的企业以其创新与出色的业绩给老企业带来巨大的冲击。

最后在谈到顾客与竞争时，我们已经看出顾客在变，市场在变，竞争在变。更引人注意的则是变化本身的性质也在变。这体现在：第一，变化的内容在变，不仅是产品数量在增长，而且品种、质量、服务以及产品提供方式也在变。第二是变化的周期也在越变越短，如信息技术的发展便是突出的例子。企业要想在这种变化中生存，就需要有灵活和快速的反应与适应能力，如果还按传统的按部就班的方式经营是难以存活的。第三是变化的出现常常是出人意料和难以预测的。由于社会经济系统是一类开放的复杂巨系统，其中各种因素之间存在着形形色色的非线性联系，某一个因素的细小改变，都有可能引起巨大的变化，而这种变化是无法预料到的。再按陈规旧习工作，是无法应付这种突如其来的变化的。

在这种形势下，如果一个庞大的组织中山头林立，彼此各行其是，只顾一己利益，就会使得高层领导很难为整个企业的利益去协调各部门的工作。管理层次的增加使高层管理者与顾客的距离越来越远，对市场和顾客的反映造成了不应有的延迟和失真，这无疑会使企业在迅速变化的市场中失去主动性。

企业再造工程的思想正是在这样的大背景下应运而生的。它使人们放弃了修修补补、苟延残喘的做法，转而采取根本性的再造。

企业再造工程采取的措施是重新检查每一项作业或者活动，把企业的核心活动和不增值的作业活动区别开来，把不增值部分加以简化或合并，去除重复的部分以减少浪费，把核心部分重新组合，达到优化整体的目的。

企业再造工程比较适合于下列三类企业：

第一类是问题很多的企业，除了再造之外，别无选择。

第二类是目前业绩还不坏，但却潜伏着危机的企业。应该高瞻远瞩，及早进行再造。

第三类是目前正处于事业发展高峰的企业。企业领导不满足于现状，决心再造，以便大幅度提高竞争优势，追求卓越。

在企业再造工程的思想提出后的几年内，国外许多企业进行了再造工程，其中一部分取得成功，但也有一些企业的再造是失败的。造成失败的原因很多：有的是领导不力；有的是人的认识跟不上；有的是因为再造而影响到人事变动甚至裁员，于是在推行时遇到人为阻力等。上面是客观原因，而从再造工程本身来看，初期由于理论上的不成熟，还没有形成既有理论基础又有可操作性的方法步骤的完整体系，遇到困难与挫折也是意料中的事。但是企业的变革究竟是大势所趋，无法回避的。

由于再造工程的影响面与工作幅度不同，也有人认为革命性的再造工程与改良式的渐进式改革并不存在截然的界限，许多企业再造工程执行的结果，虽未得到彻底的改革，但也收到局部或程度不同的改进，因此企业再造工程作为一种理念是重要的，有战略意义的，但执行时还须考虑具体条件，与其他管理理论中的新思想、新方法和新技术结合，实现知识的集成，形成贴近实际情况的具体实施步骤，以取得实效。

2. 系统再造工程

在最近出版的一本系统工程手册中，把企业再造工程提到系统再造工程（systems reengineering）的高度来加以研究，为再造工程增加了一些新的思路。

从系统工程的角度来看，包括企业在内的任何人造的系统，都需要不断地改进、提高它的效能。这种改变有时是连续、渐进的，但这多半是在外界环境比较稳定、不发生巨大变化情况之下进行的。但是当前无论是经济、科技、社会都处在迅速变化之中，为了应付这种迅速、重大的环境变化，系统有时就不得不进行不连续的、巨大的根本变化。企业再造工程正是在这种背景之下提出来的。

对已经存在的系统，进行重大的改造而不是修修补补，乃是系统再造工程的含义。我们可以从系统的目标、结构、功能诸方面对这种变化来进行考察。

系统再造工程可以从三个层次上来研究：①产品（广义）层次；②过程（或生产

线）层次；③系统管理层次。

所谓产品（广义）的再造工程，是指对已有产品的内部机理或功能进行研究、检查、掌握和改进，改造成一种新的形式，使其具有新的功能（或其他非功能方面的）特点，而这常常是通过采用新技术而达到的。至于产品原来的目的与用途并无大的变化。

从上面的定义来看，产品再造工程只是对结构进行再造，而产品的目的与用途以及功能改变却很小。现在所说的产品更新、产品现代化、产品刷新等都属于这一层次。

产品再造常常是通过反向工程方法来进行的。例如，某一软件，原来是用 COBOL 语言写的，现在要改成 C 语言。可以通过反向工程确定它的定义、算法，再用正向工程方法改写成新的软件。

所谓过程的再造工程，是指对已有的过程或系统工程生命周期的内部机理或功能进行研究、检查、掌握并改进，改造成一种新的形式，使其具有新的功能性（或非功能性）特点，而这常常是得益于所需的新的组织能力与技术能力的。至于再造过程本身的目的与用途，并无变化。

再造的过程，可以是研究开发过程，生产过程，也可以是销售过程。其所以要再造，是因为该过程功能不良，或者因技术变化或顾客需求变化而企业希望进行改造。

从系统工程角度来看，再造的过程也可以是某项系统工程的生命周期，它包括系统规划、研究开发、测试评价、系统实现等一系列工作。

所谓系统管理的再造工程，是指对一个组织中已有的系统管理过程与实际情况的内部机理或功能进行研究、检查、掌握并改进，使其成为一种新的形式，具备新的特点，这常常来自企业的竞争力需要。至于企业组织本身的目标，并无变化。

这里所说的系统管理层次的再造工程，与前面讲到的企业再造工程比较接近，而过程再造工程，则和企业再造工程首先着眼的业务流程再造相近。

上面说的三个层次的再造工程，相互之间是有联系的。不论哪一个层次，再造的目的都是使企业能生产出更好的产品（包括实物产品与精神产品，包括物品和服务），能使成本比原来低，因而提高了企业适应环境变化的竞争力。由于再造工程的范围、深度并没有一个众所公认的界定，所以大致按上面所说的划分来考虑问题还是可行的。

从系统工程角度看再造工程，人们还得遵循系统工程的原则，从以下几方面来看再造工程的出发点和归宿：①整体性原则；②综合性原则；③功能与结构相匹配的原则；④适应性原则。

例如，某企业仅仅预备进行产品再造工程，但实际上它在过程层次或系统管理层次也存在许多不适应的地方，需要进行再造，而这正是实现产品再造的保证。如果不进行上两个层次的再造，这种产品再造也是不能成功的。有时候企业只看到产品层次，把大量精力与资源投进去，忽视上两个层次，最后是会事倍功半或者半途而废的。另外一种情况则正好相反，只是产品需要再造，而过程与系统管理还是适应的，这时就不必劳师动众地去进行上两个层次的再造。

从系统工程的观点研究再造，启发我们看问题可以再把眼界放宽一些，从系统的层次性与动态性的角度来考察企业变革的不同广度和深度。实际上在国外一些讨论企业变革的著作中，也有按不同层次和深度来分析企业变革的。例如，美国管理学家Martin 就提出了五种转变过程：①改善（Kaizen）或全面质量管理（TQM）；②过程再设计；③价值流再建；④企业再设计；⑤战略前景规划。

有人对美国的一些公司进行再造的范围做了一次统计，结果是：在一个部门内进行的占22%，在多个部门进行的占41%，而在全企业范围进行的占37%。他们针对再造的范围宽窄与规模大小提出了再造的不同形式：

（1）范围窄而规模小的应采用功能改进形式；

（2）范围窄而规模大的应采用功能集成形式；

（3）范围宽而规模小的应采用过程再设计形式；

（4）范围宽而规模大的应采用经营再定义形式。

上面提到的这些变革模式，每一种都是一种理念，甚至于是一个口号。我们在进行管理变革时，应该从实际出发，经过系统分析，针对具体情况，选择切合实际的一种变革模式，而不是从哪一种模式的概念出发。应该是从解决问题出发去找适合的变革模式，而不是用某种模式去硬套现实。

对于前面提到再造工程中的"根本"与"彻底"，也应该有一个全面地理解。Hammer 与 Champy 最初提出这两个词语时，主要是针对过去存在的因循守旧、想用修修补补的办法去解决问题的习惯。但在处理具体问题时，不见得都需要或者都可能使用激进的方式。有人就反对"为变而变"以及花费巨大而收效甚微的"脱胎换骨"式的改造。另一方面，从系统层次的观点来看，低层次的彻底变革未必一定就是高层次的彻底变革。我们还得分清局部与整体。

企业在有些情况下需要而且可能实行再造，而在有些情况下不需要或者不可能实现再造而需要渐进式的改进。二者除了在是否"根本"与"彻底"变革上有区别外，还应该注意到：再造是自上而下的，改进是自下而上的。

从长远来看，企业在某一阶段需要采取革命性的再造，然后需要一段时期的渐进式的改进；接着可能又出现需要再造的阶段，之后又是渐进式的改进，按波浪方式前进。总而言之，我们需要动态地、辩证地看问题。

（二）企业再造工程与流程再造

1. 流程再造

组织中的知识流程是和业务流程紧密相关的。知识流程反映了业务流程中知识如何应用。我们在研究知识流程怎样与业务流程相结合时，不能脱离业务流程的再造。

业务流程再造是企业再造工程的核心领域。自从 20 世纪 90 年代初 Hammer 与 Champy 提出企业再造工程的理念后，在西方曾经风靡一时。此后又有许多学者提出过相近的概念，如：

Davenport 提出的"企业流程创新"，指的是创新流程以达到企业巨大的改善。

Davenport 等提出的"企业流程再设计"，指的是组织内或组织之间工作流或各种流程的分析与设计。

Sholdt 等提出的"企业流程再设计"与"企业网络再设计"。前者指的是企业对内部流程的重构，以改善对顾客产品分销与发运服务的业绩；后者是对从属于更大的企业网络中部分重要的产品与服务进行重构。

Moru 等提出的"企业流程再设计"，指的是检查关键流程中的活动和信息流，以达到简化流程、降低成本、提高质量和灵活性的目的。

Johnson 等提出的"企业流程再设计"，是指组织如何取得成本、周期、服务和质量彻底变革的手段，这需要许多工具与方法，它强调企业是一系列面向客户的核心流程的集合，而不是功能的集合。

Kaplan 等提出的"核心流程再设计"，指的是如何进行根本性的再思考，对工作流程、决策、组织和信息系统以集成的方式同时进行再设计。

Lovintale 提出的"组织再设计"，是以组织核心竞争力为重点，对企业流程与组织结构进行根本性的再思考与再设计，以达到显著提高组织业绩的目的。

所有这些提法都提供了流程再造的有关知识，它们在实施的范围与改变的程度上有所不同，正反映了企业变革需求的多样性，但着眼的重点都是业务流程，都希望通过流程的再设计与再造，提高企业的绩效与顾客的满意程度。

下面我们具体研究一下有关企业流程的知识，以便在研究知识流程与业务流程相结合时，有一个具体的概念。

所谓流程，就是企业以输入各种原料和顾客需求为起点，直到企业创造出对顾客有价值的产品或服务为终点的一系列活动。顾客关心的只是流程的终点，但企业必须安排好整个流程。

究竟哪些活动系列可以看作流程，可以用下面这些标准来识别：

（1）一个流程应该有特定的输入与输出；

（2）每个流程的执行都要跨越多个工作人员或多个部门；

（3）流程专注于目标和结果，不仅是行动和手段；

（4）流程的输入与输出都应该能被组织内部每一个人轻而易举地了解；

（5）流程之间是相互关联的，与顾客的需要也是相关联的。

组成流程的基本要素包括：①活动；②活动之间的连接方式；③活动的承担者；④完成活动的方式。

活动是企业运作的基本单元运动。小到发一个通知，大到进行企业战略决策，都是活动。活动有复杂活动与简单活动之分。复杂活动可以包含其他低层次的活动，简单活动则不包含低层次的活动。活动一般都要对输入（实物或者信息）进行变换，以获得输出。活动应有明确的结果。

流程是由活动按一定的逻辑顺序组成的。这种逻辑关系是由分工所形成的活动之间的内在联系所决定的。活动之间最基本的逻辑关系有：

（1）串行关系。两项活动先后发生，前一活动的输出是后一活动的输入。这是企业中大多数活动之间的关系。

（2）并行关系。两项活动同时进行，彼此独立，二者同时对输出产生影响。

（3）分叉关系。某一活动视其输出结果的不同而有选择地和后面多个活动中的一个发生联系。这反映了该活动的主动选择性。

（4）反馈关系。在一连串活动中，某一后面的活动的输出返回作为前面某一活动的输入。这反映了按后面的结果确定前面活动下一步的动作。企业中的大部分管理活动属于这种关系。

任何流程都可以由上述基本关系组合而成。我们可以用不同学科中的各种流程图来形象地描述流程，作为流程知识的基本描述。

活动的承担者一般是具体的人员或者组织，随着信息化、自动化程度的提高，也有一些信息设备、自动装置作为承担者。一方面，分工越细则承担者的数量越多。另一方面，工作人员的授权状况不同，也会影响到承担者的数量。例如，一个申请报告的审批涉及多个部门，除了要经过各部门经办人员外，常常还得要部门领导签字盖章。如果授权给经办人员，让他全权处理，便省掉了许多活动和承担者。

完成活动的方式一方面受技术条件的限制，例如，计算活动过去使用算盘或计算器，现在可以使用微型计算机。设计绘图过去使用圆规直尺等绘图仪器，现在可以使用计算机辅助设计（CAD）。另一方面又会受到工作习惯以及企业文化的影响。从总的趋势来看，完成活动所需要的知识是越来越多，越来越专门和深入。

2. 企业流程的类型

企业中的经营管理业务流程有许多类型。它包括：

（1）订单处理流程。输入的是顾客的订单（或某些需求意向），输出是发送的商品、付款单和对顾客满意度的满足。

（2）产品开发流程。输入的是顾客的消费想法、观念和概念，输出的是新产品的样品。

（3）服务流程。输入的是顾客需要了解和处理的问题，输出的是问题的解答和解决方法。

（4）销售流程。输入的是潜在的顾客，输出的是付款单。

（5）策略开发流程。输入的是公司内外环境中的各种变量，输出的是关于企业发展的各种策略。

（6）管理流程。输入的是企业内外环境中的各种关系要素和问题，输出的是企业运行的各种关系法则和办法。

实际上其中前五种都属于经营性质，只有第六种是管理性质。我们今后的研讨包括所有这六种，而不局限于第六种。

还有一种分类法是以流程功能性质决定的，它把流程分为：

（1）核心流程。这是业务的中心功能与企业外的顾客打交道。

（2）支持流程。这是核心流程的后援，与企业内的顾客打交道。

（3）业务网流程。延伸到组织边界之外，与外部组织有联系。

（4）管理过程。涉及资源的规划、组织与控制。

另外一种分类是按跨越范围，可以分成：

（1）个人之间的流程。这是一个职能部门内部由不同的工作人员完成某项任务的流程。

（2）部门之间的流程。跨越几个职能部门的流程。

（3）组织之间的流程。这是企业和外部组织之间发生联系的业务流程。

当前有一种从企业基本流程的结构着眼来分析流程的类型的方法。这种方法从纵横两个方面来看流程的构造：

（1）纵向构造。现代企业从纵向，即从行政指挥到执行操作来看，包含下列几种流程：①生产指挥流程。从负责生产指挥的领导人经过生产管理部门、车间、班组到生产工人这一流程。②人事管理流程。从管人事的领导人经过人事管理部门、车间人事考核到班组这一考核流程。③资金核算流程。从生产工人或职能部门员工出发到班组、车间或职能部门、会计部门到总会计师这样一个流程。对资金进行核定，达到控制的目的。④计划决策流程。从企业最高领导出发，到董事会、总经理、计划部门、执行人员这一流程，其功能在于确定长远目标、投资方向、重大投资项目及如何实施。

（2）横向构造。这是指与企业从投入到产出总过程相关的一系列流程，包括：①生产作业流程。这是企业最基本的流程，从接受订单、采购原料、发单生产、检验、发货、收货款的投入产出基本流程。②营销流程。指从宣传推广、渠道设置、当场买卖、售后服务的全过程。③信息搜集流程。即企业信息管理部门到外界搜集、处理、汇总、传递信息，使企业能掌握环境变化，及时做出决策的过程。④资金筹措流程。即企业在资本市场与资金市场上使用信用融资、权益融资的全过程。

纵横两方面的流程在企业中纵横交错。纵向流程多半是行政管理流程；横向流程则多半是作业性的流程。作业性流程有本身的内在逻辑，这是由作业性质决定的。行政管理要重视这种逻辑，否则就会违背生产规律，但作业流程又要受行政管理指挥而后者又与组织体系、制度有关，受到它们的制约，矛盾就常常发生在这种交叉关系上。

3. 流程的结构特征与再造

决定现有流程结构的，主要有下面几种因素：

（1）技术工艺特征。企业从事一定的产品的生产制作或服务，产品或服务的功能与构造各不相同，因此与生产过程对应的技术条件与工艺装备就各有特点。例如，产品是成件的制造业（如装备制造）与产品是连续输出的流程工业（如石化工业），就各具特点。这些技术特征可用显性知识描述。

（2）企业的理念或价值观。所谓企业的理念或价值观，是指企业经营管理所信奉的行为准则和对社会、对经济的价值判断。理念和价值观不同，会使企业所引进的流程与其中的工作环节、工作步骤有明显的不同，而效果也就不会相同。这些情况并不能全用显性知识来描述，有一些是蕴含在组织的隐性知识之中的。

（3）领导方式与风格。例如，领导采取集权制与采取分权制，流程结构就不相同。如果领导能倾听下属意见，主张民主管理，则决策流程中自下而上的成分会很大，反之则自上而下就成为主要成分了。这些也蕴含在组织的隐性知识中间。

鉴定一个流程是否合理、有效，要从以下几个方面着眼：

（1）是否完成一定目标和任务。流程的可取性决定于它对企业某项任务或工作目标的完成是否有直接贡献。

（2）是否有利于分工的一体化。现代化的流程构造是将分工形成的工作环节、工作岗位、工作步骤按照工作的内在逻辑，按照完成任务和目标的先后顺序，组成一个个有效的工作流程，以实现企业最终目标。流程可以看作是对分工后的工作环节、工作岗位、工作步骤的一体化集成。

（3）是否有利于鉴定执行者的责任。要能确定流程负责人对完成任务的责任与完成的程度。

（4）是否有明确的时间性与阶段性。这样才能提高工作效率。

在工业化时期，经过多少次的实践，逐渐形成的流程在一定程度上是符合上述要求的。或者说，在实践与总结的过程中，形成了有关流程的知识，这些知识一方面嵌入了（或者说外化到）流程之中，另一方面载入了技术文献。但当企业所处的环境发生变化，导致企业战略目标发生变化时，用上述标准去鉴定流程，就会发现原有流程无法完成当前的任务，就需要进行再造，或者说，要在充分研究环境变化的基础上，进行流程知识的创新。

所谓企业环境的变化，来自企业内外两个方面。

来自企业外部环境的变化是由顾客需求的多样性与个性化以及市场竞争的日益激烈所引起的。而企业内部环境的变化则是由劳动者的工作方式和工作手段变化所引起的。

一方面，工业化时代的高度分工的工作方式使得完整的工作被分成过细的碎块，为了实现工作的目标需要把它们拼装起来。这种拼装需要不同部门大量的合作与协调，这不但使效率降低，而且会出现意想不到的问题。在环境比较稳定的大规模生产时期，随着人们对工作的熟练和相互磨合，或者说逐渐形成了集体的隐性知识，问题会逐渐解决。一旦环境多变，这种工作方式就暴露出严重的缺陷。原有的职能部门组织（如计划、生产、市场）体制也不利于鉴定执行者责任（因为某一部门的人只对某个局部环节负责，无法对全流程负责），

另一方面，人的需要是有层次的。在社会生产力低下的阶段，劳动者的所得只能维持生活的基本需要，即生理需要和安全需要。随着社会生产力的提高和社会物质财富的增长，劳动者除了要满足基本需要之外，还希望工作内容丰富化，减少过度分工所带来的工作单调性与枯燥性。劳动者有愿望能自行安排工作，参加更多类型的工作，并能参与管理。因此需要进行改革，创造新的工作方式，充分发挥劳动者的积极性与主动性和创新精神。

由于机械自动化与信息化工具的发展和广泛应用，劳动者的科技文化水平的提高，劳动者也有使用先进工具和科技知识来发挥个人能力的愿望。如果不能创造条件发掘这一部分潜力，不但对工作不利，而且也挫伤了劳动者的积极性。倘若因势利导，充分调动他们的积极性与创造性，提高流程的知识含量与水平，则企业获得的收益是会与日俱增的。

无论是处于困境的企业还是处于顺境而居安思危的企业，都需要在感受到这种环境压力和新的发展机遇时采取再造的决策。

流程再造的中心目标是形成企业的核心能力。正如前面所讲到的，所谓核心能力，是企业所拥有的能够与其他企业相比略胜一筹的技术、经营技巧、管理模式与方法上的能力，这种能力支撑了企业在市场上、在产业内享有特别的优势，使企业在变化的环境中立于不败之地。

再造工程由于是一件新事物，所以怎样进行这项工作没有成规可循。过去企业、组织也都进行过组织调整、岗位变动、生产与行销流程的改变，但都还没有从再造工程的角度着眼，只凭经验进行。近年来国内外有人在这方面做过一些探讨，提出了种种再造工程的方法和步骤。这一方法的每一步都是要使用已有的流程知识和生成新知识的。

（三）流程再造的步骤和方法

这里我们从促使知识增值的观点出发，尝试着提出一个流程再造的大致工作顺序和方法，下面将对它的七个步骤和每步中的工作方法与要点作一简要叙述。

第一步是确定基本方向。

首先要设定流程再造的总目标、总方向、总思路。这需要明确企业的战略目标，并将目标分解，确定流程再造的出发点，并确定流程再造的基本方针。这里我们需要从知识的有效应用出发，确定哪一些流程或步骤是知识能够起增值作用的。

为使领导下决心进行再造工程，需要进行初步的可行性分析。

第二步是启动再造工作。

这里有两项工作要做：一是组织队伍；二是确认具体目标。

再造工程需要一支专门的队伍来完成。由于再造工程涉及面向业务过程的组织设计，而不是面向功能阶层的，所以需要来自不同部门的各种专业人才。这样便于进行专业知识的交流与协作。

队伍的组织可以先从领导指定一位项目负责人开始，这位负责人再组织几个任务组，可以发出公告，说明项目的意义与任务，征求志愿者，组成实践社团，有时也还需要指定一些必须参加的人。参加的人中应有各专业领域中的人员，但必须有信息技术人员，特别是熟悉通信和数据库方面的人员。最好能包括部分中层、基层领导在内。

有的领导采取不同阶段使用不同人员的办法，这样有利于部分领导的介入和参加，因为他们可能工作很忙，不能全过程参加。也有采取几个人包一个过程、自始至终参加的组织方式。要从所需要的知识类型出发来安排人员。

项目负责人应该具备下列素质：

（1）流程观念和整体观念，也就是系统观念；

（2）设计技能（能将工序组合成流程），知识集成能力；

（3）坚强意志和乐观、热情的精神；

（4）沟通技巧。

小组成员可以分成圈内人与局外人两种。圈内人是在旧流程中工作的人，应该选那些有足够经验又不故步自封的优秀人才。局外人是为了克服圈内人当局者迷，而以旁观者清的身份来与圈内人合作，通过思想交锋、使隐性知识转化为集体知识以达成共识的。

可以为有待再造的特定流程指定一位流程负责人，由于领导者要掌握全局，不可能对具体流程细节做深入全面的研究，而流程负责人应该承担这一任务。

有时候为了处理跨部门的全局协调以及和上级沟通，可以成立一个由高层领导组成的指导委员会。但它的职能只是起指导和协调作用。

此外，由于再造工程是一项新的工作，企业内部还缺乏经验，可请外面的专家来指导或咨询，以获取外部的知识。

队伍组织就绪之后，就应该确认具体目标。为了将来能评价再造工程项目的成效，需要使再造后新过程的绩效能够度量，并且能够与原来过程进行对比。再造工程的效果可以从以下三个方面来度量：①时间；②成本；③差错。

美国某咨询公司根据对 15 家实现再造成功的客户进行分析得到的结果是：再造工程可使时间缩短 80%，成本降低 48%，而差错减少 60%。也有人认为可从下列四个方面去衡量：①财务上的收益；②顾客满意程度；③内部过程的改善；④组织能力的提高。

这里还应该加上知识的积累。目标应该订得合理，但须经过努力才能达到。

第三步是选择有待再造的过程。

在旧的方式中工作多年的各级主管，习惯于原有的思考与工作方法，尽管有时候也对一些方面感到不满，但是真正下决心破旧立新，还得有一些具备说服力的论证才行，例如，再造工程实施后，成本怎样降低，资金流通速度如何提高，服务如何改进，质量如何提高，生产率如何提高等，这些论证尽管是很粗略的，但却是促使领导下决心的重要因素。

一经决定实施再造工程，就需要去辨识和选择有待再造的业务过程。由于业务过程是由一系列在逻辑上相关联的活动组成的，它的完成是为了达到一定的业务目标，它有一定的活动主体（从事业务活动的人）和一定的服务对象（顾客），跨越一定的部门，所以应该全面加以分析研究。

分类型来研究业务过程是有利于选择再造过程的，因为这样可以使用不同领域的知识。分类方法有很多种，例如，有的以物流为主，有的以信息流为主；有的是操作过程，有的是管理过程；前面也提到过，可以分为核心过程、支持过程、业务网过程、管理过程；由于跨部门、跨功能是再造工程的着眼点，所以也可按层次又分为跨组织过程、跨功能过程、跨人员过程。

第二节谈到的按纵向与横向流程进行分类有利于结合当前业务进行分析，其中特别应该注意纵横交错的环节。这需要各种知识的交叉利用。

对各业务过程进行考察后，可以排列出需要再造的过程的顺序，有些很迫切就需要往前排，有些不那么迫切就可以向后放，显然都是以提高效能、增强竞争能力为判断标准。需要从企业的发展战略角度来审查，看哪些过程最需要再造。企业的战略目标有的是对内的，如提高效率与效能，有的是对外的，如开拓市场。同一个业务过程，对不同的目标其影响是不同的，所以企业的战略重点不同，需要再造的过程也不同，应该认真考虑。

这里应该再提到的是，为了提高企业的核心竞争力，应该首先关注企业的核心流程。下面我们列举出在不同领域中的有代表性的核心流程：

（1）在新产品开发方面的核心流程有：①市场研究；②竞争对手分析；③概念的论证；④详细设计；⑤产品审批；⑥产品试制；⑦生产过程设计。

（2）在供应链管理方面的核心流程有：①供应网的物理设计；②进货与发货物流；③服务与费用的计量；④合同管理；⑤合作者的管理；⑥资源管理。

（3）在客户服务方面的核心流程有：①问询处理；②销售；③订单处理；④履行订单；⑤发货；⑥售后服务；⑦账户管理。

（4）在财务管理方面的核心流程有：①活动成本管理；②预算；③现金测算；④收益预算/预测；⑤纳税计划；⑥财务报告。

（5）在人力资源管理方面的核心流程有：①人员的补充；②业绩评定；③培训；④评议与引导；⑤纪律处分；⑥选拔与提升。

在某一具体的企业中，上面列举的核心过程中总有一些会显著影响企业的核心竞争力，其中有一些是组织本身所具有的独特知识资产（如专利）而能创造价值的，在选择再造过程时需要着重考虑。这时应该充分利用技术与经营管理知识来作为考虑问题的基础。

第四步是对有待进行再造的过程进行诊断。

这时需要深入研究所选的过程，这一步的内容是了解现有过程，发现潜在的病症。这是一个知识获取过程。

可以先对原来的过程进行分析描述，写成书面材料。应该从过程的开始一直考察到终了，它可能包括多种功能，多个部门，多个用户以及多种外部联系。还要把涉及的因素如人力、设备、信息系统等诸方面弄清楚。可以用工作周期时间、生产线上等待时间与排队情况、废品率、顾客满意程度等现有系统的绩效指标来进行描述。如果过程的规模过大，时间过长，可以划分成一些子过程来加以研究。

一般可以采取与过程中的工作人员交谈的方式来了解情况，因为这样容易获得隐性知识，特别要注意的是应该了解信息是如何流通和连接的。其中包括了解信息的获取、处理、传送和等待时间。还要了解在过程中应用了哪些知识，特别需要深入了解应用了哪些隐性知识，因为这些知识的应用不是那样自觉和明显的，如果不加询问，很难了解到。

这里可以使用流程知识的获取方法。为了有利于知识获取与分析讨论，采用一些可视化工具来描述流程是必要的，这是一种非常有效的知识表达方式。有许多框图或表格形式的流程图已在各行各业中广泛应用，也可在这里使用。如常用的信息处理流程图（国家标准 GBl526—79）、系统结构模型图、业务活动图示法（BAM）等。

此外还有一些兼具分析功能的工具，如网络计划图（CPM、DCPM 等）、Petri 网。

对潜在的病症的发现，要着眼于是否有重复的、无用的、形式与格式上不一致的相互矛盾的处理过程，重复多余的、上下不一致的报表文件，不合理的规章制度（包括正式的和非正式的）。

一种有效的方法是对全过程的逐项活动进行考察，看它在成本、时间上各增加多少，有无瓶颈式的阻塞延迟，在它上面使用的人力情况，并把它制成图表，然后进行分析评判，这种记录还可留在已进行再造后的对比中使用。

这里还要注意到问题是出在某个流程之内还是流程之间的关系上。由于企业的各种流程实际上都存在相互制约、相互影响的关系，所以应该特别注意相互之间的作用与匹配，使它们彼此协调。

管理流程与经营流程是否协调也是应该考虑的。

这些诊断为下一步打下了基础。

第五步是进行再设计。

当进行再设计时，任务组的成员要打破过去对组织机构和工作过程的传统的理解，通过广泛的讨论，集思广益，进行知识创新，构想出一些新的思路，使过程在生产率、质量、成本、时间诸方面均有很大改进。由于上一步已经发现许多可以改造、置换或改进的地方，可以从这里入手，提出新的想法。在这一步上，各种知识的有效利用是大有用武之地的。

在这一步中有许多项工作要做。

第一项是寻找再设计方案，因为同一问题可以采用不同的解决方案，这里所说的方案是指一种思路、一种解决问题的途径，还没有涉及细节。例如，采用通信网络进行文件流转处理就是一种方案，又如，通过可视电话会议方式会商而不必聚于一堂也是一种方案，等等。至于细节（如用什么工具、通过什么线路）则是下一项工作的事。

第二项是设计新的业务过程。这在上一步诊断时就应该发现苗头，进行考虑。在设计过程中，要经常考虑的是如何打破成规，如何满足企业的目标要求，如何减少层次，如何提高效率，如何安排岗位等。应该注意的是信息技术作为一种支持工具，要充分加以利用。

在设计新流程时，可以在原有流程的基础上，考虑进行下面几种手术：

（1）把原有流程中冗余的活动删除。

（2）对有用的活动尽可能加以简化或者自动化。把原有的几道工序依靠信息技术的支持合并给一个人去完成，也可以将完成几道工序的人员组合成小组或团队共同工作。

（3）当然也可将顺序的或平行的流程改为同步工程。在对全过程的每一项工作进行再设计之后，还要再把它们组合起来，从整体上加以审查，看它们之间哪些可以集成，以保证它的顺畅性。

（4）最后再检查看改动后是否衔接，从过程总体上还有什么应该安排和改动的地方。

第三项工作是进行人力资源的安排设计。由于过程的再设计，势必引起组织结构的变动，这时对于岗位的设置，工作群体的安排，激励机制与检查方式的设定，人员之间信息的沟通诸方面均应有所设计。

第四项工作是构成一个原型，把设计结果汇总起来，构成一个可以看出全貌的原型，先在项目组内部展示引起讨论，再向有关人员展示，这样一方面使大家能看到一个再设计之后的过程雏形，心中有了几分底数，讨论起来也言之有物，提出意见也能有针对性一些。现在已经有一些可视化的仿真工具，将原型系统用它来显示，使人有栩栩如生的感受，有助于讨论。

然后应该研究一下在这个原型流程中，哪些环节希望信息技术工具起作用，它又能起到什么作用。可以考虑信息化工具在下列几方面能否起作用：

（1）事务处理。要研究通过使用计算机事务处理系统能否使非结构化的过程结构化，以提高效率和工作的准确度，并为进一步实施信息化创造条件。

（2）信息管理。要研究是否能通过使用信息技术系统将大量的有用信息带入流程。例如，在一个对预算做出决策的流程中，管理人员需要提取过去做出预算时的活动信息。如果有一个预算数据库，就能向他们提供历史信息，有助于做出新的决策。

（3）远程工作。要研究是否需要信息网络迅速而轻易地把信息传送到遥远的用户处，以克服空间障碍。例如，某一远在亚洲的软件开发小组需要从北美的公司总部查询某些软件资料，能否通过互联网进行查询。

（4）决策分析。要研究能否能利用信息工具与其中的决策支持系统或专家系统进行定性和定量分析，以支持决策。如保险公司对投保过程的分析与决策。

（5）知识管理。要研究是否可利用信息系统和工具进行知识的获取、保存、加工和传播。这在加强企业的知识化程度的工作中是必不可少的。

（6）任务跟踪。进行流程中各项工作的跟踪检查。例如，对一个工程项目的实施管理过程来说，是否需要通过信息网络向有关人员报告工程进度和预算执行情况。

（7）减除中介。要研究是否可利用信息系统直接把过程中的或跨过程的两项工作联结起来而消除中介。如是否可以开辟产销直接联系通道，省去中间人。

（8）灵活组织与改变工序。要研究是否可利用信息系统和工具方便地调整和改变流程中的工作顺序。这在新产品再设计与加工过程中是很有用的。

当然这些用途的广度与深度有所不同，还是得用到最恰当的地方，不求全面自动化。

再下一项工作则是选择信息技术环境了。前面已经多次说到，信息技术是企业再造工程的有力支持工具，现在经过再设计后，应该选择什么样的信息技术工具的问题便提了出来。例如，企业内部如何组织局域网（LAN），与外地联系如何使用广域网（WAN）或虚拟专用网（VPN）；数据库怎样安排，是分散还是集中，各有机组成部分、如决策支持模块如何安排，等等。

至此，设计工作告一段落，便可开始下一步工作——实现再造工程了。

第六步是进行再造的构筑工作。

到了这一步就要真正实现业务过程的变更了。一般说来，可以采用小规模试点、用户培训、听取意见等一些前期实验方法，使工作推行得更有把握一些。

这一步还包括了信息技术设施的建设，如果已经有了信息系统，则需加以扩充、改造，其中包括硬件的扩充（如网络、终端等）甚至更换，还有软件的改造，这里其实又是一个再造工程（软件的再造工程）。

流程再造的影响当然不仅是流程本身，它会影响到整个组织以及每一个人，包括领导和员工，所以这一步还包含了组织的改组工作，这里需要注意如何实现从现有组织到新建组织的平稳过渡。这可能涉及人员的精简、调动，留用人员也会有职权的改变，例如，决策权的下放，使一部分工作人员需要自己做出决定，而不单纯按上级指示办事。处理这些问题，不仅用到显性知识，更要用到涉及人际关系与组织行为的隐性知识。

在这种情况下，需要对人员进行培训，使他们掌握胜任新的工作的知识。这里不但有业务方面的训练，还有信息技术方面的训练。此外还需要形成一种有利于新流程运行的文化氛围。

第七也是最后一步是对新建的过程进行监测，看它在原定目标的各项指标方面是否真有改进，有没有达到预定水平。

当然，还要看改造后的过程是否与原来的一些管理措施、如全面质量管理（TQM）合拍。

如果经过监测还有不尽如人意处，则还要从这一步返回到第三步，再行诊断，重新进行设计，直到满意为止。

上面介绍的只是一种方法，随着再造工程的实施，经验的积累，还会有一些新的方法出现，但上述方法已指明了基本思路，而且也提到使用什么知识，可供实施参考。

（四）知识管理与电子商务

1. 电子商务的含义

所谓电子商务，就是采用现代化的信息技术工具，以数字化的通信网络和计算机系统作为信息载体，来替代传统交易过程中的纸介质信息载体，进行信息的存储、传递、统计、发布，从而实现商品和服务交易以及交易管理的活动的在线化，达到使物流和资金流等实现高效率、低成本、信息化、网络化。简言之，"电子商务是指对整个贸易活动实现电子化"（这是 1997 年世界电子商务会议给电子商务下的定义）。

通常所说的电子商务，主要是针对商品流通领域的业务，但是随着技术的不断进步，体制和观念的不断转变，电子商务也渗透到十分广阔的业务领域、行业以及机构中去，如各种类型的设计、制造、生产企业以及销售机构，出版、医疗、运输、旅游、税收、法律、政府监管以及检查机构，金融服务机构等。电子商务乃是适应知识经济时代的一种先进经营模式和有效的技术手段。

对一般意义上的电子商务即商品交易来看，电子商务过程可分为三个阶段：

第一个阶段是交易前阶段，主要是交易双方在交易合同签订之前所进行的活动，包括在信息网络（当前主要是互联网）上卖方发布有关产品与交易的信息，买方寻找适合自己商品的交易机会，双方通过网络交换信息，进行条件分析和比较，还可了解对方的有关贸易政策和其他（如运输）条件的知识。

第二个阶段是交易中阶段，主要是签订合同进行交易的过程。这个过程涉及的面很广，要和金融机构、运输部门、税务机关、海关等方面进行电子单据交换，要依靠电子数据交换（EDI）系统和电子支付系统等。

第三个阶段是交易后阶段，主要是指交易双方在完成各种交易手续之后，商品交付运输公司起运或通过邮局邮寄、快递系统递送，也可能是通过网络传送数字化产品或者提供信息服务。当然还有通过信息网络提供的即时售后服务等。

上面这三个阶段包括了电子商务在信息网络上交易和管理的全过程，如果从功能上看，它包括下列几个方面：

（1）网上广告宣传。由于互联网应用的迅速普及，企业可以利用万维网（WWW）上的主页和电子邮件在全球范围内做广告宣传。与传统的媒体如广播、电视、报刊相比，网上广告成本最低，信息量更大，客户利用自己个人计算机上的浏览器可以看到范围极为广泛而且有不同深度的广告和产品说明。

（2）网上咨询和交易洽谈。互联网已经可为用户提供许多类型的信息交流方式，如电子邮件、新闻组、讨论组、网络会议等，使企业依靠一些非实时的工具如电子邮件等了解行情，获取详细的产品信息，依靠实时的工具来洽谈。由于多媒体技术的发展，人们可以互相交流图纸、照片甚至视频动态图像，不但突破了时间和空间限制，而且可以获得更细致入微的信息，增加了真实感。

（3）网上产品订购。利用电子邮件系统和万维网动态网页，可以实现实时的网上订购。用户填完订购单后，很快得到回复确认。订购是可以加密的，不会泄露客户与商户信息。

（4）网上货币支付。为使电子商务成为一个独立完整的过程，实现网上实时货币支付是一个重要的环节。客户和商家之间可以采用信用卡、电子货币、智能卡等多种方式来实现网上支付。采取这类支付手段，不但节省了许多人员与开销，还使货款支付更为灵活方便，使资金周转效率更高。当然这需要可靠的传输和安全机制，防止冒用、篡改、泄漏。

（5）电子账户管理。网上货币支付要有电子化的金融系统支持，也就是需要银行、信用卡公司与保险公司等金融机构提供网上支付，其中电子账户管理是它的基本组成部分。信用卡号、银行账号都是电子账户的标志，而其可信度要有一定的技术措施来保证。可以利用数字凭证、数字签名、数据加密等先进的手段来保障其操作的安全性。

（6）网上商品传递与查询。客户支付货款后，商家应尽快将货品送到客户手中。实物形式的商品可通过本地或异地的分销系统或委托货运公司等部门运送，客户可通过信息网络及时了解商品运送情况与到达时间。至于一些信息产品，如软件、电子读物、数据库检索结果等，可直接通过网络传送，有利于知识的快速传播。

（7）用户意见征询。企业可以利用电子邮件或万维网动态网页来收集产品、服务等方面的反馈意见。从用户方面只要做一些选择或填空工作就完成了反馈。这种方式简便及时，使企业的市场运营处于良性循环。

（8）交易活动的管理。由于整个交易的管理涉及人、财、物、信息诸方面以及企业对企业、企业对客户、企业内部各方面的协调与管理，因此交易活动的管理是一种全程管理。它还涉及市场法规、税务征管、纠纷仲裁等，因此需要良好的管理手段。

电子商务的应用范围和应用方式日益增多。按交易内容分，电子商务有下列几种类型：

（1）电子购物与贸易。这是以实物商品为内容的电子商务活动，其中交易前的信息沟通和交易时的洽谈、支付都可以通过网络实现，但货品还得依靠传统的运输手段来送到客户端。这是一种电子交易手段与传统贸易形式相结合的类型，给传统贸易方式带来巨大变革。

（2）网上信息与知识商品服务。这是非实物型的商品，即信息与知识商品和服务的电子交易，如软件、电子书刊、文化娱乐节目、信息检索查询等，全程可用信息网络实现。

（3）电子银行与金融服务。这是为上述两种商务提供电子支付手段的，是实现真正的电子商务的前提。

如果按交易对象来分类，则电子商务有：

（1）企业与企业之间的电子商务（即所谓 B to B）。这是供、求企业之间以及协作企业之间的交换信息、传递票据、支付货款等的全程电子化。

（2）企业与顾客（消费者）之间的电子商务（即所谓 B to C）。典型的就是网上购物，顾客不必亲临商场，而是靠网络系统就可以买到自己所需的商品。

（3）顾客与顾客之间的电子商务（即所谓 C to C）。这是通过中介机构进行的顾客之间的商务，如拍卖活动，个人雇用为本人服务的临时工等。

（4）企业与政府之间的电子商务（即所谓 B to G）。如政府采购。

（5）消费者与政府之间的电子商务（即 C to G）。如福利费发放、税款征收等。

（6）企业内部的电子商务。

上述几类中以第一、二类发展最快，而后面几类的潜力却是不可忽视的。

2. 电子商务的特点

电子商务的优越性表现在它的：

（1）高效性。电子商务为买卖双方提供了一种高效率的服务方式和场所。它把商家的经营范围扩大到互联网所能达到的整个世界，也为顾客提供了遍布全球的选购机会。它为商家节省了大量的人员、店面等开销，加强了商家与顾客之间的信息沟通。

（2）方便性。在电子商务的环境中，客户不再像以往那样受地域限制、只能在一定区域范围内选择交易对象和商品，而是增加了对商品的选择自由度。并且由于电子支付手段的应用，客户可以很方便地进行支付，减少了许多财务上的麻烦。

（3）可扩展性。电子商务系统的扩展比起传统商务来要容易得多，而且有更大的灵活性。

（4）集成性。电子商务的应用可以由原来的交易系统集成而逐步形成，可以利用和改造原有的设备和信息系统，既可节省资金，又可提高应用推广的速度。

（5）协作性。商务活动是一种协调运作的过程，电子商务通过网络以及建立在网络上的协调机制，可以提高商务的协作性。

电子商务的产生和发展，使得商务活动从市场的物理空间（商店、超级市场等）转变到虚拟空间，大大扩展了市场范围，提高了交易速度和商品流通、货币流通速度。现在电子商务还正在发展的前期，相信在不久的将来，将有更迅猛的发展。

电子商务的出现对于管理变革也将产生多方面的影响，这表现在：

（1）企业战略方面，由于电子商务的开展，企业面临的内外部环境也要发生变化，因此企业的内容、制订战略的方式方法也都要发生相应的变化。

（2）企业组织方面，电子商务改变了企业经营方式，其组织结构亦将随之变化，前面讲到的虚拟组织将成为主要的组织形式。

（3）企业内部的运作与管理模式方面，由于电子商务改变了企业与外部的合作与交流方式，因而内部的管理模式也随着发生变化，如库存管理、生产作业的调度与控制、计划的管理等，都会发生根本性的变化。

（4）市场营销模式方面，这是电子商务影响最为直接和显著的部分，前面已经列举了许多变化的例子。

（5）财务管理方面，由于网上支付、网上银行的采用与出现，传统的财务管理模式将有很大的改变。

电子商务作为一种新型商务形式，涉及各种企业与顾客以及售前售后服务、销售、电子支付、运输等诸多环节，在上述各种组成要素之间存在着各种联系，形成了一类复杂的系统，因此从系统工程角度来研究它的构成与行为，是十分必要的。

在这样的系统中，存在着三种流：物流、资金流、信息流。

物流是人们在交易活动中形成的物质实体从供应者向需要者的物理性流动，它包括运输、配送、保管、包装、装卸、流动加工和物流信息处理等基本活动，它们衔接成一种实物的流动。

物流是由于社会经济发展到一定阶段，为了互通有无、互利互惠而促使商品流动而形成的。

资金流则是以各种形态存在的货币流通而形成的。货币作为交换的媒介，周而复始地循环运动，形成货币流通，作为商品交换的媒介，促成了商品流通。资金流主要是流通领域或流通过程中的资金，与生产领域的资金是相并立的。电子商务中的资金流主要由电子货币形成，它是以电子数据的形式，利用信息工具进行资金转移的。

信息流是对持续不断、周而复始的商品流通的客观描述，是物流、资金流运动状态和特征的反映。信息流的形成主要是由于经济活动本身以及对经济活动进行计划、组织、指挥、协调、控制等管理过程的需要。在流通过程中的主要活动是购、销、运、存以及信息活动，其余都是为它们服务的。

信息流包含物流信息和资金流信息，以及二者的沟通信息。

人类最早采取的是"以物易物"的商品交换方式，当时没有资金流，商品所有权的转换是与物流的转换同时发生的。随着货币的产生，人类的交易链出现了第一层中介：货币，人们开始用钱来买东西，不过这时是"一手交钱，一手交货"，商品所有权的转换仍然是紧随物流的。在以货币为媒介的这个阶段，由于生产力的发展和社会分工的出现，开始出现信息流。后来随着社会分工的日益细化和商业信用的发展，专门为货币作中介服务的第二层中介机构出现了，像银行，它们所从事的是货币中介服务和货币买卖，由于有了它们，物流和资金流开始分离，产生了多种交易付款方式：交易前的预先付款、信用证担保付款、交易中的托收、支票、汇票、交易后付款，如分期付款、延期付款。这就意味着商品所有权转换和物流分离开来，这种情况下，信息流的作用就突出地表现出来。因为这种分离带来了风险，要规避这种风险就得依靠获取尽可能多的信息与知识，如对方的商品质量、价格、支付、支付信誉的信息与知识等。

物流、资金流、信息流三者之间的关系是：通过信息流及时、准确地提供，以物流实现商品的使用价值，以资金流实现商品的价值，三者共同完成商品的生产—分配—交换—消费—生产的循环。

三种流各自形成自己的网络——物流网络，金融网络和信息网络，三种网络又是相互交连的。从系统的角度来看，这是三个系统，即物流系统、金融系统、信息系统、三者之间是相耦合的。电子商务系统是以信息系统为核心，与相关的物流系统、金融系统相连接组成的整体。

电子商务系统又是有层次的，宏观层是全社会的电子商务系统，微观层是一个企业的电子商务系统，后者是嵌在前者之中的。

前面我们一再强调，不要把电子商务仅仅看作是一个单纯技术问题，不能离开商务业务来谈信息网络问题。商务业务又离不开物流网络与金融网络，所以当前我国亟待解决电子商务中有关的物流系统和电子支付系统问题，以及有关的安全、法律等问题。

这里我们还要强调的是，我们应该从系统整体涌现性去认识电子商务系统，整体涌现性主要是由它的各组成成分按照系统的结构方式，相互作用、相互补充、相互制约而激发出来的。不同的结构方式，会产生不同的整体涌现性。

电子商务系统是由传统商务和电子信息系统相结合演化而成的，它具有二者单独不具备的特性。电子商务的各种特性就是结合成系统后涌现的系统整体特性。

从系统工程的角度来考察电子商务，就应该着重研究这种整体涌现性。

在文献中提到，现实世界是由物质、能量和信息三大要素所构成的。由于物质不灭，能量守恒，凡与物质、能量有关的系统属性，都是具有加和性的，整体等于部分之和。而涌现不可能使物质和能量有所增减。因此涌现必定与信息有关，因为信息是不守恒的，可以共享，可以增殖。从信息角度刻画整体与部分关系的特征则是非加和性的。我们说世界是由简单到复杂不断演化的，复杂性的增加并不一定意味着物质与能量的增减，而是信息的变化。把涌现现象与信息联系起来思考，将使人们对系统的特性有新的认识。

我们不妨按照这一思路来考察信息对电子商务新的性能所起的重要影响。这种思考方式将对信息技术在电子商务中的作用的研究有更深刻的认识，并为电子商务进一步发展提供创新的想象空间。

3. 电子商务与知识管理

电子商务作为一种新的经营管理方式，它的推行需要知识的支持，而电子商务的实施，又为知识管理提供了信息条件。

电子商务需要对外界环境做出迅速和正确的反应，这就需要从大量的外界信息中提炼出有用的知识，利用这些知识做出正确的决策。由于电子商务打破了空间的障碍，使许多业务可以分散到各个地方，因此知识共享就成为迫切的任务。为了捕捉商机，需要及时从各方面获取的知识，进行综合分析，得出准确的信息与做出正确的抉择。

电子商务企业需要而且可以方便地和供应客户、物流企业、银行等进行密切的合作或者结成联盟，各自发挥核心竞争力优势，而把其他环节分包给合作者，使得各自都处在自己价值链的高端。这种合作在经济全球化的今天可以发展到国外，进行国际分工。因此企业需要与合作组织共享有关的知识。

在企业内部，一方面由于电子商务的信息工具可以很方便地把有关的知识传递到有关的人员那里，就使得知识的共享达到空前未有的高度。

另一方面，电子商务系统总是要把大量的商务数据和信息及时采集并保存在数据库中，这就为知识提供了来源。这些数据和信息是企业宝贵的财富。通过数据挖掘与知识发现过程，人们可以将隐藏在数据与信息中的知识提炼出来，作为企业决策与采取行动的根据。

在电子商务的不同阶段，知识管理的任务也是不同的。

在交易前阶段，由于通过网络进行信息交流是首要的任务，所以企业要开发网站或者把网络服务外包出去，所以需要有关网站的建立和运行的技术与经营的知识。这些知识帮助企业选择建立信息设施和运行信息系统的方案，并且加以实施。此外还需要如何制作本企业的介绍，以及如何为客户提供有关的服务的知识。有关客户知识的管理是极为重要的，我们将在后面讨论。

在交易中阶段，这时由于要接受订单，并将其纳入企业的运作，涉及的知识面较广，不但需要有关本企业的业务流程的知识，还需要供应、财务、运输等方面的知识。这时最关键的是要使员工对电子商务的流程从了解到熟悉，一旦有什么变化，能够主动适应。这就为知识分享提出较为严格的要求。

在交易后阶段，需要的是有关交付的如运输等方面的知识以及售后服务的知识。

在电子商务的全过程，必须对资金流、物流、信息流的流转以及它们之间的相互关系具备多方面的知识。不但是正常运行的知识，更重要的是出现异常情况是如何处理的知识，还必须把处理的经验不断积累下来。

由于电子商务是一项新的经营管理方式，目前还只是在发展的初期，所以有很多新问题等待解决，有很大的知识创新空间，所以知识管理与电子商务的结合是大势所趋，必将像前面所说的，在结合过程中涌现新的、原来预想不到的效果，像下面要说的供应链管理和客户关系管理就是很好的例子。

（五）知识管理与物流管理

在商务活动中，物流作为物质实体从供应者向需要者进行物理性的移动，是社会再生产过程中不可缺少的中间环节。

我们这里所说的"物"，广义地讲，是一切有经济意义的物质实体，包括生产过程中的原材料、零部件、半成品与成品，以及流通过程中的商品，还有消费过程中的废弃物品。物流就是物质资料从供应来源处经过生产和销售到最终消费的整个过程中的一切物流活动。商业部门通常所说的物流，是指狭义的物流，即经过流通环节进入最终消费的销售物流。

其中把广义的物流分成原材料物流、生产物流和销售物流三段，销售物流就是商业部门通常所说的物流。

随着生产力的发展与生产专业化程度的提高，社会上的物流规模越来越大。

如果我们能把物流安排得合理一些，效率高一些，就能从下面几方面得到效益：

（1）促进国民经济合理布局，有利于社会资源的优化配置；

（2）有效地使用社会流通设施，节约社会财富；

（3）减少流通环节，缩短生产周期，加速资金周转；

（4）简化信息流通渠道，增强社会物质财富的可调节性；

（5）在具体的生产、流通物资上的节约。

在流通费用中，物流费用所占比重是很大的。而在物流费中，运费是主要的，其余是包装费、装卸费、保管费等。个别离产地较远或容易变质的商品，物流费可占流通费的一半以上。这时流通费就大大超过生产费了。因此，如何降低物流费用，是提高经济效益的一个重要方面。

西方经济学家把在生产中由于降低物质消耗而增加的利润称为第一利润，把因节约活劳动而增加的利润称为第二利润，我们可把因节约物流费用而增加的利润称为第三利润。现在由于科学技术的进步，第一利润来源可供挖掘的潜力越来越小；由于管理水平与手段的进步，第二利润来源的潜力也不太大，因此开始从第三利润来源上去挖潜。

从现在的情况来看，人们采取合理组织运输、减少装卸次数、改进商品包装、降低货物损耗率等方法来降低成本，增加利润，取得一定成效。如果想进一步取得效益，还得从物流系统的现代化着手。

经济全球化使得跨国生产、环球市场的发展十分迅速，对物流系统提出更多要求。消费观念的转变使得需求向多样化、个性化发展，促使生产向少批量、多品种转变，促使物流系统向灵活、快速方向发展。这些都促使物流系统在技术上、经营管理上形成了系统化和信息化的发展趋势。

系统化表现在物流向两头延伸，加进了新的内涵。从采购物流开始，经过生产物流，销售物流，通过包装、运输、仓储、装卸、加工配送到消费者手中，然后有回收物流和废弃物流。它包含了产品的整个生命周期中的物理性流通全过程。通过统筹协调、合理规划，控制整个实物商品流动，满足用户不断变化的要求，获取利润。

物流系统的组织也逐步形成网络，一个典型的例子是中国台湾的电脑业创造性地提出了"全球运筹式产销模式"，它是按客户订单来组织生产的。生产采取分散形式，充分利用世界各地的制造资源，采取外包形式把一台微型计算机的所有零部件包给各地制造商去生产，然后通过全球的物流网络把这些零部件发往一个物流配送中心去组装，再由配送中心把组装好的整机迅速发给订货的用户。正是因为有了全球化的物流网络，借助于各种运输工具（轮船、汽车、火车、飞机）和机构，才能实现这种生产销售方式。

物流的信息化，表现为物流信息的代码化、数据库化，物流信息处理使用计算机，物流信息传递的标准化与实时化等。电子计算机的普遍应用，互联网的推广使用都使需求和库存信息更容易提供，使产品更容易流动，使得生产与销售、运输和储存更容易协调。上面说的物流系统化必须有信息化的支持。

当前在管理领域中兴起的供应链管理（SCM），是物流系统的充分延伸。

在过去的多少年内，世界上许多企业出于管理和控制上的需要，对于为它们提供原材料、半成品或零部件的其他企业，一直采取投资自建、投资控股或兼并的纵向一体化或称纵向集成的经营模式，也就是说某核心企业与其他企业是一种所有权的关系。我们曾经说到，这样可以减少交易成本。在市场环境相对稳定的条件下，这种模式有助于加强核心企业对原材料、产品制造和销售的主动权，这样也就形成了我们常说的大而全、小而全的局面。

到了 20 世纪 90 年代，企业面对的市场环境是多变而且难以预测的买方市场。纵向一体化已暴露出它无法快速响应市场机会的弱点。企业在单项制造技术与管理方法上采取了一些办法，但未能得到实质上的变化，因而促使人们去探求新的模式，形成了所谓横向一体化或称横向集成的管理模式。

横向一体化是在产品的整个生产过程中，核心企业对设计、制造、销售环节各选世界上最优秀的企业，形成一个企业群体。它们在体制上是利益共同体，而在运行方式上，构成了一条从供应商、制造商、分销商到最终用户的物流和信息流网络。由于这一巨大的网络中相邻的节点（企业）都是供求的关系，形成一个链路，所以称为供应链。

有人把供应链定义为将产品或服务提供给最终消费者的过程和活动的上游企业及下游企业组织所构成的网络。它既是一条物流链，又是一条价值增值链。

供应链管理在我国的《GB/T18354—2001：物流术语》中有过定义："供应链管理是利用计算机网络技术全面规划供应链中的商流、物流、信息流、资金流等，并进行计划、组织、协调与控制。"它一般是通过前馈的信息流（需求方向供应方流动的信息，如订货合同、采购单等）和反馈的物流与信息流（如供应货物与供应信息像提货单、入库单等）将供应商、制造商、分销商直到最终用户连成一个整体的管理模式。

供应链管理有五项基本内容：

（1）计划。要建立一系列的方法来管理所有的资源，监控供应链，使它能够高效率低成本地为客户提供高质量的服务。

（2）采购。选择供应商，建立一套定价、配送、付款流程，并加以监控，还要和供应商提供的货品或服务的管理流程结合起来。

（3）制造。安排生产、测试、包装、准备送货等活动。

（4）配送。建立仓库系统，提货送货，接受付款。

（5）退货。接受退回的次品与多余货品，退款。

为了使参加供应链的企业都能受益，并且使每个企业都有更强的竞争实力，就必须加强对供应链的构成与运作进行研究。核心企业应该集中精力与资源，通过业务流程再造，使本企业能创造特殊价值，这不但大大提高本企业的竞争能力，也使供应链上其他企业因参加这条供应链而得到更多利益。从系统思想来看，供应链是一个系统，它在组成系统后应该涌现出各组成元素单独所不具备的性能。

随着物流系统的进一步发展，近年来出现了所谓第三方物流，这是指由物流的供应方和需求方之外的第三方去完成物流服务的运行方式。第三方就是提供双方全部或部分物流功能的组织，这是物流专业化和社会化发展而形成的独立企业，它们有的是以运输为基础的，有的是以仓储和配送为基础的，也有以货运代理为基础的，以财务和信息管理为基础的。它们的出现可以减少作业成本和改进服务水平。

应该强调指出的是，供应链管理和第三方物流的出现，和前面所讲到的虚拟企业有一定的联系，而整个物流系统的建立与运行，是和信息技术的应用密不可分的。

我国过去的物流服务基础较差，当前应该对此加以重视和发展，当然这不仅仅是发展电子商务的需要，而且是社会主义商品经济整体上的需要。在企业对企业的电子商务的物流系统方面，由于过去企业之间已经建立过不同程度的物流联系，与运输部门也有经常性的沟通，所以没有必要脱离已有的关系另起炉灶重建一个物流系统，可以将原来的联系进一步固定下来，形成一定的组织或契约联系，

当然也可以在此基础上建立第三方物流企业。比较薄弱的倒是企业对消费者的物流系统，由于消费者的分布很广，所需商品种类多而数量少，怎样组织这一类物流系统倒是存在不少困难，目前我国邮政系统兼营配送业务，确实是解决问题的一条途径。

在供应链管理的发展过程中，不断地将新的知识引入，将会使人们对商流、物流、信息流等产生新的理念，发现新的规律，进行新的变革。知识管理将把有关技术、人力资本、经营思想等诸多因素集成起来，形成新的管理模式，改进供应链的运作，获取更大的收益。

供应链管理与知识管理的集成，可以扩大运行环境，使得合作范围更加广泛，在共享知识基础上的合作会形成多方获利的局面。

知识管理与供应链管理相集成需要做的工作有：

（1）获取与积累企业内外两方面的知识。除了企业内部有关供、产、销的知识外，还需要获取整个供应链上各企业的有关知识。上下游企业可以通过交流有关市场、产品、服务等的信息与知识，改进自己的生产或者供应，以提高整个供应链的效益。

（2）从数据中挖掘知识。由于条形码技术的广泛应用，许多最基础的数据都能够集中到信息系统之中。其中包含了大量有关顾客、有关供应、有关物流的原始信息，通过数据挖掘与知识发现处理，从这些数据中可以获得许多有用的知识。数据的共享为知识的深度挖掘提供了宝贵的来源。

（3）建立为客户需求、供应、配送制订计划与调度的决策支持系统。传统的物资供应过程由于跨越多个部门，受到的人为因素影响很大，如果有一个能够迅速沟通信息并能做出合理安排的决策支持系统，特别是可以对商品的品种、规格、技术要求等做出细致的描述分类，对供货的时间、路径、路况等事先有所掌握，将会大大提高供应链的效率和效能。

（4）建立供应链的动态调整机制。由于供应链各组成部分随时都会发生变化，应该在充分利用有关的知识的基础上，建立动态调整机制，以适应变化要求。

（5）建立物流资源的优化配置系统。过去的物流系统由于分散而仓库数量过多，显得机构庞大而组织松散，使得物流服务水平过低。要想使商品能够及时、准确、安全、经济的送到目的地，需要对现有资源进行优化配置，通过科学的规划与重组，扩大货物集散空间，完善服务功能。

（6）建立基于知识的供应链协作系统。应用知识管理思想对企业的一般业务信息与企业知识进行集成和共享，实现供应链的总体协作，使参与的各方都得到更大的收益。

为了实现上述措施，首先要对供应链中的各种数据、信息、知识进行统一的编码。收集各方面专家的知识，尤其要注意发现哪些专家具备所需的隐性知识，组成专家网络。还要进一步获取客户的知识。

（六）知识管理与客户关系管理

近些年来，随着生产力的不断发展，全社会生产力不足、商品短缺的状况已经有所改变，商品开始丰富起来，甚至出现过剩，已经由卖方市场转变为买方市场。客户的选择余地越来越大，另外，他们的需求开始出现个性化的趋势。

为了提高客户的满意度，企业必须完整地掌握客户情况，准确地把握客户需求，对客户个性化的需要能够及时快速响应，提供方便的购物渠道，良好的售后服务，经常性地对客户的关怀。企业还要进一步去预测衡量每位客户可能带来的潜在利润，并委托专门的客户代表负责管理客户，送去他们所需要的产品或服务，而不需要客户花工夫去寻找。在这种形势要求下，客户关系管理就应运而生了。

最早客户关系管理的概念是由信息技术咨询顾问公司按照一种信息系统模式提出的。后来受到理论界和企业界的关注，逐步从一种解决具体问题的方案发展成为一种新的管理理念。

在企业管理的发展过程中，从产、供、销管理职能的订单管理发展到客户管理已经是一大进步，从客户管理到客户关系管理又是一大进步。

在商品短缺时代，企业的生产是以生产商为中心，以产品为中心的。在产品丰富以至于过剩的时代，企业开始看重市场需求，通过市场调研与分析，了解市场的实际需求。从以产品为中心发展到以市场为导向。企业对销售渠道和终端的管理是十分注意的。但是市场调查常常是以抽样的方式进行的，没有考虑客户的个性化要求。

随着竞争的激化和客户要求的进一步提高，企业开始对客户直接关心起来，发展到以客户为中心。由于产品同质化的现象越来越严重，通过产品差别来细分市场已经是很困难了。这时企业开始意识到客户个性化要求的重要性，因此生产运作开始转到以客户为中心来进行。市场竞争的焦点也从产品的竞争转向品牌、服务以及客户的竞争了。

这样一来，所谓"客户资源"就成了企业的重要资产。客户资源包括下面这些直接与间接关系到客户的因素：企业与客户的关系、企业销售情况、企业的核心竞争力、供应链管理、营销策略、原料需求、生产规模、产品质量、研究开发能力、服务水平以及客户的发展战略等。

在这种形势下，客户的选择决定了一个企业的命运，谁能与客户建立并保持长期的良好的关系，充分掌握客户资源，分析客户需求，赢得客户的信任，谁就能制订出适合企业经营发展的战略和市场营销策略，生产出适销对路的产品，提供顾客满意的服务，迅速占领市场。

为什么客户资源显得这么重要呢？这是由于下面几个原因决定的。

首先是因为有关客户的信息与知识决定了企业的生产或服务的方向，准确把握方向加强了面向客户个性化要求的针对性，减少了风险。

其次是客户的个性化要求常常是新产品开发构思的源泉。这一方面是由于这种要求是从客户的立场出发的，不是开发人员臆想出来的；另一方面客户常常具备企业内部人员所没有的知识，从客户处能够得到更多的新知识。

最后是企业如果能和客户保持良好的持续的关系，相互了解和信任，就可以使交易容易实现，缩短交易时间，降低交易成本。

客户关系管理包括了企业和客户间的各种关系的管理，这里不仅有销售过程中的关系如签订合同、发货、收款等，还包括在营销和售后服务过程中的各种关系。一般说来，包括下列管理：

（1）由于信息技术的高度发展，为客户关系管理提供了方便迅速地技术支持，但是客户关系客户信息管理。这里需要把企业内部各部门、各员工接触客户所获得的资料集中起来统一管理。其中包括对客户类型的各种划分、客户的基本信息、客户联系人信息、企业营销人员进行跟踪的记录、客户的状态、合同信息等。

（2）市场营销管理。这里需要制订市场推广计划，对各渠道接触的客户进行记录、分类，还要提供对于潜在客户的管理。此外还要对市场各种活动进行评价。这里着重在一对一的微观营销上。

（3）销售管理。它的功能包括对销售人员通过电话销售、现场销售、网上销售的管理。它需要支持现场销售人员的移动通信设备和笔记本电脑的接入。进一步还要建立网上商店，支持网上结算管理。

（4）服务管理与客户关怀。其功能包括服务请求、服务内容、服务网点、服务所需档案以及服务收费等的管理，还有对客户关怀的支持。

管理的注意力不应该全部集中在技术上，而应该把它看作是一种管理的新理念。客户关系管理的技术乃是战术层次的工具，现在确实需要从战略的高度来考虑，在企业的愿景、使命、目标和战略措施中把客户关系管理法在应有的地位。

客户关系管理是以知识为基础的。所有的活动都要建立在对客户有关的知识的掌握上。一般的情况是在与客户的接触的过程中，了解到客户在使用产品或享受服务的过程中遇到什么问题，对产品有什么意见和建议，这些信息应该及时输入客户数据库。有一些立即能够解决的问题，应该及时帮助他们解决，这是一种个性化的服务。与此同时，通过与客户的接触，了解他们的姓名、年龄、职业、通信方式、个人爱好和购买习惯，这样就获得了有关客户的基本信息，通过处理就可以得到各个客户的基本知识。有了这些知识，才可以与客户进行深层次的交往。

客户信息在企业内部加以保存，是为了便于交流和共享。企业在从制订计划、确定目标客户，到制订营销方案和具体的运作步骤，直到执行和评估的完整的市场营销过程中，一方面，都要使用统一的客户数据来源，才能使企业的市场、营销、生产、研发以及售后服务各部门的工作有序连贯地进行。

另一方面，与用户有关的企业方面的信息和知识，如产品功能、销售网点、售后服务等，也应该和客户交流与共享。此外，从客户方面来的反馈信息也应该共享，以加强与用户的联系。

为客户提供有关产品和服务的知识，实际上就是将知识向客户方面转移。这种转移表面看来是客户得到好处，实际上企业会得到更多的好处，因为一方面增进了客户对产品或服务的了解，拉近了企业与客户的距离，另一方面也启发客户主动关心产品或服务，也会向企业提供产品改进甚至于新产品开发的知识。

在市场经济的环境中，客户对企业的信任乃是企业生存的重要条件。构成客户信任的因素很多，当前有一种称为基于知识的信任，是今后在知识经济条件下企业生存和发展的很重要的一种因素。这种信任建立在客户掌握有关企业的各方面的基础知识之上，从而对企业提供的产品与服务放心。当然信任是相互的，企业掌握更多的客户信息，也对客户产生信任感。

传统地为顾客服务是一种"暗箱式的"服务，客户关心的是服务的成果，对于服务过程并不在意。例如，某单位的办公室请保洁公司来进行清洁工作，他们关心的只是清洁结果，至于采取什么手段是不关心的。现代化的服务已经不满足于暗箱操作了，客户方面越来越需要知道服务的细节，企业则以透明化的服务来赢得客户的信任。以保洁公司的服务为例，由于现在有一些清洁剂中含有对人体有害的成分，所以在商谈清洁工作时，客户要求知道用什么清洁剂。这种服务的透明化和知识化，将是今后企业经营的重要特点之一。

现在的患者去看病，喜欢医生能从生理、解剖等方面将患者的哪些部位出现什么问题、为什么会这样、怎样治疗、治愈后应该怎样保养等都向患者解释清楚，而不是简单地开一个处方了事。

过去的会计公司为客户进行审计工作，只是提供一个简单的审核结果。现在的大型会计公司，已经越来越多地积极向客户提供其在审计过程中获得的知识，为客户创造提升价值的条件。

从客户数据库中进行数据挖掘以发现知识乃是客户关系管理中的重要内容之一。企业要与客户建立良好的关系，就要全方位地了解客户，分析客户的行为，挖掘有关客户的知识。客户数据库为这些工作提供了信息基础。其中除了前面所说的客户的基本信息和知识外，还有关于客户最近的购买情况（最近一次从本企业购买什么产品或服务，在什么时候）、购买频率、消费金额以及企业与客户接触的情况（如促销、个别回访等）。

客户信息的获取并不是一件轻而易举的事，这也需要知识的指导。以什么方式获取什么信息，必须妥善计划布置，如果处理不当，引起客户的反感，反而把事情弄糟。

有时候需要请咨询公司来帮忙。

本书第十章介绍了一些数据挖掘和知识发现的方法和工具，在这里可以选择适当的工具来进行分析，把隐藏在数据里的规律找出来。

有时候本企业的客户关系管理的经验还不足以开展工作，可以聘请外面的管理咨询公司来帮助。这样就可以充分利用外界的知识以促进本企业的工作。

一般说来，管理咨询公司开展工作是从培训和诊断开始的。这正是从外面获取知识的机会。在培训中员工获得的，不仅是一些技术上的知识，而是从经营理念的高度来认识客户关系管理，也就是获取经营管理方面的知识。

诊断过程是一个识别已有知识和找出知识差距的过程。经过诊断不但可以确定客户关系管理的规划，而且也明确了知识需求。

在获取信息与知识以及数据挖掘的过程中，应该充分利用互联网这一有力的工具。通过互联网与客户沟通是最为经济和有效的。通过互联网和客户对话，交流以文字、图形、图像、视像形式表现的资料，可以加深客户对产品或服务的了解。

企业建立自己的知识网站，可供客户一天 24 小时、一年 365 天随时查询。用户还可以把自己的意见或知识送到网站上，与企业或其他客户交流。

在客户关系管理中，企业呼叫中心（call center）的建立是一项重要的措施。所谓呼叫中心，乃是有现代通信设备和座席代表所组成的为客户服务的系统，它充分利用了通信网和计算机网络的多种功能，为实现企业和客户的多种方式的双向交流提供服务。这是一种综合服务系统，是信息技术普及化的一种有效形式。

一般的呼叫中心系统建立在公用电话网上，用户拨通某一电话号码，即可进行沟通。有一些是自动应答的，用户接通后，按照话音提示，根据用户要求按相应的几个按键，就可以得到所需问题的答复。从中心这边来看，使用的是自动语音合成技术读出预先准备的标准答复文稿。如果问题在自动答复范围之外，就由座席代表来口头回答。有一些非常专门的问题，需要资深专家才能给出满意的答案。

呼叫中心实际上是在进行知识的传递和沟通，它是以客户关系管理为中心，以市场为导向，以有效的信息与知识服务来为客户工作。简单的答问可以凭借事先准备的内容或者座席代表的即时答复，而深层次的沟通则要联系到企业已具备的知识储备，在更加广阔的范围内与知识管理相联系。

（七）知识型制造业中的知识系统

制造业是指对采掘的自然物质资源和原材料进行加工和再加工，为国民经济其他部门提供生产资料，为全社会提供日用消费品的社会生产部门。从 18 世纪产业革命以来，制造业一直是工业生产的支柱。制造业是国民经济持续发展的基础，是工业化、现代化建设的发动机和动力源，是发展现代文明的物质基础。当前我国的制造业，直接创造国民生产总值的 1/3，占整个工业生产的 4/5，为国家财政提供 1/3 以上的收入，对出口总额贡献 90%，就业人员超过 8000 万人，为我国的现代化建设打下了一个良好的基础。

对于知识型制造业，有很好的概括和研究，下面介绍其中的一些论点。目前全球的制造业大致可以分成五个层次：

（1）资源密集型。将自然资源粗加工后作为产品。

（2）劳动密集型。使用普通生产设备和流水线加上简单劳动构成，以生产一般的零部件和简单的产品组装为主。

（3）资金密集型。由复杂昂贵的高度自动化设备加上简单劳动构成，以生产大批量的关键零部件或进行大批量复杂产品组装为主。

（4）技术密集型。由技术型工人和技术人员加上一些精密工具和仪器构成，以制造和装配精密产品为主。

（5）知识密集型。由创新设计人员加上信息技术以及精密工具和仪器构成，以开发设计复杂产品和控制软件为主。

上面所说的知识密集型不仅指一个企业整体，也还可以是其他类型的企业中的一个部门，如研究开发部门。

现在世界各地由于经济发展水平不同，各种类型的成分也不同。但是发展趋势是后两种类型日益显示出其重要性，但前三种还是会继续存在。

知识型制造业是知识型企业的一种。知识型企业有四类：知识型农业，知识型制造业，知识型服务业，知识型信息业。

知识型制造业的特点是：知识成为企业的主要财富，创造利润的主要源泉；知识型员工在企业中占大多数；企业产品和服务的价值主要体现在知识上。

上述特点也容易引起误会，知识是主要财富，并不是说资金就不重要，实际上资金仍旧是主要生产要素之一。知识型制造业还是要输出物质产品，知识嵌入在产品之中，不像知识型咨询业只产出知识。总而言之，是用知识去提高制造业。

知识型制造业的技术特点表现为：

（1）创新化。知识型制造企业特别重视建立知识性、创新性的人才队伍。而且在流水线上的工人，也需要有创造性。技术创新包括产品创新、过程创新和管理创新。

（2）敏捷化。在激烈的竞争环境中，必须敏锐地发现和抓住市场机遇，做出快速响应。尽可能缩短从创意到上市的时间。

（3）数字化和网络化。充分利用计算机辅助设计和制造技术，实现信息的高度集成，并实现知识的高度集成。

（4）集成化。包括信息集成、过程集成、与用户的集成、与环境的集成、企业间的集成等。

在实现制造业知识化的过程中，为了满足市场上顾客多样化和个性化的要求。出现了像精益生产方式（或称精良生产方式）、批量定制生产、敏捷制造等先进生产方式。

精益生产方式是美国从日本丰田公司生产经验总结出来的一种生产方式。丰田也是总结了美国大量生产方式和日本市场特点之后创造出来的。它采用通用性强而自动化程度高的机器来生产品种可以有各种变化的大宗产品。实行准时制（just in time, JIT）或者"拉"式方法，任何工位只在其后续工序需要而发出指令时才进行工作，"拉"式方法与传统的"推"式方法不同，推式方法的计划管理模式是以一定库存为前提的，指令同时下达给各工序，不论是否出现异常都继续生产，因而容易出现工序间的不平衡，在制品库存无法避免，而准时生产制可以消除不平衡，减少库存，节约资源。它重视人的作用和团队工作，使用多技能的工人进行操作。精益生产方式综合了单件生产与大量生产方式的优点，去除了两种方式的缺点，收到了高质量、低成本、多品种的实效。

批量定制生产是一种既具有大量生产方式下的高效率、低成本，又能像单件生产方式那样满足个别顾客需求的生产方式。这是在市场竞争日趋激烈，顾客需要既能满足个性要求，价格又相对低廉的形势下产生的。其所以能够实现这种生产方式，是因为人们对产品功能的需求尽管有差别，但也有共性。关键在于先要从本质上明确顾客个性化的要求，从产品的设计、生产、装配和销售的一系列环节上进行规划，决定在哪些环节上需要根据顾客的个性化要求进行生产、哪些环节上可以使用批量生产的方式。这样既可满足客户需求，又能在一定批量下降低成本。也可以通过采用产品模块化设计与组合、模块化可插接的生产线以及集成化的供应链管理来实现批量客户化生产。

敏捷生产的目标是要建立一种能对用户的要求（新产品或增值服务）做出快速反应并及时满足的生产方式。它的主要思路是：要提高企业对市场变化的快速反应能力，满足顾客的要求，除了必须充分利用企业内部的资源外，还可以利用其他企业乃至全社会的资源，按前面提到的虚拟组织来组织生产。这种动态的组织结构，容易抓住机会，赢得市场竞争。在这样一种全新的生产方式下，企业的竞争与合作共存，并且不断进行这种关系的变化交替。竞争提高了企业的创造性与积极性，而合作时的各种资源得到最好的配置。这正是一个复杂系统为适应环境而进行的自组织过程，对全社会也是有利的。当然这要建立在一个高效的信息网络上。

在企业信息化过程中出现的 MRPII 系统、ERP 系统、计算机集成制造系统（CIMS）与计算机集成生产过程系统（CIPS），也应该算作这种新发展。它们不仅是一种技术系统，而是代表一种新的生产方式。

例如，ERP 的管理思想的核心，就是实现对整个供应链和企业内部业务流程的有效管理，现在的企业不能单独依靠自身的力量来参与市场竞争，企业的整个经营过程与整个供应链中的各个参与者都有紧密的联系。这体现了精益生产的思想。企业必须将供应商、制造商、分销商、客户纳入一个衔接紧密的供应链中，这样才能合理有效地安排企业的产供销活动，才能满足企业利用全社会一切市场资源进行有效的生产经营的需要，以期进一步提高效率并在市场上赢得竞争优势。现代企业的竞争不仅是单个企业间的竞争，而且是一个企业供应链与另一个企业供应链的竞争。

ERP 支持混合型生产系统，其管理思想体现在两方面：一方面表现在企业按大批量生产方式生产时，纳入生产体系的客户、销售代理商、供应商，以及协作单位与企业的关系已不是简单的业务往来，而是一种利益共享的合作关系。基于这种合作关系，组成企业的供应链。另一方面表现在企业面临特定的市场和产品需求，在原有的合作伙伴不一定能够满足新产品开发生产的情况下，企业通过组织一个由特定供应商和销售渠道组成的短期或一次性的供应链，形成"虚拟工厂"，把供应和协作单位看成企业组织的一部分，用最短的时间将产品打入市场，同时保持产品的高质量、多样化和灵活性。这体现了敏捷生产的思想。此外，它还体现事先计划和事中控制的思想。

我国的科技工作者经过多年的实践与探索，十余年来经历了信息集成、过程集成和企业集成的研究，提出了新的 CIMS 概念，即现代集成制造系统（contemporary inte-grated manufacruring system）的概念。我国 CIMS 的技术特点在于：强调建模和系统分析；强调集成和优化；强调系统发展模式；强调协同，无论在理论上还是实践上，都具有新的特点。

从上面的一些生产新方式看来，知识型制造业在战略、机制和方法三方面的特点是：

（1）战略方面，要面向用户、面向员工和面向过程。所谓面向用户，就是精益求精地满足用户的特殊要求，主动联系用户，掌握关于用户的知识，对用户要求迅速做出反应，对用户提供全方位服务。所谓面向员工，是指下放权力，采取正确的创新激励机制，营造有利于知识应用和知识创新的文化氛围。而所谓面向过程，则是以过程为中心建立企业组织，减少信息传递，增加员工的自主权。

（2）机制方面，要做到自组织和自我完善。通过内部结构和功能的自组织，去适应外界环境的变化，做出相应的反应。

（3）在方法方面，要做到信息化、分布化和模块化。分布化使用分散决策代替集中控制，用协商机制代替递阶控制机制。强调权力分散，把职权下放到基层，使各个局部了解全局，自主完成工作任务。

在知识型制造企业中的知识系统中，知识有技术知识与市场知识两大类。它们在创新中的作用方式是不同的。技术知识在技术创新中的作用表现为一种科技驱动的模式，是一种"推"的模式。它是以知识创新为先导，设法带动技术创新，将知识转化为产品，推向市场。而市场知识在技术创新中的作用表现为一种需求驱动的模式，这是一种"拉"的模式。它是以市场需求决定技术创新的战略，在从产品的需要来确定相应的知识创新。

在拉的模式中，还会出现一种"挤"的模式，也就是集中有限的资源，确保某项对全局有重要影响的技术创新，使知识创新能够尽快地完成，进而带动某个产业的迅速发展，以有限的资源完成尽可能多的创新。

以推为主的模式，应该在基础性研究上有较大的投入，可能一时看不见成果，但对未来发展有积极作用。以拉为主容易在近期见效，但会遇到后劲不足的困难。

从知识型制造企业中的知识过程，从知识获取到知识应用，有一些值得注意的问题。

为了产品创新或设计，人们需要的主要不是直接搬用显性知识，而是借鉴这些知识，获得一些启发，所以常常需要在从企业记忆、企业知识库中通过类比从现成的知识（如已有的设计、方案）中挖掘出有用的思路、形象，作为新构思的参考，因此需要使用一些知识挖掘技术。更重要的是怎样通过讨论交流个人的隐性知识。但是这类知识是很难甚至不能用言语交流的，这就需要借助于一些形象化的工具，如各种图形图像、视频技术，而虚拟仿真技术能够使人像身临其境一样直接感受到某些情景，对于隐性知识交流和知识转化都很有帮助。

对于某些可编码的知识，如果用心加以管理，也会促进它的应用。例如，将它标准化、模块化，以利于检索查找。通过内联网使得某些知识能够在很大的范围内共享，也是提高企业知识利用水平的一项有力措施。

知识的集成也是知识系统进化的有力手段。集成有内部集成和外部集成两个方面。

内部集成除了在有形的环境和措施方面采取建立信息网络和知识库以广纳各类知识、沟通各个部门和员工以外，还得注意在无形的环境建设方面下功夫，营造一个有利于知识交流、知识积累、知识转化和新知识生成的宽松环境，以及奖励的政策。

外部集成则是要把企业的知识和用户的知识加以集成，把包括供应商、同行业的企业的知识加以集成。如果合作各方的知识能够共享，那么企业组成的联盟会获得显著的效益。

五、知识管理的一些典型应用

（一）个人知识管理

1. 个人知识管理的含义

个人知识管理就是对个人的知识进行获取、组织、存储、利用和创新的管理，管理过程是在不断明确自己的知识需求的基础上，有效地识别和获取、整理和存储、集成和开发自己的知识的过程。

有的学者认为，知识管理是从个人开始的。在这个基础上建立团队和组织的知识管理，然后再扩展为组织之间或更大范围的知识管理。事实确实如此，无论是个体知识工作者（如理论研究人员、律师、作家等），还是团队成员，都必须从明确自己的知识需求开始，然后收集、整理、由自己或者与同事共同运用这些知识，也可能在此基础之上创造新的知识。可以说个人的知识管理乃是组织知识管理的基础。

个人知识管理的主要方式之一是学习。在科学技术发展一日千里的形势下，不学习就很难适应工作岗位的要求。个人的学习不仅限于在校学习或培训，在实践中通过干中学，以及在生活中耳濡目染不经意的学习，也都是学习的方式。个人的学习主要是在自己的意愿支配下进行的，组织不一定会特意安排。组织对个人的工作需求已经蕴含着对知识、对学习的要求了。

个人学习不仅要掌握知识，而且要培养能力和创造力。掌握知识是人人都自觉认识到的，但是对于能力的培养却不那么容易自觉认识到。知识和能力既有联系又有差别。能力是在掌握和运用知识的过程中逐步形成和发展起来的，有一些能力就是学到并加以应用的隐性知识。但是能力不像知识那样一直在积累和丰富，而是在一生的某一阶段成长得比较快，而后就发展得缓慢起来甚至会减退。能力的发展要比知识的获得困难得多，现在有许多高分低能的青年，正说明了忽视能力培养的现象还大量存在，不能不引起注意。

个人学习可以增强自身的竞争力，而组织的竞争力也是在个人的优势基础上经过团队的合作逐步形成的。无论是个人学习还是组织学习，其成果就是知识的获得。获得的知识需要加以管理。实际上个人的知识管理在很久以前人们就已经不自觉地进行了。只是知识经济的发展使得人们对知识越发重视，自觉的个人知识管理也就提到日程上来了。

个人知识管理不仅是就业或创业的人才需要，在校的学生其实也需要个人知识管理，只是与成人的目标和要求不同而已。

2. 个人知识管理的必要性

个人知识管理之所以需要，是由以下因素决定的。

（1）有利于建立个人的知识体系

每个人为了完成自己的工作或者学习任务，总需要一定范围和深度的知识，这些知识相互之间有联系，构成知识体系。例如，对研究人员来说，他所需要掌握的知识有基础理论、专业技术、试验或者调研技能，以及相关的经济、法律、环境保护等知识；对企业营销人员来说，需要产品、市场、顾客、税务、外贸等知识；对学生来说，有根据培养目标和教育计划规定的知识体系。过去由于知识的获取是零敲碎打的，不成系统，人们很可能构建不起自己的知识体系。在今后的知识密集型工作岗位上，如果能够理清自己的知识体系，不但有助于提高运用知识的效率和效能，而且可以高屋建瓴，有着更加开阔的眼界，并有助于创新知识。人们常常说的知识结构，就具体落实在建立的知识体系之上。

（2）有利于不断充实和调整自己的知识资产

为了满足工作或者学习的知识需求，对知识的获取不是一劳永逸的，而是要不断充实自己的知识，增加自己的知识资产。有了个人的知识体系，就可以按照自己知识的框架和当前的需要，通过各种方式吸收知识（包括通过实践增长像工作经验一类的隐性知识），并且能够在需求改变时，适时调整自己的知识结构体系，获取新的知识，"忘掉"无用的知识。

（3）有利于方便地找到所需要的知识

人们在工作过程中，随时需要找到当时所需要的知识，如果自己的显性知识未能经过编码整理存放，就会翻箱倒柜，花费许多时间寻找，我们现在的工具很多：台式电脑、笔记本电脑、手机、各种移动存储器，还有许多其他的记录设备，在帮助我们工作。组织中的办公自动化、内联网甚至于互联网，照说都可以让我们更轻松更方便地获取知识，而为什么还是会造成工作的低效率呢？就是因为我们对自己的知识随手存放，未加管理。有人统计过，知识工作者1/3的时间用在了寻找某些他们永远没有找到的信息和知识上。有了个人知识管理，便可以将自己的知识按照科学的方法和利用方便的信息工具整理和存放，以提高知识寻找的效率。

（4）有利于知识的传播和交流

个人知识管理不但使自己在应用知识的时候便于获取，而且在需要传递给别人、进行知识共享的时候提高可能性和效率。有时候及时准确地把知识传递给需要的人员或者组织是应对突发事件或者抓住有利时机的关键，这时有组织的个人知识就显得特别珍贵。

（5）有利于组织的知识管理

组织的知识是通过个人去采集的，又是通过个人去运用的，在个人知识管理的基础上，实现组织知识管理就比较容易了。因为个人经过整理的知识进行汇总分类，就构成了组织知识资产的一部分。

（6）有利于对本身知识水平的估计

对一个从业人员来说，按照自己的学识高低与经验多少，可能处于不同的专业水平之上。按照一般的专业水平分类，可能处在下列五种水平中的一种水平之上：

①新手水平。虽然有一定学识（显性知识），但缺乏经验和实践能力（隐性知识）。

②高级新手水平。已经有一定的经验，开始知道怎样运用自己的知识。

③胜任水平。已经能够运用自己的知识从事自己的工作。

④熟练水平。在工作中已经能游刃有余地运用已有的知识来应对自己的工作，并能教新手怎样工作。

⑤专家水平。在某一方面有独到的专长。

个人进行知识管理，有助于判断自己处在什么水平之上，今后应该如何学习和实践，来提升自己的水平。

正因为如此，组织应该鼓励和帮助实施个人知识管理。这里好像有一个矛盾：个人热衷于建立自己的知识管理体系，会不会妨碍他对组织的知识体系的建设，个人获得知识会不会秘而不宣变成他私有的知识资产。其实这两类知识体系的建设是相辅相成的。只要组织具有良好的激励机制，形成有利于知识共享的组织文化，这类矛盾是可以减少的。

对脑力劳动是无法利用硬性的约束和控制的。在实物生产过程中，"干私活"是容易发现和被禁止的，但是在脑力劳动过程中，界限就不那么清楚，而且即使是为个人目的采集知识，也难以被别人发现。积极的办法是鼓励和引导将二者结合起来。

学校的老师也应该指导、帮助学生进行知识管理。其实从中学开始，在老师的具体指导下，学生已经可以学着进行知识管理了。这对他们日后的职业生涯是很有好处的。

3. 影响个人发展的隐性知识

研究哪些知识对个人的成功起到决定作用是非常有意义的，个人的显性知识是自己很容易识别和整理的，可是隐性知识却不容易察觉到。由于它和个人经验、信仰、价值观有很大的关系，对个人的发展有着很大的影响。我国北京师范大学的专家们曾对影响个人发展的隐性知识结构提出了一个框架。具体包括以下几方面。

（1）自我管理

知道怎样提高自己在工作中的表现，怎样克服自己的不良态度和作风。其中包括：

①自我发展：对长远目标的认识，其中又包括：A 自我发展的焦点觉知；B 自我发展的附带觉知。

②自我调节：对近期情况处理的认识，其中又包括：A 自我调节的焦点觉知；A 自我调节的附带觉知。

（2）他人管理

知道怎样管理下属和怎样与同伴交往。其中包括：

①人际交往：如何通过各种方式（特别是非语言）与他人交往，其中又包括：A 困境处理；B 与同伴相处。

②社会秩序：从社会秩序角度考虑怎样管理他人和接受管理，其中又包括：A 管理他人；B 接受管理。

（3）任务管理

知道管理和完成任务的方法。其中包括：

①辅助工具：怎样使用必要的工具和手段，其中又包括：A 辅助工具的焦点觉知；B 辅助工具的附带觉知。

②绩效管理：怎样评估和管理绩效，其中又包括：A 绩效管理的焦点觉知；B 绩效管理的附带觉知。

目前社会上的用人单位抱怨学校的毕业生缺乏必要的社会知识和经验，其实缺乏的正是上述隐性知识，而这些知识不是课堂上传授的，需要学生参加社会活动和实践才能获得。

（二）个人知识管理的实施

1. 个人知识管理的方法与步骤

要进行个人知识管理，首先要制定知识管理的战略，也就是明确自己需要和运用知识的最终目的是什么，为自己树立一个目标。根据这一目标，针对组织和环境对自己的要求，分析自己的优势和劣势，找出自己最需要建立的知识体系，以及获取的轻重缓急，对具体的知识管理定下方向。

然后就可以按照一定的步骤进行管理的实施。一般说来，可以按照下面的步骤进行：

（1）对个人的知识需求进行分析。每一位知识工作者的知识需求一方面决定于他的岗位需求，另一方面决定于他的职业规范、兴趣爱好以及环境需要等。还要考虑到组织中的分工协作、人际关系等。除了考虑当前需要之外，还得考虑今后进一步发展的需要。对这些需要最好能够罗列出来。

（2）对所需知识进行收集。在明确了知识需求之后，需要从各方面收集知识。知识可以通过直接方式（如亲自调查、当面请教、进行实验等）和间接方式（听讲、阅读、查询等）获得。现在能够获得知识的渠道很多，比较重要的第一是通过学习，包括正规学习、继续学习、培训等。对学生来说，这是主要获取知识的渠道。对于在职的知识工作者来说，现在提倡终身学习，各种机会还是很多的。第二是从各种书籍报刊、文档、新闻媒体中学习，这是过去的主要知识来源，现在仍旧是主要来源之一。第三是从互联网上获取知识。互联网是一个庞大的知识库，可以获得各种类型的知识，特别是最新的知识。第四是通过人际关系获得前面三个方面难以获得甚至是根本无法获得的知识，其中最主要的是工作经验、个人体悟的知识，因为这些隐性知识只有通过人与人的接触才可能感受到的。有心人有时也能从一些道听途说、街谈巷议中获得一些知识线索。还有就是从组织的知识库中直接获得知识，这是最便利的方法。

（3）进行知识的组织与存储。人们不可能一次性地获得全部所需的知识，在不同时间内获得的零星片段的知识需要组织整理，使其归类或者系统化。我们在本书第十章说到过一些组织整理的方法。其实还有一个过滤的问题，去掉重复的、无用的知识。散在各处的、在不同时期得到的知识经过组织整理，还要采取有效的方式和工具加以存储备用。这时需要选择适当的工具，我们将在下面的章节中详细探讨这一问题。

（4）进行知识集成和新知识的获得。零星片段的知识经过整理后已经可以方便地取用，但是针对使用者的特定的需要，还必须挑选出所需的知识加以集成，形成整体。另外在解决问题的过程中，当现有的知识不足时，还得通过知识的发现和创新，获得新知识。这在本书第十一章曾经讨论过这一问题。尽管知识发现和新知识的生成离不开群体，但是真正实现的还是在于知识工作者个人。

（5）进行知识交流与共享。在个人知识管理的基础上可以进行知识的交流，做到知识共享。由于个人知识已经得到整理，所以传播交流都很方便。

（6）对知识管理不断进行评估。需要不断结合自己的工作和学习，进行个人知识管理的评估，发现不足之处及时纠正和改进，过时的和无用的知识要及时清除。

2. 个人知识管理需要的技巧

进行个人知识管理需要下列七种技巧。

（1）检索信息的技巧

在个人知识管理中，检索信息的技巧既包括技术要求很低的向他人提问题、听回答的技巧，也包括充分利用互联网的搜索引擎、电子图书馆的数据库和其他相关数据库查找信息的技巧。为充分掌握检索信息的技巧，个人有必要对搜索的概念、搜索的算法、搜索的技能等充分的掌握。

（2）评估信息的技巧

评估信息的技巧不是仅指可以判断信息的质量，而且还指必须能判断这种信息与自己遇到的问题的相关程度。在评估信息和知识的时候，个人没有必要去了解计算机评估信息的机理，而是将评估的准则放在可信度、准确度、合理性及相关支持等方面。可信度一般根据对作者的置信度、质量保证依据、元信息等来判定。准确度可从时间界限、综合性、信息面向的对象及其使用的目的性、合理性等方面来确定。相关支持则是指信息文本的索引目录、参考文献等。

（3）组织信息的技巧

组织信息，需要过滤无用和相关度不大的信息资源，有效地存储信息，建立信息之间的联系，以便于以后的查找和使用。有效组织信息的原则是：无论环境怎样，组织起来的信息应该便于有效的利用。这种技巧会牵涉到用不同的工具把各种信息组织起来。在手工操作的环境中，我们会用文件夹、抽屉和其他的比较原始的方法来组织信息。在现代的高科技环境中，我们用电子文档、数据库和网页，或者用专门的知识管理软件来组织信息。

（4）分析信息的技巧

分析信息就必须牵涉到如何对数据或文本进行分析并从中得出有用的结论。常用的分析信息的方法是建立和应用模型，通过大量的数据分析从而得出信息问的关系。电子表格、统计软件、数据挖掘与文本挖掘软件等提供了分析信息的方法，但在建立各种使用分析软件的模型的工作中，人的作用还是最重要的。

（5）表达信息的技巧

通过表达信息，可以实现隐性知识向显性知识的转化。个人知识在交流、共享中得到升华。信息的表达，无论是通过屏幕图形演示、网站还是通过文本，大部分的工作应该围绕如何让其他人理解、记忆，并能与自己进行互动。可视化技术的应用是很重要的。

（6）保证信息安全的技巧

虽然保证信息安全的技巧与个人知识管理中其他的六种技巧有所不同，但这并不表明保证信息的安全就不重要。保证信息的安全涉及开发与应用各种保证信息的秘密、质量和安全存储的方法和技巧。常用到的密码管理、备份、档案管理都是保证信息安全常用的方法。

（7）信息协同的技巧

信息技术的发展为组织和部门的协同工作提供了强有力的支持。如通过小组或团队的形式组织交流和学习，领导、专家和成员在讨论与交流的基础上对一些要解决的问题进行协同工作，交流和共享彼此的观点和知识。有效的利用这种技术不仅要求会使用有关的方法，而且要求充分地理解协同工作的各种原则及其内容。

（三）知识工作者的劳动生产率

在 20 世纪之初，戴劳在从事科学管理的理论和实践研究时，曾经对体力劳动者的劳动生产率与人的体力、动作、工具之间的关系进行过探讨。从戴劳到现在的一个世纪以来，劳动生产率已经增加到原来的 50 倍。当然目前也还得继续研究在高度机械化和自动化的条件下，如何提高体力劳动生产率的问题。

在人类即将进入知识经济时代的今天，知识工作所占的比重越来越大，对于知识工作者的劳动生产率的研究，成为当前一个很有挑战性的问题。

知识劳动者的劳动生产率的研究与体力劳动者的劳动生产率的研究有很大的不同，这是由下面一些特点所决定的：①知识工作任务的特殊性；②知识工作的自治性；③工作的连续创新性；④经常需要学习；⑤质量重于数量；⑥资产观重于成本观。

下面我们逐一加以分析。

首先谈一下知识工作者的"任务"问题。对于体力劳动者来说，任务是十分明确的。工人在生产线上，农民在田间作业中，要干什么一般都是非常明确的。甚至连怎样干都有一定规律可循。但是知识工作者的任务却并不是那么明确和单纯。

知识工作者在工作中常常是自己提出问题而需要自己解决，即使这些问题本身，有时候也并不是事先就想好了的。如一位设计师在设计过程中突然发现一个新问题或者萌生一个新想法，就是这种情况。这时工作任务就很难明确界定。

又如他在设计工作过程中，经常要接电话回答一些问题，或者临时要求他写报告，这些多半是临时发生而并不是事先安排好的。所以他的领导甚至他自己都很难对他的全部工作任务预先做好细致安排。

这就涉及上面说的第二个特点：知识工作的自治性问题。特别是在带有创新特点的工作中，知识工作者有一个新的创意，例如，在设计中有一个新的方案设想，他可以提出来，也可以不提而按常规设计。他想到，新方案如果实现了，他会受到赞誉和奖励，失败了他是要承担责任的。到底提不提出来，这个决定是他完全自主做出的。由于知识工作者的主要工具是他的智力，做什么完全由他自己支配，所以他的自主权是很大的。外人无法对它的成果甚至他的设想进行预测，更谈不到怎样计算他的劳动生产率了。

知识工作的另一个特点是上面第三点指出的：需要不断地创新，不像某些体力劳动总是重复性的。创新活动并不能像机器运转那样事先安排好程序，完全按照程序工作。创新的目标可以确定，但是创新的路线并不是事先就能够肯定的，常常需要探索试验，失败是经常发生的，所以无法精确估计他的成果，更难计算他的效率。何况有时候即使是失败了，也还在其他方面累积了有用的经验和数据，增长了阅历，为今后的创新增加了知识积累，也算是做出了贡献。

上面第四点说到的知识工作需要不断地学习，也是影响知识工作者的劳动生产率的因素。在今天的社会经济形势不断发生变化的条件下，任何员工当然都要学习，但是知识工作者的学习更显得迫切，学习已经要作为他的任务来考虑了。此外，知识工作者还有一个教别人的任务。

前面提到的第五个特点是，对知识工作来说，质量重于数量。对于体力劳动来说，数量是衡量劳动生产率的重要指标。工人一小时加工 30 个零件就比加工 20 个零件的劳动生产率高。但是一份 30 页的研究报告不一定就比 20 页的研究报告质量高。在经营管理领域，有时候一个创意救活了一个企业，就比一大堆只在局部起改进作用的建议更显得贵重。正因为智力劳动的质量问题远比体力劳动复杂而显得更加重要，所以反映在知识工作者的劳动生产率上，就更加占据主要地位。

最后一个问题涉及在经济上对两类劳动从什么方面着眼。对体力劳动，人们常常从成本方面来考虑问题，千方百计降低劳动力成本。而对智力劳动，人们更把它看作是一种资产，想方设法使他发挥更大的作用。造成这种局面的原因是由于体力劳动的劳动力自己并不掌握生产工具，劳动者只有在工作场所如机床上、流水线上才能工作，他们的好经验只有在工作场所才显得有价值。智力劳动却不然，他的劳动工具就是他的头脑，可以随时带走，在不同的场所都能发挥作用。所以企业总是设法留住人才，采用各种措施使知识工作者把他的能力发挥出来。

在各种职业中，也有一些职业同时用到知识工作和体力工作，如外科手术医生、牙科医生、特种工艺的匠师，不但需要科学理论，即显性知识，还需要精湛的技术，包括一部分隐性知识。他们的生产率兼有两类劳动的特点。今后这类职业会越来越多。

上面我们只是就知识工作者的个体方面来研究其生产率的特点。实际上由于人的劳动总是带有社会性的，总要和环境组织以及其他人发生联系，所以他们的劳动生产率还得考虑个人行为因素以及组织行为因素。这也就是我们在前面多次谈到的组织和文化环境和氛围问题。这意味着我们还得从系统的角度来分析这一问题。

我们还可以从知识工作者的劳动所需要的智力水平来做一些分析。有一些工作需要较高的知识与智力水平，如带有创新性的工作，但也有一些只是需要灵活使用已有的知识而没有多大创新性的。此外，知识工作者还要做一些文牍性的工作，例如：①编写工作报告；②通过键盘输入数据或文本；③文件归档；④信息检索；⑤数据查询；⑥收发信件（包括电子邮件）；⑦分发文件；⑧数据保存和备份，等等。

这类工作对不同的人来说，由于地位和职责不同，承担的比重不同，但多少总要做一些。对这类程式性较强的工作来说，工作效率影响劳动生产率。

由于知识工作的上述特点，目前还没有一套衡量知识工作者的劳动生产率的指标体系，虽然人们对于某些知识工作还大体上能够定性地估计出生产率的高低，而对带有更多创造性的工作，确实还无法加以估计。

但是这并不妨碍我们去探索如何提高知识工作者的生产率问题。下面我们从几个方面来研究如何能够使知识工作者个人的生产率得到提高。

知识劳动作为一种稀缺的资源，首先是应该珍视并加以节约使用。对有些工作，应该精心安排，使得知识工作者所担任的工作正是他的专长，而不是去做他不善于从事的工作，这样才能使得他的积极性得到调动，他的才能得以发挥，使智力资源得到最有效地利用。应该避免工作的频繁变动，使知识工作者稳定在一定的岗位上，工作越来越熟练，各种知识得到积累，工作效率很快就会提高。

知识工作者希望有更大的自治性和灵活性，对知识工作者的尊重和信任表现在工作的放手上，不必要的干预常常会影响工作效率。

通过信息工具进行沟通可以减少无谓的出差、访问，其他一些辅助的工作条件（如办公室和实验室）的改善，都是节约知识资源的措施。

由于人工信息处理能力的限制，使得某一些知识工作会受到这种局限性的影响，例如，人的短期记忆能力和长期记忆能力都有一个生理极限，如果能够借助于信息工具，如各种计算机、数据库以及其他文字或语音、图像记录设备来帮助记忆，减少人在这方面花费的精力，而把主要的精力用在分析判断和行动的选择上，就会提高效率，产生更好的效果。

这里涉及节约人的注意力资源问题。人们在从事智力活动时，是要高度集中注意力的。但是人的注意力是有限的，因此注意力也是一种稀缺资源。应该把注意力资源配置到需要集中精力去分析思考的地方，而把有一些程式性、重复性的工作尽量使用自动化工具去完成，如信息的自动检索，分类。

上面所说的都是如何"节支"，我们还得考虑怎样"增收"。这就是怎样开发潜在的智力资源。前面我们说到，对于智力资源更多的是把它看作是一种资产，应该使他发挥更大的作用。每个人都有一定的潜在的智力资源，怎样把它发现出来，调动出来，特别是把隐性知识、包括经验、洞察力、工作的诀窍以及所掌握的各种关系设法挖掘出来，使其在业务工作中产生作用，是提高知识工作者劳动生产率的根本大计。这涉及以前所讨论的怎样对知识工作者进行管理的基本理念、体制、政策措施等问题。

由于下一章我们还要讨论的是如何和利用信息技术系统来支持知识工作，所以下面我们研究一下哪些信息技术工具可以用来提高知识工作者的劳动生产率。

第一是可以帮助知识工作者处理文牍工作的工具，这就是在国外称之为"个人生产率工具"的。它包括文字处理、电子表格、报告演示、数据管理、工作安排等。

这不仅是知识工作者，而且是一般工作人员处理文档的最基本的工具。一般它们都归属于办公自动化的内容。

第二是网络应用工具，包括：①电子邮件；②万维网浏览和文件下载；③内联网浏览和文件交换。

第三是对于频繁与数据打交道的人员来说，应该掌握数据库的操作，能够对数据库进行查询，并能够进行数据的录入、删除、修改等工作。

与某些计算机应用有关的人员，要能够运行一些应用程序。

此外，要能够熟悉计算机支持协同工作系统，能够通过系统的群件进行网上的协同工作。

最好还能掌握计算机程序设计语言，自己能够编写简单的程序，制作网页。当然，还有一些专门的工作，如计算机辅助设计等，也是一些专门领域中的人员所要掌握的。

上面列举的仅仅是一些通用的工具，至于有关的系统和工作平台，将在下面一节再作介绍。

（四）知识工作的个人支持工具

对于知识工作者个人来说，有一些可以帮助他提高工作效率和效能的工具（计算机软件），下面我们依次介绍几类有关的信息工具。

第一类是上一节提到的所谓个人生产率工具。主要用于文牍工作。如我国的金山WPS Office、美国微软公司的 Office 等，就是这类成套的软件。其中最主要的部件有：

（1）文字处理工具。它是用来以电子文档形式对文件进行编写、修改、复制、传递和保存的。电子文档便于编写、维护、传送和使用，如金山 WPS 的 Office 和微软的Word 就是这类工具。它的处理包括：①文档录入。可以手工（通过键盘或手写）录入，也可以扫描后识别。②文档加工。进行编辑、修改、复制。③文档输出。通过打印转化为纸面文档，或转换为网页送入网络。

（2）在我国，有一个特殊的问题，就是汉字的输入输出问题，目前这一问题已经解决得很好。

（3）电子表格。它是以表格形式记录、汇总和处理大量数据的工具，代替手工绘制、填写表格、和进行统计、计算、制图等工作的。Office 中的 Excel 就是这种工具，金山的WPS 中也有这一功能。它的处理包括：①表格的建立和录入。手工或从数据库输入。②表格的处理。包括统计、分析计算、图示、增删、修改等。③表格的输出。打印成纸面文件或输送到数据库、传送到网页上。④电子表格是一种非常有效的数据记录、处理工具，国外在财务、工程、物流等方面使用很广。过去在我国的使用还不普及，因而人们对它的潜力认识不足，随着数据处理的工作日益增加，它的应用是会逐步扩大的。

（4）报告演示。在进行各种技术或公务报告时，常常需要一些图表、文字资料对与会者进行演示，如果使用纸面图表或者幻灯片，制作是很费事的。现在有了报告演示软件，如 Office 中的：Power Point，就可以实现在计算机中制备好，在演示时通过投影机放映。由于软件提供了非常方便的文字、图形、图表输入方式，编写演示文稿是轻而易举的事，特别是可以使用现成的图形、图像、视频资料，鲜明生动，演示效果是非常好的。

（5）数据管理。对于知识工作者个人来说，他总是有一些数据需要管理，尽管在一般的文字文档中可以放置数据，但不利于检索处理。使用电子表格也可以保存和处理，但当数据量大时也显得不方便。所以在像 Office 这样的成套软件中，也有像 Access这样的小型数据库及其管理的功能。用户可以在个人范围内很方便地使用它，并可通过像 ODBC 这样的功能与大型数据库进行相互转换。

（6）工作管理。这是为知识工作者个人提供的计划和日程安排、工作日志、备忘录等，以及和其他人员联系的工具，如 Office 中的 Outlook 软件以及一些专门的软件。

这部分的进一步发展就是计算机支持协同工作（CSCW）系统了，前面（第六章）曾经讲到过。

在使用上述工具时，为了拟定文档格式或者编制表格，是需要花一些工夫的。等到下一次在做同样工作，又得另起炉灶，显得十分繁琐。所以在文字处理、电子表格、报告演示的制作过程中，可以应用所谓模板。模板就是把经常使用的文件、表格、演示图形等的共同部分，预先做成标准格式。人们在建立文件、表格、演示文件时，选择相应的模板，在模板的基础上继续建立更多的内容与格式。这样就可以省掉许多重复性的劳动。在通用的工具软件中，如 WPS、Word、Excel 之中就用最为通用的模板可以选用，略微专门一点的，用户可以自己先编制一些备用。

随着互联网和内联网的普及应用，知识工作者经常要上网，对于使用网络工具也要有所掌握。包括电子邮件、万维网浏览与文件下载、内联网浏览与文件交换等。

由于网页作为表达、保存、传递信息与知识的最为方便的单元，通过超级链接又很容易建立信息与知识的关联，所以许多知识工作者就用网页形式来保存知识。特别是一般工作人员认为使用数据库的结构化要求太高，不如网页方便，因而不拘形式地把自己的知识库以一堆网页的集合方式逐步堆积起来而自然形成。

电子邮件是当前通过互联网进行通信的最为普及也是最为经济的方式。它可以传递文字、图形、图像声音等信息，使用方便，投递迅速，全球畅通，而费用几乎低到可以忽略不计。只要用户有一个电子邮件信箱，向相应的服务网站登记注册，连通后即可收发信件。

当前许多企业在互联网上进行信息活动，主要的形式之一就是电子邮件。收发电子邮件几乎成了每日必不可少的活动。从知识管理的角度来看，电子邮件是进行知识交流的最常用的工具。

在电子邮件的数量多起来以后，邮件的管理问题也开始提上日程。现在的电子邮件系统如微软的 Outlook Press，我国的 Foxmail，都可以通过建立文件夹进行分类存储，并有一定的按发信人、按日期等进行检索的功能。

正因为电子邮件的内容有不少是和知识的传递有关，所以人们在想：怎样把个人的知识库或者组织记忆和电子邮件系统联系起来，不论是接收邮件归档，还是选择有关的知识发送出去，都能使邮件与知识储存挂钩。这里存在一个怎样对组织记忆或知识库进行与邮件相应的检索问题。

现在有一种知识强化的电子邮件系统，英文简称 K-Mail。它的基本思想是在电子邮件系统和组织记忆或知识库之间，加上一个中间索引环节。由于电子邮件像其他知识文档一样，除了内容之外，还有相应的语境或者说背景问题。电子邮件的语境包括形式化的发信日期、发信人姓名、单位、职务、发信的邮箱地址等，但还有与信的内容有关的语境。怎样从信件内容或者组织记忆中提取这些语境信息便是有待解决的问题。

对知识工作者进行支持的工具，还有一种叫作电子绩效支持系统（Electronic Performance Support System，EPSS）或称电子作业支持系统的，它是近年来出现的一种新的信息系统。

美国的 Gery 是最初提出这一概念的。按照他的定义，电子作业（绩效）支持系统是一种可以按照需要，从整体上提供信息、建议、学习经验和工具，使人能在最少需要他人支持的条件下得到高水平的绩效。后来有人把这一定义加以扩展，认为电子作业支持系统是一种电子基础设施，用来在一个组织的范围内获取、存储与发布个人的与组织的知识资产，使个人能以最快的时间以及最少的他人支持达到所需的绩效水平。

还有人认为，电子作业支持系统是一种集成型的绩效支持，它不仅是一种技术，而且是为了满足组织的当前与未来绩效需求的战略。也有人认为它应该是动态的绩效支持，它的能力会随着经验的改变，会由使用者加以更新和调整。

电子作业支持系统的目标是：

（1）无论在什么情况下，一旦有需要就能产生绩效与提供学习，因此这类系统被认为是"即时训练"（JIT training）工具。

（2）对新手来说第一天工作使用它就能产生绩效。

（3）不但支持今天的工作，而且帮助建立未来工作的知识基础设施。

电子作业支持系统中的知识的表达方式是多种多样的，可以是文本、数据、图形、图像、视频形式。它的特点是：

（1）完全由使用者控制。不需要别人来指导；

（2）事先不需要培训；

（3）能够迅速获取信息与知识；

（4）很容易进行信息与知识更新；

（5）允许不同知识水平的人使用；

（6）允许用不同的方式进行学习；

（7）将信息、咨询建议、经验的学习加以集成；

（8）具有智能特点。

电子作业支持系统的主要组成部分有：

（1）人机接口。这可以充分利用已有的操作系统、万维网浏览器等，加上一些专门用途的图形接口。

（2）工具。包括前面提到的个人生产率工具，如文字处理、电子表格、数据存储等，都可以使用模板。

（3）信息库。包括在线文档，参考材料、在线帮助、多媒体数据库、案例库等。

（4）建议系统。这包括交互式专家系统、即原理的推理系统、指导用户完成绩效和做出决策的教练设施等。

（5）学习经验系统。包括计算机辅助培训（CBT），交互式讲解，多媒体仿真训练等。

提供了一个怎样使用上面各个部分来完成一项工作的例子，这项工作是一位培训教师利用电子绩效支持系统制作培训教材。

他可以先打开文字处理软件中的一个模板，这个模板中列举了当教师与用户进行面谈时要向用户提什么问题，还有听众分析报告提纲。可以认为这是一个帮助教师进行面谈和撰写听众分析报告的支持。它包含了以前已经进行过的类似工作的成功经验，提供现在需要时使用。

他可以打开信息库，找到其他教师在进行听众调查和听众分析时的工作步骤，从已经做过的工作经验中学习。这种经验是与时俱进、不断丰富的。当然，听众的背景不同，方法和步骤也会有所差异，但可加以修订，使其更符合实际。这次成功后，又可以作为经验输入系统，供以后的教师使用。

上面第三项的建议系统可以用两种方式来提供帮助：一种是用教练方式主动提供工作支持，例如，怎样确定目标，怎样安排工作内容和步骤等。另一种方式是提供在线帮助，被动地等待使用者在工作过程中有了问题提出时随时加以解答。

从学习经验系统中得到帮助则是从系统中得到一个解决方案的实例，比方说这位教师可以得到过去用过的培训教材。与通常的实例提供不同的是现在不一定提供整个的实例。而可以把它模块化，由教师按需要选择模块加以组合，并可加以必要的修订。这样提供的培训既是"即时"的，又是"分量恰当"的。

由于电子作业支持系统的功能是多样化的，一些特殊需要的系统并不需要包含上面讲到的所有功能。所以这类系统由大、中、小几种类型。

最小的系统只含一个数据库的前端，帮助使用者找到所需的信息，或者只有一个小型的帮助系统。中型的系统则含有一个中等的数据库和它的前端，或者中型的帮助系统。这中、小两种系统多半是对现有的某种信息系统的一个补充，挂在现有系统之上。大型的系统则是独立的、完整的。

电子作业支持系统的开发可以采取渐进的方式，先按照某一系统的前端开发，或者开发成为现有系统的一个补充部分（如刚才说到的中、小型系统那样）。在可以开发针对某一特定任务的独立系统。最后再发展成集成型的系统。

由于电子作业支持不仅是一种技术，而且可以看作是一种战略，后来有人把它和组织学习结合起来，形成一种新的工作模式，即电子作业支持下的组织学习与系统开发。

（五）项目管理中的知识管理问题

1. 项目管理的特点

当前，项目管理作为一种科学的管理方式，日益受到人们的重视。这是因为大量的工程建设、研究开发工作和社会事业的兴办都是按照项目来加以组织和管理的。即使是企业内部的日常管理，由于当前环境的急剧变化，按照常规办事常常满足不了要求，也得把一些任务按照项目来筹划、组织和运作。因此项目管理开始受到前所未有的重视。

项目的含义很广，从古代的长城、都江堰建设到今天的登月计划，都可以看作是项目。一般说来，所谓项目，就是一项有特定指标的专门任务，需要在一定的资源条件下，由一定的组织在计划的时间内一次性完成。从下面列举的项目特性，可以更具体地了解什么是项目：

（1）项目的一次性。这是项目和经常性任务（如工业企业中的正常生产）的最大区别。项目有明确的开始时间和完成时间，一次完成，不会有完全的重复。

（2）项目的独特性。每个项目都有和其他项目不同的独特之处，有些项目可能沿用了过去类似的设计或技术，但一定有它明显不同之处，更不用说一些创新项目的开创性特点了。

（3）项目的多目标性。项目兴办的目标常常不是单一的，它的具体目标属性的。如功能、影响、成本、时间等也是多方面的。这些目标有的是协调的，有时候是相互矛盾而需要协调的。

（4）项目组织的临时性。一般都是为项目专门组织队伍，完成后解散，下一个项目再重新组织。

（5）项目寿命期的分阶段性。从项目的选定到完成、评估是分成若干阶段的。

任何项目都会涉及多方面的因素，需要很好地加以组织管理。

所谓项目管理，是指在项目的活动中，运用行之有效的理论、方法、技术和工具来计划、组织、指挥、控制和协调项目生命期中各阶段的工作，以达到预定要求的过程和活动。

项目管理所涉及的要素有：

（1）资源。这是项目实施的基本保证。它包括自然资源与人造资源、内部资源和外部资源、有形资源与无形资源。由于项目的一次性特点，对于资源的获取、使用和管理和一般生产有很多不同的地方。这里特别要提到的是知识作为一种无形资源，在项目管理中有着特别重要的意义。

（2）需求和目标。由于项目的利益相关者（包括客户、供应商、项目投资方、执行者、其他利益相关者）有着各不相同的要求，有的甚至相互矛盾冲突，需要加以协调，确定适当的目标。

（3）项目的组织。包括机构、领导、章程、人员配备、运行机制等。由于项目的一次性与阶段性特点，组织总是在不断变化的。

（4）项目环境。包括政治与经济环境，文化和思想意识，以及标准、规章制度等。

项目管理的基本职能有：

（1）项目的计划。根据项目的目标要求，对各项活动做出合理的安排。

（2）项目的组织。包括两个方面，一是组织机构，二是组织行为。

（3）项目的控制。对项目按照计划的进行随时加以监督和必要的调整。

（4）项目的评价。在项目进行过程中发现偏差并加以调整，保证计划的实现，项目完成后对项目的成败得失做出恰当的总结和评价。

随着我国社会经济的高速发展，各种建设事业和研究开发工作在不同行业、不同地区蓬勃开展，项目的数量和规模日益增大。但是相当一部分项目的组织和管理存在着混乱现象，使得资金、人员、质量、进度等方面发生严重失控现象，各种拖期、超支、浪费和侵吞国家财产情况屡有发生，造成了大量的损失。因此运用现代化的项目管理来提高项目的组织管理水平、保证建设事业的顺利进行，是当前极为重要的任务。

2. 项目管理中的知识

项目管理作为一种科学管理方式，需要建立它的学科体系。近年来世界各国的项目管理专业组织纷纷建立各自的项目管理知识体系（project managementbody of knowledge），作为项目管理专业的知识基础。我国也进行了相应的工作。

全面理解和建立科学的知识体系，将能对知识在项目管理各个方面、各个阶段的作用有更加全面和深入的认识，对在项目管理的进程中如何有效地实施知识管理有一个比较切合实际的构想。

近年来世界各国的项目管理专业组织纷纷建立的项目管理知识体系（project management body of knowledge），其中包含的主要是显性知识。这些知识体系提供了交流中的共同语言和进一步发展的知识基础。

美国管理项目协会（PMI）1996 年颁布的项目管理知识体系大纲（A Guideto the PMBOK）划分了 9 个知识领域，包括：①项目整体管理；②项目范围管理；③项目时间管理；④项目成本管理；⑤项目质量管理；⑥项目人力资源管理；⑦项目沟通管理；⑧项目风险管理；⑨项目采购管理。各领域均有相应的知识内容。

国际项目管理学会（IPMA）也编制了自己的项目管理知识体系标准，称为《国际项目管理专业资质标准》（IPMA Competence Baseline），其特点为：对项目管理人员提出 40 个方面的素质要求（核心要求 28 个），强调项目管理人员的实践背景，注意与专业技术知识的结合，允许成员组织按照民族、文化以及职业发展要求，变更非核心要求。

在我国，中国优选法统筹法与经济数学研究会项目管理研究委员会发起组织了我国项目管理知识体系的研究制定工作，推出了《中国项目管理知识体系》（C-PMBOK）。它包含 3 个方面，共 88 个模块。3 个方面是：

（1）项目与项目管理，又按项目生命期分 4 个阶段：①概念阶段；②开发阶段；③实施阶段；④收尾阶段。

（2）公用知识，主要是跨阶段的知识。

（3）方法与工具。

各个方面包含了相应的知识模块。

实际上，项目管理知识体系的知识范畴应该包括三个部分：①项目管理特有的知识；②一部分一般管理的知识；③一部分和项目有关的应用领域的知识。

上面列举的知识体系实际上只包括第一部分。

这些知识体系的制定与发布，对于促进项目管理专业化发展和提高项目管理人员的水平，都将起到积极作用。对于项目管理人员的培训教育，对于项目管理人员的资质认证，也将提供参考。这是人所公认的。

但是在项目管理的实践中，仅仅具有显性知识是不够的。因为这些知识提供的是一般的原理，在应用于具体实践中的时候，还要根据具体的主客观条件加以选择、综合与灵活处置。特别是项目管理的一次性特点和独特性特点，使得它和一般的运作管理比较起来，更不能一切都按照成规办事而需要有独立的抉择和处置。这时候，包含经验、直觉、洞察力在内的隐蔽知识，将发挥重要的作用。由于它包含着丰富的发现问题与研究问题的直觉和洞察力，如果能使它充分发挥作用，将能使问题的解决、新思路的形成更加迅速有效。

这里说的隐性知识，不仅包括个人的隐性知识，而且包括组织（班组、团队、企业）的隐性知识。它包含在组织的共同信念和目标、工作反思和工作习惯之中，是组织的核心竞争力。

正因为如此，我们在谈到如何组织管理知识以推动项目管理工作时，必须同时考虑各类知识。只注意显性知识而忽视隐性知识是难以推动工作的，但只注意隐性知识而忽视显性知识（这种情况发生在一些全凭经验工作的中小型工程项目管理中）就会使项目管理无法建立在科学的基础之上，即使一时取得成功，也难以保持长久。

在项目管理过程中应用和管理知识，和在其他领域中一样，首先要明确究竟需要什么知识、这些知识在哪里、显性知识存放在哪里而隐性知识又是什么人所具备。为使各类知识都能有效地发挥作用，应该创建什么基础设施（如信息技术网络）和营造什么文化氛围。

3. 项目各阶段的知识管理

在项目生命期的各段时间里，需要和使用的知识也是各具特点的。由于不同性质的项目其阶段的划分也是不同的（如建筑工程项目与科研项目的阶段划分就有所不同），所以这里只按项目生命期中的各项任务来分别讨论。

文献［10］提出可按下面 6 个阶段来研究知识的运用：①项目概念的形成；②项目环境的分析；③目标和范围的确定；④项目的详细规划，资源配置，项目的批准；⑤项目的实施，控制；⑥项目评价与推广。

实际上这些阶段有可能重叠、交叉，甚至出现反复，知识的运用也可能有所跨越，但都会要进行下列知识活动：①寻找、发现知识源；②获取显性知识：文件、软件等；

知识管理

③组织沟通以共享隐性知识。

在形成概念的阶段，显性知识还不能很好地组织起来，人们运用的还是隐性知识与人际关系，但这些却形成了项目的一般概念，构成了项目有关各方共享的知识基础和日后知识工作的起点。一般说来，这项工作还得不到正式的人力和预算的安排，可能只是少数人在进行，但还得进行下面的工作：

（1）从现场收集与项目有关的文件与信息，最好建库保存；

（2）将所有与项目有关的讨论与沟通记录下来，从而获取隐性知识；

（3）建立初始的数据库；

（4）建立有关的名词术语目录；

（5）向项目相关者解释知识管理与建立共享知识的文化氛围的重要性。

这个阶段可能产生的知识，是有关项目最初的但是极有价值的知识。

在对项目环境进行分析的任务中，需要辨认对项目有影响的所有因素，因而需要下列诸方面的知识：

（1）与项目有关的经济、政治、法律、社会、地理知识；

（2）专业知识（如水资源、卫生等）；

（3）战略信息（当地权威机构的支持、合作伙伴等）；

（4）组织管理方面的知识（领导隶属关系、财政金融等）。

这些知识可能分散在各处，可以通过建立知识路线图的办法来进行知识的组织。

在目标和范围的确定、可行性分析与风险分析工作中，专家的隐性知识将起到主导作用。这里是建立共识和决策的过程，一方面需要大量显性知识，另一方面迫切需要直觉和现场经验。这时需要建立（电子或纸面的）文档库，以及有关专家的信息（隐性知识的源泉）。

现在需要研究的问题是：项目相关者的期望是什么、对项目范围的约束是什么、有什么可以预见的风险、时间与成本如何平衡等。

在这一阶段，除了电子的或纸面的文档库外，应该特别注意建立隐性知识的交流和储备手段，甚至建立网站以利于人际交往。这时正是建立知识管理系统的最好时机。

在项目的详细规划，资源配置，项目的批准过程中，由于要进行工作分解、进度安排与资源配置，使用的多半是显性知识，需要使用相应的软件（显性知识的外化）于知识管理系统中。但仍旧需要保持隐性知识来源（如专家联系表）。

项目的实施、控制过程是考验前几步的关键阶段，这时知识管理的任务是一方面及时提供所需要的知识，并检验其正确、恰当与否；另一方面要收集、记录项目进行中产生的知识，并时时改进知识管理系统。这时的知识管理系统，联系了方方面面，特别需要把显性知识与隐性知识进行有机的集成。任何有关的会议、文件、广播电视报道常常能提供有用的知识。这时会有许多新知识的生成，应该不失时机地把它收集起来，否则时过境迁，这些宝贵的知识财富就会流失掉。

从知识管理的角度看来，项目的控制是一个学习过程。不但要从报表、文件学习，还需要从有关人员处学习。新的知识要及时输入知识管理系统。有些信息与知识要能使项目相关者很容易就获取到。一些决策支持工具（如统计、评价、方案选择等）在这里是有用的。

在项目评价与推广阶段，应该特别强调学习的功能，因为这时已经可以总结项目的经验和教训，并把结果（包括项目本身的成果）推广出去。这时除了已见诸文字的显性知识外，还应该利用各种方式收集隐性知识，使其转化为可以传播的知识。一个优秀的项目管理团队，应该是一个学习型组织。

现在，由于微型计算机及其网络的推广应用，在项目管理中使用了不少的计算机工具，特别是财务与工程进度管理（如网络计划）系统以及计算机辅助设计系统等。大大提高了管理的知识含量。由于多媒体技术的广泛应用，一些直观的信息手段使得人们能远距离了解工程的形象进度，为现场管理和隐性知识的交流提供了有力的手段。

在项目管理过程中，不但要使用现有的知识，而且在解决新的问题时还会创造新的知识。特别是由于项目的一次性和独特性特点，每个项目的进行过程中，总会有一些新知识的产生。同时又是由于一次性特点，项目结束后组织解散和人员变动会使这些知识流失。所以特别要注意收集。

在项目管理过程中，需要进行一系列的决策，这些决策涉及的范围可能不同，但只要不是按一些例行的成规进行抉择，都可以认为带有不同程度的创新，因为每次都会面临新形势，处理新问题。这就更需要把显性知识与隐性知识融合起来应用，并在决策过程中获得新的这两种知识。

不论是组织还是个人，不要因为项目的一次性特点而忽视了知识的累积。这种累积一方面表现为文档资料的收集整理，另一方面表现为人员或组织的隐性知识（经验、直觉判断力等）的增长，这种增长常常是不自觉的，但如果人们自觉地去总结和反思，会有更大的收获。

4. 专家知识的获取

最后，再讨论一下怎样从具备隐性知识的人员那里获取知识的问题，特别是当他们分布在不同的地点的时候。

由于项目的一次性与独特性的特点，常常需要一些专门领域中的经验知识，这些知识保存在一些专家的头脑里面，而没有形成文字材料（因为具备这些知识的人在完成一个项目之后接着参加下一个项目，来不及总结，再加上有些经验知识本来就是无法言传的）。这些专家由于分处各地，不具备面对面交流讨论的条件，同时由于它们可能属于不同的部门和专业，缺少共同语言，甚至文化背景都不一样。目前由于经济的全球化，跨国项目日益增多，上述问题就显得更加突出。

前面曾经提到，具备隐性知识的专家，并不一定自觉自愿将他的知识贡献出来，所以在获取这种知识要比获取显性知识困难得多。但是在许多项目的进程中，这些知识又是很重要甚至是很关键的，所以应该设法将它的获取很好地组织起来。

根据国外的经验，应该做好下面几件事。

首先是要把这件事列入项目的计划。要回答下面几个问题：

（1）需要什么专业知识？

（2）专业领域的特点是什么？

（3）在每个领域中谁是专家？

（4）专家在什么地方？

（5）每位专家提供帮助的可能性有多大？

上述工作以及今后的联系都是由组织的知识中心来负责的。知识中心要先和有关专家建立关系，首先要以非正式的方式使专家了解项目的目标、专家能够起到的作用以及他可能的贡献。一般说来，专家的工作仅限在一定范围之内，因此要给专家以一定的安排自由度。通常需要的仅是专家的一技之长，所以不能求全责备。在选定专家之前，要明确：

（1）专家的作用是什么？

（2）他提供的是什么？

（3）需要花多少时间和精力？

（4）谁和专家一道工作？

（5）工作计划日程是怎样的？

（6）结果怎样使用？

在需求方面可能需要讨论几轮。然后达成共识。

由于和有些专家过去并没有深入的交往，所以取得专家的信任是很必要的。必须做到：

（1）尊重专家的作用；

（2）提供必要的工作条件和环境；

（3）以邀请方的影响推动专家去完成工作；

（4）通过有效的手段传播知识；

（5）虽然可以使用远程会议工具，但必要时还得登门求教，面对面沟通。

此外，为了节省专家的时间和精力，有一些事务性、技术性的工作如文件编辑、打印、制图等，应由邀请方派人协助进行。

对于专家的工作，除了应该支付一定的物质报酬外，还应该注意对它的成果予以认定和宣传，使他有成就感。专家参加一个项目的工作并不仅仅是获得物质与精神报酬，有时候他也想通过这一工作扩大他的眼界，增长他的知识。所以在工作中也要在不影响工作和泄漏诀窍的条件下予以满足。

对于一个组织的知识中心来说，组织专家网络的能力也是一种竞争优势。这种组织能力表现为经常能提供专家名单和邀请到专家。可以利用经常举办各种会议的方式来广为联系各个领域的专门人才。一些跨组织、跨行业的兴趣小组常常是专家的来源。

（六）决策是知识的应用和创新

1. 决策与知识管理

决策是人类实践活动的一个重要的环节，涉及人类生活的各个领域。从日常生活到重大的建设和政治、军事行动，都离不开决策。决策是人类从认识世界到改造世界的中介。

任何决策都有既定的目标，都要考虑环境因素而提出各种应对方案，对诸多方案进行比较和优选，并且付诸实行。

决策可以分为经验决策和科学决策两大类。最早人们是凭借决策者的经验进行决策的，后来人类经过总结生活实践中决策的经验教训，逐步摸索出一些带规律性的东西，形成了科学的决策思想和方法，经过传播使更多的人掌握了科学的决策方法。科学的决策过程是人的创造性思维活动，也是人的获取知识、应用知识和创造新知识的过程。

决策是一种复杂的思维活动，因为决策者要对决策对象、决策环境有比较全面的认识，认清事物的本质、机理和运动规律，建立自己的目标，充分考虑所能采取的方案、对策，并对它们进行分析比较，权衡利弊，做出正确的选择。这里面每一步都是一项独立的思维活动。各步骤环环相扣，形成一个思维活动的动态过程，而各步的任务与所处理的信息不同，进行分析判断的方式也不同，因此思维方式方法也各具特点。

决策又是一个运用知识的过程，没有一定的知识，是难以进行上述思维过程的。决策者本身的知识不足，还需要从外界获取知识，已有的知识不足，还需要在决策过程中创造新的知识。

从知识系统的角度来看决策，它是对知识的采集、转化、融合与创新的组织与应用。除了例行性决定外，大多数决策都是一种创新。重大决策都是集体运用组织知识与智慧做出的。因此，决策用得到前面讲到的组织知识的产生方法。

从一项具体决策的过程来看，开始时，决策者与决策参与者面对决策环境，各自凭着经验、直觉、预感等隐性知识，通过交流，形成同感，这是前面所说的"社会化"过程。然后要明确决策任务，这是使隐性知识转化为显性知识的"外化"过程，以及不同程度的显性知识更加显性化。随着进行的决策准则的确立，方案的设定与选择，这是显性知识的"组合"过程。最后在实施阶段，通过"内化"过程使决策参与者与执行者的知识深化，去实现决策。一般说来，决策并不都是按这样的直线顺序实现，在中途会有所反复，这正是一种螺旋上升的发展过程。

由此看来，重大的决策都是一个知识创新的过程。

现在的教科书和应用性读物中讲到科学决策方法时，把主要注意力放在决策问题的描述和具体的决策分析方法上，对决策思维方式以及需要什么样的知识讨论得较少。但是决策思维方式与所需知识的选择是很重要的。这不但对利用决策科学方法进行决策如此，即使凭经验和直觉进行决策时，人们也自觉不自觉地被某种决策思维方式所支配，运用了各类知识。正因为如此，研究决策思维方式以及所需要的知识对决策各阶段的影响，为正确选择适当的思维方式和所需的知识提供一些参考，是十分必要的。

2. 决策思维与有关的知识

我们先从决策思维谈起。科学的发展史，也是思维的发展史、在人类的实践中，正是思维提供了客观世界的真实情况和运动规律。由于思维与科学的关系和思维的重大作用，人类很早以前就开始对自己的思维进行反思，希望揭示它的奥秘和规律，以便为科学的发展提供更有力的武器，但是思维真正作为一门独立的学科，还是最近十几年的事，国外则是在心理学的一个分支——认知心理学中进行研究。我国的钱学森教授，首先倡导把思维科学作为一门独立的综合性学科来加以研究发展，目前正在建立学科体系。它所包含的内容和层次都有许多值得研究的问题。我们仅就与决策思维有关的几个方面做一些讨论。

目前，人们认识到的有意识的思维有三类：形象（直感）思维抽象（逻辑）思维和灵感（顿悟）思维。

抽象思维是人类智力与神经系统发展到高级阶段才产生的，它是人们透过现象认识事物本质的重要手段，经过多少年的努力，出现了形式逻辑、辩证逻辑、数理逻辑等一系列学科，推动了自然科学与社会科学领域中显性知识的生成和学科的发展。现代的决策科学便是建立在它的基础之上的。

形象思维和抽象思维一样，也是人类理性认识的一种方式。从整个人类来说它们都是在感性认识的基础上开始的，但在继续前进时刻走上了不同的道路。抽象思维是对事物的间接的、概括的认识，用抽象材料（概念理论、数字等）、进行思考。形象思维则主要用典型化的方式进行概括，并用形象材料来思考。二者虽然使用的材料不同思考方法不同，但都可以认识事物的本质。

西方的有些学者，不认为形象思维是思维的一种方式。在他们看来，只有抽象思维才是真正的思维。我国倡导思维科学的学者坚持把形象思维看作是思维的一种形式，并且认为是思维科学研究的突破点。

与上述两种思维有关的，是两种认识方式：直觉与理性。直觉是一种直接把握的认识方式。直觉不是间接地、概括地把握事物，不以概念为中介。对于直觉，目前还缺乏明确的解释。大不列颠百科全书，就认为直觉是在哲学中既不靠推理与观察，也不靠理性和经验便可获得知识的能力。在某些习惯于分析思维的西方学者心目中，直觉多少还带有一些神秘色彩。但著名的科学家司马贺（西蒙）在解释直觉的心理机制时指出，"直觉不是神秘的、不可解释的现象，而是一个熟悉的过程：个体在先前知识基础上再认某事物的过程。"

根据再认的对象和结果，直觉有以下几种类型：

（1）在特定情况下发现问题并采取对策的直觉。这是一种经验直觉。它是建立在大量实践经验基础之上的。其特点是遇到某一特定情况就能快速判断出问题的性质，知道如何解决这个问题，但说不清楚为什么。

（2）对新事物的本质、规律做出判断的直觉。这种直觉是科学直觉，建立在大量科学知识和经验基础之上。具有这种直觉的人，对新出现的事物特别敏感，瞬间就能意识到它的本质、规律或者深远意义。

（3）由个体形象产生典型形象的直觉。这是一种艺术直觉。它是建立在形象思维的基础之上的，是从感性的个体形象的感觉上升到理性的典型形象上的。

直觉主要是大脑右半球的功能，是以大脑右半球所产生的映象、意象机能为主要机制的。直觉没有理性的深刻与严谨，但理性却没有直觉的敏捷与睿智。它们是互补的。

如果说，分析推理是显性知识的运用，那么直觉可以说是隐性知识的运用。

在系统科学与系统工程中，除了应用理性和抽象思维之外，也使用直觉。对一个系统开始也是用直觉来认识的。本书作者曾经建议把对系统的直觉称为"系统直觉"。

系统直觉是能够把复杂问题看作是系统问题的一种直观感觉，这种感觉是由于过去处理复杂问题或系统问题积累的经验和一定的系统知识累积而成的。我们经常听到领导人或者掌握全局的人在面临一个复杂的任务时，说到"这是一项系统工程"，这正是他们根据系统直觉得出的结论。在我们这样的大国中，面临众多复杂问题，涉及多种相互关联的因素，领导人或者掌握全局的人经历过许多难以解决的事件后，自然会产生这样的直觉。能够有这样的感觉确实是难能可贵的，但在非常复杂的情况下，不能停留在直觉水平上，应该进一步进行系统分析，再通过系统综合来解决问题。

本书作者提出的系统直觉的概念，有下面这些特征：①有系统整体性的感觉；②对整体与部分的关系上有一定的认识；③是在"自上而下"地看问题；④有很强的情景依赖性；⑤运用了不可言传的隐性知识。

除了个人的直觉以外，对一个团队也有集体的（组织的）直觉，著名的心理学家荣格（C. G. Jung）就指出过这一点。钱学森教授在创建思维科学时多次提到了集体思维，我们认为其中应该包括集体直觉。荣格曾经讲过集体直觉有遗传因素，但大部分还是在集体生活和工作实践中形成的。这涉及集体的隐性知识的形成，也就是"同感"的形成。系统直觉在系统集成创新过程中起到了先导作用。它为一个集体达成共识提供了先决条件。

从思维过程中使用的知识来说，抽象思维主要使用人已具备的和新获取的显性知识，但也需要隐性知识的帮助。形象思维中有些内容是只可意会、不可言传的，所以更多地依赖于隐性知识，但也离不开显性知识。

有人认为形象思维只不过是一种直观的认识，只能是一种感性认识，其实不然，因为在形象思维过程中作为思维材料的形象，已不是原始形象，而是经过加工改造了的形象。如船舶设计师构思出来的新型船舶的形象，建筑设计师构思的新建筑形象就是例子。

灵感（顿悟）思维涉及人的灵感似乎是很神秘的东西、但近年来心理学家认为它和人的潜意识有关。有一种说明和解释灵感思维的假说从为灵感思维是人的意识（显意识）和潜意识的相互作用。所谓潜意识，乃是未显示的意识，是人脑不可缺少的潜在的反映形式，是主体对客体的信息的前控制及内部体验的统一。

人的意识是一种综合性的复杂反映过程，除显现的、自觉的、随意的和可控制显意识反映形式外，还有潜在的、非自觉的、不随意的和前控制的潜意识反映形式，如无意感知、无意识记忆、无意注意、无意防范、无意体验以至做梦等。有人认为显意识在思索某一问题时，向潜意识发出信息，潜意识进行潜意识推论活动，两方面相互作用产生灵感。灵感思维可能是形象思维扩大到了潜意识。

3. 实际生活中的决策

最近有一篇国外的谈到，在实际生活中的决策有三种类型，可以简单地把它们称为：

（1）先想（thinking first）型。这就是一般的利用决策分析方法与工具进行的决策。看来这里主要使用抽象思维和显性知识。

（2）先看（seeing first）型。这是先从整体上来把握，主要利用直觉来进行决策，如有经验的专家进行的厂址、坝址、产品构形的选择。看来这里主要依赖的是形象思维，基于隐性知识的直觉。即前面所说的系统直觉。

（3）先做（doing first）型。这是指在情况不十分明确，需要先进行一部分工作来了解情况，找到感觉，才能继续进行工作的场合，如救火等突发事件的处理。看来这时需要在实践中逐步增长隐性知识，提高选择显性知识的能力。

生活实践中的决策常常是上面三种的有机组合，这就更需要把显性知识与隐性知识融合起来应用，并在决策过程中获得新的两种知识。

从上面所说的看来，在决策过程中，三种思维都有它们的用途。一些形式化了的科学决策方法使用了抽象思维，但一般都有形象思维作为前提或者二者交相为用。有一种传统理论认为科学家使用抽象思维，艺术家使用形象思维，实际上并不如此，科学家、工程师和一切从事实际工作的人除了抽象思维外，还使用了形象思维。因为他们的设计、发明、工程或其他建设的实现要体现在一定的实物和形象之中。

靠经验和直觉进行决策，则形象思维起了很大作用、形象大体上可以分为下面这几类：

（1）感觉形象，这是外界事物现象在人脑中的映象，像一个工厂、一个水坝。

（2）经验形象，这是人在实践过程中得到的许多映像的集合，如一个水坝的建造过程。

（3）观念形象，已经是通过形象反映本质了，如交通标志（红绿灯，禁止通行牌）线路图、地图等。

靠经验与直觉决策，常常是依据上面这些形象产生类比、联想，因而产生一些方案和思路。

从整个决策活动来说，人们同时依靠了这两种相互依存、相互联系、相互渗透并在一定条件下相互转化的思维方法。任何从事抽象思维的人，都在一定程度上进行形象思维，而善于形象思维的人也在一定程度上进行抽象思维。形象思维对抽象思维的推动，表现在形象思维以想象的形式促进抽象思维去开拓新的视野。一些抽象思维是由想象与幻想来触发的，形象思维还能使抽象思维具有更好的表达方式，抽象思维可以使形象思维明确方向、目标，加速思维过程深入到事物本质中去。这对应于我们在前面提到的，无论哪一种决策，都需要使用言传性和意会性两种知识。

形象思维与抽象思维虽然都源于感性认识，但提升的方向不同。抽象思维在提升中扬弃了偶然的、个别的细枝末节，揭示一般的必然的规律；而形象思维却不排除偶然的与个别的细节，能形成有个性特色的典型形象，二者在决策分析中、特别是在复杂的决策环境中各有各的用途不能偏废。

有的决策者长于直觉思维，有的决策者长于抽象思维，他们都曾在决策实践中取得过成功，证实了自己的长处。作为一个有远见的决策者也要认清自己的不足。除了发挥自己的长处外，也要依靠外力补足自己的短处。长于直觉的要注意辅之以分析，长于抽象思维的也要注意发挥想象力。

决策作为一种创造性活动，离不开创造性思维。这时除了上面说到的形象思维与抽象思维外，还依靠灵感思维，关键时刻它起了关键作用。

思维有再现性思维与创造性思维之分、再现性思维是人把过去经历过的、学习过的、看到过的、听到过的事物在头脑中重新呈现出来的过程，主要是搜索、获取已有的知识为主的。创造性思维则是提供新的、首创的、有积极意义的知识，因此是在已有知识的基础上创造新的知识。

（七）元决策与知识管理

1. 元决策的含义与内容

所谓元决策，就是对决策进行的决策，是人类在自己的求生存、谋发展而不断进行决策的长期活动中，由于经验和知识的不断积累，理论思维能力的不断提高，开始对自己的决策活动进行再认识、再思考和再评价，产生了对自己的决策活动本身进行决策的要求，这种对决策进行的决策便是所谓元决策。

由于人类认识的不断深入和科学技术的迅速发展，人们在研究客观世界、改造客观世界的同时，也在研究人类自身的活动，包括自身的认识活动和决策活动，元决策便是这种研究的产物。

人类在积累了丰富的决策经验（包括成功的经验和失败的教训）后，逐步总结并加以提炼，形成了关于决策的理论和方法。在20世纪中叶建立的有关决策的科学理论和决策分析方法，对决策的本质、决策的任务、决策的步骤和方法等，都有了比较系统的见解。

但是在决策实践中由于决策环境的复杂多变，由于决策在时间、条件等方面的约束，使得决策者只能凭自己的经验和直觉，或者采用他所熟悉的科学工具进行决策，还不可能对决策过程本身进行认真考虑，对决策步骤、决策方法等进行选择。一旦遇到决策失误，也很难从根本上、也就是从决策过程本身去找原因。直到有了大量失败的教训，痛定思痛，进行反思，才有可能认识到对决策过程还有个决策的问题。

元决策（meta-decision-making）概念的最早提出是在20世纪80年代后期，在把元决策当做决策或解决问题过程中的一个具体步骤，文中认为，决策或问题的求解包括下列三个任务：一是问题或机遇识别；二是元决策；三是通常意义上的决策。这里第三个任务把决策理解为对已明确的问题用已选定的方法进行分析评价，而元决策则仅仅理解为选择适当的算法与信息以供第三个任务使用。

这种理解是过于狭窄的，因为选择适当的思路与方法去发现问题，发现机遇，去明确问题，这比解决问题更重要，因此也应该包括在元决策的任务之内。

有鉴于此，本书作者曾经提出的定义是：元决策是对决策进行的决策，是根据决策者、决策环境以及决策任务的特点，对决策风范（或称范式，英文为 paradigm）、决策方式、决策步骤做出的选择。具体地说，元决策就是对决策的战略进行安排，对决策的原则、组织、步骤以及对决策全过程的监控和评价等进行规划与设计。

前面曾经说过，决策是人们从认识世界到改造世界的中介。选择什么样的思路、方法和步骤来构筑这个中介，正是元决策的任务。

"元"的含义，按照古今汉语词典的解释，乃是"开端""本源"，按照牛津字典和韦氏字典，"meta"的意思是"在上面"（above）与"超越"（beyond）。这就是我们把决策的决策称为元决策的原因。

在进行元决策活动时，人已经具有双重身份了。一方面，作为决策者参与了决策活动，另一方面，作为元决策者又要把作为决策者的自己和决策环境放在一起，作为自己的研究对象，因此，自己既是元决策的主体又是元决策的客体，在这一点上元决策和元认知（meta-cognition）是很类似的，它们的实质都是自我意识和自我调节。作为元决策者的自己，不仅要认识决策的客观因素一面，还要认识作为决策者的自己，主观因素的一面。

我们之所以把元决策和具体问题的决策划分开，形成一个层次结构，为的是使决策者在面临具体决策任务时，首先筹划一下应该怎样进行决策，想一想应该选择什么样的决策方式方法和步骤，再去具体进行工作，先不要一头扎进具体的细节去。就像在一些电影或电视剧中，某人是导演兼演员，他首先要考虑怎样执导而不能一下子先去当演员。在复杂的决策任务中，决策者先以元决策者身份来安排决策过程，然后进入决策者的角色，要能进得去，还得能出得来。在决策进行过程中随时能超脱出来，审视自己的决策过程。这将使决策工作进行得更合理更有效。

所谓知己知彼，不但要像军事斗争中那样知道自己一方的实力，还得知道自己的决策风范、决策方式、决策习惯。人贵有自知之明，对自己的长处和短处有一个恰如其分的了解确实不容易，古往今来有多少英雄豪杰成就了丰功伟业，后来就因为被自己的盲目自信所蒙蔽，造成决策上的失误，招致了终身的遗憾乃至于失败的悲惨结局。由此可见，正确认识自己，引导自己做出正确的决策，是何等的难能可贵。

有时候，元决策的一部分任务是由上级组织完成的，如决策依据的总原则，决策组织的大原则等，但是总有一部分元决策任务是由决策者自己需要考虑和进行的。

有的决策者在有了错误时缺乏反思而一意孤行，这就需要担任元决策部分任务的上一级进行检查和监督（对大型决策说来元决策的部分权力由上级掌握是必要的），例如，人民代表大会、监察机构对政府从元决策的层面上（如从决策的总原则、决策程序等）加以监督，或者由公众舆论来加以监督。这正是民主化的体现，也显示了两层结构的优点。

前面曾经提到元决策和元认知类似，都是人的自我意识与自我调节。元认知是人类在长期认识客观世界的过程中随着经验的积累和认识的提高，对自身的认识活动进行再认识、再思考和再评价的产物；元决策比元认知更深一步的地方是它不仅要认识、还要筹划行动，因此更具备实践的性格，与人类社会生活关系更密切。

元决策本身既然也是一种决策，那么也应该有它的目标、准则、备选方案和选择方法。

元决策的目标就是一切决策任务所共有的目标：提高决策的整体效能。进行元决策所采用的准则是对所有决策任务进行评判的共同原则。这些原则是：

（1）决策的有效性。怎样用最小的代价得到最好的决策结果，一直是人们所追求的目标，因此对决策方式方法、决策步骤以及决策思维方式的选择，都要看怎样才能提高决策的有效性。特别是在复杂多变的决策环境中如何能付出力所能及的较小的代价得到满意的决策结果，正是人们在实际决策过程中所希望做到的，这要比花费巨大代价而得出并无明显效果的决策方式更容易被高层主管采纳。

（2）决策的及时性。这在某些决策场合是十分重要的，如投资机会的选择，至于像抢险救灾，应付意外事故，时间因素更是首先要考虑的。

（3）决策结果的可操作性。由于决策结果是要付诸实行的，它的可操作性也是衡量决策成败的一个重要因素，而决定可操作性的不仅是决策结果本身，它还受决策过程的影响。例如，在一个组织中如果采取集体决策方式，参与决策的人有些便是后来执行决策的人，他们对具体执行时的条件了解较多，能提出一些保证可操作的意见，而且他们本身的参与也容易调动他们的积极性，加强他们的责任感。

上面三个准则是对所有决策任务都适用的，当然还可能有其他准则，但这三个是共同的，主要的。

这样一来。元决策本身也成了一个多准则决策问题了、上面三个准则孰轻孰重，则要视具体决策任务而定。如前所述，对于应付紧急事件，需要当机立断，及时性便是首要准则。对于长期发展战略决策，需要多方面考虑，要反复推敲，及时性并不显得十分重要。对于需要动员各方各面的人员来实现的任务，则决策的可操作性应该放在首要地位。

元决策的首要任务和内容，是决策工作的组织、决策总原则的确定和决策步骤的安排。

2. 元决策对决策工作组织的考虑

在一个组织的决策中，首先遇到的问题，是决策究竟由一般是领导人自己做，还是吸收下属和有关人员参加来做，参加的程度如何。

领导者在进行决策时如何选择决策方式的问题，实际上是领导方式的一个方面，一般是由领导科学米研究的，但从决策方面米看，这也是元决策的一个内容。

组织决策的两个极端是个人独断和完全放手。在这中间又可分成几种方式，有时候是"谋"与"断"的分工，这都涉及决策权的分配。在国外的组织理论中，关于这个问题，从领导方式角度建立的模型受到重视。这种模型把组织决策方式按决策者与下属参加的不同程度，分成许多类型，把它归纳一下，大体上分为五类：

（1）领导者（决策者）利用他当时所能获得的信息自己做决策。

（2）领导者从下属得到信息而自己做决策。在从下属处得到信息时，他可以告诉他们问题是什么，也可以不告诉。下属的作用仅仅是提供信息，并不提供方案和进行评选。

（3）领导把所要解决的问题，向有关的下属逐人传达，并听取他们的意见和建议，但并不把他们召集在一起。最后还是由领导做出决策，其中反映了下属的意见，也可能不反映。

（4）领导把问题向下属的群体传达，集体听取意见与建议。领导做决策，可以反映出下属意见，也可以不反映。

（5）领导把问题向下属的群体传达，然后在一起酝酿讨论方案，达成一致的决策。领导的作用像是会议的主席，他不想用自己的看法去影响下属，而是使他们自愿接受和执行整个集体的决定。

以上五类中，第一类是个人独断，第五类是集体做出决策，几个中间类型反映了领导者不同程度的放权和下属不同程度的参与。某一具体决策问题究竟应该采取哪一类，要看当时的主客观条件。提出了一些选择的原则。其中特别应该提到的是：

当决策的质量很重要，领导者所掌握的信息和专业知识又不足以解决问题，问题又是非结构化的，领导者又不知道从哪里可以获得信息，这时如果能在下属集体内进行意见交流，由于人多，知识全面，容易得到好结果，采取上述四、五两种较好。

从可操作性看来，如果决策结果能否为下属接受而且能积极投入是关键，而下属的主动性与能力又很高，也是采取第四、五类方式为好。

当然，在一些突发性事件出现时，来不及征求意见和讨论，就需要领导人根据自己的经验当机立断，否则容易贻误战机。

上面提到的还只是企业范围内的决策者与下属的决策工作安排。其实在更大范围来看，问题远不只是这样。随着社会主义市场经济的进一步发展，市场化逐渐孕育了不同的利益主体，要想统筹考虑各方的利益，就要吸收各大范围内的人员参与决策，从更广阔的层面掌握人民群众多样性、多变性、差异性的物质与文化需求，使得决策代表的层面更广泛，主流意见更集中。对涉及经济社会发展全局、同群众利益密切相关的重大事项或者工程，要广泛征询意见，通过公示、听证等制度，扩大人民群众的参与度，充分进行协商和协调；对专业性技术性较强的重大事项，要认真进行专家论证、技术咨询、决策评估。不仅要发挥领导者和专业人员个人的才能和经验的作用，而且要集中不同层次、不同知识结构的群众和专家的智慧，提倡不同意见的讨论，这样才有利于经济社会又好又快的发展，社会生活的安定和繁荣。

这既是决策科学化的要求，因为可以集思广益，在信息比较充分的基础上遵循客观规律做出抉择，同时也是决策民主化的原则和要求，决策民主化的重要命题是如何处理好个人决策与群体决策、组织决策和社会决策的关系，使决策结果能够反映更多的人的利益和要求。因此可以说，在元决策阶段对决策的组织进行规划和设计，乃是落实决策科学化与民主化的有力措施。

（八）决策步骤的安排及其知识管理

元决策需要对决策的步骤加以安排。我们来探讨一下，各决策步骤的工作内容和所涉及的知识。一个完整的决策过程，包括下列四个阶段。

1. 决策形成阶段

这是决策的开始，需要发现决策问题、明确决策任务。这里包括下面几个步骤。

（1）问题的察觉

首先需要研究的是，需要进行决策的问题是怎样引发出来的。引出问题的信号可能来自组织外部，也可能来自内部、它们又都有正规和非正规两种途径。对一个企业来说，市场需求变化，原料来源吃紧，都是外部信号，职工的合理化建议（如技术革新方面的），生产设备发生故障，领导打算制订长远发展规划，都是内部信号。通过定期的报表、文件或者外界的定期电话通知是正规信号。对信号的识别与判断依赖的是显性知识。设备仪表发出的报警信号，计算机显示或打印出异常的运行状况与数据，或者小道消息传来的涨价消息则是非正规信号。非正规信号往往会被人忽视。对它的识别与判断常常需要直觉，需要使用隐性知识。

从信号的到来，到问题的发现和构成，有一个过程，特别是对非结构化决策说来，还得弄清楚问题是什么、问题在哪里。

这里首先得明确什么叫问题。关于问题的定义，至今还难有一个众所公认的严格的规定。大多数著作中认为，问题就是当前的状态与理想的、预期的状态之间存在差距。所谓解决问题，就是消除这个差距。还有一种理解认为，除了上述差距类型的问题外，寻找机遇也是解决问题的一个类型。因为有人认为决策的任务有三类：第一类是达到预期目标（消除差距）；第二类是克服危机；第三类是寻找机遇。从解决问题的角度来看，第二类也可以看作是消除危机状态对正常状态的差距。

在接到决策信号时，决策者可能一下子就明确问题何在。例如，一个食品加工厂得到面粉厂通知，下个月少供应 5 吨面粉。也可能不是一下子就明确问题在哪里，因为决策者可能只感觉到某方面有问题，但预期目标不明确或者当前状态不清楚，也可能对寻找什么样的机遇未能明确，像上述这类情况，可以说觉察到有问题存在，有所谓议题（issue），还不能说已经构成了问题（problem），尚需进行下一步工作。

（2）目标的设定

如果说问题产生于预期状态与当前状态之间出现差距，那么首先就应该明确预期的状态、或者说目标是什么。这对于上、中层管理机构或人员来说，制订规划必须先确立目标。对于摆脱危机的决策来说，恢复正常也可理解为树立的目标（例如，抢险救灾不一定能恢复原状，但也得有一个具体要求）。

目标有理想目标、长远目标（在英文中是指 goal）和具体目标、现实目标（英文中的 objective）之分，前者是指方向性、全局性、长远的目标，后者则是具体的、近期可达到的目标。这里所说的目标设定则是指前者。当然对于一些基层的具体的决策任务，可能只有后者。

对于远景的确定，除了利用显性知识外，有时还得依靠长期工作的资深专家的隐性知识。常常是一些并未担任一线工作的资深人士具备战略意义的远见，但这种隐性知识有时会被忽视。

（3）对现状的分析诊断

这是对决策对象的现状进行分析。按照目标的各个属性和指标进行研究比较，看它和目标情况有什么差距。在有些规划中，不但要了解现状，还要研究如果不采取什么措施，当前情况发展下去，今后几年又会怎样，与预期的今后几年的目标又各有何差距，这种差距带有动态性质，例如，在研究人口控制的决策问题中，常常要研究如果保持当前的人口增长率，今后几年会是怎样，和预定目标的差距是怎样变化的。

对现状分析时，有些具体指标容易判断差距多大，有些抽象指标却难以准确判断，甚至有差距还觉察不出来。总言之这里面有主观因素在内，应该尽量消除。

到了这一步，应该已经能构成问题，因为差距找到了。但是也有一些人认为，不但应该找到差距，还得找出造成它的原因，也就是把问题的因果关系找出来才算把问题构成，这就像医生看病要从症候找出疾病来。这对后面第二阶段寻找解决方案要更有利一些。

对现状的分析诊断也是既要靠显性知识，也得靠隐性知识。但是不能仅仅停留在感觉的水平上。

前面曾经不止一次地提到确定问题是解决问题的前提。如果问题确定得不恰当，不全面，不清晰，则解决问题可能是一种徒劳。西方有一句格言："做正确的事要比正确地做事重要。"（英文原文为 Do right things is more important than things right）可见方向要比方法更重要。美国已故的总统林肯也说过："如果我们首先知道我们现在的处境和希望前进的方向，那就能更好地判断我们该做什么和怎样做了。"（英文原文为 If we could first know where we are andwhither we are tending，we could better judge what to do and how to do it）这段话生动地讲述了在决策过程中确定问题的重要性。

回顾历史上人们曾经辛辛苦苦地干了一些错事和笨事，就会深刻感到，这大半发生在目标定错了或者问题没有提对的时候。这时候，尽管人们也在千方百计地寻找有效的方法去把事情做好，但最终是事与愿违，并没有收到好效果，有时甚至是人们越努力去做，造成的损失越大，陷得越深，纠正起来也越发困难。这些历史教训应该引起人们的反思，深刻认识问题提得对不对，是关系到能否解决问题的首要条件。

2. 开发阶段

问题确定后，便要研究开发出解决问题的一个或多个方案。一般说来应该有多个方案以便选择最好的一个。

在这个阶段里有两步工作要做，第一步是寻找或设计方案，第二步是对方案进行一些分析计算或者仿真研究，使人们对方案的了解更深入、具体、全面。

（1）寻找方案

人们为了解决问题，首先会去回忆或查考过去类似问题发生时是怎样解决的（可以利用组织记忆中的成功案例），或者找别人来提供方案。例如，某企业要开发一个计算机系统，目标已定，则可找有关的咨询人员来提方案，也可以请开发单位来投标（投标也是一种提方案的形式）。这时既可请人单独提，也可以开会，例如，有一种叫集思畅谈会的（这种方法在英文中叫 brain storming，我国有直译成头脑风暴法或简称脑暴法，实际上这是一种精神病态，患者总是兴奋地说个不停，这里借用它来表示会上人人畅所欲言的热烈场面），让大家尽量发表意见，甚至异想天开的意见，然后由主席归纳引导。这正是进行隐性知识交流与形成组织的隐性知识的机会，也就是本书第十一章中讲到知识转化时的社会化阶段。这里需要发散型思维，要克服思想上的习惯障碍。有时意见过多过于分散，还得加以筛选。

（2）设计方案

有时候，方案需要加以设计，使其从一个笼统、模糊的形象变成一个具体的解决方案。设计是一种复杂的、反复的工作，一般说来，当寻找到许多可能性方案加以筛选后，对有限的一个两个才去进行设计。有时为了对比，可以有多个设计，但不会太多，以免费时费钱。这个阶段使用的知识以显性知识为主，但创造性的方案制订也需要隐性知识。

（3）分析仿真

对一些复杂的待选方案，要想使它更容易被决策者所了解，还要进行一些深入分析计算。对方案的投资、效益、影响等诸方面的指标进行估算，有时还得对它方方面面的影响进行研究，为了使得研究易于进行，还需要仿真。

有了计算机工具，设计、分析、仿真都方便多了。例如，涉及空间布局的方案，光凭口述不够具体，过去使用地图、沙盘，现在可以使用多媒体造型，以及复杂的虚拟现实（virtual reality）技术，在计算机上复现实际形象，给人以鲜明生动的感受。这就使得原来一些无法细致进行的方案设定工作能够很方便地进行了。

上面这三步也并不是必须顺序进行的。例如，有些决策任务，如某一个投资机会，方案明确具体不需再进行任何分析，就可直接去评价选择，不用经过这样一个开发阶段。也有的是方案已经有了，只是需要对它们进行分析，这就可以略去第一步——寻找方案，甚至都不需要设计方案了。所以究竟进行哪一步，要看需要来决定。

3．选择阶段

这个阶段主要任务是做出抉择。在许多教科书与读物中，这个部分占主要篇幅。其实从实际决策过程来看，它并不比前两个阶段重要，只要前两个阶段工作做好了，这段工作还是容易做的。有些决策问题进行得不顺利，原因是前两阶段工作没有做好。

这阶段包括下列几步工作。

（1）确定评价准则

评价准则的设定是进行评价选择的前提，应该按照决策目标确定一些准则。这些准则要具体，最好是能够度量的。有时候准则本身也形成一个层次结构，某一个准则又可分为许多分准则，指标分成一些子指标。

关于准则的设定，应在明确问题、确定目标时就开始酝酿了。

（2）分析、判断和协议

有了准则后便可进行方案评选。在日常生活中的决策，常常是在对各方案按准则进行一番比较之后由决策者最后判断选定。这当然主要靠经验和直觉，充分利用隐性知识。也有时要进行定量计算，例如，利用决策矩阵或者利用各种优化方法。这有时还得对决策者的效用函数进行分析测定，对于一些能够定量而又涉及长远、全局的问题，有专门人员去做这种决策分析当然很好，对于个人决策说来，进行一些必要的分析计算也是有益的。其实就是上面说的领导人作为决策者凭直觉与经验进行选择，这中间也穿插了一定的分析计算，也就是隐性知识与显性知识结合起来应用。但实际问题大多数不会单纯到仅凭一次计算就能解决问题。就以最典型的可用线性规划模型进行优化的问题来说，优化后的一些分析如影子价格计算、灵敏度分析等，也是极为重要的。

在充分分析比较各种方案的基础上，可以进行选择。这时有按最优解选择和按满意解选择两种可能。在比较单纯的问题中，选择最优解是可能的。但在复杂问题的处理时，或者由于信息不完全，或者由于目标与准则的多样性难以兼顾，或者由于评价标准的不肯定或难以取得一致意见，或者由于决策环境容易发生变化，以至于寻求最优解是不可能或者不现实的。这时就取满意解。

（3）决策结果的认定

经过分析评选，得出的决策结果有时还得经过认定，这种认定包括上级的批准和组织内部的认可。

关于上级批准，这是谁也能认识到的，至于组织内部的认可，则常被忽视。

我们知道，处理社会经济问题（经营管理工作多半是这个领域内的活动）时，不但要处理物与物的关系，还要处理人与物以及人与人的关系。因此决策结果一方面会影响到执行后各方面的利益，另一方面在执行过程中还需要各方面的人参加，或者影响到一些人的工作和利益，因此无论在决策分析过程中还是对决策结果的认定时都必须考虑人的因素。

我们认为，应充分吸收有关人员参加决策，因为他们熟悉自己的工作和影响，同时也有利于调动他们的积极性。在决策结果的认可上，如果也能吸收有关的主管人员（如财务、物资等部门）参加，也能吸收他们的意见，调动他们的积极性。

我国系统工程界曾有资深专家提出，系统分析要同时研究物理（客观事物本身规律）、事理（人管物的规律）和人理（人与人的关系的规律）。这里所谓人理，实际上是处理作为社会组成部分的人的群体之间以及群体内部的关系。

如果我们再深入研究一下，就会发现，我们在认识和改造自然与社会的过程中，要想得到成功，一定要考虑到下列三个方面：

首先是要认识和服从客观事物的运动规律，要辨明人对客观事物认识的真伪，要服从客观真理，不能违背客观规律。

其次是要和人的愿望与意志符合。人类活动是有目的之活动。这里愿望和意志已经有了主观的成分，有人的好恶。决策者在树立自己的目标与准则时，既要考虑客观现实，也要体现决策主体的目标，不同的决策者，由于处境不同，认识不同，目标会有差别。人们在实践活动中会不断树立新的目标，但在某一决策任务中，总有自己明确的目标，决策分析须以这一目标为依据。决策结果的好坏，将依满足目标的程度为准。

最后还要考虑的是决策影响到的人是各方各面的。例如，一个大型水利工程，主管工程项目的是一方，负责施工的是一方，工程完成后受益的是一方，而受工程影响（如库区人口迁移，渔业等影响）的又是一方。怎样调整各方面的关系，本来就是进行决策分析时的难题。广泛吸收各方面的人参加共同决策，做到利益的折中，在一个整体目标下各有所得，是决策分析过程的必需。而在有了决策结果后，如何让大家理解，如何使大家去执行，而不致产生抵触与反感，也是在这个阶段要做的工作。总之，个人与群体的行为因素都是应该考虑的。特别是当前以人为中心的管理思想日益引人注意，这又是东方管理思想的特点，应该注意把握。

4. 决策实施阶段

这一段是为具体执行做好准备，大体说来它包括下列几步：①制订具体执行计划；

②建立监督反馈机制，随时了解执行情况并反映给主管部门或主管人；③决策的修订。这同样看具体需要而选定。

在有些读物中是不把这个阶段包括在决策过程中的，做出决定便算完成任务。但从人类历史看来，许多决策都是在执行中经过反复修改，最后才较好地完成任务的。所以对这个阶段也不能忽视。

上述这些步骤考虑了当前各种决策任务的决策全过程中必须完成的工作。对于一项具体的决策任务来说，并不一定包括全部阶段和步骤。至于具体包括哪一些，则要看任务的性质、决策环境的特点以及决策者对决策任务的了解和任务而定。报道了作者们组织大量人力对 25 个典型决策问题进行了调查，发现每一种决策包含的步骤都不相同。其中有的不存在一些中间步骤，有的同一步骤要重复循环多次。所以在一开始时就应适当选择安排，并在决策过程中再进行调整（如反复进行某些步骤）。

上述文献的统计结果提供了一些引人思考的问题。在 25 个实例中有许多例子是经过多次方案寻找和方案设计的，常常是找到一个方案，经过评价认为不行，又去寻找，经过评价又不行，再去寻找。经过多次循环才得到较为满意方案，然后进行设计，再经过评价后选定通过。也有事先有预定方案，进行设计后，从细节中发现问题，中途放弃再去寻找新方案，经过几个反复，找到较好方案，再行设计、评价与选用。

当然还有经过评价选择后，提交主管人员去认可时被否决，又返回去寻找与设计新方案的。

那种按教科书上讲的从第一步到最后一步，依次通过的情况是绝无仅有的，而且很少是方案已经齐备后统一进行评价选择的，常常是有了一个或几个方案就进行评价选择，不行就再重复进行方案寻找与设计。如此反复多次，最后得出较满意的结果。

造成这种反复的原因是多方面的。一方面可能是因为客观外界形势发生变化，另一方面也可能是决策者与决策分析人员主观上的原因。例如，由于时间、能力或认识水平的限制，开始时寻找不出较多的方案或设计比较好的方案，经过对方案的评价审查，对已有的少数方案未能选中，但却从中发现许多可资利用的思想，因而产生新的方案。又例如，决策者的评价标准与尺度会随着评价审查工作的进行与深入而掌握得更合乎实际，等等。

出现这种反复是不足为奇的，正反映了人的认识是螺旋上升的。正如前面说过的，这正是决策过程本身也是一种学习过程的表现。"学习"是现代系统理论的核心思想。因此，从元决策的观点看来，这里也有一个反馈过程，即从决策结果的反馈来调整元决策。

由于在具体决策之前根据对主客观情况的估计，做出初步元决策，安排了一定的决策步骤，在决策过程中，发现这个步骤安排不适宜时，应该随时调整。

从控制理论的观点看来，一次安排下来的元决策犹如前馈控制，而按决策结果进行元决策方面的调整则如反馈控制。一般说来，二者是可以结合的，所以用的是复合控制（前馈-反馈控制）的思想。

如果进一步从中再总结元决策的经验，形成一种适应性的调整，则可按自适应控制的机理工作了。

另外一个引人注意的统计结果是在上述 25 个例子中进行了 83 次评价选择，其中只有 18 次用到了定量分析方法，发生在大企业对一些技术问题进行选择决策之时。这说明，现实生活中的决策问题是异常复杂的，涉及许多难以定量研究的因素，所以一些定量分析、优化方法，尽管它本身确实是行之有效的，但由于问题的实际情况异常复杂，各因素相互之间的关系纵横交错，还无法抽象化为可用上述方法解决的理想情况，如果勉强使用。必将招致失败。

正因为如此，评价一项决策是否成功，是否有水平，只能从它的实现是否产生良好效果来判定，而不能从所使用的工具是否先进来判定。

对这样的决策要很好地进行筹划与设计，也就是要进行元决策，其中的一部分内容就是研究确定怎样组织与运用各类知识，特别是存在于参加决策的人员的头脑中的知识。因此可以说，元决策的过程就是一个知识组织管理的过程。

过去说到决策分析与决策支持系统时，比较强调信息的作用，常认为决策失当是由于信息不足或不准，但信息的收集、整理和利用是以知识为基础的，只是过去在环境较少变化的条件下处理一些具有一定结构性的决策问题时，决策者或决策支持系统利用了已有的知识来处理信息，并未觉得获取知识与创造新知识的重要。现在面对复杂多变的环境，在决策过程中就应该获取或生成新知识，因此我们认为今后的决策分析与决策支持系统的研究与应用，应着重探讨如何在决策过程中获取、生成和有效应用新知识，更充分发挥人的学习能力。

最后还要谈一谈信息技术工具对决策的支持。我们前面一再强调，经营管理决策是以人为主体的活动，计算机不过是一种工具，辅助决策者获取与整理有关的信息，进行有关的分析计算，整个系统是一个人机相结合、协同工作的系统。如果我们不了解人的决策思维活动，就无法进行有效的支持。而计算机决策支持系统发展过程中，确实有一段时间是偏重于技术的研究开发而忽视了与决策思维之联系的。

现在我们应该研究一下各种思维方式、知识需求与计算机支持的关系，这样才能更好地发挥它的作用。

如前所述，抽象思维（或称逻辑思维）建立在严格的逻辑推理与分析计算基础之上，传统的计算机应用原来也是建立在这种基础之上的，无论是基于逻辑的专家系统、知识工程方法，还是基于定量分析的方法，都是这种类型。对于形象思维与灵感思维，目前计算机还没有现成的方法去表述、引导和分析。因为传统计算机的基本构成是以逻辑演算为基础的，是以严格形式化为前提的。

那么是不是计算机对形象思维、灵感思维一点也没有用呢？不是的。因为计算机可以通过各种形式的信息提供形象思维的素材。例如，在进行区域规划的决策时，讨论空间布局人们常常使用地图、照片、沙盘、录像片等工具，这些工具提供一些形象信息供决策者使用。又例如，人们在研究经济发展时常常利用一些经济指标随时间变化的曲线、图表，从这些曲线的走势可以立刻知道现在经济形势的变化（如工业生产总值是否在不断上升、某种产品的销售量是否在随季节波动），从而引起许多想法。再比如从一个扇形图上可以看出经济结构，如第一、第二、第三产业的比重或者从各种经济因素、社会文化因素的相对发展水平了解到综合国力等。

前面曾经提到，形象思维过程中作为思维材料的形象，已不是原始形象经过人对外界的感觉、知觉和记忆，形成所谓心象（或称表象、记忆表象）。通过形象思维，也能从内部产生心象。目前，关于如何建立心象的模型，和怎样建立形象思维过程的模型是一个有待研究的课题，一旦有了进展，必将对计算机支持形象思维提供可能性。至于灵感思维，如前所述，是形象思维扩大到了潜意识，目前还只能从形象思维方面得到一些信息支持。建立更有效的灵感思维支持，则是难度更大的课题。但是目前的虚拟现实等，可能提供新的希望。

六、落实团队知识管理建设

（一）做好知识管理——四个实用步骤

就企业的知识管理而言，一般分为三类：第一类解决显性的，包括产品手册、专业资料、各方面文档；第二类是项目表单；第三类是员工脑子里面的经验。

文档是企业首先要做的，文档管理的核心就是怎样能够保证文档更新是持续的。从本质上说，不在于采用软件怎样设置，关键就要保证内容是持续的。内容的更新是持续的，涉及得非常广泛。所有的技术问题都是致力于解决内容如何更新的问题。

企业运作当中各个环节沉淀的经验和知识、各种报表、各种内容，其实核心解决要通过流程的分析，确定什么样的环节，什么样的知识，谁来提供，这个是要以流程为基础的。

员工脑中的隐性知识怎么管理，这个事情的核心是什么，就是知识管理的核心手段是什么，总结以便于更好的借鉴。对于隐性知识管理，要有相应的手段，不断的巩固，把隐性知识变成显性知识。

企业知识管理实施步骤，可以分为：

1. 规划企业知识管理策略

大多数的组织在制定知识管理战略之前，已经具备较为成熟的知识管理措施，对自身知识管理的定位，不在于外部宣传，而是实现自我优化、主动升级，将知识管理落在细节，落在实处。

先进企业在推行知识管理第一阶段，首先将公司的战略目标确定为"知识化组织"。通过捕捉、整合、运用整个组织的知识经验，帮助每名员工在瞬息万变的竞争环境下取得迅速而准确的"知识优势"。

其战略远景大多为知识化转型后的企业，对知识（个体知识、团队知识、组织知识）、系统、服务实现灵活的访问和使用，拥有灵活敏捷的能力和持续调适的流程，并且能够与整体管理诉求协调。

2. 制定企业知识管理实施方案

先进企业知识管理一般涉及几个方面的实施体系：提升运作和决策所需要的知识

资源、系统、服务以及组织战略；支持知识管理的统一信息平台；实现组织的自我优化和自我适应，所需要的管理体系、工作流程、培训及教育。

3. 动态监控企业知识管理实施过程

基于组织变革的管理经验，企业知识管理的实施过程中需要重点把握以下要素：人才、任务、组织架构、进度、沟通渠道、持续改进。

针对知识管理的任务目标，可以分别指定了目标负责人，并学习和借鉴最佳实践模式以达成具体工作任务。通过在知识管理实施中引入高级管理者，逐步实现了全局的信息及知识资源横向整合。

知识管理是一项持续完善的工作，并不断更新战略规划。管理高层领导应该意识到所面临的挑战并不在于寻找技术解决方案，而是在于推动文化变革，以便引领所有员工都朝着同一个目的努力。

4. 在实践中提升企业知识管理能力

常见的知识管理实践包括如下方式：为企业建立统一的知识管理平台，全体用户可以访问相关知识内容。针对高需求用户，提供高级别知识管理，包括信息存储区域、工作流程和文件模板等功能。通过解决方案中心，为相关人员提供问题解决技巧及规程，传播知识资源以及其他的相关资料。建立实践社区，为跨部门与地域的员工建立点对点的知识交流，迅速适应瞬息万变的局势。访谈并分析知识管理专家，将关键知识元素整理为知识库，方便初级员工的培训与自我学习。

毕加索在他家里收藏了一批艺术精品，这些作品挂得都有一些轻微的歪扭，参观者总是情不自禁想将它们扶正。但毕加索认为，如果这些画悬挂周正，参观者就会把注意力放在环绕于外的画框上；而如果画装得歪扭，域中之美就会跃然而出。对于知识也是一样的道理，我们不能用界限将知识限制起来，必须让它跳出这些条条框框。

（二）知识管理系统

在知识管理的实施中，选择一套切合组织的实际，并能够满足组织业务发展需要的 IT 系统支撑组织知识管理的实施，是知识管理有效实施中的重要一环。

什么样的系统是知识管理系统？知识管理系统、软件、工具、平台等这些我们经常见到的词汇之间到底有什么样的联系和区别？那些被媒体吹得神乎其神的知识管理软件没什么，最后却没有发挥作用，而不同厂商的知识管理系统的功能差别又是那么大，我该相信谁的？

如何选择知识管理系统，这是一个问题！

原因一：知识管理理念和实施覆盖的范围是如此之广，因而其实施中可能涉及的IT系统也就五花八门。例如文档管理、FAQ管理、商业智能、关系管理、数据挖掘、协同工作、远程学习等。知识管理本身的特性，决定了知识管理实施中涉及或者可能用到的IT系统多种多样。不同的企业，甚至同一家企业的不同部门和机构，对知识管理系统的需求功能是不一样的，可能老总更需要的是对外部知识源的掌握，所以他可能更需要关系管理，而研发部的项目团队则更需要的是支持在协同工作中的知识发现、沉淀、创造和利用的系统。

原因二：不断出现的知识管理系统和软件厂商的鼓吹，媒体用各种IT系统实现知识管理的报道，彻底让人迷惑。每一天我们都能看到知识管理的软件产品供应商出现，并且我们会听到用某某公司的内容管理（项目管理、客户管理等）软件实现知识管理、用某某公司的OA、协同办公软件、用免费的Blog、Wiki实现知识管理。仿佛任何系统都有企业拿来做知识管理，而且任何系统都是成功的。市场信息总有两面性，在给我们很多启示的时候我们也不能忘记用自己的智慧去判断。

在主流搜索引擎关于知识管理的关键词分析中，我们发现关于"知识管理系统、软件、平台、工具"等词都是比较热门的词汇，这正好印证了知识管理中心的相关调查结果：在国内已经或正要实施知识管理的企业中，都把知识管理系统摆在了一个很重要的位置。但我们的调查也表明，在已经选择了知识管理系统的企业中，有一半以上的企业发现所选择的知识管理系统不能够满足自己的需要，甚至系统成了知识管理实施中的软肋。

我们认为，知识管理系统对于企业的知识管理实施能否成功发挥着很大的作用。知识管理系统在知识管理实施中的作用类似于双因素理论中所表明的"保健"因素：如果知识管理系统不好用、不适用或者不能满足需求，那很容易成为知识管理实施的最大障碍。

我们认为知识管理系统的选择应该是在对企业知识管理实施的目的、企业的核心业务流程、核心知识流程、知识管理战略确定后，自然而然所形成的对IT支撑平台的需求。而不是相反，由知识管理系统厂商来协助进行需求的分析（这样需求分析的结果大部分都是"你的脚多大我的鞋就多大"）。知识管理系统的选择必须考虑功能能够满足主要的需求，具备良好的可用性、适用性、扩展性。

一旦确定需要建立正规的知识管理体系，接下来应进行正规的考核，明确贵公司需要了解的事项以及可以找到何种信息。在这一步骤应该回答以下 5 个问题：

（1）贵公司的哪些流程对公司的净利润具有最大的影响？

（2）如果有的话，公司哪些知识能够使这些流程更加有效？

（3）这些知识是否是我们内部已经拥有但却不能恰如其分地适时运用，还是需要我们从外部获取？

（4）谁将是这些知识的使用者？

（5）我们如何启动将知识传授给员工的项目？

在探究了上述问题后，公司发现自己实际已经拥有了这些信息但却未曾利用，各业务单元都拥有解决方案和方法的数据库，但却没有连接或共享。于是公司启动了新的方案，将各业务单元的代表召集到一起组成一个特别工作组，其任务是研究什么样的管理系统软件才是适合的。

（三）粘滞的知识：公司中的知识壁垒

如今，企业必须认识到管理内部知识的交流存在独特的挑战，管理者的眼光要看得更远一些，不能局限于一些传统的激励问题。因为，如果不能打破企业内部知识交流的壁垒，企业的知识就会变成"粘滞"的知识。管理者如何才可以使公司的现有知识少一点"粘滞"，从而缩小各部门间的业绩差距，赚取唾手可得的财务收益？

1. 建立适合企业业务的知识分类体系

知识管理要在内部顺利的推行，首先要解决知识的存储与利用问题，但所有的知识分类要结合业务流程进行构建，比如，对于研发企业而言，可以考虑覆盖从"可研、初设、详细设计、试产、中试、定型"等业务环节的全过程的知识分类体系，即针对可研阶段或初设阶段，建立不同的知识分类体系，同时，考虑到知识分类体系可以以文件夹这样的一维存储结构存在，而在实际工作中，必然会涉及一篇技术文档属于不同业务领域或专业的情况，所以，兼顾多专业协作的要求，针对不同的知识分类，还要设计不同的专业文档/知识属性，一方面是对一维分类结构的有益补充，另一方面，也将提升知识文档搜索、复用的便捷性。

2. 构建知识与企业业务结合的知识历程图

知识历程图是将业务流程和流程中关键知识点紧密结合在一起的有效工具。一般而言，业务流程更多的是描述了该业务如何进行、如何操作，对于过程中的知识点没有明确的标示，而这些知识点往往是在实际工作中需要使用或积累的，因此，以业务流程为纲，在此基础上，把相关业务环节所需的知识点以"产出知识点、积累知识点、参考知识点"等分类加以标示，从而构建覆盖全业务的知识历程图。同时，知识历程图建立后并非一成不变，其变化主要来自两个方面：一方面，当业务流程发生变化后，其对应的知识历程图自然也要随之变化；另一方面，伴随着组织内部知识不断积累，其可"产出的知识点、参考的知识点、积累的知识点"可能越来越丰富，这也要求对知识历程图进行一定的修订。

3. 设计恰当的知识整理工具

对于组织而言，虽然可以通过知识分类体系和知识历程图建立内部有效的知识体系，但要结合业务过程的需要将内部的知识库填充完整，离不开有效的知识整理工具。在知识管理过程中，基于知识历程图，可能的知识整理工具包括必要的表单、模板，比如业务流程相关的表单、需要的必要模板（会议纪要模板、业务分析模板等），这些工具需要结合业务需要进行定制，同时，在实际业务流程中填写完成的表单/模板，也将作为内部知识库存储的一部分，从而将业务和知识紧密结合起来。

4. 内部员工的知识管理培训

培训对于初期建立内部知识文化具有很好的效果。通过有效的内部培训，让组织内部的大部分员工理解知识管理的作用，并具有知识管理的雏形意愿。但培训要想达到更好的效果，建议尽量采用内部培训的形式，在培训过程中将知识管理与实际的业务运作紧密结合，这样通过多次的培训，内部员工基本明白如何在实际的工作中应用知识管理的工具或方法。

5. 内部交流分享机制的建立

知识管理的成功关键在于知识在内部持续有效的交流与共享。倡导内部创新技术交流会，在工作之外，鼓励大家的有效沟通和交流，并且也可以通过这些非正式的交流会发现未来新的发展点。

6. 内部约束和激励措施的建立

可以说，在组织内部要想成功推行知识管理，并不是一件容易的事情，其中最关键的是要分清楚组织的状况，从而采用合理有效的推行策略，只有如此，才可能使得知识壁垒得以打破。

（四）竞争情报的力量无穷

竞争情报是指关于竞争环境、竞争对手和竞争策略的信息和研究，是一种过程，也是一种产品。过程包括了对竞争信息的收集和分析；产品包括了由此形成的情报和谋略。企业竞争情报之所以不断升温，是因为竞争情报能给企业带来高额的利润。同时，专职从事竞争情报的人员也为个人和公司创造了可观的效益。据了解，在国际市场上，每年的竞争情报业总产值可高达数十亿美元，所以，企业的经营者应该明了，企业的"情报工作是光荣的职业"，但从事企业竞争情报必须遵守下列原则：一是要合法；二是不能侵犯他人的合法利益。在正常获取竞争情报的过程中，应该是：没有阴谋诡计，没有偷窃行为，没有敲诈勒索，没有偷拍偷录，也没有假造身份等。

1. 情报的收集

竞争情报收集手段包括两种：

一是收集公开的数据，包括行业协会、政府机构、咨询公司等提供的数据，同时也包括收集在报纸、杂志、电视广播和产品传单中涉及竞争对手的数据。其中竞争对手自己印制的介绍材料和竞争对手当地的报纸往往是非常重要而又容易被忽略的信息来源。

二是收集非公开数据，包括对竞争对手进行观察、测量，以及同竞争对手的员工进行交谈。收集非公开的数据要注意是否合法，且合乎道德标准。在美国，有《商业间法》，并且竞争情报专家协会对会员有严格的职业道德标准要求。

2. 市场调查和实地调查

这是对现场参观访问、调查、询问、搜集实物样品等情报收集活动的总称。较常用的方法是：参加各种展销会、展览会，直接去了解竞争对手的各类信息，也可以委托专业的咨询调查公司进行。其次，在闹市区，经常可见一些人在做市场调查，他们手拿问卷提纲，向过路人提问，涉及的问题大都与企业经营的范围无关。此类做法明为材料的积累，但实质远远超出了商业竞争情报的范围，目的隐晦，颇堪玩味。

3. 反求证法

通过购买竞争对手的产品进行拆卸研究，其目的一是研究对手的产品是否有仿冒之嫌；其次是研究对手的产品中有否值得借鉴之处。

4. 人际交流

通过人际交往获取企业竞争对手的情报，"竞争情报人员感兴趣的是与许许多多各种各样的人建立友好关系"，"来自人的情报胜于机器情报"，人际交流的方法很多，朋友之间的交往，老同学、老同事之间的聊天、聚会、喝茶，这些看似漫不经心的谈话，只要你是个有心人，就会从中受益匪浅。

几乎"公司里每个员工都在有意无意做着竞争情报工作"，匹兹堡大学商学院教授约翰·E. 普雷斯科特指出，他也是《竞争情报评论》的执行编辑。当你浏览对手公司的年度报告，和对手公司的财务总监在招待会上聊天，或者通过网上新闻剪报服务阅读关于对手公司的文章汇编时，你就在搜集竞争情报了。

5. 情报的分析

我们所处的时代是一个信息的时代，数据和信息可谓俯拾皆是，有时甚至让人无所适从。安贾·科贝尔在德意志电信机构战略部负责战略预警系统，她指出，许多高层管理人员并没有认识到在竞争情报运用中要考虑那么多因素。"一些人认为竞争情报只是市场研究，"她说道，"他们把它看成是信息——数据搜集和汇总——而不是加上分析和解释的情报。"

只有掌握从信息海洋中发掘有效信息，并加以分析利用的本领，才能成为一个合格的竞争情报专家。

应用于竞争情报分析的方法很多，现简要介绍以下几种：

（1）SWOT 分析（"S"指 Strength，优势；"W"指 Weakness，弱势；"O"指 Opportunity，机会；"T"指 Thread，威胁。）顾名思义，SWOT 分析就是通过对产业、竞争者和自身优势、弱势的分析，发现产业和自身所面临的威胁，找出产业和自身的发展机会。

（2）竞争者档案：即通过掌握竞争者的动向，制定出相应的战略。

（3）前景规划：通过分析勾勒出市场的前景，制定出相应的战略。

（4）战争游戏：把竞争策略放诸非常接近于实际商战的模拟环境中，找出策略的不足之处，并加以改进。

（5）基准分析：是用来测量一个公司的运作与业内最好公司对比的分析工具和过程。

竞争情报分析应该是对战略的考虑，而不是毫无意义的数字计算练习，通过竞争情报分析应该得出具体的行动方案、计划和目标，并且通过长期监测来确保其实施的准确性。

通过以上的分析，我们主要希望回答如下问题：

（1）现在的市场有什么特点，是完全自由竞争还是封闭的？

（2）市场的变化趋势是什么？

（3）市场中现有和潜在竞争者的实力如何，优劣何在？

（4）我们应该采用何种战略战术，竞争者会做何反应？

竞争分析的目的是使企业充分利用自身优势和环境机会。如，在完全开放的由几家寡头控制的市场上，领导者应努力扩大领先地位，而弱小者应利用自身优势寻找强者无法防御的机会。

受雇的咨询顾问或者内部专业人员，这些现在的竞争情报职业者"看上去有点像电视广告的用语"，竞争情报职业者协会的执行董事长比尔·韦伯说道："我们并不做决定，我们只是让所做的决定更好，为决策提供更好的信息。"

（五）你最大限度地发挥知识型员工的作用了吗

弗里德理科·泰勒，在他的被世人视为"管理经典"的《科学管理》中无限感慨："除非工人们从思想上对自己和对雇主的责任问题发生了完全的革命，除非雇主们对自己本身和工人们的责任的认识发生了完全的思想革命，否则，科学管理不能存在，科学管理也不可能存在！"泰勒的话真的应验了，随着农业经济、工业经济的步伐，知识经济到来了，随之而来的是"知识型工作者"的出现。彼得·德鲁克在他的最后一本专著——《21世纪的管理挑战》中写道："21世纪，组织最有价值的资产将是知识工作者及其生产效率。"在这个转变的过程中，战略、流程乃至组织形态和架构都在发生着革命性的变化。

知识型员工随着知识经济时代的到来，知识成为企业资源要素中最重要的要素之一，而知识的创造、利用与增值，最终都要靠知识的载体——知识型员工来实现。知识型员工在企业尤其是高科技企业中所占的比例越来越大，并发挥着日益重要的作用。知识型员工指的是那些掌握和运用符号和概念、利用知识和信息工作的人。他们具有自主性、个性化、多样化和创新精神等特点。首先，他们具有专门的知识和技能，在工作上具有较强的自主性；第二，他们了解自身具有的知识对企业的价值，因此他们更多地忠诚于自己的专业，而可能较低地忠诚于所在的企业；第三，他们追求自我价值的实现，追求终身就业能力，因此他们有很强的学习意愿，需要经常更新知识；第四，他们的成就欲望较强，愿意接受具有挑战性的工作，同时要求工作中更大的自主权和决定权；第五，他们自由选择企业，如果原有企业不能满足其需求，他们可能会另谋出路。

我们是否有效地监控他们？如何让知识型员工发挥更大作用？

管理者可以让知识型员工发挥更大的作用。在对知识型员工的管理中，管理者必须扮演与以往不同的角色，这点也很重要。他相信，从总体看，上述变化可以引发一场管理革命。从老板转向"运动员/教练"型管理者。许多经理会发现既要监控知识型员工，又要和他们一起从事研发工作，要在这两者之间搞好平衡很不容易。

弗里德理科·泰勒

知识型员工具有较高的个人素质，人性化管理日趋重要。

今天的知识型员工在文化素养与专业技能方面一般都较高。在与这种转变相适应的是企业必须改变过去在生产线上拿着秒表的呆板、僵化的机械式管理，取而代之的应是轻松、充满灵活性的尊重人性的一种文化，充分挖掘与激励员工的工作潜能。

需要特别指出的是，有时一提到人性化管理，大家往往容易过度强调员工的个体需求，仿佛人性化管理就是放任自流，而忽略了人性化管理的本质。人性化管理强调尊重人性属性，挖掘人的潜能，但其最终目的是为企业（团队）的利益服务的，因此必须结合企业的自身发展阶段，选择合适的管理手段及与之相匹配的管理制度，在保障企业利益目标的前提下，循序渐进的推进。

知识型员工一般具有强烈自我价值实现的需要，因此物质激励与精神激励相结合才能起到较好的激励作用。

知识型员工对于组织的归属、在团队中受尊重及自我价值实现的需求较强烈，因此除了薪酬激励，企业可以在以下几个方面重点考虑：首先让员工充分参与其自身分工业务的决策。由于他们了解自身业务，了解出现的问题及改进的方法，如果参与事务决策，有了强烈的参与感与自主性，工作的责任感就会大大增加。其次在工作职责范围内应充分授权，委以重任。尊重人、信任人就是委以重任，这样将大大激发知识

型员工的工作激情，发挥最大的主观能动性，以满足自我实现的需要。

知识型工作者一般追求一定的私密空间，企业应在条件允许的情况下，尽力创造宽松、舒适的高档次工作环境。比如宽容、轻松的工作氛围，自主装扮的工作空间，公平、公正的管理制度，良好的企业文化等。这种高档次的工作环境与氛围也是知识型员工自我追求与实现、满足的一部分。

还有很重要的一点就是，管理者要给知识型员工精心安排工作任务，既要符合他们的个人趣味，又要和公司的大目标相匹配。寻找这样的合适任务需要花费很多时间和精力，相对于其他工种而言，给知识型员工安排和修订工作任务需要更多的妥协和退让。当员工把工作当成自己的事业，并且认为自己正置身于一个远大的发展蓝图中时，他们的工作效率就会大大提高。

七、从老板转向"运动员/教练"型管理者

（一）首席学习官的工作就是"剥洋葱"

"二十年前，几乎所有人都可以预言培训技术将怎样变化，但绝没有人能够预言首席学习官（ChiefLearningOfficer，CLO）头衔和职能的出现，那时根本没有这个词，没有这个概念。"这是芝加哥康复中心首席学习官 JeffOberlin 的感叹。如今，与他同一头衔的 C 字头高管，已广布于 IBM、GE、高盛等跨国企业。

首席学习官是指在组织学习发展过程中，具有充分的战略理解能力和组织学习资源的整合能力，通过建立和优化组织学习发展体系并领导组织学习活动，以实现组织不断适应变革与宏观战略的契合、驱动组织整体业务绩效的提升、打造持续性竞争优势的高级管理人员，他们要确保组织所建立的流程、制度和文化能够促进组织内部成员之间、组织成员与客户之间更为有效地共享知识。

不过，具体到一份"首席学习官"的职责说明书，业界仍难有定论，甚至其中文名也未确定，从首席教育官、首席培训官到学习长，不一而足：

学习，意味着改变的可能。企业文化的每一次刷新都是首席学习官的重头戏。

改变的手段与目标，也在于学习。首席学习官的使命，不仅仅是通过"洗脑"式的全员学习应付企业的一次次变革，更重要的是建立持续改进的学习型文化，否则首

席学习官只是培训官。

高盛的第一位 CLO，史蒂夫·科尔这样为自己的首席学习官角色定义，"就像人体一样，对于移植新器官，肌体免疫力往往会抵抗其进入。我的任务就是变革公司内部的机制，使它能够创新，接受变革。"

"你永远不能以完成时态说我们已经是一个学习型组织"，彼得·圣吉的名言为首席学习官指出了一个近乎无限的施展空间。科尔和倪捷正在做的，就是将学习从"运动"内化为文化，让终生学习、持续改进成为每位员工的习惯。

与 CEO 同一级别的首席学习官，不再是人力资源部门的培训经理，他们需要跳出培训看培训，将企业战略与员工的学习"关联"起来。

像 CEO 那样思考员工的学习，不仅需要首席学习官"关联"企业全局的能力，更需要领导力，因为他们将直接影响每位员工的头脑，甚至塑造公司未来的领导者。

沃伦·本尼斯被誉为"领导力的导师"，他认为领导力的基础就是改变他人的思维定式，而这是极为不易的："我们中的大多数人认为自己在倾听他人的时候，实际上多数是在专心地听自己。"仅仅一两项培训难以赋予员工领导力。为此，首席学习官的另一重身份就是"领导力的导师"。

"我的日常工作包括，负责全球领导力项目的培训，为 GE 培养眼下及未来的领导人。"GE 的现任首席学习官 BobCorcoran 这样说。

用 IBM 首席学习官 TedHoff 的话来说，"所有的学习都要以增进企业的策略与目标为前提，对于学习的投资重在如何产生企业的效益"。

因此，当前为数不多的首席学习官们大多拥有人力资源、组织发展，特别是培训方面的多年经验。

CLO 负责建立学习型组织。时下，他们还有另一层职责，培养组织渡过经济困难时期的能力。尤其在目前的经济环境中，世界各地的公司都在依赖 CLO 来保证企业在学习方面比竞争者更胜一筹，进而在企业战略和革新方面抢占先机。通用电气的总裁兼 CEO 伊梅尔特曾这样认可彼得斯作为 CLO 的重要性，"生意好做的时候，人们感觉不到领导力的分量；形势不好，你就会需要有力的领导者了。"

最后，要使知识管理得以成功实施，公司的 CLO 必须对知识、对激励人以及对追求成果都充满热情。这三方面的热情缺一不可，CLO 在知识管理逐渐失去它美丽的光环的时候，要仍然坚信它，他们应当成为一流的激励大师并且永远保持对切实成果的热望和追寻。

作为一个诞生不久的岗位，CLO 的权力边界仍在摸索中，但是为企业带来的改变早已超出了 CLO 的本意。

（二）执行官的领导艺术不能在温室里培养

随着商业环境正在发生根本性的变化，培养管理者的途径也日益进入公司现有经验之外的新领域。由于对成功的企业领导者的要求已经改变，因此培养领导者的方法也发生了变化。

"全球市场是复杂的。"沃顿行政教育学院公司课程资深主任简·希勒·法伦说，她曾帮助全世界成千上万的公司高层行政人员制订培训计划。"市场的节奏千变万化，公司自身已经不能提供他们想要的那种培训体验和发展环境。"

当你在温室里培养领导者，最后只能培育出温室里的花朵：它们看上去非常美丽，但是一旦与外界接触就会枯萎。

领导能力开发不是一个独立的过程。尽管公司的确有培训领导者的正式项目，但是大多数情况下，执行开发是在工作中进行的，更重要的是，服务于工作的需要。随着前程似锦的管理者向前发展，他们会面临一系列的挑战，从中他们学会在各种环境下运用这一模式的方法。开发过程会给予年轻的执行官极其广泛的自主权来拓展其能力并迅速其成长。

有时候，企业领导人常常不能预见，一个不合常规的与传统企业模式格格不入的员工可能成为很有潜质的领导者。例如，一位高级行政人员在公司里被认为是一个古怪和脱离现实的人，"公司不知道该拿他怎么办，"法伦说，"但当首席执行官来了之后，他认识到这个特立独行的人对于经营一个迅速发展的新业务将是个理想人选，经营这些业务需要对整个商业环境有全新的视角。"

除了在财务、营销、技术、企业并购、经营管理、供应链和其他领域磨炼业务技能外，管理者培训课程需要进行得更加深入。他们需要从三个方面来衡量领导力水平：个人、团队和组织动态。领导者需要深入了解他们个人的强势和弱势。

同时，他们也需要能为团队的工作设计提供最佳方案。最后，他们需要有一个系统的视角来理解整个组织的动态变化。

对权威的臣服等传统理念对管理者在处理上下级关系方面有着重大的影响。有一组人员在培训课程中提出了一些绝妙的想法，"但当他们需要向公司高层施压推行他们的计划时，他们却闭口不言了。"法伦说。

　　培训同时促成了跨行业和跨领域的独特视角——从公司外的专家或是公司内跨部门的不同角度来看待问题。在一个培训课程中，一个公司的管理者认识到很多失之交臂的生意却可以通过跨部门的合作得以挽救。"当你把这些聪明、有能力的人聚集在一间屋子里的时候，他们会创造奇迹。"法伦说，"他们认可个性、能力和资源，而公司以前却几乎没有意识到这些。"

　　五项指导性的原则推动了培养领导者的方法取得显著的成效：

　　（1）关注全局。与大多数消费品公司不同，尽早地给那些有培养前途的人划出责任底线。

　　（2）给予管理者行动的自由。卡夫前首席财务官加里·科赫兰说，这种方法减少了独裁，鼓励了个人的主动性。"如果你做得对，你不必写许多备忘录，"他回忆说，"一旦展现了你的能力，你就能放手去做，然后就能形成自己的处事风格。"一旦年轻的管理者掌握了基础业务，就给他们留下足够的空间，让他们决定如何达成目标。

　　（3）教导管理者影响力的艺术，而不是发布命令。培养管理者影响力的艺术，使他们有能力调动整个公司的其他人员来共同完成工作。负责品类和品牌的执行官们不能简单地发布命令，他们必须学会说服别人并且统一意见。正如一位前执行官所说："你要经常让许多人围桌而坐，如果你想成功的话，你需要让那些人各抒己见。因此，重要的是学会如何激励他们，而不是利用职权操纵他们的职业生涯。"

　　（4）不鼓励自我宣传。鼓励的是团队成就，而不希望个人成为焦点。吉姆·柯林斯在他的著作《从优秀到卓越》中研究了具有个人魅力的公司领导者所带来的危险性。

　　（5）为人才找到合适的位置。并非每个人都能领导公司，公司能给出的承诺是致力于留住人才，并且为没有成为领导者的价值创造者创设角色。当然，不是每个人都能成功地晋升到领导能力开发计划的最高层。经常将这些人转到职员部门，而不是解雇这些有经验的业务经理。的确，公司的最高管理层致力于安排一定的"职员名额"来留住优秀的人才为公司工作。

　　但是，其他公司可以采纳基本的思想。任何公司都能仔细思考自己的商业模式和基础性原则，都能为强化这些原则的管理者绘制出职业道路，都能赋予年轻的执行官们像成熟的首席执行官一样思考并行动的职责。

（三）知识管理时代，有关领导能力开发的若干问题

近年来，以新技术革命为先导的人类社会步入知识社会，时代的重心都在向知识化转变，知识迅速成为经济的力量，已开始重新演绎出新的生命力。知识经济化，其中一个重要方面，就是新技术发展要求不断对领导能力产生影响。

学会如何领导不只是一个认知的过程，其中也有情感因素。你向谁学习和你学习什么一样重要：两个人可以给我同样的建议，但是我会更善于接受曾经历过与我眼下所处的实际情况相似的人提出的建议。只有通过与你有过同样经历的人进行联系，经验教训才可能真正成为你自己的。

创办奥美广告的大卫·奥格威曾经说过："著名的医院会做两件事：一是照顾病人，二是教导资浅医生。奥美也在做两件事：一是照顾客户，二是教导年轻的广告人。在广告的领域里，奥美就好比一所教学医院。"奥美建立了具有特色的教学型组织文化，成了一个成功的知识型组织。

社会进步的力量，通常也来自先驱者对于新思维模式、价值观的塑造和扩散。对于企业这个组织而言，同样如此，在个人与组织整合互动的过程，最具有动态影响作用的因素便是领导，领导者个体行为常常会深刻影响着组织的群体行为。

但是，"瓶颈永远在瓶子的上端"，在目前知识导向的产业结构与企业变革压力下，如果组织领导者们不能认识到这种变革趋势并体现出相适应的领导力，则其所领导的组织必将会在这个浪潮中落伍。

而早在 1989 年，管理大师彼得·德鲁克就提出：因为信息科技的发展，使得企业组织的变革由"管理权与所有权分离"的第一次变革，到"指挥控制型组织"的第二次变革，发展成为"知识型组织"的第三次变革。

知识已经成为管理行为的基石，如果企业领导不能以知识作为决策的基础，在面对专业知识工作者时，会不可避免地陷入难以知识共鸣的困境，也会发生知识对话的落差以及相互沟通的障碍。

显然，团队型领导风格相对来说是较为完美的领导方式，尤其是随着知识经济时代的来临所导致的领导权力动因的转移，使团队型领导风格更显重要。传统领导理论强调的是"职位权力"，主要体现为合法权和奖惩权，前者是一种经过正式任命的权位权力，后者则是领导者对其下属的资源控制、奖赏、调职、减薪、降级或解雇而让部

属不得不接受其领导的权力。

然而，"职位权力"正逐步被以知识为基础的"知识权力"所取代。

可以说，"知识权力"下的领导行为更多是一种素质影响力，它依赖于领导者的素质品格，使得部属因心悦诚服而接受其领导，并完成其指派的任务，这样的领导行为要求领导者做到以下三点：

首先，要能给员工指出愿景，愿景是一种希望，也为一种能量，它是组织战斗力的目标；要成为团队训练者来帮助员工培养技能，对于知识型员工来说，领导者不善教导就难以领导。

其次，领导要起到感召的作用。大家都说"榜样的力量是无穷的"，员工为什么愿意跟随领导朝着一个共同愿景去努力奋斗，根源还在于员工对领导者行为和人格的信任，只有当领导者的做法让员工感到信任和尊重时，他们才会自觉自愿地追随领导者的做法，这就是榜样的力量。

最后，领导要给员工动力，要为员工喝彩。奥格威说："当员工有令人激赏的表现时，明确地表达你的赞美。"当然，赞美并不排斥责备，领导要善于为员工设立SMART的工作标准，员工没有达到时同样需要予以适当的责任。因为，最容易损伤团队士气的事常常是领导者容忍员工二流的工作成果。

一个领导者只有善于赋予团队以愿景、感召和动力，而不仅仅是过程控制、资源协调，才能真正实现从单纯管理者到真正领导者的转变。而且，"领导者"这个头衔并非专属于那些看似高高在上的人，我们每个人都会在特定时间、特定地点置身于作为领导者的境地，因此，"领导力"是每个人都应该培养的一项技能。

在知识管理时代，企业家如果继续专注自己的权力，企业就无法适应瞬息万变的外部环境，企业员工尤其是那些知识型员工的主动性、积极性和创新性就会受得到损害，企业的经营管理决策的科学性就无法得到保证。

八、培养领导者的艺术

维杰·威斯温纳斯

玛西娅·布伦科

去年春天，传闻列入竞选"可口可乐"首席执行官决胜名单的众多首席执行官中，三位有着极其相似的背景。美泰（Mattel）的罗伯特·埃克特（Robert Eckert），好时（Hershey）的理查德·利尼（Richard Lenny），以及吉列的吉姆·契尔兹（Jim Kilts）都曾在卡夫食品锻炼过管理技能。

一切并非巧合。在过去 20 年里，卡夫已经培养出大量的杰出人才。曾在卡夫工作过的人除了在美泰、好时、吉列担任领导职位外，还在西尔斯、桂格（Quaker Oats）、金宝汤（Campbell Soup）、扬雅、玛莎（Marks &Spencor）占据高层职务。尽管通用电气以向其他组织。输出领导者而闻名于世，卡夫食品却被视为培养首席执行官的摇篮。

奥秘就在于卡夫的管理开发过程。除组织的日常工作外，许多公司的开发计划都是在严格控制的温室里进行的。执行官报名参加一系列的局部课程或者参加集中的案例研究。然而，当你在温室里培养领导者，最后只能培育出温室里的花朵：它们看上去非常美丽，但是一旦与外界接触就会枯萎。

在卡夫，领导能力开发不是一个独立的过程。尽管公司的确有培训领导者的正式项目，但是大多数情况下，执行开发是在工作中进行的，更重要的是，服务于工作的需要。自始至终，开发都旨在强化卡夫的商业模式。塑造品牌对于卡夫的成功至关重要。别的消费品公司往往把塑造品牌与降低成本分开考虑，但在卡夫，这两者是相互关联的：系统地降低成本使得公司在加强品牌建设方面有所投入，并且公司总经理应该两者都很擅长。

随着前程似锦的管理者向前发展，他们会面临一系列的挑战，从中他们学会在各种环境下运用这一模式的方法。预计他们在最初的工作中就可以表现出某种成熟的思维方式，通常在大多数公司只有最高执行层才具备这种思维方式。随着管理者晋升，卡夫鼓励他们培养一套对于成为公司领导者至关重要的概念技能和人际技能，例如创造力、说服力、影响力，以及承担风险的意愿。也许最与众不同的是，卡夫的开发过程给予年轻的执行官极其广泛的自主权来拓展其能力并加速其成长。

在卡夫领导能力开发过程成功的背后，你们将发现一整套可供任何公司学习的原则。

卡夫的秘诀

五项指导性的原则推动了卡夫培养领导者的方法取得显著的成效：

1. 关注全局。与大多数消费品公司不同，卡夫尽早地给那些有培养前途的人划出责任底线。

2. 给予管理者行动的自由。一旦年轻的管理者掌握了基础业务，就给他们留下足够的空间，让他们决定如何达成目标。

3. 教导管理者影响力的艺术，而不是发布命令。卡夫培养管理者影响力的艺术，使他们有能力调动整个公司的其他人员来共同完成工作。

4. 不鼓励自我宣传。卡夫鼓励的是团队成就，而不希望个人成为焦点。

5. 为人才找到合适的位置。并非每个人都能领导公司，但是卡夫有一个承诺：致力于留住人才并且为没有成为领导者的价值创造者创设角色。

一开始就关注全局

"责任底线"是卡夫管理者早期开发的主导性原则。这与公司商业模式的基本思想有关，即降低成本不是一次性的被动计划，而是一项持续的战略过程，这一过程是为了留出可用于投入到市场营销活动中的现金。换句话说，削减成本加速了品牌建设。

从卡夫授予其积极进取的管理者的任务和职位中，我们可以清楚地看出职责的范围。大多数消费品公司委派给初出茅庐的执行官以"品牌经理"的职位，着重强调广告等促销手段。而卡夫则将这些执行官称为"品类商业总监"，让他们负责除市场营销活动外更多的事务。

在早期阶段，卡夫鼓励晋升的管理者集中精力深入了解供应方需求，并要求他们每天都要与商品市场、生产厂商以及现金管理打交道。

按照卡夫现任和前任执行官的说法，品类商业总监去农田与农夫们交谈或是去工厂与机器操作工一道排除生产故障是再寻常不过的事了。

结果年轻的管理者获得了与顾客讨论卡夫整体业务的能力，包括供应链和生产运营。例如，如果出现了短期的生产不足，管理者能与顾客们深入地讨论问题的成因，并且找到能保证使采购方持续满意的解决方案。

为了使执行官理解其控制成本的职责，卡夫把他们的工资和奖金与整个赢利状况挂钩。这就是卡夫与传统的消费品公司另一个显著的区别，这些公司几乎没有考虑到成本管理，而是倾向于按照达到的目标收入付给年轻的执行官薪酬。"我在 1983 年到 1984 年经营卡夫的人造黄油业务期间，"好时公司的理查德·利尼回忆说，"我所接触到的业务面比许多管理者一辈子接触到的还要多。"从一开始，卡夫就致力于培养总经理以及未来有处理全局能力的首席执行官。

培养有效领导者的正确方式是留有实验的余地，包括偶尔的失误。

允许自由行动以培养主动性和创造力

一旦年轻的管理者彻底了解了业务，卡夫就会让他们付诸行动。尽管公司实行严格的财务目标，公司仍赋予管理者巨大的空间以找出实现目标的最好方法。

卡夫前首席财务官加里·科赫兰（Gary Coughlan）说，这种方法减少了独裁，鼓励了个人的主动性。"如果你做得对，你不必写许多备忘录，"他回忆说，"一旦展现了你的能力，你就能放手去做，然后就能形成自己的处事风格。"

卡夫相信，培养有效领导者的正确方式是留有实验的余地，包括偶尔的失误。以吉列公司吉姆·契尔兹（Jim Kilts）的经历为例。在契尔兹掌管奶酪业务的职业生涯初期，他所面临的最大挑战是来自于自有品牌的威胁，这些品牌已开始占据了可观的市场份额。在获准自主决定最好的行动路线并迅速执行后，他决定给予零售商促销激励，设想这些零售商们将把省下来的资金以低价的形式返还给顾客。但结果却是零售商留有现金却并未降价，这样就导致卡夫奶酪相对于自有品牌继续处于不利的竞争地位。

因此，契尔兹改变了路线，降低了产品的报价，直接向顾客提供降价的产品。他已经犯了一个错误，但是这个错误是合理的，并且很快得到了修正。"你可以犯精明而非愚蠢的错误，"他回忆说，"当错误发生时，你应该能迅速纠正路线。"

别的消费品公司允许高层执行官自由行动，而卡夫将这一概念深入贯彻到组织内部，深入到中层管理者，从而令管理者坚持不懈地尝试新的方法来改善公司经营。这样的文化吸引了人才。现在金宝汤工作的道格·科南特（Doug Conant）说道，是环境吸引他来到了卡夫。"公司期望你能够增加收入，增加净利润，同时提高市场份额，但是你有更多的操作自由。"他提醒说。

锻炼管理者施展影响力的艺术，而不是发布命令

在卡夫，市场营销和制造职能在各产品单元中有所重复，公司将执行官们在线上职位和职员职位问进行轮岗。这种方法不仅适于拓宽积极进取的执行官的知识基础，而且使得这些部门主管具备总经理的视野和技能。

目标在于培养能够在做出决策和影响决策两方面都游刃有余的领导者。作为线上操作者，他们学会明智地工作；而通过担任职员职位，他们更熟练于通过别人来完成工作，这是一种在扁平型组织时代至关重要的领导力。

负责品类和品牌的执行官们不能简单地发布命令，他们必须学会说服别人并且统

一意见。正如一位前执行官所说："你要经常让许多人围桌而坐，如果你想成功的话，你需要让那些人各抒己见。因此，重要的是学会如何激励他们，而不是利用职权操纵他们的职业生涯。"

为了证实卡夫致力于让管理者在职员职位和线上职位矩阵之间轮岗，卡夫前联合首席执行官贝奇·霍尔登（Besty Holden）指出，卡夫的最高执行官们平均在公司工作超过 20 年，然而通常在目前的岗位上工作仅有两年时间。

埃德·斯梅兹（Ed Smeds）所走的非同寻常的职业道路具有代表性。斯梅兹最初是人力资源部的职员，后来作为卡夫的首席财务官，然后又调到了线上，相继担任澳大利亚和加拿大的总经理。退休前，他回到了职员部门管理采购和后勤。强大的职员功能为线上的执行官提供了平衡和衬托，卡夫不遗余力地让线上员工担任职员职位。

卡夫的管理开发并不是围绕着识别和培育"领导个性"。

不鼓励自我炒作和利己主义

卡夫的管理开发并不是围绕着识别和培育"领导个性"。事实上，卡夫早就意识到"不狂妄自大"作为一项领导品质的重要意义，之后过了很久，吉姆·柯林斯（Jim Collins）才在他的著作《从优秀到卓越》中研究了具有个人魅力的公司领导者所带来的危险性。与其他处于行业领先地位的公司首席执行官不同，在 20 世纪 80 年代和 90 年代初期的杂志封面上很少能看到卡夫前首席执行官迈克·迈尔斯的身影。

自我炒作者不必申请到卡夫工作。公司培养领导不是鼓吹个人崇拜，而是要养成一种以公司利益为重并帮助同事成功的根深蒂固的习惯。目标在于创造一种培育的是团队成就而不是个人成为焦点的执行官的环境。继续担任桂格公司领导的前卡夫员工鲍勃·莫里森（Bob Morrison）回忆说："我们不是热点人物。我们只是试图每天都能把事情做得更好一些。"

调动跟不上发展的人才，而不是解雇他们

当然，不是每个人都能成功地晋升到卡夫领导能力开发计划的最高层。卡夫经常将这些人转到职员部门，而不是解雇这些有经验的业务经理。的确，公司的最高管理层致力于安排一定的"职员名额"来留住优秀的人才为公司工作。

卡夫的前人力资源总监、领导成长轨迹项目的创立者之一约翰·塔克（John Tucker）回忆起一个生动的例子：一个职员原来是战略部的副总裁，她聪明过人。大家

关于她能否胜任总经理的职位有诸多讨论。在讨论的最后一天，我们任命她担任了卡夫一个业务部门的总裁。

约翰·塔克说："我们知道该业务单元有着强大的基础设施和人员配备。事情不会糟糕到一发不可收拾。我每个月都会去那里查看一次，掌握有关情况。大约一年过后，我们所有人都发现事情明显并不顺利。我们于是把她调回到战略部，此后，她甚至比那段工作经历之前干得更好。"

这一政策保证了卡夫不会损失其对员工的投资。通过向领导成长轨迹项目的执行官提供安全的网络，卡夫进一步鼓励他们通过实践新想法并敢于冒险来锻炼羽翼。

其他公司能够学习卡夫的经验吗？答案并不唯一。卡夫的管理开发适合公司的商业模式，因此，盲目地试图复制它是错误的，适用于卡夫的方法不可能适用于另一家公司。

但是，其他公司可以采纳基本的思想。任何公司都能仔细思考自己的商业模式和基础性原则，都能为强化这些原则的管理者绘制出职业道路，都能赋予年轻的执行官们像成熟的首席执行官一样思考并行动的职责。

九、有关对等领导能力开发的五个问题

同业社团在帮助员工发展胜任力和技术知识方面的作用已经得到了很好的证实。但是，在为一线指挥军官专门开设的专业论坛网站 CompanyCommand. com，很多持有启发性观点的人相信，同业社团能够做得更多：同业社团使得身处于领导挑战之中的人能够与有着类似经历的人取得实时联系。网站的团队成员、美军少校托尼·伯吉斯（Tony Burgess）、纳特·艾伦（NateAllen）、彼得·基尔纳（Pete Kilner）、史蒂夫·施韦泽（Steve Schweitzer）以及知识管理顾问南希·狄克逊（Nancy Dixon）均表示，这种联系具有变革性。

1. 什么使得同业社团如此强大？

伯吉斯：一月份，我们收到了来自伊拉克的美国陆军中尉斯蒂芬尼（Stephanie）的电子邮件。在她担任人事官的第一天，她所在的营就有一名士兵阵亡。她还没有学会如何处理这样的突发事件，但是她需要快速做出反应并向全营官兵表明她知道应该做什么。考虑到这一问题的敏感性，向别人寻求帮助会让她感到不太自在。

我们收到一封即时对话的电子邮件，将职业力运用于斯蒂芬尼中尉所面临的情况。

她不仅马上收到了致死者家属的吊唁信模板，而且她从中学会了指挥官如何将开展悼念活动与建议实行所有适用军规结合起来。

2. 她获得了急需的资源，特别之处在哪里？

狄克逊：她所获得的资源远不止这些。开发的对话帮助她在特定的场景中学习。对话是一种强有力的学习工具，因为对话是需求驱动的而非供给驱动。通过对话，斯蒂芬尼中尉能够获得适用于她所处的特定情况下的建议。当你所交谈的人曾经经历过类似的情形，理解你所处的境地，这样的学习可能是数据库或书本所难以提供的。

3. 这样的学习如何使你成为一个更优秀的领导者？

施韦泽：你学会如何主要通过反思与你同样职位的人是怎样处理你所面对的具体挑战来领导，而不是通过正式指令来领导。

领导力由三种要素组成：认识、行动和成功。大多数组织相当擅长教育人们需要知道什么以及应当如何去行动来实现超越。"成功"要素是许多组织未能达到的。而这正是同业社团所具备的。

4. 如何像这样学习？

基尔纳：学会如何领导不只是一个认知的过程，其中也有情感因素。你向谁学习和你学习什么一样重要：两个人可以给我同样的建议，但是我会更善于接受曾经历过与我眼下所处的实际情况相似的人提出的建议。只有通过与你有过同样经历的人进行联系，经验教训才可能真正成为你自己的。

因此，在斯蒂芬尼中尉学习如何对她的士兵阵亡做出回应的同时，她也在从与她互动并关心她的同业社团那里学习领导能力。通过建立允许建模和隐性学习的联系，CompanyCommand. com 正帮助她学习如何成为一个领导者。

5. 你在暗示一个组织清晰地定义自己的核心价值不重要吗？

艾伦：不是。事实是试图自上而下强行推行一套认可的价值并不十分奏效。如果我们发布广告说人们能够从我们的网站上得到价值方面的帮助，我们不会获得很高的点击率。相反，我们关注的是帮助指挥官提高他们的胜任力。为了这样做，我们必须赢得他们的信任。只有那样，我们才可能进行有关价值方面的对话。

九、知识整合技术

（一）企业内部互联网的新用处——促进知识共享

华信惠悦咨询公司驻华盛顿办事处的一位咨询顾问史蒂夫·麦科米克认为，公司企业内部互联网的发展一般经历四个不同的阶段：

第一阶段：在企业内部互联网站上张贴诸如政策手册这样的文件。

第二阶段：提供可获得的诸如福利选择这样的个人数据。

第三阶段：使得人们能够从事诸如更改退休金账户这样的单向业务。

第四阶段：员工与员工之间可以信息共享。

企业内部互联网的最大优点在于，能将企业设在世界各地的分支机构互相连接起来，实现同步运作。由于传输在因特网上进行，它的投资比其他网络要少，连通后，公司可以省去大量电脑培训费。

企业信息系统曾为企业现代化管理工作发挥过重要的作用，随着计算机和通信技术的迅猛发展，传统的企业信息系统无法再满足企业的发展需求，这也就是 Intranet 几年来飞速热门起来的原因，基于 Intranet 技术使企业在建立起适合自己规模的内部网，对内可提供一个灵活、高效、宽松、可靠的办公环境，利于信息交流、信息共享和企业管理，提高工作效率及企业竞争力。

企业内部的知识共享非常重要，做一个这样的知识交流协作平台，采用问答方式应该是一个不错的创意。

企业内部社区知识分享平台：通过引进 Web2.0 的理念，员工就像置身于一个"大学城"，利用 WiKi、内部网聊天、主题论坛讨论、各中心的负责人每季度举行中心知识分享活动、"一对一"新老带教等多种方式，使得公司花费最大、也最易流失的工作经验得以不断积累和传承。

企业内部互联网现在是热点，人们只是在企业内部互联网上投入资金，但并没有花多少时间仔细考虑应该如何使用信息。要把知识用在合适的地方，而一个设计良好的企业内部互联网能做许多事情。例如：

1. 促进企业隐性知识交流

企业内部有两种类型的知识：显性知识和隐性知识。所谓显性知识是指企业诸如产品目录、价格、商标、产品性能、企业部分的设施、职员以及外部市场调查报告等表面的信息，是可以表达的，有物质存在的，可确知的；而隐性知识，是更为深层次的。个人拥有非知识，不可能传播给别人或传播起来非常困难的知识，它不易用语言表达，是个人长期创造和积累的结果，它存在于所有者的潜伏素质中，与所有者的性格、个人经历、年龄、修养等因素有关。显性知识，企业可以通过建立完善的内部网络、电子邮件系统和反馈系统来实现全面的知识共享，但隐性知识却并非这样简单，它的共享受到员工价值观念、文化、心理、社会和企业体制等多方面因素的影响。

2. 促进培训和知识共享，构建企业内部的知识市场

管理者最喜爱的企业内部互联网站是公司用于互动培训和远程学习的知识管理系统。每个经理在登录后会看到按照各自的职责和级别定制的页面。页面上列有培训项目和管理技巧方面的内容。

知识的活动必须在一定的推动力下才能实现，而这个推动力在很大程度上是由市场产生的。和有形商品一样，企业内部的知识也有买方、卖方和中介者，亦可构成市场。

企业内部知识的买方是那些为了解决题目而寻找知识的员工。所寻找的知识能帮助他们更有效地完成任务，或者进步他们的判定力和技能，也就是能帮助他们在工作中取得更大的成功；卖方是组织内把握了某些方面知识的人，这些人用他们所拥有的知识来换取薪水、声誉和地位等；中介者把需要知识和拥有知识的人联系在一起。从广义上来说，很多的跨部分的治理职员就是网络，建立了企业内部人与人之间的联系，成为促进企业内部知识市场活跃的重要因素。企业内部知识市场也具有价格体系，但知识交换却很少用现金，而是其他的"通货"。支付方式是互惠和信任。

实现异步讨论。管理者可以向他们同级别的人提出问题，其他经理可以在登录的时候回答。所有的问答都会被自动存储以便今后参考。

3. 削减管理费用

存储管理的软件制造商维尔公司使用企业内部互联网来减少管理成本。他们首先把基本的人事信息放在企业内部互联网上，然后安装了管理者用来计算价值增加的网络应用程序。虽然这并没有减少管理者花在工资汇总上的时间，但明显地减少了人事部门的工作时间。

（二）"拼图块"原理——将正确的数据放在合适的地方

企业信息门户引起业界广泛注意是由 merrilllynch 集团在 1998 年 11 月发布的一个报告开始的。该报告预测，到 2002 年，全球企业在企业信息门户上的投资将增长到 148 亿美元。目前，企业信息门户应用系统作为一种新的电子商务信息化平台建设概念，正在被许多企业所理解和接受，并将逐渐成为越来越多的企业进行信息系统建设和改造的方向。

我们的数据库包含的数据和文档越来越庞杂，随着信息数量的增加，我们从中学习的实际能力看起来就会下降。许多组织已经借助于内部网分配信息，但是，建设内部网内容的静态的、孤立的方法不能与动态的、进行中的信息需求同步。多数的 IT 系统和组织正在为有效的信息分配而努力。传统的由个人检索、收集、存储、再利用和维护数量巨大的信息的组织方法将变得束手无策。

企业知识门户是一个门户解决方案，受知识管理目标的影响。它结合了 EIP（企业信息门户）的各方面特征，同时捕捉隐含知识、综合各种检索专家知识的方法，并嵌入到应用软件的功能中。EKP，不仅提供检索信息的方法，而且允许用户互动式地将信息与他们的共同价值、经验、洞察力相联系。当 EKP 结合了人们业已获得的知识和信息时，EKP 就能使人们做出最佳决策，而且 EKP 能充当经验知识的 "self—documen-ting" 中心的角色。

建立企业信息门户对企业实施互联网战略的成功有着举足轻重的作用。企业信息化的目的简而言之可以归纳为降低成本、提高效率、提高企业决策的速度和准确性，建立企业持久竞争优势。而且后两者在信息化程度日益加强、知识经济不断发展的今天尤为重要。企业信息门户的贡献不只在于帮助一个企业了解手中大量信息的意义，更重要的是使他们能够应付那些由于分散的信息资源和处理过程维护能力下降而产生的问题。

由于企业的销售信息分散在整个组织中，以至于公司无法将其转化为可采取行动的信息。一些公司领导开发了不断更新的知识管理门户网站，通过该网站，店面经理不仅能提交自己的活动报告，而且还可以进入以前几乎无法获得的其他分店的数据库。

该门户网站基于 vanilla 网络应用平台，成为管理者的一项突破性的管理工具。有人说，它像一站式商店，管理者可以在那里选购经营业务所需了解的东西。从何处着手?

尽管成熟的知识管理措施可能包含遍布于复杂的全球性组织中的无数实践与应用程序，但每一项有效的知识管理活动都源于相当简单的对话。知识管理大师劳伦斯·普鲁萨克解释说："根据公司的规模，人们应当分别在小组、单位或部门中坐下来问，'我们具备哪些知识？哪些属于私人的知识应当公开化？哪些是我们想要具备却还没有的知识？'然后，他们应该制定出运营战略来达到目标。"

目前，知识管理虽然日益称为一门显学，但到底知识管理体现在 IT 层面是什么方式，我们并不十分清楚。通过众多的知识管理实践，我们发现，将知识管理应用有效融于门户建设中，将知识管理工作和业务工作紧密关联，是知识管理得以更有效落地的一个有效途径。

知识管理门户网站的实质就是一种知识导向的门户应用。但是，其只是一个载体、骨架，还需要血和肉，其核心就在于建立的体系化的知识内容模式。那么，如何建立呢？

1. 知识整合

发明者具备掌握快速变动的数据并将其跨学科整合起来的能力至关重要。千年制公司知识管理总监约瑟夫·霍瓦特说："问题在于'拼图块'，并不都在你的桌上，而是散落在世界各地，在公共数据库里，在期刊文章里，在未出版的研究发现中。"为了有助于公司人员更加容易地找到正确的"拼图块"，公司建立了知识管理的框架，既整合了外部文献，又整合了内部数据。

2. 传播知识

即便知识管理活动与公司战略一致，并包括激励措施和良好的培训，你怎么能保证人们会在一个庞大而复杂的组织里自觉使用一种新的网站管理系统呢？要使人们改变工作方式并非轻而易举。意识到这一点，我们可以把知识管理系统建立在员工已经熟悉的平台上，从而对现有的若干个由定制化搜索引擎驱动的数据库做出分类。通过链接这些数据库并允许人们一次性搜索多个数据库，将知识管理发展到下一个更高的平台。

在来自一线员工所提供信息的帮助下，行业领先的公司正在寻求知识管理简化运营流程，支持兼并收购，提高客户服务的最佳结合点。

（三）信息技术的新用途

几乎很少有公司领悟出如何来使大批员工真正投入到今天的知识管理系统中去。结果，这些公司成了过时信息的惰性资料库，造成了时间上的巨大浪费。

协同知识管理是从企业组织整体的战略角度出发，利用 IT 工具把企业成员的工作、学习、沟通、决策和企业的战略目标有效结合的一种信息化管理方法。它以知识和流程为主线，把知识采集、知识创造、知识分享融合到企业的日常流程运转中。为企业的持续发展和员工的能力提升提供一个公共的平台。信息技术在这里发挥着重要作用，帮助建立协同知识管理体系。

让员工在和谐的气氛下自愿地将隐性知识贡献出来，并将其保存好以供他人利用，这是共享过程；同样，员工在该环境下通过学习、消化来接受集体知识，在他们获得新知识后，在原有的知识结构上进行加工，又会生成新的个人知识，这就是学习过程。仍通过知识的外溢和学习，化作新的集体知识，逐渐形成共享—创新—再生成—再共享—再创新这样一个良性循环模式，不仅增加了组织知识的存在，还为知识管理提供了指导作用。

技术只是知识管理活动的外部条件，也就是说技术本身并不能创造知识，也不能作为知识的替代品，它仅仅只是支持工具。协同知识管理强调技术的兼容与通用，充分发挥技术在知识管理活动中的作用，实现知识管理的自动化、网络化。提高知识管理的效率。

协同知识管理使组织的工作环境得以优化：

1. 组织学习与组织创新氛围的形成

构建学习型组织是每个企业管理者都希望做到的事，可是真要落到实处又不知从何下手。从很多案例中可以看出主要是缺乏一种学习的氛围，而这种氛围不是找几个人开几次会就形成的，也不是在公司贴几条标语就能做到的。他需要融入每个员工的日常工作、学习、生活的每个细节之中。

学习的方式主要有单向和双向两种。单向主要是指从网络、图书等外部媒体上通过阅读来进行学习。双向是指通过和其他人员进行交流相互得到提高。而这两种方式在企业中往往由于一些客观因素得到限制，如上网学习，很多企业怕员工有了上网权限会影响正常工作，所以把权限进行了限制，这同时也限制了员工学习的渠道。另外一种邮件交流，很多办公室员工一些资料喜欢通过邮件交流。而企业 IT 迫于邮件服务器负载压力，以及公司保密政策会限制邮件的传播。

当然这样的情况还有很多。知识管理系统可以很好地解决这些问题，知识管理系统首先有一个企业内部知识库，知识库的内容可以来自内部员工主动贡献也可以通过从外部网站上进行搜索获取。所有员工可以通过知识库进行学习。另外，协同知识管理平台提供了很多利于员工学习的功能，如知识推荐可以把您在学习中认为好的东西推荐给同事，知识订阅可以针对自己感兴趣的内容进行订阅，让系统自动发送通知给您。知识搜索可以针对自己需要的关键信息在整个协同知识平台上进行搜索。知识关联可以在学习某项内容的时候对与这个内容有关的内容进行进一步深入了解。

2. 组织成员能力的提升

组织能力的提升最终还是要落到组织的每一个成员身上。组织每个成员的能力提升是组织能力提升的一个重要体现。提升每个组织成员的能力首先了解组织的每个成员都有哪些能力需要提升。首先要为组织的每个成员建立能力清单，即目前组织每个成员在各个方面的能力如何。其次要建立岗位能力清单，即组织成员所从事的岗位需要的能力又是如何？找出两者的差距也就找到了组织成员需要努力的方向。只有这样组织成员的能力提升才会与组织整体能力的提升相一致。

知识地图是提升员工组织能力的一个很好的工具。首先把岗位能力清单可以以知识地图的方式呈现给员工，让员工有一个努力的明确方向。其次根据岗位能力清单可以建立岗位知识地图，这样就为员工提供了一个能力提升的快速通道。除了知识地图以外明确的培训计划、方便的在线学习也是提升员工能力的重要方法。

3. 降低企业知识管理活动的成本

一方面，在协同环境里，人与人之间的广泛交流、知识的按需流动变得十分便利，避免了知识的重复生产和重复利用，使得部门之间或个人之间能以较低的成本来共享知识资源；另一方面，通过组织内的相互学习和沟通，别人的错误经验起到了警示的作用，避免了他人再犯同样的错误而造成的效率降低。这样。知识管理的投入成本减少了，作为投入严出比值的总体效益则达到最大化。

4. 增强了企业的竞争优势

优势是一个比较概念，只有自己拥有且别人无法或难以拥有的才称得上优势。组织建立的协同环境是随时间而积累形成的，竞争对手无法轻易模仿或购买而取得，这种独一无二的知识管理模式将成为企业在竞争中制胜的法宝。

第十章　营销管理

一、营销管理概述

（一）营销不仅仅是把产品卖出去

营销学大师菲利普·科特勒认为："营销是个人集体通过创造，提供出售，并同别人交换产品和价值，以获得其所需所欲的一种社会和管理过程。"类似的概念影响着我们：公司、CEO、营销主管以及教授或是从事、学习营销的每个人。每每接触到"营销"的词汇时，"就是怎么把产品卖出去"，脑海中总这样表达。于是，分析、计划、执行和控制这一概念，导出行动：组建机构进行管理，扩容营销网络于新占领的市场，确定定价满足盈利需要，促销与分销以致获得更多的订单和顺利达成交易。

菲利普·科特勒

先别抱怨市场为什么难做以及思考如何扩大市场份额。根深蒂固的概念影响着企业，客服往往被置于过程终端。

"市场在哪里？"——总是企业解决营销问题的基点。企业总是站在自己的观点和角度判断市场并进行决策，尽管公司对待市场的导向，已从生产观念——产品观念——推销观念——营销观念，推进至客户导向观念，但事实上企业还是处于最原始的认识阶段：生产观念。

营销是什么？营销就是"客户的思维"。所有的营销工作便是架构在研究、判断客户心理的基础上，营销部门不仅将"发现"确认为决策的依据，也将"发现"传递到相关业务部门。不仅仅要清楚客户的需要与期望，还要按照他们的心理设计广告、价位、服务。在这里，不谈论产品本身，因为只要掌握了如何依据"客户的思维"开展营销，任何产品都可以有很大的市场，而不在于是过时的还是技术性能差的产品，遇到这个问题，改变一下策略及市场定位就可以解决。

1. 客服中心：建立于第一线

客户认为，"你们的负责咨询的接线小姐声音好美""刚向你们了解，这么快就得到了回复""我只不过是问问，居然就寄来了赠品，太意外了"……

企业必须基于心理效果决定如何诱导潜在用户，通常是这些因素加速他们做出决定或替你进行口碑营销。

2. 广告：让人自己去感觉

一则香港的电视广告展现了优美的西藏风光，随后屏幕上出现一行文字并伴随着声音："喜玛拉雅矿泉水，天高云淡"，广告结束了。广告中没有告诉你任何其他信息，多少层净化，来个实验比较一下，但你的脑海中已得出答案："这水太纯净了！"

产品的卖点自己不要表白，通过内心感应来让目标客户自己得出答案，他更相信自己的判断。

3. 促销："推销"给目标客户

"头皮屑！头皮屑！有头皮屑的烦恼吗？采乐帮你"——"免费提供的试用装，现在就寄给你"。于是，你在网上填写了自己真实的信息，在一种意外的心情中获得了赠品。这是西安杨森在网上开展的促销活动。不要"撒网"寻找并期待客户，要在目标客户的需求与产品定位之间搭建"直通车"，这种促销是定向的。就像 IMB 的产品，以顾问服务与免费培训来吸引准备进行企业信息化的企业。潜在客户通常最先全面了解到的是 IBM 的产品的优势，之后才会去与同类产品进行比较做出购买决定。

4. 定价：让客户永远感觉超值

一本图书的定价通常是 20 元以上，当网上书店出售的图书最高不超过 88 折，还有只卖 2 元、5 元以及半价以下的图书。你会做出什么选择？

定价策略的核心是让目标顾客认为"占了便宜"，企业要做的是合理地处理成本与价值之间的平衡。比如，可以容纳 50~100 本图书的光盘成本是 2~5 元，当被确定作为产品的附赠品时，客户会有什么的想法！

5. 客服中心：跟进客服

同样又是客服中心在交易之后运作，除了进行问题的解决，更重要的是维系与他们之间建立的关系。建立产品俱乐部的效果通常是比较理想的：办一份客户交流简报，提供增值的跟进服务。

企业在这方面投入多少将会获得成倍的回报：客户在产品更新时会有继续购买行为，他们也会将俱乐部中所获取的知识、信息传递给他人，而经由他们在不经意间发展的客户比公司的市场推广更有效，对企业的产品忠诚力更持久。因为他们觉得"可信"，给了他们在朋友间谈论该产品的机会。

由此，更多方面的思考已经展开，"如何把产品推广出去其实是在和客户的心理做较量，基于这一原则，建构企业的营销策略。比如："一次感动"——企业的产品应注意在一些细小的环节进行设计，单位新购的复印机拆开包装后准备放到某个位置上时，顾客意外地发现机身内装有便于搬抬的四根拉杆，"连这都设计好了，这机子确实好"。
……

现在请将市场、营销问题先放在一边，静下心来，思考一下什么曾让顾客感到"不错"、有"意外的发现"，当顾客对某一产品决定做出购买决策的那一瞬间，他感觉到了什么。

尽管很多企业已知道客户是多么重要，但他们仍把重点放在解决"如何把产品卖出去"的问题，企业是在以自己为中心去理解营销。

（二）思路正确才会有销路

无论怎样的千变万化，营销总是从买和卖这一基本点上展开的。在现代营销活动中，买和卖中间存在着复杂的过程。现代营销面对着复杂的竞争，那种明摆着的简单的买卖过程，你看到了别人也看到了。如果把营销的注意力都放在这一点上，所面对的事实只能是价格战。

成功的营销应当深入到复杂的买卖过程中去，通过分析寻找沟通和连接的线索，把原来认为不可能做成的买卖做成。当我们从现有的平面看问题，看到的可能都是障碍；可升华到另一层面去观察，通路就在障碍的后面。商机不是现成到来的买卖，新思路创造的过程就是关系联想的过程。买和卖总会各自产生许多关系，这些关系之间存在着或隐或现的联系。也许这种联系要经过多种途径才能连接起来，连接起来之后，买和卖的关系就通了。这里首先要解决观念问题，有了新的观念才会对这种关系有新的理解，有新的理解才会有新的发现。再有就是要深入到联系过程中去，把握住联系的规律和可能出现的问题。

思路正确才会有销路营销，不能仅停留在思想上，而是要把思想演化成可执行的方案。方案体现了实现思想的途径，由于实现的过程较为复杂，需要与其他社会经济实体进行合作，因此需要考虑环节组合、利益分配和保证条件等问题，并进行巧妙的设计。

"意丹奴"到东南亚开拓市场，首先找到一些服装生产厂家，这些企业技术力量很强，但没有生产任务。"意丹奴"表示可以大量订货，但要一个半月到三个月后才能付款，服装厂答应了它的条件。这样，"意丹奴"没花钱就拿到了服装。然后，"意丹奴"就以特约连锁的方式吸收加盟者销售"意丹奴"品牌服装，如果服装卖不出去可以退回来，商家觉得没有经营风险，就同意提前付款。他将商家提前付款的钱给了服装厂，不用什么本钱就运转起来，每年的营业收入可以有几个亿。

不过"意丹奴"这样的商业运作不能简单地理解为所谓的"空手套白狼"，而是在用无形资产支配有形资产。不过要想开发无形资源的价值，需要有全新的观念和突破性的思路。

出奇制胜的营销产生于先进的营销理念，这种理念具有了独特的价值才会产生独特的效果。因而营销理念绝不是对一些理论名词简单理解，而是出自实践中的深刻体会，是按照特有思路将先进营销观念组合起来，创造出一种全新的营销方式。

思路是由观念延伸而形成的，观念是认识的结晶，营销新思路最终来自对消费者的认识与理解。在浅层次的消费中，人们所要满足的主要是物质需要，因而对消费者的购买动机容易发现；可在深层次的消费中，人们的消费重点开始移向精神需要，营销者只有经过细心的观察，才能体会到新的需求动向，从而总结出全新的营销观念，设计出能产生高效益的营销模式。

现代的营销竞争的焦点在思想观念。竞争的核心问题不是价格、不是质量、不是品种，而是思路。没有思路营销，只能在低层次运行，这样的企业不会有出路。

（三）抢占市场速度比规模更重要

长久以来，市场占有率是生产者固执的营销观点，拥有一项产品就把它推销给最多的人，从而抢占市场份额。这是一种大众营销，是开发出一种产品后努力为其寻觅顾客，其产品、服务、价格都趋于标准化。

开发新顾客所需的成本是维系旧顾客的五倍。因此，做好顾客服务，提升顾客满意度，管理好顾客资产进而提高企业的顾客份额已成为当今企业无不积极努力争取的竞争优势。

　　顾客占有率则是站在顾客立场的营销观点，拥有一位顾客的忠诚后，要推销给他各式各样的产品，满足他各式各样的需求，以掌握更多的消费价值。

　　不再高额投资于市场来增加营销额，而是集中投资于每一位顾客来增加回报额，即在一对一的基础上增加每一位顾客的份额。这种理念有利于增加赢利，因为向现有顾客增加销售额比增加新顾客更省钱。另一个好处是，在增加每一位顾客份额的过程中，事实上建立了与顾客长期牢固的关系。要最大限度地增加每一位顾客的份额，需要了解顾客的想法，而这一点只能在一对一的基础上才能做到。

　　事实表明，有效地留住老顾客可使企业的成本大为降低。通常这部分顾客会更多地购买自己信得过的企业的产品，并且还会对产品进行积极的宣传，从而在某种程度上为企业节约了推广成本；与新顾客相比，企业对于老顾客的售后服务成本及技术支持成本也相对较低。《哈佛商业评论》的一项研究报告指出，再次光临的顾客可带来25%~85%的利润。另一项调查表明，1位满意的顾客会引发8笔潜在的生意，其中至少有1笔成交；1位不满意的顾客会影响25个人的购买意向；而争取1位新顾客的成本是保住1位老顾客的5倍。

　　一对一的营销，打拼"顾客份额"，意味着对传统意义上的"市场份额"理念的颠覆。我们来看一下美国加州的迪克超市是怎样对这一理念进行阐释的。

　　在迪克超市每周消费25美元以上的顾客每隔一周就会收到一份订制的购物清单。这张清单是由顾客以往的采购记录及厂家所提供的商品现价、交易政策或折扣共同派生出来的。顾客购物时可随身携带此清单，也可以将其放在家中。当顾客到收银台结账时，收银员就会扫描一下印有条形码的购物清单，或者顾客常用的优惠俱乐部卡。无论哪种方式，购物单上的任何特价商品都会被自动予以兑现，而且这位顾客在该店的购物记录会被刷新，生成下一份购物清单。

　　超市还依靠顾客特定信息，跨越一系列商品种类，把订制的促销品瞄准各类最有价值的顾客。将其最具攻击性的营销活动专用于用量大的顾客，因为他们最有潜在价值。给予用量大顾客的折扣优惠远高于给予用量低和中等用量的顾客。而生产厂家会给予绝大多数的打折商品补贴，同时获得在极为详尽的销售信息中所发现的分析结果。

　　"顾客们认为这太棒了，因为购物清单准确地反映了他们要购买的商品"，超市的营销副总裁罗布说，"除了特价优惠，我们比较忠诚的顾客还常会随同购物清单一起得到价值30~40美元的折价券"。

罗布利用从其顾客处所得到的信息向顾客们提供了竞争对手无法轻易仿效的激励，因为这些激励是根据每个顾客独自的爱好、需求及购物周期而专门设计订制的。一位顾客在超市购物越多，为其专门订制的优惠也就越多，这样就越发激励顾客保持忠诚。

迪克超市的成功，正在以各种方式影响着每一家企业、每一个行业，这是以技术驱动的一场运动。

工商业界的企业家们可能对现代管理理解最深的就是市场份额了，常能听到一些企业家"不惜一切代价，也要占领市场"的言论，这也许是国内企业从跨国公司那里学来的理解最深的一条竞争战略。

而大众营销主导的时代已经走过，时至今日，这一示范正面临着崩溃。

顾客价值是具有层次性和动态性的。营销早已有这样的理论共识："感知价值是主观的，随顾客的不同而不同。顾客对某一产品的期望价值不仅在不同顾客之间会有所差别，而且同一顾客在不同时间的期望价值也会不同。这表明顾客价值的性质及影响因素在顾客与企业交往的不同阶段可能会发生变化。"

激发顾客最初购买某种产品的属性可能不同于顾客购买后使用过程中的价值标准，后者可能又不同于长期使用过程中的价值决定因素。此外，引发顾客离弃的产品的缺陷，也并不必然发生在顾客在使用产品时对主导价值评价的标准上。

一个顾客可以同时与多家企业保持长期关系，然而其购买力却总是有限的，顾客总是在其有限的消费计划中不断地选择对不同品牌的支出份额。因此，企业重视顾客份额的目的就是在要顾客有限的采购计划中尽力提升自己的占有率。这是有效竞争并进而获得高额利润的最终途径。

企业对市场机会和客户需求的快速反应是制胜的法宝。如果对这一过程进行一个简单的概括，那就是抢占先机。先机正在从对"市场份额"的打拼，转向对"顾客份额"的打拼。

（四）你的市场调查数据可信吗

营销决策失误的产生主要是由于未对环境因素做深入的调查，盲目决策；调查方案存在问题，使信息失真，以点代面，以偏概全，影响其结论与预测的准确度；同时，在决策执行过程中存在时间差，受不可预知因素影响，造成预测失效等。

而有的公司却盲目相信市场调查的结果，过于乐观，看不到影响产品的致败因素或对其估计不足，使最终结果与事前预测相背离。

梅赛德斯·奔驰公司在 1900 年完成了一项市场调查："预计世界轿车需求不会超过 100 万辆，主要是由于司机数量的限制。"但是 1908 年福特汽车公司的 T 型车推动了汽车的普及，到 1920 年，驰骋在美国大地上的轿车已经超过 800 万辆。

依靠市场调查做战略决策以及确定产品概念，就像盯着后视镜开车，市场调查总是落后半拍。它用昨日的结论回答眼前的问题，根据目前的情况推测今后的机会，这就是为什么梅赛德斯·奔驰会得出上述市场调查结论的原因，也就是为什么在过去十年中有许多大公司，用大量预算做市场和消费者调查，搞了一大堆报告，却仍然摸不准市场趋势，包括通用汽车、Sears 和 IBM。

《管理》杂志的一篇文章反映了这样的看法："汽车制造厂商最热衷于市场调查，新型轿车之间令人生厌的相似性就证实了这一点。"然而，汽车行业真正的突破几乎总是与市场调查所揭示的常规看法相左。引用底特律一位经理的话说，"光靠市场调查就不可能生产出马自达的 Miata 车。它需要想象力的飞跃，要看出顾客可能会需要什么。"

同样，汽车设计师哈尔·施佩得希未能说服福特汽车公司接受他的后来证明是极其成功的微型面包车概念，因此他转向比较能接受新事物的克莱斯勒。他的经验使他注意到底特律厂家产品开发模式中的一个根本性缺陷。市场调查考察的是对现有产品的喜好与否，因此经理人之所以不认为微型面包车有市场，根本原因是还不存在这种产品。施佩利希在《财富》杂志上说："在开发微型面包车的 10 年中，我们从未收到一封家庭来信要求发明这种车子。对于持怀疑态度的人来说，这足以证明这种产品没有市场。"

我发现，虽然是美国人设计开发了传真技术，但在美国市场上销售的传真机没有一台是美国制造的，因为当时市场调查使美国人认为传真机没有需求。但是几十年来我们早就知道，对市场上还没有的产品是不可能搞市场调查的，调查只能问别人：你是否愿意买一种价格高达 1500 美元的电话附件，有了这种产品你就可以以每页一美元的价格发信？不过邮局寄同样的信每页只收 25 美分。可以预料，对方的回答肯定是："不买。"

所以，质量管理大师德明曾经不无讽刺意味地说："没有顾客曾经要求发明电灯或照相机。"顾客也没有排大队要买 CD-ROM 光碟驱动器和桌面操作系统。今天正在使用这些产品和服务的大多数顾客，一开始并不知道自己"需要"这些东西。

英特尔公司目前为全世界上亿台个人计算机中的大多数提供微处理器。公司董事戈登·摩尔承认，直到 70 年代中期他还在打听："个人电脑能有什么用?"得到唯一回答是，家庭主妇可以用它保存菜谱。摩尔说："我本人当时也看不出它的用处。"

这些公司都存在着这样一个通病：过分依赖市场调查的结果。实际上，好多商品在未真正投入使用前没有人确切知道它的市场用途的前景。如果个人电脑真像最初调查的那样仅能用来保存菜谱的话，PC 机也就不可能有今天的蓬勃发展形势了。

另外一个相反的例子是：当日本的佳能照相机在美国的市场份额输给美能达、奥林巴斯时，公司不是依赖传统的市场调查，从广泛的范围做大样本的调查，而是派营销经理去销售现场。他们花了 6 个星期，假扮顾客模样去销售佳能照相机的商店柜台买佳能相机，结果发现，他们的品牌的货架陈列总是很糟糕，售货员的服务态度与素质也很不理想，对佳能品牌不够热心。其结果令佳能公司考虑更新分销渠道，开办自己的销售店，最终在美国市场重新占领市场份额。

过分的依赖于市场调查企业只能被动地做出反应，这就意味着用户潜在需求不能被充分发掘。这种情况会损害对未来机遇做的准备，而且企业容易故步自封，坐等"用户需要"。而这显然是不合理的，因为用户的需要很多时候是要去发掘的。

市场调查对于分析数据、把握市场总体趋势还是相当有用的，关键是对其结果不应看得过于认真，过于"迷信"。

二、让顾客满意是最好的营销

（一）服务意识

对于企业的服务意识问题，哈佛的老师们讲到：企业的生存和发展都源于交换，是顾客用他们的钱来换取企业的产品和服务，"顾客是企业的生命之泉"，失去顾客的企业，是无法生存下去的，因此，顾客就是上帝，是至高无上的。良好的服务质量既是现在也是将来企业的基础。世界知名的大企业。无一不把良好的服务质量摆在首要位置，用"顾客就是上帝"的宗旨赢得企业的生存和发展。

因此，老师们告诉学生，企业必须提供高质量的服务，其措施是采用严谨的策略、制度及人员管理，满足或超常满足现有的、新的内部顾客和外部顾客的要求和愿望。通过创建以服务为宗旨的企业，我们能够获得更多的市场份额，提供比竞争者更多的价值，并为在其中工作和为其工作的每个人，建立一个保证利益、保证健康、保证发展的工作环境。

很显然，你要是既掌管所有的事，又掌管所有的人，那就可能要花费大量的心思，让从上到下的每个人都了解这个宗旨。如果人们还不能完全熟记，也起码要使每个人都理解这个宗旨与企业的成长息息相关。

简要地说，服务策略就是制定出为顾客提供满意服务的根本方法，知顾客之所需，供顾客之所求。

实施服务策略，要建立严格的服务制度。整套服务策略在必要时可以做些修订，要引导企业雇员利用确立的服务制度来满足雇员自己及顾客的要求。

树立服务意识、制定服务策略是企业必须面对的事情，但更为具体地是如何提高企业的服务质量。因为产品质量与价格是消费者考虑的主要方面，同时，服务质量也是争取消费者的关键，是非价格竞争的主要表现。关于这一点，世界知名企业部非常重视，并不遗余力地予以兑现，它的具体内容其中包括这么一些方面：

效用

许多企业加强产品的维修服务，保证产品的可靠度。例如，韩国公司提供巡回维修服务，他们主动上门联系维修、安装和其他咨询事宜，既不收出差费，也不收维修费，只对过期保修的收取70%—90%的零件成本费。三星电子公司专门装备了18辆巡回维修车，到各地甚至于边远地区进行巡回维修。美国有的厂家对产品提供跟踪服务，厂家保证做到小件可随时送厂修理，大件一经电话通知，立即上门服务，从不推托不管，所以销路一直很好。

与售后服务相比，售前服务容易被人忽视。日本松下公司的"先尝后买"甚为绝妙。他们在东京、大阪等城市的铁路车站内开设了专门出租摄像机的商店，乘坐新干线的旅客可在两天之内免费借来自由摄影，结果大受欢迎。他们的想法是："先为游客免费提供产品，他们掌握了使用方法后就会购买这些产品。"

态度

如果只是讲企业与消费者是买卖关系、企业只是想从消费者手中赚钱的话，那就有可能昧着良心赚钱，消费者要求受到真诚地对待和尊重，要求得到更为广泛的超值服务。因此，诚恳的态度至关重要。

时间

时间是服务的重要指标，一些企业对此都有明确的规定，既要随时服务，又要长久服务。比如，许多公司都采用 24 小时服务制度。

韩国新都理光公司用电子计算机与顾客联系，如果传真机出了故障，可在 2 小时之内赶到现场：现代汽车公司在汉城有 34 辆汽车 24 小时随时服务；许多保险公司实行了 24 小时服务制度。韩国三星电子公司每年组织 100 万消费者到工厂参观电磁炉、洗衣机等的生产过程，并向他们介绍使用方法以及新产品的情况。日本公司注重建店地点。他们认为，不能先考虑利益. 而要先考虑怎样使街道变成一条漂亮的街道，以受到人们的信赖。

从世界知名企业成长的历史可以清楚地看出，它们始终把以顾客为中心的服务以及服务质量作为它们事业成功的一个基石。

（二）顾客中心模式

哈佛管理课老师认为，服务中心模式中的每一个部分都相互关联，每一部分都不可缺少。服务策略、服务系统、服务人员三者共存又相对独立地面向顾客这个中心，各自发挥着作用，顾客则是这个服务三角形的中心。

这个服务三角形是针对包括知名企业在内的所有企业而言的，它列出了成功地为顾客服务的几个最为重要的因素。只有充分考虑这几个重要因素，才能够成功地争取到市场份额，通过提高产品的附加价值来增强竞争力，成为一家以顾客为中心的企业。

至于谁应该了解这个服务三角形，这在很大程度上取决于员工在企业中的职位。毫无疑问，高层管理人员必须熟悉服务三角形的每个元素，不仅应该知道每个元素的含义，而且能够根据企业的实际情况进行运用。

服务策略

仅是企业员工了解企业的战略还远远不够，还应该让顾客也了解企业的战略。原因是，在与企业做生意的时候，顾客会关心自己能从企业中得到什么。

但是，如果企业自我吹嘘将提供最好的服务，自己的产品优于其他同行的产品，这样做是不妥的。企业必须用事实来说话。要做到这一点，就应该制定出这样一种服务策略，它能使任何人都感受到："这就是我们的企业，这就是我们的经营之道：我们将始终为您服务。"

要制定出好的服务策略，必须首先明确自己企业所属行业的状况，还要学会从顾客的角度出发去考虑问题。

举例来说，如果你开了一家油漆店铺，就应该知道自己不能只是卖油漆，因为顾客并不仅仅是购买油漆。他们会考虑油漆的颜色是否与房间装饰相匹配，是否能使房子更加美观，使他们的家人喜欢，以及油漆是否耐脏、耐磨、容易涂刷且寿命持久。这些都是顾客要考虑的因素。

所以，店主就不再是单一的油漆供应商了。他应该成为油漆知识的咨询者，一位指导油漆使用方法的参谋，甚至成为油漆方面的权威人士。同时，店内的所有员工，也都应该能够做到这一点。

服务系统

服务系统在企业的服务中占有相当重要的地位，这个系统必须保障完善和畅通。如果一旦出现问题，那就要立即予以调整改善。在试图改变公司内部人员的服务方式时，应注意以下几点：

第一，在采取行动之前，先慎重考虑和分析。改变人们的工作方式是一回事，而改变公司的外观、规模、经营方向又完全是另一回事，二者不可混同。如果只是某件事情未能达到要求，就不要随意加以干预，不要随意改变公司的整套杆子方式。

第二，对于第一线服务人员的工作方式的改变，应该得到员工的同意，不能仅仅依靠高层管理人员的想当然来进行决策。员工有权了解进行改动的原因。应该让员工参与讨论，哪怕是几分钟时间的讨论也好，这是因为他们在直接与顾客打交道。他们提出的建议、想法可能更为行之有效，切实可行。

第三，在某些情况下，可能并不需要改变制度和做事方式，而是对某些员工进行调换即可，如辞去态度粗鲁的员工等。但录用员工并不是一件简单的事情，在选用时一定要综合考虑。

第四，要因人而异，使员工各尽所能。大部分人都希望自己工作稳定、安全而又有保障。对油井消防员、伞兵、深海钻探员等艰苦的工作。员工通常都要求签订协议，以保障自己的安全和权利。应避免轻率的人事变动，那样做会引起员工的心理恐慌。没有人愿意频繁调换职位或者被指派做没有心理准备的工作。因此人事部经理在管理中，必须尽量避免这种情况的出现。

服务人员

优秀的服务人员，可以确保使企业成为以顾客为中心的企业。企业必须在相应的岗位上启用合适的人才，在该做什么的时候就做什么。

企业可以有最好的产品、最佳的地理位置、最美丽的色彩组合、最干净的休息室、最可口的食品、最合理的价格，等等。但是如果没有合适的服务人员，这一切也就都没有了意义。

凡是能提供优质服务的知名企业公司，都深刻懂得微笑能够赢得更多的顾客。他们都懂得把自己的服务明星分派到最关键的服务第一线岗位上，为自己公司树立起一个对外优质服务的形象。

对那些服务不规范、不合格的服务人员，应该重新培训。他们应该改进接待顾客的态度，使得服务成为双方都愉悦的一次交往。

顾客

顾客之所以处于服务三角形的中心，就在于整个服务三角形的其他元素都服务于顾客。顾客是服务三角形中最为重要的元素。服务三角形中的其他元素相互沟通，共同发展并和谐地服务于顾客这个中心，使服务三角形有效地运行。

最理想的境界，便是顾客成群结队地光顾你的企业，买走你所有的商品，或者享尽你提供的各种服务。同时还向他们的朋友、他们的同事甚至是陌生人推荐你的企业，介绍别人到你的企业来消费，甚至支付高价也心甘情愿，依旧一次又一次地惠顾你的企业。

老师们经常说，在现实世界中，你必须想尽一切促销手段来吸引顾客，使他们光顾你的商店、工厂、办公室。你必须提供具有竞争力的价格和优质的服务，甚至采用恳求、奖赏、广告宣传或者其他花钱的手段来吸引顾客。此外，你还必须日复一日地保持这种服务，否则你的竞争对手就会提供更优越的条件，使顾客的趋向随之改变。

（三）以顾客为中心的具体措施

哈佛管理课教授在讲到如何以顾客为中心，或者应采取什么措施时！告诉学生们：

设计令顾客满意的产品

在产品设计阶段，必须充分考虑到消费者或用户的需要。一般来说，产品开发可以沿着这样一些线索展开：

安全——安全可靠是用户最基本的要求。日本汽车打入美国市场最初是将重点放在车身款式和车速上，后来则在安全性上大做文章，对用户提供巧妙的意外保护和过硬的安全保障。

节省——1973 年发生了中东石油危机，日本汽车公司推出了比传统汽车节省 25%~30%汽油的汽车，使得其在美国市场的销售量急剧增加。

个性化——20 世纪是大量生产、大量消费的时代。而今后的消费更加趋于个性化，生产也必须进行相应的改变。例如，三洋电机公司往往为百货公司和办公大楼"量体裁衣"地生产大型空调，波音公司生产的 777 型客机可依客户要求在航程和内舱座位等方面做灵活配置，等等。

情——苹果电脑公司准备在原来硬件的基础上集中精力开发对用户更加"友好"的软件，包括卡通人物、动画和声音以及词组和拼写游戏，等等；美国的一个幽默商品是一种有立体公仔的 T 恤衫，拉开那个公仔的嘴巴便可以看到里面写的一句话，自然引起了人们的好奇心。

简单——三洋电机公司了解到中老年人希望家电产品操作更容易，便在微波炉、洗衣机、烘干机中采用了"模糊"控制装置，减少了按钮数量，增加了一目了然的标图说明。圣地亚哥加州大学认知科学研究所主任诺曼提出："机器的使用之道应该隐含在自身的设计之中，而不是躲在使用说明书里。"

为了开发用户满意的产品，许多知名企业公司不遗余力地进行市场调查。东芝公司派出"生活方式研究员"到大街上去寻找研制新产品的启迪。日本花王公司每天要将上百条的消费者信息输入计算机，定期召开顾客座谈会。他们还邀请消费者担当"商品顾问"，甚至派人装扮成消费者，四处探听店员和顾客对自己产品的意见。当他们了解到消费者需要多角度、无线电、不喷气、轻便、能够清扫角落与缝隙的吸尘器

圣地亚哥加州大学

后，很快地就开发出了"多角度清扫器"，得到消费者好评。美国雪佛隆公司、通用制品公司、阿尔可公司等投入巨额资金请亚利桑那大学教授威廉·雷兹对垃圾进行研究。雷兹将市民每天倾倒的垃圾收集起来，按照原产品的名称、重量、数量、包装等予以分类，获得了当地居民食品消费的信息。上述公司的食品饮料厂借此决策，大获成功。

做好销售和售后服务

无条件服务——不管怎么样，满足最终用户的需要，维持与最终用户的良好关系，是一项永无止境的工作。美国的汽车销售公司恪守的信条是，无论顾客提出什么要求，回答永远是"Yes"。他们甚至于不介意半夜起来去帮助半路抛锚的汽车司机摆脱困境。日本丰田公司所造的莱克苏新牌汽车造型豪华，一次，因为发现内部制动灯固定装置有一点小毛病，虽然客户没有要求，维修人员还是到每一位车主家中把车开走，等维修好之后再把车还给主人，因而在顾客中建立了良好的信誉。

全面服务——国际商用机器公司不仅提供一流的产品，更注重提供一流的服务。他们之所以能够在计算机行业保持领先地位得益于他们较早地认识到服务在营销中的作用，他们努力做到向顾客提供一整套计算机体系，包括硬件、软件、安装、调试、传授使用方法以及维修技术等一系列附加服务，使得用户一次购买便可以满足全部要求。

额外好处——日本资生堂公司为了打开美国市场，推出了一系列适合美国妇女口味、包装精良、使用方便、气味高雅的产品，同时以服务质量取胜。他们不仅待客亲切有礼、服务周到，还免费提供脸部按摩，甚至于记得打电话祝福顾客生日快乐。美国饮料行业的可口可乐、百事可乐、牙膏行业的高露洁、可莱斯特等生产厂商设法推出形式不一的优惠券，结果培养了消费者的"品牌忠诚"。

组织措施——一方面，企业本身要建立起内部的专门机构，例如通用电气公司在麻省匹兹费尔德建有"客户服务中心"，每周召开"客户快速市场反应"会议，当场制定出实施方案。男一方面就是建立好销售网，例如佐丹奴公司总部通过电脑系统随时可以了解下属商店、专卖店的营业情况，包括每一柜台、每一款式、每一尺码的成衣销售和库存情况；宝洁公司派出 12 人到美国零售商沃尔一马特公司总部，与之共同设计销售方案。

真诚相待——商品价格对买卖双方来说是最敏感的因素。经营正派的商店采取真诚的态度。意大利蒙玛公司规定新时装上市以定价卖出，然后以三天为一轮，每隔一轮削价 10%，到了一个月也就是第 10 轮后，时装价格已经降到最初价格的 35% 左右，即成本价，所以往往是一卖即空。

重义轻利——商店不能见利忘义，只管挣钱而干没良心的事情。而这种注重道义的做法，反过来常常又为公司赢得了极好的信誉和利润。

超值服务——对顾客提供额外的好处，是商店非价格竞争的拿手好戏，各种各样的形式令人目不暇接，例如退款、送货上门、免费食品、游戏等。

（四）站在顾客的立场思考经营

德鲁克说，真正的市场营销，应该像西尔斯公司那样，以顾客为中心，从顾客的人口统计、顾客的实际情况、顾客的需要、顾客的价值观念出发。现在是一个买方市场，要想做大企业，做成产品，就只有把顾客当作上帝一样来对待，只有站在顾客的立场来思考经营，才是提高管理水平的最佳途径。

曾经，摩托罗拉 V70 可以说是一款集时尚和科技于一身的手机，其三围 94×38×18.3 毫米，重量仅为 79 克。配置一款犹如蓝宝石一样灰度显示屏和雪岭白、冰川蓝、深海蓝、火山红多种颜色的外观让它显得是那么的与众不同。

当时，这款产品的推出完全是以顾客为中心的，它的颜色能满足顾客追求时尚的心理；它与众不同的随心 360 度旋转的接听开盖方式极具个性；特大液晶屏幕以深海蓝的背景配合白色输入显示，多色可置换屏幕外环，让人不由得不心动。

市场的核心在于顾客满意度，细致入微的服务才可能真正打动顾客的心。在乔布斯的领导下，苹果公司是一家追求完美的典范。为了满足顾客的需求，在 iMac 的设计中，iMac 所增加的两种新的颜色，是设计师们耗费 18 个月的时间精心研制的。iMac 的底盘里每一颗螺丝都是一件精致的工艺品，而不仅仅是个机械的物件。顾客购买产品就讲求实用，不实用的产品只能成为一种摆设。在电脑前坐久了的人就有一种感受，不是腰酸背疼就是颈椎疼痛，这都是因为电脑的设计与摆放让人不得不迁就它们的结果，但是苹果公司推出的 iMac 却不是人去迁就电脑，而是电脑去迁就人。iMac 是一个完全迁就个人喜好和习惯的革命性电脑，人坐在它前面，可以随意调整屏幕的高度、距离和角度，给了用户在电脑前任意选择坐姿的自由。

德鲁克说，市场营销的目标是对顾客有很充分的了解，确保产品和服务完全适合顾客的需要，很自然地销售出去。对于每一个顾客来说，产品是不是更舒适一些，服务是不是更周到一些，工作人员的表情是不是更柔和一些。这些细微的差别，只是企业站在顾客的立场来思考的细微之处，但是却常常影响着顾客心中评价企业的天平。

在乘坐电梯时，我们有过这样的经历：在达到我们想要的楼层前，往往要停上两次、3 次甚至 5 次，楼层越多，停的次数越多，越麻烦。当电梯在每层间上下升降时，大厅聚集的人会越来越多，而房地产开发商又没有足够的资金和地方安装更多的电梯。这个问题，在纽约的时代广场办公楼得到了满意的解决。在时代广场，Otis 电梯的解决方案是，你在电梯的中央控制面板上键入你需要到达的楼层，然后电梯系统会做个简单的分类，告诉你乘坐哪部梯子可以直达你的目的楼层。这样，到 12 层的人可以乘一部电梯直达了。到达指定的楼层后，电梯直接返回大厅。这意味着，用更少的电梯做了更多的事，给房地产商节省了大笔开支。

Otis 公司这个小小的改进为他赢得了巨大的成功，因为它的这一改进是完全以顾客的需求来进行的，它真正地站在了顾客的立场思考经营，不仅方便了顾客，也使自己获得了巨大的效益。

顾客是企业的衣食父母，只有顾客才能救活企业，管理者要想提高自己的管理水平，就只能紧紧围绕顾客来做文章，急顾客之所急，想顾客之所想，充分考虑顾客的利益，这样才能使自己的企业不断发展壮大。

只有当顾客愿意购买商品或者服务时，企业才能把经济资源转变成财富。企业要想获得生存空间，自己生产的产品有市场才是关键。

（五）改变从非顾客开始

　　一家打印机公司的产品一年能卖出 5 万台，如果这家打印机公司想卖出更多的产品，它除了要扩大生产规模之外，还要有更多的顾客，因为如果它能生产更多的产品，但是卖不出去，也是白搭。所以说，顾客是企业扩大规模、促进发展的重要条件之一。

　　每一家企业的顾客都是一定的，每家企业都会把顾客看得像上帝一样？因为只有顾客才能给企业带来利润，但是顾客之外的人呢？德鲁克说，即使最大型的企业（除了公营机构以外），它的非顾客也比顾客多很多。没有几家公司占有超过 30% 的市场，因此非顾客的比例都超过 70%。相对于顾客来说，每一家企业的非顾客人数要远远超过它的顾客人数。

　　如果一家企业想要通过扩大顾客人数来促进企业发展的话，那么改变就得从非顾客开始。

　　宝洁公司成立于 1837 年，是世界上最大日用品公司之一。它在中国的销售额每年达到了 20 亿美元左右，但是它刚进入中国的时候，它的销售额和现在相比，真是不可同日而语。1988 年，宝洁公司正式进入中国，在广州成立了广州宝浩有限公司，一年后，销售并不理想。

　　一个有着十几亿人的大国，市场潜力是巨大的，重要的是要怎样去开发他们。宝洁公司深知，只有扩大顾客人数才能实现销售额增加的目的，于是公司制订计划，他们针对非顾客采取了独特的销售模式。

　　根据市场调查发现，广州人很喜欢去发廊洗头，这样既方便又是一种工作之余的享受。为了提高产品在人们心中的知名度，宝洁公司决定从广州的发廊入手进行促销活动。宝洁公司选取了位于闹市区的十几家发廊作为此次活动的参与者，为了把非顾客变成自己的顾客，宝洁公司设计了几千张洗发券，顾客不需要购买宝浩公司的任何产品，只要在报纸上剪下宝洁产品的广告，就可以换取一张洗发券，凭借这张洗发券可以到宝洁公司指定的这十几家发廊去免费洗头。就这样，就算是没有收入的大学生以及家庭主妇，也可以得到免费的洗发券，也一样可以到高级发廊享受洗发服务。

　　通过这一活动，宝洁公司只用了很少的广告费，却使得自己的顾客群迅速地壮大，一年后，宝洁公司的产品在广州的销售额比去年同期增长了 3.5 倍。

　　德鲁克常说，管理者还必须识别出在顾客的各种需求之中，有哪些需求还没有被目前所提供的产品与服务充分满足。这些没有满足的部分，就是你拓展顾客群的方向。

20世纪上半叶，李嘉诚进了香港一家五金制造厂做了一名推销员，李嘉诚当时是个历经磨难的小伙子，读书虽然不多，但很勤奋努力，也很有毅力。

在这家工厂，李嘉诚的工作就是推销白铁桶，对象就是那些四处林立的杂货店。由于李嘉诚的努力与付出，几年下来，李嘉诚成了同行中数一数二的销售员。但是他没有被自己的成绩冲昏头脑，通过几年的销售，他明白了一种情况，现在向酒楼、旅馆推销铁桶，但是这些酒楼、旅馆的数量是有限的，这么有限的资源总有一天会被瓜分完毕。要想找到出路，只能另外寻找顾客，只有顾客越多，卖出的铁桶才会越多。

于是，他再次开动脑筋，另辟蹊径。他花了不少时间，仔细研究了家庭散户的市场，发现高级住宅区的家庭大多不用白铁桶，而是使用铝桶。于是，他就转移阵地，把推销的目标瞄准中下层的居民区。但这样做也有一个问题，那就是一户家庭通常只使用一两只铁桶，销售量根本就比不上旅店、酒楼。可是，家庭散户也有一个后者无法比拟的优势，那就是民间的消息传播快，只要建立良好的口碑，不怕打不开市场。但是，该从哪里入手，占领这一分散而又庞大的市场呢？他苦思多日，仍一筹莫展，于是成天在居民区转悠，寻找灵感。

终于有一天，他在居民区看到几位老太太围坐在椅子上择菜、聊天，突然有种茅塞顿开的感觉，于是，他决定将推销的目标锁定在老太太身上。他这样盘算：老太太都没有工作，闲在家里就喜欢相互串门，唠叨些家长里短的事。如果专找老太太卖桶，只要卖了一只，就等于卖掉了一批。只要他自己推销得法，赢得不错的口碑，等于无形中增加了大量的义务推销员，这样积少成多，加起来的数量也会相当可观。果然，他这一招又大获成功。很快，李嘉诚的业绩遥遥领先，成为五金厂的销售冠军。

顾客是企业最重要的资源，企业在某种意义上是为顾客而生存的。一家企业要想生存、发展、壮大，就必须尽可能地发展顾客的队伍，这支队伍越庞大，那么就越能支撑起企业的规模。所以，企业要想不断开拓新的市场，就从把非顾客变成自己的顾客开始。

所有的企业都把目光投在了自己的顾客身上，但是很少有企业了解他们的"非顾客"，大多数根本不知道他们的存在，更别说知道他们是何许人了，这就是企业难以发展壮大的重要原因。

（六）什么是顾客认为有价值的

德鲁克说，市场营销所提出的问题，不是"企业要销售些什么"，而是"顾客想要购买什么"。只有懂得了这一点，企业才会在市场生产和销售中有的放矢。

在市场中，顾客永远都是对的。产品只有符合顾客的要求，顾客才会掏出自己的腰包，才能让一家企业兴旺发达。在产品卖不出去之后，很多企业都会责问自己的产品为什么卖不出去或者抱怨顾客，其实，与其埋怨顾客，不如自己静下心来问问自己的产品对顾客有没有价值，顾客是火眼金睛的，没有价值的产品肯定不会受顾客的青睐。

在 SOHO 现代城项目刚开始的时候，潘石屹其实并不知道高档次的房子是什么样子的，他只是隐隐觉得，每个时代都有自己的特色，这些特色也应该反映在建筑上。中国当时的房子，都是灰蒙蒙一片，显得死气沉沉，潘石屹手下的 SOHO 目，从一开始就想要做到与众不同。他要让顾客觉得现代城的房子有价值，现代城的房子值得去买。

现代城的房子有个特别之处就是没有阳台，现代城把这个在潘石屹看来只能挂几件衣服、堆几颗白菜的卫生死角替换成了一扇巨大的落地窗，这一举措在彻底解决了北方建筑冬季采光问题的同时，还避免了用户为了防止阳台成为入室抢劫的入口，自己花钱买来各种的防盗网，把整栋楼的外观搞得乱七八糟的"惯例"。同时，现代城自行设计了一个小型平台专门安放空调外挂机，这就防止了像别的建筑一样，整栋楼在墙上挂满了空调，就像一个个"大楼疙瘩"。整个现代城建筑的外墙都非常鲜明统一，潘石屹还在楼体上涂上各种颜色，公寓楼在灰色的底色上面都佩戴了一条彩色的"领带"，总体效果非常时尚出众。

在房间内部，潘石屹非常讨厌毛坯房，认为这种半成品交到客户手中以后，先进来的住户先装修，后进来的住户后装修，结果整整几年这栋楼都会处在混乱不堪的装修状态，噪音污染、有毒气体、装修垃圾都会给住户带来很不好的居住体验。为了解决这种状况，潘石屹第一个推出精装修的房子，这样的房子交到顾客手中，交房的第一天就能入住，更重要的，就是顾客不会再像买毛坯房一样为了购买装修材料、装修房子而搞得整天精疲力竭。

可以说，现代城的房子是超前的，就连安装在现代城的雕塑都是超前的，现代城在小区内摆放了一座反映小偷翻墙入室的雕塑，还有一组名为"财富"的组合雕塑，在一个脚手架上有一个用钢丝吊起来的假人。

正是有些业主无法忍受现代城的超前设计，于是潘石屹做出承诺，凡是购买现代城房子的顾客，只要不满意就无理由退房，而且还附加"年息 10%的回报"，消息一出，京城再次哗然，不但无理由退房，还倒赔给消费者钱？这对于房地产产业来说几乎就是一枚重磅炸弹。潘石屹给出的解释是："许多客户反映他们购买的房子升值了许多，如果只退房款，升值部分就全部属于开发商了，不够公平。我想，客户买房本身就是一种投资行为，他们给予我们支持的同时也承担了风险。作为有商业合作精神的开发商，应当把升值了的一部分利益拿出来回报给当初支持我们的客户。"

在现代城刚开始开发时，价格在当时是最贵的，但销量也是最好的。当时，现代城之所以能取得这种巨大的成功，主要原因就是顾客认为现代城的房子是有价值的，潘石屹真正从顾客的立场出发，把房子建到了顾客的心里去了，这样能卖不好吗？虽然后期现代城的房子也曾饱受诟病，但当时的火爆也是我们所不能抹杀的。这更充分说明了，不管什么商品，只有让顾客认可其价值，才能有好的成绩。

德鲁克认为，企业认为自己的产品是什么，并不是最重要的事情，对于企业的前途和成功尤其不是那么重要。顾客认为他购买的是什么，他心目中的价值何在，却有决定性的影响，将决定这家企业是什么样的企业，它的产品是什么，以及它会不会成功兴旺。因此，企业要想发展壮大，就应该生产出让顾客认为有价值的产品。

顾客想要购买什么？顾客购买的是那些对他们有价值、有好处的产品。只有顾客才能决定企业是什么。

（七）满足顾客需要是企业的宗旨和使命

德鲁克认为，管理者必须懂得，企业的产品和服务是由顾客决定的，而不是由企业生产商本身所决定的。尽管企业的生产有时候能主导顾客的消费意识，但是大部分情况下，顾客有什么需要，企业就要提供满足顾客这种需要的产品或者服务，因为这是企业的宗旨和使命。

1964 年，福特汽车公司推出了"野马"汽车，自从 4 月份第一辆野马汽车问世，当年的销量超过了 40 万辆，而且长久以来，这款车运动的外形和优越的性能对年轻的汽车消费者一直有着强烈的吸引力。这辆车型的成功，主要得益于公司设计部的工程师唐·弗雷。弗雷总结出，在汽车行业，最好的研发是增量性改进，年复一年的改进以更好地满足客户的需要，是公司产品开发的最主要目标；他同时意识到，以客户的抱怨作为指导方向来投入资源以取得最大利润是多么重要。很快，弗雷和他的团队发现了为市场上新兴的"运动型汽车潮流"开发一种新车的可能性，并付诸行动。"野马"的问世就是这种运动型汽车潮流的产物。

在传统的企业意识中，生产观念、产品观念的实质都是"企业生产什么，顾客就买什么"，推销观念则是"企业生产什么就卖什么，顾客就买什么"，二者没有本质的区别，都是以企业主导客户。但是，自从 20 世纪 70 年代后期，这种观念开始发生变化，现在，企业要想获得顾客的首肯，那么就得把"顾客需要什么就生产什么"作为自己的宗旨和使命。

有一天，一位顾客来到奔驰公司的销售店，"我想买一辆汽车。"顾客说得很简单。销售店经理亲自带他看了当时店内所有的车型，各种各样的颜色都有。"我想要一辆灰底黑边的轿车。"店内多种颜色的车都有，但就是没有顾客所要求的这款颜色。奔驰公司始终把顾客的需求放在第一位，所以销售经理说道："先生，真对不起，您要的颜色的车现在店内暂时没有，两天后您再来取吧。"

两天后，这位顾客如约而至。他终于看到了自己想要的颜色的车。不过，他还是不满意，"它不是我想要的车型。"这辆车是奔驰公司专门为他生产出来的，偌大一家公司专门为了一个人而生产一辆车，要是换成别的销售员，早就对这位顾客大动肝火了。但是这位经理却没有，他把顾客的需求看得至高无上，于是耐心地询问："先生，您需要什么规格的车？我们一定满足您的要求。"于是用笔详细地把顾客的要求记录下来，并告诉顾客，三天之后来取车。

三天之后，顾客来了，他看到自己的满意的车型、规格、颜色，高兴地付款提走了车。这位顾客购车之后，奔驰公司为了能更好地满足顾客的需求，建立了订购制度，顾客需要什么样的规格、色彩、车型、座椅、空调等，都可以提前提出来，奔驰公司都会按照顾客的需求生产出顾客所想要的车。

德鲁克说，满足顾客需求是企业的宗旨和使命，这也是奔驰公司发展到今天还这样成功的主要原因。

只有把顾客的需求真正当作自己的宗旨和使命，才能成就伟大的企业。

（八）给顾客以满足感

德鲁克提到过一个案例：为了一辆崭新的凯迪拉克汽车，不惜花费 4000 万美元的顾客，他买的是交通工具，还是凯迪拉克汽车的名气？换句话说，凯迪拉克的竞争对手是雪弗兰、福特汽车，还是钻石和貂皮大衣？

其实，凯迪拉克轿车一向被公认为是充分演绎美国精神和领袖风格的豪华轿车典范，其乘坐者的尊贵、沉稳、豪迈和权力，更使凯迪拉克成为一种凸显权贵的象征，它一直是各国政要和华贵家族出入重要场所的首选座驾之一。

全镀金加长劳斯莱斯幻影"梦幻"套餐 1.5 亿，阿斯顿·马丁 One77 售价 3888 万元，布嘉迪威航 16.4 Super Sport 售价 3500 万元左右，迈巴赫、兰博基尼和法拉利，动辄几百万，应有尽有，在 2011 年的上海车展上，据报道，开幕仅两天，这些要用天文数字的钱才能买到的超豪华车陆续迎来各地"豪客"们的抢购热潮。

记者从阿斯顿马丁工作人员处了解到，One—77 原本定价是 3880 万元，但是其中一辆成交价却高达 4700 万元。看来中国富豪们为了得到爱车，也不惜加上"天价"抢车。之所以会出现这种对豪华车的抢购热潮，除了代步之外，更多的应该是这种车能给车主一种尊贵与身份的象征，对于这些车主来说，不管花多少钱都愿意的原因，就像凯迪拉克一样，车主买的是车的名气与身份。这就是这些顾客的需求。

人们做某件事情或采取某种行动的最基本的内在动机，就是满足其内心的某种厚望。如果他所从事的这件事情，或者他采取的这种行动，不能给行动主体带来一定的满足感、愉悦感，就会使其感到厌烦、无聊，甚至觉得受到束缚，或感到痛苦。试想，有谁面对自己讨厌的事情依然会充满激情地去做呢？企业要想让产品畅销，那么就得满足顾客内心的需求。

2001 年 3 月，经过与董事会的商议，网易公司以 30 万美元的价格收购了国内最早从事网络游戏研发的公司——天夏。天夏的技术人员很快成为网易开发新一代网络游戏《大话西游》的中坚力量。谈起当时为什么选择《西游记》这个题材来做网络游戏，丁磊说原因有很多，"不过说到底我们想得很简单，就是要让消费者享受到游戏的乐趣，拥有愉快的心情。"经过一段时间的开发，2002 年 8 月，《大话西游 II》诞生，改进了《大话西游 I》中的技术问题，得到了众多玩家的首肯，一时间风靡全国。《大话西游 II》在运行的近 5 年时间里，吸引到了 9600 万个注册用户，同时在线人数在最高规模时达到 61 万人，极好的口碑使它稳居中国网络游戏市场的三甲之列。

　　《大话西游Ⅱ》之所以能成功，主要原因就是这款游戏大大地满足了玩家们的心态，正像一位玩家所说："我们这里要是有 10 个玩网游的人就有 6 个全是玩大话西游的，一点不夸张，大话给我个人感觉很亲切，游戏里的风格很适合我的习惯。其次操作没那么复杂，而且还是以大话西游这部电影为背景的，在你没玩大话西游之前就让你了解了游戏里人物之间的关系。"

　　正是《大话西游Ⅱ》能满足玩家的各种心态，所以丁磊在制定《大话西游Ⅱ》的营销策略时要把它打造成中国最贵的网络游戏，"韩国游戏三毛钱一小时，那我的《大话西游Ⅱ》就四毛钱一小时，真正喜欢这款游戏的人，不会在乎这一毛钱，而这多出的一毛钱对网易来说则意味着额外的 33% 的利润。"丁磊很有自信。

　　借着《大话西游Ⅱ》的东风，网易在 2003 年推出了另一款以西游为主题的 Q 版网络游戏《梦幻西游》，这款卡通风格的网游提倡清新明快的游戏风格，去除了许多暴力的因素，是一款名副其实的"绿色游戏"，也更容易获得社会和家长的认同。长达两年的研发加上极强的可玩性，《梦幻西游》同样取得了巨大的成功，比起《大话西游Ⅱ》也是有过之而无不及。截至 2007 年 3 月，《梦幻西游》注册用户突破了 9900 万，最高同时在线人数突破 150 万。

　　德鲁克说，顾客是企业生存的根本。面对顾客，想要调动其购买的积极性，就要想方设法引起他内心的满足感，让他从购买你的商品中获得实惠，获得利益，获得好处，从而产生强烈的购买欲望，主动掏钱购买你的产品。

　　现在的顾客经济实力越来越强，购买力越来越强，对产品从量的要求开始变成了质的需求，这种质的需求就是对顾客心理的一种满足。

（九）只有顾客才真正了解市场

　　如果按照企业、顾客、市场来划分的话，那么企业离不开市场，市场是企业发展的土壤。但是企业与市场之间又隔着顾客这一层，所以，企业要想与市场紧密地联系在一起，那么首先要攻克的难关就是顾客。

　　顾客想要知道的，只是特定的产品或服务会为满足他的哪些需求，他们只关心自己的价值观念、自己的需求和自己的实际情况。德鲁克说，顾客重视什么和决定怎么花他们的钱才是真正的重点，是企业一切行动的方向。因为只有顾客才真正了解市场。

"开业的这段时间，公司的营业额超出预期60%，现在吉之岛在深圳的品牌认知度已经达到了90%以上。"作为深圳吉之岛友谊百货有限公司的副总经理，井上博自豪地对记者说。

吉之岛是亚洲最大的零售商，也是赢利能力最强的零售商之一。吉之岛成功的关键就是周密的市场、客户调研和正确的市场定位。因为通过调研顾客，才能真正了解市场，所以吉之岛的市场和客户调研水平就像它的零售一样同样走在同行之前。

为了能在深圳扎根，吉之岛在开设深圳合资公司前，吉之岛在香港的母公司就进行了两个阶段的调查。第一阶段是在两年多前，公司开始了先期的市场和客户调研，主要对深圳本地的GDP水平、消费群体、消费习惯和当地政策做了详细调研。一年前，部门对营业场地——深圳中信广场进行实地考察，其中包括几个固定时段的行人数量、公交车和私家车流量、周边配套设施状况、竞争对手分析。

通过调研，吉之岛兴奋地发现，尽管家乐福和沃尔玛在深圳已经开有分公司，但是他们追求的天天平价瞄准的是普通大众消费群体，而以西武为代表的商场则主要服务于顶级消费者，那么，在深圳为中高档次的消费群体服务的商场则是空白的。于是，吉之岛把自己定位为中档阶层的顾客服务。

通过调查还发现，这一群体的顾客一般来说都是知识分子，他们在购买商品时，在追求价廉物美的基础上，也重视商场购物的体验，部分消费者还注重文化氛围。为此吉之岛在商场布局和商品供给上颇下功夫。商场占据一层近两万平方米的面积，宽敞的走廊，高档的装修，日本商品占到三成以上，商场内设日本风味餐厅，弘扬日本文化，这些是集团经过调研之后所采取的避免同业之间同质竞争的重要手段。商场共有8个入口和出口，充分贯彻其开放式购物理念、走差异化道路的策略。

现在的零售业竞争是非常激烈的，但是吉之岛却能从沃尔玛、家乐福这样的零售巨头的虎口里抢夺大片市场，这与它的市场调研是密切相关的，而这片市场则是顾客告诉他们的。

史玉柱在巨人大厦失败之后，开始潜心研究他的老本行保健品，为了能在竞争异常激烈的保健品市场重新打出一片天地，史玉柱以江阴为大本营，开始了他研究顾客的"作战计划"。为了调查保健品市场，史玉柱去挨家挨户地出门寻访，由于白天乡镇里的年轻人都上班去了，家里只有老人，于是史玉柱就天天和老人聊天。通过聊天，这些老人家给史玉柱提供一条线索：现在的年轻人整天在外面，难得回家一次，对于老人来说，这是一种很痛苦的事；而对于年轻人来说，自己工作忙，不能照顾老人，也是一种很无奈的事。那么为什么不用一种保健品来作为一座沟通子女与父母之间关系的桥梁呢？于是，"今年过节不收礼，收礼还收脑白金"的广告应运而生，通过脑白金这种年轻态保健品，史玉柱又一次成功创业。

史玉柱说，脑白金的策划，他完全遵循"721原则"，即把70%的精力用来为消费者服务，20%的精力用来做终端建设和管理，10%的精力用来处理和经销商的关系。正是这种把顾客放在第一位的策略，史玉柱才发现了他东山再起的市场。所以，再次创业成功后的史玉柱说他的成功没有偶然因素，这个市场是他的团队充分关注顾客、做了辛苦的调研才开发出来的。

德鲁克说，企业内部认为自己了解的市场情况往往都是错误的，只有真正地深入顾客，才能真正地了解市场，要不然，想当然的市场只是水中花，镜中月。

每种顾客都是一个细分的市场，企业在生产前一定要把这个市场调查好，只有这样，企业生产的产品才有目标客户，才知道自己的市场在哪里。

（十）用情感去拉近与客户的距离

中央电视台一句"妈妈洗脚"的公益广告红遍了整个中国，史玉柱的"今年过节不收礼啊，收礼还收脑白金"，一句被评为当年最俗的广告词，为脑白金创下了上亿的销售业绩，为什么？就是因为这句广告词深入年轻人的内心，唤起了他们对父母的那种孝顺之情。德鲁克说，彻底地了解顾客并不容易，与他们进行近距离接触是最好的方法。而情感是你拉近与顾客距离的最好方法。

乔·吉拉德之所以能成为世界上最伟大的推销员，他连续12年平均每天销售12辆车的记录至今无人能破，到底是什么秘诀使得吉拉德有这样惊人的销售业绩？

他的秘诀之一就是向顾客打情感牌。不管是谁，只要一走进吉拉德的办公室，吉拉德就会送给客户一枚圆形的奖章，上面印有图案，并写有几个字：我喜欢你。有时候他也会送一个心形的纪念章给客户，上面写有：吉拉德会让你满意而归。正是这种小小的举动，让他的生意增加了三成。

有些客户喜欢抽烟，在吉拉德的办公室，凡是想要抽烟的客户，吉拉德都会从自己的柜子里拿出15种烟来，然后他就问客户想抽哪一种？当客户说出自己想抽的品种时，吉拉德就会找出这种烟来，并当着客户的面把一根烟抽出来，然后给客户点上，并且顺手把这包烟放进客户的口袋里。当客户想给钱的时候，吉拉德都会把他们的手推回去，就当作礼物送给了这位客户。

在吉拉德的办公室里，他还精心设置了一间酒吧。在这里，各种各样的酒都有，当客户和他谈生意想喝点酒时，吉拉德就会走进酒吧间，找到客户想要喝的酒，于是给客户倒了一杯，而自己则倒一杯有颜色的水，然后和客户干杯，"为您的健康和您的家庭干杯！"吉拉德把自己酒杯里的水一饮而尽，而客户则把酒杯里的酒倒入了自己的肚子里。喝完了酒之后，吉拉德就会拿出订单，然后让客户在订单上签字，这时候，客户因为喝了吉拉德的酒，不签单都不好意思。

吉拉德之所以要这么做，就是在用情感拉近与顾客的距离，他通过对顾客的关心让顾客记住了他这位卖汽车的销售员。

小如是一家保险公司的业务员，她去拜访一位重要的客户，在聊天时，得知客户的夫人要去南京培训一个月，家里的宝贝女儿无人照料。正在他们夫妻俩为自己的宝贝女儿焦头烂额时，小如提出，由她来照料他们的女儿。从此以后，每天接送孩子就是她的工作，周末还得帮她补习功课，陪她游玩。由于自己没有生过孩子，没有实践经验，小如就从网上找到各种资料进行学习，并且买来相关的书籍和影碟，每天晚上学习两个多小时，然后用学来的知识去教育小孩，竟然获得了成功。一个月后，那个孩子已经无法离开小如，整天嚷嚷着要与她玩，小如也就成了客户家里的座上客，那么保险业务也就自然不在话下了。

从表面上看，销售只不过是商品和货币的交换过程，只是一种单纯的买卖关系。实质上，消费者从产生购买愿望到购买行为的完成，感情因素往往起着决定性的作用。如果顾客上了你一次当，绝对不会傻傻地去吃第二次亏。顾客之所以不再上当的主要原因，不仅仅是经济上的损失，而是因为精神上的伤害，心中产生的愤怒、懊悔等负面情感。

美国阿连森博士经过调查认为：平均68%的顾客是由于卖主态度漠然才转身离去的，可见满足顾客情感需要是一件多么急迫的事。而现代心理学研究认为，情感因素是人类接收信息的阀门。情感是刺激理智的唯一途径。人们在涉及钱的时候往往是理智的，如何打破顾客的理智心态，最有力的武器就是情感！因为情感能拉近你与顾客之间的距离。

情感是人与人之间沟通的钥匙，如果商家能从情感方面去拉近与顾客的心灵距离，那么赢得顾客就是一件不难的事。

三、价格竞争与定价

（一）制订多元化定价目标

哈佛的管理学老师说，定价目标是整个企业定价过程的核心，事关企业定价的成效。定价目标还决定着企业对具体定价策略、定价方法和定价技巧的选择，定价目标的不同，与其相应的定价策略、方法和技巧也就各不相同。

他们告诉学生，企业定价的基本目标是追求利润，这是由企业整个生产经营的总目标决定的。同时，客观环境也迫使企业以追求利润作为根本目标。因为从长期来看，一个企业不赢利或亏本，是无法生存下去的，也就谈不上发展和壮大了。因此，在具体实践中，尤其是从长期来看，企业定价都是以追求利润为根本目标的，其他目标，像市场占有率、树立良好的企业形象等，都是为最终获取利润服务的。

但是，企业定价的目标也不是唯一的，即不仅仅是为了追求利润的增加。在现实中，企业定价的目标是多种多样的，尤其是从短期目标来看，更是如此。其中的理由主要有以下几点：

1. 利润目标有长期利润最大化和短期利润最大化之分，而企业的长期利润最大化目标和短期利润最大化目标并不总是完全一致的。企业往往为了争取长期最大利润，不得不放弃短期的部分利润，这就是"放长线，钓大鱼"。既然企业短期经营目标同长期目标不尽完全一致，那么在不同时期的特定条件下，企业的具体定价目标也就会有差别。

2. 企业通常追求的利润目标并不是每一种产品的生产的经营都要实现利润最大化，而是整个企业的利润最大化。因此企业为了实现整个企业的利润最大化，往往放弃部分产品的部分利润。这使得被放弃产品的定价目标也与追求利润的目标发生偏离。

3. 企业要实现短期利润最大化，必须以明确的需求函数、成本函数和市场竞争状况为前提，而上述前提条件在现实生活中往往很难完全得到。在面临种种不确定因素的前提下，企业便转而追求更容易实现的目标。

4. 与追求利润最大化目标相比，企业定价的其他目标往往是由各种不同的环境条件决定的具体目标，往往是利润最大化尤其是长期利润最大化目标实现的桥梁。因此，面对不同的环境条件，企业便采取了多种不同的随时间、地点而变化的具体定价目标。

以上各点的共同作用，决定了企业定价的目标不是单一的，而是多元的。一般来说，企业定价目标可以分为这样三类：利润目标、市场目标和信誉目标。

利润目标的定价方法

企业定价的利润目标是指企业定价的目的在于追求短期利润的增加。利润目标是企业定价在短期内的基本目标，它具体又包括以下三种目标：扩大当前利润，获取目标利润，撇取市场油脂。

1. 扩大当前利润

扩大当前利润目标的侧重点是短期内的最大利润。在这一目标指导下，企业通过估定当前的需求函数和成本函数，制定能够实现最大利润的产品价格。

2. 获取目标利润

由于利润最大化的目标不太现实，企业在短期内一般追求目标利润。目标利润是指企业满足于一定的投资和风险水平上的正常利润。企业将目标利润水平规定为占投资额或销售额的一定比率，叫作投资报酬率或销售收益率。它们各自的公式分别是：

投资报酬率＝净利润÷总投资

销售收益率＝净利润÷销售额

以获取目标利润的企业，大多追求的是收回一定的投资报酬率，因为任何企业都希望所投入的资金能够获取预期的利润。投资报酬率的高低，标志着企业经营的好坏。

在企业的财务管理中，判断企业经营成本的最好方法是看投资报酬率的高低。通用汽车公司曾经长期按平均投资报酬率15%～20%的目标制定汽车价格。

美国国际收割机公司按税后投资报酬率10%左右来制定产品价格。美国企业目前的税后利润一般为20%。

企业按照这一目标来定价时，先考虑成本，再加上目标利润，作为产品的售价。

以获取目标利润为定价目标的企业应具备以下三个条件：

其一，企业必须在本行业中具有较强的优势，规模大，经营管理水平高，竞争力强，拥有较高的市场占有率，处于领导地位。如果不是处于领导地位，便不能追求过高的利润目标，否则无法应付行业中其他企业的竞争，还会引起消费者的排斥。

其二，企业产品在质量性能等方面与同类产品相比，具有明显的差异。

其三，对企业的长远发展无不良影响。

3. 撇取市场油脂

撇取市场油脂是新产品定价目标的一种。当某个企业推出一项新产品后，需要并希望快速回收其投资时，往往先制定高价格，以"撇取"市场中可能获得的最大利润。这种定价目标的核心是利用某些消费者愿意支付高价去购买他们认为有很大意义的产品的心理。为新产品制定很高的价格，使单位销售利润率最大。美国杜邦化学公司是最早采用这种定价目标的公司。该公司每推出一种新产品，都按估计能够销出的最高价格定价。美国著名的惠普公司也按这种目标为其计算机产品定价。

这种定价目标实施的具体过程是：生产企业最初以高价出售新产品，并通过大量的推销活动使人们对该产品产生一种"豪华"的印象，像"撇油脂"那样先把其他市场"撇除"，而只剩下只包含不在乎价格高低的购买者的那部分市场。然后过一段时间再降低价格，以吸引市场中具有更大价格弹性的部分。采取这种定价目标也需要许多前提条件：

其一，产品有差别，具有质量、性能等方面的优势。

其二，不会吸引较多的竞争者。排除竞争的机制主要来自新的和高超的制造技术、专利、最佳的原材料所有权等。

其三，市场需求较大，且相对地没有弹性，高价对需求者不会产生大的影响。

其四，产品的单位成本水平不会高到抵消高价所带来的高利润。因为撇除了部分市场，产品销路较窄。这时产量较低，单位成本较高。

市场目标的定价方法

企业定价的市场目标是指企业定价的目的不在于追求短期利润的最大化，而是为了谋求尽可能高的市场占有率和在市场竞争中的地位。由于市场和市场竞争对企业来说，具有生命攸关的意义，因而谋求市场地位便成为企业定价的最主要的目标之一。企业定价的市场目标种类较多，主要有以下几种：一是维持或扩大市场占有率，二是应付或防止竞争，三是产品线促销，四是保持价格稳定，五是谋求生存。

1. 维持或扩大市场占有率目标

市场占有率或市场份额是指一家企业销售量在市场销售总量中所占的比重。市场占有率越高，表明企业的竞争能力越强，产品被消费者接受的程度越大，企业销售收入也越多。因此，维持或扩大市场占有率对于任何企业来说都是非常重要的问题，从而成为企业定价的最主要目标之一。

市场占有率同企业的投资收益关系也很密切，较高的市场占有率，常常伴随着较高的投资收益率。据美国经济学家的研究，当企业市场占有率为9%左右时，其平均投资收益率低于10%；当市场占有率超过40%时，其平均投资收益率约为30%。美国策略计划委员会的研究结果也表明，在影响企业赢利的36个相关因素中，市场份额是最重要的因素，市场份额每增加10%，投资收益率则平均提高5%。

影响市场占有率的因素很多，如企业竞争能力、产品质量、经营管理水平、价格策略等。当企业的其他方面同竞争对手不相上下时，价格便成为影响企业产品销售和市场占有率的主要因素。这时，企业特别是实力雄厚的大企业，往往放弃追求当前的部分利润，采取低价政策来吸引消费者，扩大市场份额。美国德克萨斯仪器公司是最早以维持或扩大市场份额为定价目标的企业。杜邦化学公司也曾成功地运用了这一政策，该公司认为："价格低，可以达到最高市场占有率，并能长期保持。"

用低价来扩大市场占有率必须具备以下条件：

其一，市场对价格具有较大的敏感性，低价会迅速刺激市场需求。

其二，企业实力雄厚，尤其是具有成本低廉的优势。

其三，低价能阻止现有的和潜在的竞争。

2. 应付或防止竞争目标

应付竞争和防止竞争是两个不同的概念。应付竞争是指企业回击竞争者的活动。而防止竞争是指企业阻止潜在竞争者的活动。任何一个企业在市场上每时每刻都面临着新老对手的激烈竞争，因此每一个企业都必须采取有效的手段，以免坐以待毙，而求得在竞争中获胜。

企业应付或防止竞争的手段可分为两大类：价格竞争和非价格竞争。其中，价格是一种作用直接、见效迅速但风险性大的竞争手段。如果企业某种产品定价过高，很可能把一部分市场让给竞争对手，同时由于高价会给生产或经营企业带来丰厚的利润，新的竞争者便纷纷涌入。反之，如果企业某种产品定价较低，则可以从竞争对手那儿夺取一部分市场，同时由于实行低价又使潜在的竞争者觉得无利可图，从而打消进入该市场的念头。

一般来说，低价是应付或防止竞争的有效手段。以防止竞争为例，新的企业要进入某个市场，首先必须考虑同市场上已存在的老产品的竞争，其售价必须和老产品保持一致。如果老产品的价格水平相对较低，则新的企业不得不使其成本低于现行售价，才能获得利润。但是，像这样低的成本，新企业往往是难以达到的，除非它一开始就具备足够大的生产规模，因为产品成本是同生产规模成反比的。而要具备足够大的生产规模，就需要大量的初始投资，这对于新的企业来说，一般是难以做到的。

价格竞争由于手段单一，又容易遭受竞争对手的报复，因而风险很大。一般来说，企业选择价格竞争必须具备以下两个条件：

其一，产品差别很小，质量、性能差别不突出，其他竞争手段缺乏；

其二，企业实力雄厚，具有成本低廉的优势。

3. 产品线促销目标

企业定价中的产品线促销目标是指企业为了促进产品线中其他产品的销售来对产品线中某一产品进行有针对性的定价。这一定价目标的特点有两个：一是对某种商品的定价是为了别的产品的销售，在该种商品价格或销量上企业会有所损失，但这一损失会在别的产品销售中得到弥补，即"失之东隅，得之桑榆"，而且得大于失。二是该定价目标是以局部牺牲来换取整体利益，以某种产品的价格或销量损失来换取整个产品线上的更大利润。以产品线促销为目标的定价方法主要有两种：

其一，亏损先导定价法。即企业对某种商品判定特别低甚至亏本的价格，吸引顾客前来购买这种商品的同时，购买本企业的其他商品。亏损先导定价法以在日用品销售以及商业企业中最为常用。

其二，声望定价法。它是指企业故意给某种产品制定较高价格，加深顾客对该产品线是高级产品的印象，从而提高产品的声望，以一种产品的销量损失来促进整个产品线的销售。这种方法一般用在威望性或地位性产品上。

4. 保持价格稳定目标

在激烈的价格竞争中，竞争者相互杀价，往往要毁掉一些竞争者，并导致两败俱伤。因此，在竞争程度激烈、需求量波动较大的市场上，企业为了最大限度地减少价格竞争所带来的风险，以保持价格稳定作为定价目标。在其他市场上，保守型的经营管理人员也往往采用这种定价目标。

稳定价格决策一般是由同行业中生产规模大、管理水平高、市场能力强的"龙头企业"制定的。"龙头企业"根据企业的成本、考虑适当的利润率和零售折扣以及预期需求制定出"领导者价格"，同行业中其他企业则必须同"领导者价格"保持一致，或完全相同，或差异很小。因为它们的价格不能高于"领导者价格"，否则自己产品的销售量就会减少；它们的价格也不能低于"领导者价格"，因为它们的成本比"龙头企业"高，而且会因此遭到"龙头企业"的报复。

"龙头企业"对"领导者价格"的决定也不是无所顾忌的。因为如果定价过高，会引起社会公众的反对；如果定价过低，政府认为这样会损害中小企业的利益，往往招致政府干涉。

以稳定价格为定价目标的前提条件有：

其一，在市场上，主要公司的数目很少，主要是寡头市场。

其二，同行业中产品质量比较一致，价格是购买者关心的主要问题。

其三，需求波动较大。

5. 谋求生存目标

企业定价的目标有时是为了保持营业，谋求生存。当企业或者是由于生产能力过剩，或者是由于竞争处于劣势，或者是由于产品销路不畅时，企业往往会面临严重的生存危机。这时，企业定价的目标便不再是为了追求利润，而是为了谋求生存，因为生存比利润更重要。

信誉目标的定价方法

企业定价的信誉目标是指企业定价的目的是为了保持同营销渠道、公众和消费者的良好关系和树立企业信誉。营销渠道、公众和消费者共同构成企业生产经营活动的微观环境，企业要发展壮大甚至要生存下去，就必须树立自己在微观环境中的良好信誉，保持同它们的良好关系。

企业定价的信誉目标主要包括以下四类：树立企业形象，保持与销售渠道的良好关系，避免不利于政府的行为，扩大本期销售收入。

1. 树立企业形象

企业形象是企业通过自身的定价行为和市场营销活动而给予消费者的一种感觉。企业形象同产品的销路、市场占有率的高低和竞争能力的关系极大。良好的企业形象往往使消费者在心目中形成对本企业产品的认同感，从而增加对产品的需求。因此，树立企业形象也是企业定价的一种重要目标。

企业形象的树立，要求企业根据自己产品的特点，采取相应的定价政策。例如，对于威望性或地位性产品来说，企业应通过高价政策，使本企业以专门生产或经营高档华贵产品的形象，存在于消费者的心目中。而对于实用型产品来说，企业应通过低价政策，使自己以生产或经销物美价廉产品而著名。

2. 保持同营销渠道的良好关系

大多数企业的产品不是自产自销，而是通过营销渠道（即中间商）来进行销售的。当一个企业的产品，主要是通过销售渠道进行销售时，销售渠道对本企业产品的销售量和市场占有率的高低便起着十分重要的作用。这时，企业在进行定价决策时，必须考虑同中间商的关系，认真评价其价格政策对中间商的影响，并在价格中体现中间商所希望得到的边际利润，即销售产品的支出与销售收入的差额。如果生产企业能给中间商以足够的边际利润，中间商就会更加积极地去推销该企业的产品。

3. 避免不利于政府的行为

这一目标是指企业在定价活动中要充分考虑政府的作用和影响，不能与政府有关价格的法律和政策相违背，否则将受到政府的制裁。

4. 扩大本期销售收入目标

哈佛认为，作为管理者，在经营中占主导地位，选择定价目标时，有时追求的不是利润最大化，而是销售收入最大化。因为管理者不是股东代表，他只负责经营，希望尽量扩大销售额，给人们造成企业经营规模巨大的印象，从而抬高管理者个人的声誉和地位。

（二）管理者应掌握的几种定价方法及应用

在哈佛看来，定价方法，是企业在特定的定价目标指导下，依据对成本、需求及竞争等状况的研究，运用价格决策理论，对产品价格进行计算的具体方法。这一点，是作为管理者的人必须掌握的基本常识。

定价方法主要包括成本导向、竞争导向和顾客导向等三种类型。

成本导向定价法

以产品单位成本为基本依据，再加上预期利润来确定价格的成本导向定价法，是中外企业最常用、最基本的定价方法。成本导向定价法又衍生出了总成本加成定价法、目标收益定价法、边际成本定价法、盈亏平衡定价法等几种具体的定价方法。

1. 总成本加成定价法

在这种定价方法下，把所有为生产某种产品而发生的耗费均计入成本的范围，计算单位产品的变动成本，合理分摊相应的固定成本，再按一定的目标利润率来决定价格。

2. 目标收益定价法

目标收益定价法又称投资收益率定价法，是根据企业的投资总额、预期销量和投资回收期等因素来确定价格。

3. 边际成本定价法

边际成本是指每增加或减少单位产品所引起的总成本变化量。由于边际成本与变动成本比较接近，而变动成本的计算更容易一些，所以在定价实务中多用变动成本替代边际成本，而将边际成本定价法称为变动成本定价法。

4. 盈亏平衡定价法

在销量既定的条件下，企业产品的价格必须达到一定的水平才能做到盈亏平衡、收支相抵。既定的销量就称为盈亏平衡点，这种制定价格的方法就称为盈亏平衡定价法。科学地预测销量和已知固定成本、变动成本是盈亏平衡定价的前提。

竞争导向定价法

在竞争十分激烈的市场上，企业通过研究竞争对手的生产条件、服务状况、价格水平等因素，依据自身的竞争实力，参考成本和供求状况来确定商品价格。这种定价方法就是通常所说的竞争导向定价法。竞争导向定价主要包括：

1. 随行就市定价法

在垄断竞争和完全竞争的市场结构条件下，任何一家企业都无法凭借自己的实力而在市场上取得绝对的优势，为了避免竞争特别是价格竞争带来的损失，大多数企业都采用随行就市定价法，即将本企业某产品价格保持在市场平均价格水平上，利用这样的价格来获得平均报酬。此外，采用随行就市定价法，企业就不必去全面了解消费者对不同价差的反应，也不会引起价格波动。

2. 产品差别定价法

产品差别定价法是指企业通过不同营销努力，使同种同质的产品在消费者心目中树立起不同的产品形象，进而根据自身特点，选取低于或高于竞争者的价格作为本企业产品价格。因此，产品差别定价法是一种进攻性的定价方法。

3. 密封投标定价法

在国内外，许多大宗商品、原材料、成套设备和建筑工程项目的买卖和承包以及出售小型企业等，往往采用发包人招标、承包人投标的方式来选择承包者，确定最终承包价格。一般来说，招标方只有一个，处于相对垄断地位，而投标方有多个，处于相互竞争地位。标的物的价格由参与投标的各个企业在相互独立的条件下来确定。在买方招标的所有投标者中，报价最低的投标者通常中标，它的报价就是承包价格。这样一种竞争性的定价方法就称密封投标定价法。

顾客导向定价法

现代市场营销观念要求企业的一切生产经营必须以消费者需求为中心，并在产品、价格、分销和促销等方面予以充分体现。根据市场需求状况和消费者对产品的感觉差异来确定价格的方法叫作顾客导向定价法，又称"市场导向定价法""需求导向定价法"。需求导向定价法主要包括理解价值定价法、需求差异定价法和逆向定价法。

1. 理解价值定价法

所谓"理解价值"，是指消费者对某种商品价值的主观评判。理解价值定价法是指企业以消费者对商品价值的理解度为定价依据，运用各种营销策略和手段，影响消费者对商品价值的认知，形成对企业有利的价值观念，再根据商品在消费者心目中的价值来制定价格。

2. 需求差异定价法

所谓需求差异定价法，是指产品价格的确定以需求为依据，首先强调适应消费者需求的不同特性，而将成本补偿放在次要的地位。这种定价方法，对同一商品在同一市场上制订两个或两个以上的价格，或使不同商品价格之间的差额大于其成本之间的差额。其好处是可以使企业定价最大限度地符合市场需求，促进商品销售，有利于企业获取最佳的经济效益。

3. 逆向定价法

这种定价方法主要不是考虑产品成本，而重点考虑需求状况。依据消费者能够接受的最终销售价格，逆向推算出中间商的批发价和生产企业的出厂价格。逆向定价法的特点是：价格能反映市场需求情况，有利于加强与中间商的良好关系，保证中间商的正常利润，使产品迅速向市场渗透，并可根据市场供求情况及时调整，定价比较灵活。

各种定价方法的运用

企业定价方法很多，企业应根据不同经营战略和价格策略、不同市场环境和经济发展状况等，选择不同的定价方法。

1. 成本导向定价法

从本质上说，成本导向定价法是一种卖方定价导向。它忽视了市场需求、竞争和价格水平的变化，有时候与定价目标相脱节。此外，运用这一方法制定的价格均是建立在对销量主观预测的基础上，从而降低了价格制定的科学性。因此，在采用成本导向定价法时，还需要充分考虑需求和竞争状况，来确定最终的市场价格水平。

2. 竞争导向定价法

竞争导向定价法，是以竞争者的价格为导向的。它的特点是：价格与商品成本和需求不发生直接关系；商品成本或市场需求变化了，但竞争者的价格未变，就应维持原价；反之，虽然成本或需求都没有变动，但竞争者的价格变动了，则相应地调整其商品价格。当然，为实现企业的定价目标和总体经营战略目标，谋求企业的生存或发展，企业可以在其他营销手段的配合下，将价格定得高于或低于竞争者的价格，并不一定要求和竞争对手的产品价格完全保持一致。

3. 顾客导向定价法

顾客导向定价法，是以市场需求为导向的定价方法，价格随市场需求的变化而变化，不与成本因素发生直接关系，符合现代市场营销观念要求，企业的一切生产经营以消费者需求为中心。

（三）如何选定最终价格

哈佛的老师们告诉学生，在营销组合各因素中，可以说定价策略最痛苦与最危险的策略。需要营销人和决策者既要在决策前做大量的调研工作，也要在决策时具备相当大的勇气。总的来说，企业最后拟定的价格必须考虑以下因素：

1. 最后价格必须同企业定价政策相符合。企业的定价政策是指：明确企业需要的定价形象、对价格折扣的态度以及对竞争者的价格的指导思想。

2. 最后价格还必须考虑是否符合政府有关部门的政策和法令的规定。

3. 最后价格还要考虑消费者的心理。利用消费者心理，采取声望定价，把实际上价值不大的商品的价格定得很高（如把实际上值 10 元的香水定为 100 元），或者采用奇数定价（把一台电视机的价格定为 1299 元），以促进销售。

4. 选定最后价格时，还须考虑企业内部有关人员（如推销人员、广告人员等）对定价的意见，考虑经销商、供应商等对所定价格的意见，考虑竞争对手对所定价格的反应。

我们知道，价格是企业竞争的主要手段之一，企业除了根据不同的定价目标，选择不同的定价方法，还要根据复杂的市场情况，采用灵活多变的方式确定产品的价格。

新产品定价

1. 有专利保护的新产品的定价

有专利保护的新产品的定价可采用撇脂定价法和渗透定价法。

（1）撇脂定价法。新产品上市之初，将价格定得较高，在短期内获取厚利，尽快收回投资。就像从牛奶中撇取所含的奶油一样，取其精华，称之为"撇脂定价"法。

这种方法适合需求弹性较小的细分市场，其优点：

①新产品上市，顾客对其无理性认识，利用较高价格可以提高身价，适应顾客求新心理，有助于开拓市场；

②主动性大，产品进入成熟期后，价格可分阶段逐步下降，有利于吸引新的购买者；

③价格高，限制需求量过于迅速增加，使其与生产能力相适应。缺点是：获利大，不利于扩大市场，并很快招来竞争者，会迫使价格下降，好景不长。

（2）渗透定价法。在新产品投放市场时，价格定的尽可能低一些，其目的是获得最高销售量和最大市场占有率。

当新产品没有显著特色，竞争激烈，需求弹性较大时宜采用渗透定价法。其优点：

①产品能迅速为市场所接受，打开销路，增加产量，使成本随生产发展而下降；

②低价薄利，使竞争者望而却步、减缓竞争，获得一定市场优势。

对于企业来说，采取撇脂定价还是渗透定价，需要综合考虑市场需求、竞争、供给、市场潜力、价格弹性、产品特性，企业发展战略等因素。

2. 仿制品的定价

仿制品是企业模仿国内外市场上的畅销货而生产出的新产品。仿制品面临着产品定位问题，就新产品质量和价格而言，有九种可供选择的战略：优质优价；优质中价；优质低价；中质高价；中质中价；中质低价；低质高价；低质中价；低质低价。

心理定价

心理定价是根据消费者的消费心理定价，有以下几种：

1. 尾数定价或整数定价

许多商品的价格，宁可定为 0.98 元或 0.99 元，而不定为 1 元，是适应消费者购买心理的一种取舍，尾数定价使消费者产生一种"价廉"的错觉，比定为 1 元反应积极，促进销售。相反，有的商品不定价为 9.8 元，而定为 10 元，同样使消费者产生一种错觉，迎合消费者"便宜无好货，好货不便宜"的心理。

2. 声望性定价

此种定价法有两个目的：一是提高产品的形象，以价格说明其名贵名优；二是满足购买者的地位欲望，适应购买者的消费心理。

3. 习惯性定价

某种商品，由于同类产品多，在市场上形成了一种习惯价格，个别生产者难于改变。降价易引起消费者对品质的怀疑，涨价则可能受到消费者的抵制。

折扣定价

大多数企业通常都酌情调整其基本价格，以鼓励顾客及早付清货款、大量购买或增加淡季购买。这种价格调整叫作价格折扣和折让。

1. 现金折扣

现金折扣，是对及时付清账款的购买者的一种价格折扣。例如"2/10 净 30"，表示付款期是 30 天，如果在成交后 10 天内付款，给予 2% 的现金折扣。许多行业习惯采用此法以加速资金周转，减少收账费用和坏账。

2. 数量折扣

数量折扣，是企业给那些大量购买某种产品的顾客的一种折扣，以鼓励顾客购买更多的货物。大量购买能使企业降低生产、销售等环节的成本费用。例如：顾客购买某种商品 100 单位以下，每单位 10 元；购买 100 单位以上。每单位 9 元。

3. 职能折扣

职能折扣，也叫贸易折扣。是制造商给予中间商的一种额外折扣，使中间商可以获得低于目录价格的价格。

4. 季节折扣

季节折扣，是企业鼓励顾客淡季购买的一种减让，使企业的生产和销售一年四季能保持相对稳定。

5. 推广津贴

为扩大产品销路，生产企业向中间商提供促销津贴。如零售商为企业产品刊登广告或设立橱窗，生产企业除负担部分广告费外，还在产品价格上给予一定优惠。

歧视定价（差别）

企业往往根据不同顾客、不同时间和场所来调整产品价格，实行差别定价，即对同一产品或劳务定出两种或多种价格，但这种差别不反映成本的变化。主要有以下几种形式：

1. 对不同顾客群定不同的价格。
2. 不同的花色品种、式样定不同的价格。
3. 不同的部位定不同的价格。
4. 不同时间定不同的价格。

实行歧视定价的前提条件是：市场必须是可细分的且各个细分市场的需求强度是不同的；商品不可能转手倒卖；高价市场上不可能有竞争者削价竞销；不违法；不引起顾客反感。

四、打造精英销售团队

（一）做一名销售领袖

哈佛商学院在对 172 位销售经理的特性进行了研究后认为："当今全球竞争异常激烈，产品大同小异。你的成功或失败 98% 在你员工手上。销售队伍的人员素质归根结底在于其领导的素质。一般销售经理仅确保系统运行正常，而领袖则能推动事态发展。他们令其周围的人更加出色。"

有教授指出，销售领袖与销售经理的不同在于：销售领袖令销售队伍活力四射，激励他们达到看似不可能的目标；销售经理仅是确保销售流程运作正常。销售领袖有很强的使命感和目的性，销售经理则仅确保访问报告按时完成。销售领袖致力于创新，销售经理仅致力于管理。

他们还研究找出了销售领袖的七大关键特性：

果敢有力

卓越的销售领袖知道何时采取何种方式表示自己强硬的态度。他们知道如何坚持自己的权利。果敢有力是领导力的支柱，软弱无力的人不会成为好领袖。

森罗公司副总裁麦得莫发觉其手下一位销售经理由于希望多陪伴家人，而未能花足够时间与其销售代表一起在外奔波。麦得莫把销售经理请到办公室，很明白地告诉他，他知道家人好十分重要，但他同时提醒销售经理，这是他的工作。如果他需要这份薪金和威望，就必须与销售代表一起在前线冲锋陷阵，成功完成工作。这位销售经理并不喜欢这次谈话，但他希望留住这个位子，因此他接受了。

有内在驱动力

销售领袖不仅仅对说服客户有兴趣，他们还能驱动自己去激励销售代表采取行动。

GBS 印刷品和印刷机械公司地区销售副总裁基纳德手下有一名销售员。他在过去 13 年里一直表现出色，但现在其销售业绩却下滑了，主要原因是他的几个主要客户破产了。这位推销员没有去开发新的业务。反而一味哀叹命运不佳，听任业绩急剧下降。基纳德与他约定了时间总结业绩。基纳德请这位销售代表一起吃午餐，他并没强调这位销售代表的业绩下降了，相反，基纳德对他说："你有能力做得更好。"

这位销售代表对这种方式做出了"积极"反应，因为他并没有觉得受攻击或被贬低。这次会谈取得了立竿见影的效果：两个月后，这位销售代表的月销售量达到了两年半来的最高点。

有内在韧劲

销售代表推销失败时，他必须有一种内在韧劲，以保持乐观态度，开始新的销售拜访。销售领袖还有一项任务：他不仅自己要能从失败中解脱出来，还要保证其销售代表也能从失败中解脱出来。

斯图特公司的全国销售经理海斯与他的一位地区销售经理、一位销售代表和一位产品经理失去了一张 250 万美元的订单。他们非常沮丧，简直是伤心欲绝。在遭拒绝的那天，海斯及其团队成员会见了这位潜在顾客，索求他们为什么会失败的反馈意见。海斯说："我希望自己的销售队伍养成这样一种习惯，即问问自己为什么失败并不可笑。"

在后来的一个星期里，海斯与其小组反复开会总结哪些方面他们认为做得对，哪些方面他们原本可以做得更好。海斯认为，无论情况如何，令销售代表正确处理失败的关键是帮助他们尽快正确对待失败。他说："我告诉他们，我们必须总结业绩，然后继续前进。"

敢于冒险

在激烈的市场竞争中，胜利通常属于那些乐于大胆尝试、不怕失败的领袖。卡利伯公司的格林勃说："在销售领域，销售领袖总是在不断冒险。是否该雇用这个人？是否该做这张单？在这个产品大同小异的市场，那些三思而行不敢冒险的领袖只能被这个世界甩掉。"

有时候，发展一个新客户也是件冒险事。佩司分析服务公司营销和客户服务经理惠特曼曾目睹某客户公司的六位高层经理辞职开办了他们自己的环境咨询公司。惠特曼说："一开始，别的实验室没有一家愿意在没有资信调查的情况下跟他们做生意。但我却在别人不敢涉足的地方看到了机遇。我与新公司的一位合伙人打过交道，因此信任这位合伙人。新公司开办仅一周，凭着对他的信任我向他销售了我们的服务，因为我知道他是守信的。"惠特曼的赌注下对了。新公司30天之内就结了账，并不断要求佩司公司提供服务。

有创新精神

冒险与创新精神是分不开的。出色的销售领袖知道"老办法"并非总是"最佳办法"。在一个日新月异的市场中尤其如此。

哈佛的老师们举例说：斯图特公司的海斯手下一名销售代表叫戴恩。他与一家大客户建立了密切关系。该客户表示有意与斯图特公司遍布全球的多家分支机构做生意。戴恩询问海斯，他是否可以成为这家客户的经理，因为这家客户是他开发的。这个建议听起来很好，但有个问题：斯图特公司的销售人员是按地区分工的。如果戴恩管理了该客户在其他地区的销售，其他地区的销售人员会感觉自己受到侵犯。

海斯的解决办法是，戴恩负责与这家客户的初期业务往来。随后，他要将此业务移交当地销售人员。公司则提高他所有业务的佣金率以示奖励。海斯说："这是对他开创了此项业务关系的奖励，要是早几年，我们会对戴恩说：'不行，那不是你的领域，我们必须遵守地区划分原则。但我们却决定打破常规，因为我们看到了一个机会，可以帮助公司发展。结果，这家制造商成了我们的大客户。"

有紧迫感

销售领袖知道"马上"行动对留住业务非常关键。哈佛老师们有举例说：佩司服务公司赢得一项大工程，为两家石油公司的合资公司检测地下水。接到任务后，惠特曼即向员工传递紧迫感。他告诉他的销售代表和项目经理：这个项目影响大，并且竞争强。在地下水样品送达之前，惠特曼即结束了实验室的其他工作，并设立了一周七天双班倒制度。这在佩司公司是不寻常的。结果，实验室只用了五天即完成了该项目。客户原以为要十天呢。

对惠特曼来说，此举可谓一箭双雕：客户又给了佩司公司新的业务，同时该项目也为实验室设立了新的速度和效率标准。但惠特曼也警告说，不要为紧迫而紧迫。并非每件事都很紧迫，对客户来说很紧急的事，对我们不一定也紧急。

善于体恤下属

销售领袖强硬、主动、大胆，但他们同时也有一颗心。他们的同情心不少于其竞争热情。

老师们继续举例说：1996 年初，迪斯尼娱乐公司的销售经理格霍德在公司一次全国销售会议上碰到两位新销售代表。这两位销售代表希望谈谈他们与一家地区性旅行社一起在一家旅游杂志上做广告的想法。他们对这个项目很热心，但考虑得还不周密。例如，他们连启动这个项目的一些基本信息都没有：杂志的出版商、制作广告的最后期限、技术规格等。

糟糕的销售经理可能会因为他们不知道的信息，打他俩手板。但她却采取了更和缓的做法。格霍德告诉他们，她同他们一样也很想做成这事，但他们需要搜集更多信息，并一一列举了所需要的信息。

不久，两位销售代表带着一份详尽的广告宣传计划来见格霍德。格霍德说："我认为他们的想法非常好，我不愿压制他们的积极性。问题只是销售代表有时热情四溢，而对细节不够重视。做一个体恤下属的领袖，就要善于倾听、领会并帮助员工理解。"哈佛老师们指出："体恤下属，还意味着要让你的人行动起来。"

（二）制定市场营销计划

在一节管理课上，老师曾问学生：你们知道市场经营计划应该包括哪些主要内容吗？显然，对于刚刚接触该科内容的学生们来说，往往一脸茫然。为此，老师们总是善于用不同的实例展开说明，其中，霍华德教授就以麦当劳公司为例对制定市场营销计划做过这样的说明。

市场营销现状

在这一部分应提供与市场、产品、竞争、分销等有关的客观资料。

比如，1991 年，麦当劳公司经过研究，发现它面临如下市场状况：快餐食品市场正在缓慢成长。传统的街区和郊区市场已经饱和，当前大多数的销售增长来自非传统销售网点，诸如机场、火车站、办公大楼所在地。快餐食品自然集中于汉堡包、鸡和番茄酱的销售。某些新开业的专业化快餐食品销售网点，如帝·莱特斯向成年人提供了更多的食谱选择，如帕史塔棒这些销售网点对麦当劳形成了潜在的威胁。它们正在集中于单一的快餐食品和成年人市场，而不是儿童市场，恰恰成年人这一市场细分却又是麦当劳缺少顾客忠诚性的薄弱环节。概括起来，近几年积极和消极的事件大致如下：

其一，积极的事件：成功地向市场投入了各种色拉和麦克德尔特三明治。儿童们对各种幸福快餐的需求经久不衰并在不断发展，优势明显。在麦当劳的游乐场上成功地扩大着销售。一直由麦当劳的快餐食品统治着早餐市场。

其二，消极的事件：快餐食品市场的成长正在减缓，非儿童市场对麦当劳的忠诚性正在缩减，竞争对手几度向市场投入了各样的幸福快餐，寻求新销售网点的地盘越来越困难。

对麦当劳产品所进行的营养分析。结果对于它是十分不利的。当时，麦当劳面临着两个主要问题。一是在不改变麦当劳十分重视儿童市场这一传统特征的前提条件下，怎样提高成年人对麦当劳的忠诚性？二是当开发新销售网点地盘变得越来越困难时，怎样继续保持它的市场增长势头？

随着人们年龄的不断增长，对麦当劳的忠诚性却在一天天减少，这一直是麦当劳焦心的问题。每当市场上有新的适宜的快餐食品出现，成年人便从一个快餐食品链转到另一个快餐食品链。麦克德尔特的投放市场，以及过去已有的各种天然黄金鸡都在成年人市场细分中的餐馆市场上拥有一定的市场占有率。使得麦当劳能在成年人经营领域内占有一席之地的另一个因素是柏格王和温迪的运气太坏，他们每次向市场投放新产品都以失败而告终。

摆在麦当劳面前的另一个问题是，当市场趋于饱和时怎样保持市场增长势头。麦当劳的销售网点遍及各地，如今几乎没有什么新的潜在地盘可供麦当劳不伤其现有的

麦当劳总部

销售网点而去开设新销售网点。柏格王的销售网点数目相当于麦当劳的一半，而温迪的销售网点数目大约是麦当劳的1/3。尽管它们经营不善、市场销售的绩效不佳，但它们通过大量地开设新销售网点依然能够占有相当的市场份额。

通过比竞争对手在广告宣传和促销方面多花钱，麦当劳才得以维持市场占有率。麦当劳每年大约要花7亿美元，而柏格王只花2亿美元。这种巨额的花费使得麦当劳的销售额比任何竞争对手都高。

对麦当劳有利的一个因素是竞争对手在处理扩张发展与保持赢利方面遇到的小麻烦。当他们扩张发展时，便很难保持赢利。但是，每一个新竞争销售网点都给麦当劳销售的稳定增长带来了更大的困难。

麦当劳成功地向海外进行了扩张发展。但当美国国内的竞争销售网点日益成长时，那些海外的销售网点却丝毫不能帮助麦当劳在美国国内保持增长势头。

问题与机会

营销人员制定营销计划的第二步是分析企业面临的问题与存在的机会。

1991年，麦当劳公司发现它面临如下问题：

其一，通过现场试验发现，顾客对麦当劳潜在的新快餐食品评价不高。

其二，适于麦当劳开设新销售网点的潜在地盘十分有限。

其三，帝·莱特斯在经营成年人快餐食品销售链方面表现出了极大的潜力。

其四，各竞争对手都纷纷向市场投放各种各样的幸福快餐。温迪用土豆王（Potato

Head）玩具来配合，成功地对它的幸福快餐进行了促销。

其五，最近麦当劳组织了意在以成年人市场为目标的两次游戏性促销活动。

经市场调查表明顾客反映这些游戏太复杂了。

其六，由于很难雇用到合格的工人以及随着食谱花色品种的增加给保持质量带来困难，使得麦当劳的快餐食品本身的质量和服务质量都开始下降。

与此同时，麦当劳公司发现企业有着如下的市场机会：

其一，市场调查表明，顾客将会对麦当劳即将推出的自由挑选全营养小果子面包做出积极的反应。

其二，麦当劳在非传统开店的场所开设的销售网点相当成功。

其三，麦当劳的地区合作团体和当地特许经营组织的市场营销能力在同行业中都是最强的。

其四，麦当劳投放市场的各种色拉已经取得了一定的成功。

其五，所有快餐食品销售链的产品都正在受到营养学专家的批评。

营销目标与行动方案

在进行完上述步骤之后，营销计划的制定者下一步就是确定市场营销目标与行动方案。

1991 年，麦当劳所拟达到的营销目标为：

销售额：120 亿美元；

毛利：4.5 亿美元；

毛利率：36%；

净利：13 亿美元；

市场占有率：25.5%。

麦当劳处在一个平淡无奇的年份里。1990 年，它既没有为占领成年人市场而推出一种新产品，也没有能够跟上竞争对手增设销售网点的步伐。麦当劳正在准备检验一些新的市场观念。这些新的市场观念是既满足那些喜欢传统的麦当劳快餐食品的顾客以能使那些喜欢标新立异、期待快餐食品有所变革的顾客也心满意足。

麦当劳 1991 年的目标除了额外的全营养小果子面包在所拟选的市场上之外，其他产品都应保持原有市场占有率。为了取得这一目标的主要行动有：

其一，不断加强对儿童的市场营销活动，以增强儿童对麦当劳的凝聚力。继续进行幸福快餐的促销活动，继续增加麦当劳游乐场的数量。

其二，以成年人市场细分为目标市场进行促销活动，每六个月组织一次促销性游戏。在东北部和西海岸地区的大城市市场引入全营养小果子面包，并组织一次广播电台广告宣传活动，对全营养小果子面包进行大张旗鼓的宣传。在成年人中开发出较强的顾客忠诚性的几种新观念、新思想进行市场试验。重新推出快餐食谱一双层干酪包。广告宣传将着重于"麦当劳伴随我成长"。

其三，继续增加在非传统设店的场所开设销售网点的数目。

麦当劳还重新表述了它的市场定位。即麦当劳是一个为家庭和成年人备办早餐、中餐、晚餐的快餐食品店。尽管汉堡包是其主要特征，但麦当劳将努力推出可供顾客选择的、花样繁多的食谱。麦当劳打算更新它的食谱，并增设服务场所，以更好地满足众多顾客的不同口味。

营销策略

营销计划的这一部分应列出所要采用的主要营销策略。

其一，广告宣传活动。

其二，促销策略。

营销计划的执行与控制

营销计划的最后应包括企业如何掌握计划执行进度的控制事态，以及执行计划的费用预算等。

三、建立评估标准，提高销售业绩

哈佛认为，对于多数企业来说，在销售方面的投入都是一项主要的投入。这部分支出往往会占企业销售收入的 5%~40%。而销售部门的重要程度却远过于此。销售部门可能是企业中获得授权最多的部门，它们对外代表企业的形象，并掌管着企业最重要的资产——客户。

销售部门的职责是创造销售量。他们不只是在支出，同时也在为企业赢得声誉，创造利润。培训充分、领导有方的销售队伍要比纪律涣散的销售人员有更优秀的表现。销售部门的创造精神也会对企业的销售额和生产率产生非常直接的影响。

销售队伍是一股重要的力量。销售部门表现不佳会对企业的业绩造成严重的损害。同样，销售部门的优异表现可以极大地提高企业的市场地位。由于意义重大，经理人通常会对销售部门密切关注。他们不断自问：

我们的投入是否得当？我们的销售规模与结构是否合理？

我们的产品覆盖率是否令人满意？我们的地区销售人员是否为企业赢得了战略优势？

我们的销售人员素质如何？与最优秀的销售队伍相比还有哪些差距？

我们是否满足了客户的需要？客户对我们的满意度有多高？

为什么销售额的增长速度如此缓慢？怎样才能开拓新业务？

与其业绩相比，我们的销售队伍是否支出过多？如何才能够使工作效率更上一层楼？

所有这些问题的答案都不难找到。评估销售队伍的工作效率，最好的方法就是：首先建立一套评估销售队伍的系统标准，然后按照这一标准对销售部门的业绩进行评估。

（三）备受哈佛推崇的"蓝氏法则"

有哈佛管理学教授说，当今社会，竞争是这个高速发展的时代最鲜明的特征，因而竞争的科学和法则越来越受到青睐，很多教授并对蓝契斯特法则十分推崇，并在课堂上加以讲解：

蓝契斯特法则，简称"蓝氏法则"。

第二次世界大战以后，蓝氏法则和战略被逐步引申到营销战略管理中。许多世界知名企业，在以欧洲为中心的海外市场的开发中，灵活运用该战略法则而大获成功。其他国家也相继研究此法，经过各种研究的延伸，取得了不少成绩。例如，德国的福斯汽车公司利用此法则席卷了加拿大的汽车市场。为此，蓝氏法则逐步在营销战略中确实起着重要作用。蓝氏法则的要素包括：

1. 合理分配营销力量

根据 Koorman 模式。以最低成本获得最高利润的前提条件是战略力与战术力的比例至少为 2∶1，这也决定了营销战略中营销力的基本分配关系。战略营销力属于看不见的决策范围，包括产品开发、价格、广告、营销渠道等，而战术力则指看得见的可直接沟通的销售力，诸如销售组织、推销方式和销售人员素质等方面。在营销物资、款项的分配和人员的设置过程中，避免偏重战术、忽略战略，只注重短线利益而忽视长线利益的偏颇，使营销力量能够合理分配。创造最优成本——利润组合。

2. 把握好市场占有率

由库普曼模式经数学推导我们可知：敌对双方战斗力的关系在局部战中发展到了 3 ：1，概率战中达到 1.7：1 时，弱者反败为胜已不可能。该比值范围称为射程距离。当两竞争对手之间市场占有率之比超过射程距离时，弱方应及时放弃经营，保存实力，另辟蹊径。该模式还提供了市场占有率的目标管理指标，包括上限目标、下限目标和相对安全指标。上限目标为 73.9%，此时不论对手的个数和实力，占有率平均在该公司的射程距离之外。所以该指标构成市场独占条件。

26.1% 是市场占有率的下限目标，即使此时公司的市场占有率名列榜首，也极不稳定，随时有受到进攻的可能，它是劣势的上限。当市场占有率达到 41.7% 时，企业进入相对安全圈，这是各企业参与竞争的首要目标。根据以上指标，结合行业中市场占有率的现行分布，有助于企业进行进退战略和占有率目标的决策。

3. 根据实力决定战略排序

在射程距离内，为提高市场占有率，企业必须尽力创造第一位置。包括：第一位的商品，如新产品或差异化产品；第一位的零售订货率，这是流通战略中最关键的步骤；第一位地域，即将市场细分后，一个区域一个区域各个击破，从各区域的第一进而追求整体占有率的第一。根据蓝氏法则，强者与弱者战略实施的优先顺序不同，实力弱的公司宜开展局部战，方向为区域一进货率一商品，先限定区域创造据点，将易销商品集中，以地域进攻为先决条件。而实力较强的企业，其战略顺序正好相反，商品一进货率一区域，即通过强有力的商品作为战略武器，展开大规模总体进攻，击破弱者支配的地域，从而最终实现第一位地域。这种根据实力决定战略排序的方法，已被国外企业界广泛运用。

4. 三点攻战略

此法又称点、线、面法则。这是地域战略的基本原理和实施步骤。企业在发展某一区域市场时，首先按照自然地理条件、人为地理条件（道路、街区）、人口集中度、人口移动规律等条件对区域进行尽可能地细分。随后选择可连成三角形包围该区域的三个最有利点，各个击破，使占有率达到 40% 的相对安全值。

面积形成后，必须在最终目标的正中央攻第四点，从三个方向向第四点推进，使竞争对手瓦解在空中的环形区域中。

5. 根据双方战略态势采取恰当战略

在争夺市场的竞争战中，强者多处于守势，而弱者趋向于进攻。防守与进攻所用的战略互不相同，因此首先应区分竞争目标和攻击目标。比自己实力强的是竞争目标，反之为攻击目标。对竞争目标应采用差异化战略进行攻击，通过设计名牌形象、技术工艺特点、产品性能、顾客服务的独特性来提高市场占有率。而对攻击目标则应采用防守战略，密切注意对方行动意图，抢先实施模仿战术，扰乱对方计划。总之，确立双方战略态势是采取恰当战略的首要步骤。

6. 强者与弱者的差异

实力弱小的公司在战略上以一对一为中心，创造单打独斗的战略区域和战略性产品，避免以所有产品和所有区域为目标。选定特定的阶层对象，展开局部战斗，以点的反败为胜，连线至面，取得最终胜利。

7. 地位差异战略

企业营销过程中，必须考虑它在产业和市场中的位置。在许多攻击目标中，首先应集中力量对付射程范围内的足下之敌，避免多方树敌。第一位企业应经常推出新产品，并及时了解第二位可能的差异化战略，从而在时间上抢先一步。所以，其情报能力、情报管理制度和开发创新能力，是维持企业地位的关键。第二位企业必须以独创性开辟生存空间，通过差异化一决胜负。总之，各级企业应结合具体产品的地区、流通特性，灵活运用各种战略。

哈佛老师指出，在世界知名企业的营销管理中，蓝氏法则的运用极为广泛和灵活。除了最为成功的地域战略外，蓝氏法则在商品战略、市场规划、流通渠道等方面都有一定的实用价值。消费品、生产物资、人寿保险、金融机构运用蓝氏战略获得成功的例子也比比皆是。

五、让终端卖场变成营销盛宴

营销计划的核心是准确定位

如果我们观察我们网页平均的广告搜寻率，其实点击率才是我们网页的10%。但它被要求要升到20%……做这件事情不难，但是我们不想这么做，我们已经赚够了。的确，我想说的是，我们正走在我们想走的路上。

马克·扎克伯格

19世纪英国批判现实主义小说家狄更斯有一部经典的作品《双城记》，其开篇就可以恰当地诠释现在的营销形势："这是一个最好的时代，也是一个最坏的时代；这是一个孕育财富的时代，更是一个困惑、失衡的时代！"在20世纪90年代那个大营销主宰商场的时代，有人因营销而一夜暴富，也有企业因营销而分崩离析，这就让人们不得不进行反思：营销到底是什么？什么样的营销才能不使企业运营失衡，才能使人心笃定，自信？其实，很简单，首先你要有营销计划，然后要把营销计划进行有效的执行。而这所有的一切，都依赖于一个基础，那就是，为你的营销计划准确定位。

所谓营销计划，指的就是在对企业市场营销环境进行调研分析的基础上，制定企业及各业务单位的营销目标以及实现这一目标所应采取的策略、措施和步骤的明确规定和详细说明。简而言之就是，一个企业对自己的某种产品从生产到销售各个环节进行管理，就属于一项营销计划。除此之外，企业对那些主要客户以及他们的某些特别需求进行恰当的管理也在营销计划范畴之内。

在制定营销计划的过程中，企业管理者的主要目的就在于协调营销部门与非营销部门之间的关系，以便自己能够成功地将某种产品销售出去或者是对某一指定的市场进行深层次的渗透。如果说营销行动是营销执行的枢纽，那么营销计划就是策略家削弱竞争对手、争取顾客的工作手册。而在营销计划中，其核心部分就是企业要对需要管理的对象进行准确定位。

一般情况下，人们总是会在营销计划上犯下同样的错误——盲目跟风。这种错误往往很容易变成一种潜在危机。这并不在于计划执行上的障碍，而是由于管理阶层在营销策略上缺乏明确的方向，以至于他们在执行之后的计划上找不到头绪，甚至彻底迷失。

有一家专注于电子产品的制造公司，他们的产品质量过硬，几乎不存在任何问题。可是，唯一不足的地方就是他们投放新产品的速度太慢。在该行业中，首先投入市场的产品往往就会占据极大的优势。可是，该公司的产品从开始构思到正式进入市场，通常都要比主要竞争对手落后一年。面对这样的难题，公司的经理们也是十分懊恼。

在进一步的研究中，问题的根源被找了出来。原来该公司的经理们一直让人手单薄的开发部门致力于市场上已有设备的研制等"无价值"计划。尽管不需怀疑开发部门的实力，但是管理人员的朝令夕改，计划十分繁杂，以致力量分散，难成大事。而这些繁赘的计划，又都是因为公司首脑对公司业务范围以及市场情况缺乏明确的认识。他们仅仅只是热衷于搞计划，最终，那些不分重点、没有头绪的计划越来越多，就好像是老鼠迅速繁殖一样，后来，这种情况就被人们称之为"老鼠营销"。

这个例子很清晰地反映出没有准确定位的营销计划存在着多么大的隐患。"老鼠营销"也是当下市场营销中经常会出现的现实问题，严重的时候它会给公司带来毁灭性的灾难。

当公司领导对于营销本质以及方向缺乏明确认识的时候，他们就非常容易提出各种各样的营销计划，但是太多的计划只会让其精力分散，无法集中，也就没有精力也没时间去做好任何一件事情。这种"老鼠营销"就像是一种潜在的毒素，不易察觉，一点点扩散，到最后无法治愈的时候，就会出现"千里之堤溃于蚁穴"的悲剧。甚至有些公司经理人到最后都还不明白问题究竟出在什么地方。他们往往会认为最后"一只蚂蚁"才是"千里之堤"崩溃的主要原因，其实不然，正是因为太多的计划滋生了太多的"蚂蚁"，长此以往，"崩溃"也就只是时间问题。

哈佛的商业精英认为，只有有了准确的定位，才能果断地下注投资。否则，他们宁愿继续花时间去研究和琢磨，直到找到真正指向财富之路的路标才肯开始进行下一步，即制定营销计划。因为他们知道，准确定位是营销计划的指路灯。所以，营销人员在确定目标市场的时候，一定要经过高水准的市场细分以及精准的市场定位。一旦有了准确的市场定位作为基础，便能不断扩大市场，正如拉尔夫·沃尔都·爱默生所说："心向着自己目标前进的人，整个世界都给他让路。"营销也是如此，只有有了一个不易动摇的准确定位，才能集中精力而攻之，然后迅速取得成功。

市场营销计划是企业必不可少的执行计划之一。成功的营销计划必定有一个准确的市场定位以及一种良好的营销愿景。想要交上一份令人满意的市场营销计划，首先要做的就是找准正确的方向，做好符合实际的市场定位，进而定位营销目标，再细分目标市场。

价格战，打还是不打

研发新产品的花费确实比较昂贵，但是我们的用户不断向我们强调，他们只购买最新研发的产品。我们的目标并不在于制造出市场上最廉价的产品，而是制造出最优良的产品。如果这意味着麦金塔系列产品有时必须比其他公司别的产品贵上 10%~15%，就让它们比其他别的产品贵吧。

——史蒂夫·乔布斯

谋势成局，商战攻防，处处都充满了商机，同时也充满了残酷的竞争。可以说，在这个渐趋疯狂的市场上，因为营销，每时每刻都会有财富在诞生，但是伴之而来的却也有汹涌的暗流与潜在的危机。而让市场越来越动荡，让人心越来越不安的当首推当前愈演愈烈的产品价格战、促销战或者终端战。

因为竞争，也因为国人的固有跟风观念，同质化产品越来越多，市场上的营销环境一年一个样，飞快地节奏让人们有一种快要窒息的感觉。市场上买几赠几、免费赠送、亏本甩卖，等等混战都见怪不怪了。商人们为了竞争，将价格战哄抬到了一个高潮迭起的浪尖，你促销我也促销，你赠一我就赠十，做得好的大打出手，做得差的处处挨打，最后一算账，大家都哀叹。而且，在这种竞争热潮中，难免会出现很多恶性竞争、东施效颦、盲目跟随的情况，这些都严重影响到了市场的稳定和发展。由于行业竞争环境鱼龙混杂、泥沙俱下，竞争对手之间存在的差别，所处的地位层次都比较悬殊，现实中便出现了很多损招、歪招，这种集体的非理性状态也就是博弈学中所提到的"囚徒困境"，即个人最佳选择并非团体最佳选择。虽然这种困境本身只属模型性质，但在现实中的价格竞争、环境保护等领域，总是频繁出现。

可以说，这是个不折不扣的微利时代。微利往往意味着企业必须将犯错误的概率降到零点，否则就很有可能在无法击垮竞争对手的同时将自己困死，可谓是伤敌一千，自损八百的最愚蠢竞争战略。所以，如果仅仅为了竞争而竞争，企业执着于低层次的价格战、促销战等，全然不顾消费者真正的需求，无疑是得不偿失的。要知道，商品最终是要卖给消费者的，所以，企业就务必从竞争导向中跳出来，以消费者为中心，了解消费者的爱好、调查他们的意向以及消费特性，然后再根据需求开发出令消费者满意甚至深受喜欢的产品。从战略、人员、组织等各方面予以配合，企业才不至于偏离营销的方向。

当营销工作已经陷入困境的时候，我们必须清醒地认识到问题所在——"市场竞争环境已经发生了深刻的变化。当竞相比拼资源的价格战打得天翻地覆时，其实也是那些企业、营销人员进行反思的时候！对于这种市场环境而言，低水平重复的市场应对之策早已经失去了功效，只有用一种动态变化的策略来运作市场，才能带来营销规则的变化。

那么，这场价格战，到底是打还是不打呢？我们的答案是：可以打，但不能凭一时意气，盲目地开打，而要有计划，有理有节，从整个战局出发，争取让这场价格战成为能让企业获得胜势的"妙招"。具体来说，可以从以下三点来详细论述。

1. 见招拆招

通常意义上来讲，营销就是要见利见效地解决眼前的市场问题。将营销战略意图落实到具体的策略上去，然后要想方设法地实现目标，也就是要讲究营销的执行力。所以，在很多场促销战、终端战、价格战中，各个企业都是绞尽脑汁地想出那些应对之策，力争比竞争对手打得更好。

2. 组合策略

一招一式的胜利往往不能使企业的目标市场变得更加明确、营销资源的配置更加集中、营销策略更加协同和精准，也很难对改变企业的营销颓局产生实质性影响。因此。企业要做的是站在一种更高的角度来思考这些市场问题，也就是要对那些营销策略进行有效的组合。

3. 营销战略

当下市场中，那些更加高明的企业已经懂得主动改变游戏规则，那就是自己设定"游戏场景"。因为市场竞争已经是企业所参与的产业价值链之间的竞争，所以企业必须在产业链的关键环节上努力地对核心能力进行培养，只有让产品真正具有价值差异，才能从根本解决某些单个竞争对手的纠缠，自己掌控，从根本出发，才能打一场漂亮仗。

总之，在企业不同的发展阶段中，管理者必须要从自身实际情况以及利益需求出发，理性地构建营销战略，然后一步一步实现战略的升级，以此来保证自己在竞争中的优势地位，而不能单靠铺天盖地的价格战来打倒对手，因为，这样一来，和对手倒下的，往往还有你自己。

哈佛的商业精英知道，只有彻底弄清了营销的本质，他们所管理的企业才能制定出正确可行的战略规划，之后的后续运作也才能真正有效。所谓"高度决定思路"，认识和建立不同的营销思维层次，才能对企业的营销决策以及市场运作起到指导作用。

销售员是天生的，还是培训出来的

对于一个大公司而言，没有一支强有力的服务队伍，给用户提供全面、周到的服务，那简直是难以想象的。

——比尔·盖茨

有些销售人员取得一些成绩就沾沾自喜，自诩这是天生的智慧。但是事实上，越是这样认为的人，越是无法成就多么大的事业。事实上，在这世上，没有不劳而获的美差；没有从天而降的馅饼；没有不攻自破的难题，所有柳暗花明般的成功都不是一蹴而就的。销售人员也是一样，没有天生的销售天才，只有后天以经验和悟性来培养的销售精英。

因此，如果你想组建一支销售队伍或者是提升一个现有销售人员、能力水平，就必须要在培训方面下功夫。

你是不是也曾经幻想自己就是一位天生的销售人员？抑或者是你也曾经想要找到一些这样的人来帮助你发展？尽快打消这种念头，因为这仅仅只是一种误区，纵使你苦思冥想穷尽手段，也终究不会得到你想要的结果。可能确实有一些人拥有某种与生俱来的"个人技巧"，尽管这是一种相当幸运的优势，可是对销售来说，这些远远不够。

销售有的时候就像体育，如果你拥有一些天生的身体素质，那你就占据很大的优势，但是还需要结合你个人的文化水准、对成功的渴望程度、经验以及最重要的刻苦训练，等等，才能成为一位体育冠军。

同样的，销售也是如此。一个人可能天生拥有一些别人没有的优势，例如声音甜美、性情温和、接受能力强，等等，但是这些优势并不足以证明他在销售岗位上能够创造出多么惊人的壮举。没有经历过摸爬滚打，没有经历过冷嘲热讽，没有经历过专业培训，那些所谓的优势往往只会让你在销售之路上越走越暗淡。当然，我们并不是说天赋完全没用，一个人天生的个性和禀赋对于其后的发展和培训方向还是有一定指导作用的。就像是某种类型的种子会在一些土壤中比在另外一块土壤中成长得更好一样。不同的销售人员会在不同的岗位上发挥出超常的能力，这些并非是所谓天生的智慧，主要还是归功于后天的培训以及工作中日积月累的经验。

那么如何培训销售人员呢？哈佛的人事精英们为我们提出了一些不可不知的销售培训必备认知。

1. 销售的热情

很多时候销售这个行业会让很多人嗤之以鼻，因为不是每个人都能成为出色的销售者。没有天生的销售员，只有经过后天培训的磨砺，才能成为真正成功的销售员，而对销售充满热情则是一种相当有必要的心态。如果你连兴趣都没有，又何谈做好销售呢？如果没有对成功的极度渴望，人们就永远不会体验到成功的极度喜悦。因此，要做好销售培训，首先要让销售人员有热情，有干劲，有雄心和信心。

2. 教育福利

曾经有这样的一个问题放到销售人员面前：如果有两份相当不错的工作摆在你的

面前你该如何选择？选择能够提供最大限度培训机会的公司。培训能够让你得到最大限度的专业灌输，也就意味着你能够在日后拥有更多的选择，而更多的选择其实就意味着你能获得更多的金钱。因此，当你面对如何选择下一份销售工作的时候，一定要选择其中那个最能传授他们技能的工作。当然，这是站在销售人员的角度看待问题，但从中我们也能知道，要想打造一个精英销售团队，管理者必须在公司的教育福利上下功夫。

3. 经验无法替代

你所做的每一次培训，所收获的东西都是别人无法借鉴或者替代的。哪怕你具有相当优越的条件，无法将培训知识充分运用到工作中去，最终也只是徒劳。所以，认真参加每一次培训，积累他人无法替代的宝贵经验吧。

以上就是培训主管必须让参加培训的销售人员认知到并切实感悟到的思想，即培训可以让他们获得其他人梦寐以求的经验，因此必须认真对待。

总之，销售工作就像是鞋子，有很多鞋子看起来非常诱人，但是真正合脚的却屈指可数。挑选的技巧就是要找到一双相当适合自己脚的鞋子。倘若你是一名销售人员，请你根据自己的个性禀赋选择发展方向，然后用知识、经验与实战磨砺自己；倘若你是一位企业家，那么你在招聘人员或者是想要打造一支成功销售团队的时候，就不妨多学学哈佛人事精英们的经验，即用培训培养属于你的销售"天才"。

哈佛商学院的学子们用他们的成功向人们告知，没有谁的智慧是天生的。即使你拥有很多别人无法拥有的优势，想要成为一个出色的销售者，依然是离不开后天的培训的，只有在不断的磨砺中你才能逐渐成长，逐渐强大起来。

洞察力不可或缺

运气是一个因素，然而我想最重要的因素还是我们的远见和敏锐的洞察力。我从来都是戴着望远镜看这个世界的。

——比尔·盖茨

所谓洞察力，就是指人们深入事物或问题的能力。如果只从字面上看，洞察就是指对于山洞的观察，山洞除了洞口的地方可以被阳光照射外，其他地方越深入就越是黑暗，因此，这就更需要观察者具备极强的敏感度以及观察能力。洞察力是人们对个人情感、行为动机、认知以及相互关系的透彻分析。简单地说，洞察力就是要剖析表象看本质。著名的犹太籍奥地利心理学家弗洛伊德曾经说过："洞察力就是变无意识为有意识。"那么，从这层意义上来讲，洞察力也就是"开心眼"，就是学会运用心理学的原理和视角对人的行为表现进行归纳和总结。最简单的方法就是要尽力做到察言、观色。

销售行业中，洞察力可谓是获取成功的关键点，如果一个销售员没有较强的洞察力，就很难掌握市场情况，更不能掌握消费者的心理，这样的话，业绩上的滑坡就是很难避免的事情了。然而，很多时候，那些被称为"天才"的销售员也会出现洞察力遗失的现象。鉴于此，哈佛商学院的教授们在平时授课过程中一般都会涉及一些核心洞察力的锻炼。

1. 切记，你不是去吃喝玩乐的

很多销售人员都会充分地利用时间去谈生意，这样也能够彼此都在一种较为轻松的环境下进行业务交流。但是，对于那些商业精英们来说，这种业务交流方式其实也存在很多需要注意的细节问题。他们时刻都记着自己的最终目的，那就是谈成生意。他们不会忘乎所以地吃喝玩乐，而是会想方设法使彼此在生意问题上达成协议。

倘若你与客户约定在餐桌上谈生意，那么用餐之前你可以先吃一些小点心，喝杯咖啡，让自己不至于在吃饭的时候因为狼吞虎咽而忘记生意的事情。此外，这样做也能使你少点餐，避免服务员因为频繁上菜而打扰到你与客户谈生意。在点餐的时候，你也要有一定的洞察力，点一些吃起来比较方便的食物，如米饭、面条，等等，这样做会使你不至于嘴里塞满食物影响到说话，不要点那些会让双手沾满油的食物，因为在必要的时候，你还需要用手写字。这些看上去都是十分细小的问题，但是也都是常识。

如果你没有一定的洞察力，忽略了这些细节，那么，当你吃饱喝足，用沾满油渍的手递上合同的时候，你的客户也只会对你说"No"！

2. 不要惧怕愤怒的客户

著名管理大师汤姆·彼得斯在他的网页上写道："没有人比愤怒的客户更冷酷无情！最忠诚的客户是对我们不满的客户……当我们继续向前努力，解决这些问题时，这些客户会对此感到非常惊奇！第一商业机会＝愤怒的客户变成粉丝。"做一下换位思考，作为客户的你如果在某一问题上对所有的销售人员都不满意，而恰在这个时候，有一个销售人员入了你的"法眼"，将最满意的"答卷"递到你的手中，甚至超出了你的预期。那么，此时的你一定对他十分赞赏，而且在今后的生意中，你首先想到的都会是这个唯一让你满意的销售者。反过来看，当作为销售者的你碰见了十分愤怒的客户，千万不要做那些只会退缩的失败者，你要迎难而上，做那个唯一让客户满意的佼佼者。

3. 看透客户的心

对销售人员而言，一旦潜在客户的利益相当明显的时候，便要不断地向他们说明这些利益，逐渐加大客户对此利益的追求。作为销售人员，你说的每一句话都要站在他们的利益立场上，把话说到他们心坎里，生意也就谈成一半了。

4. 销售利益。而不是销售产品

著名的哈佛教授西奥多·列维特曾告诉哈佛商学院的学生："人们不想买 0. 25 英寸的钻头，他们要的是 0. 25 英寸的洞！"在课堂上，不少学生经常引用这句话，来提醒自己在销售的时候要具备一定的洞察力。不要将眼光停留在自己的产品上，要看到客户想要什么，需要什么。虽然这只是一个简单的概念，但是还是有很多销售人员甚至企业都很容易忽略这一点。就像哈佛商学院教授史汀博格所说的那样："虽然看似很明显的事，应该花时间来预期客户的需要，但很多公司只对产品特性进行培训，而没有关于客户利益的培训。"因此，想要成为一名出色的销售者，就要学会擦亮你的双眼，洞察客户的潜在需求，这一点，往往是不可或缺的。

从这几点能够看出，要想在销售过程中，不忽略那些很小，却也很重要的细节性问题，就必须拥有过人的洞察力。就读哈佛商学院的畅销书作家杰佛瑞·福克斯曾经在自己的作品中强调了洞察力的重要性。事实也是如此，如果你能够将这种犀利"武器"的作用发挥到最大程度，那么成功就是属于你的！

哈佛学者告诉我们，成功对于那些高水准的销售人员来说之所以是触手可及的. 是因为他们不会放过销售环节的任何一个小细节，他们的"视觉""嗅觉"往往都会比别人灵敏。这种灵敏，就是不可或缺的洞察力。

你有充满感染力的激情吗

除非你能够让人们看到或者感受到行动的影响力，否则你无法让人们激动。

——比尔·盖茨

在营销的领域中，严谨并不是最重要的。作为营销者，富有感染力、战斗力以及高昂的激情才是最重要的。只有当你把自己那种充满活力的感染力带给你身边的每一个人，你才能成为闪亮的主角，才能带动别人的积极性。超级营销员往往都有充满感染力的激情，拥有积极的人生态度。他们秉持着积极的信念，保持着乐观的心态，敢于直面残酷的拒绝，并一次又一次地从挫折和打击中挺立过来，最终成就一番恢宏的事业。因此，在要踏入营销人的世界前，你要先问问你自己，你有充满感染力的激情吗？

积极主动，充满激情可谓是销售员最基本的素质之一。不少公司的营销员没有办法如期地完成业绩任务，其实往往问题都不是出在专业技术上，而是他们没有充满感染力的激情。他们没有办法带动客户，没有办法感染客户，在一种枯燥无味的交谈中，客户又怎么会对你所要介绍的产品感兴趣？相反，如果你能够让客户感受到你激情迸发，他们也会被你所带动，对你、对你的产品产生兴趣，如此一来，你便是成功地踏出了第一步，接下来就要看你的表达能力以及应变能力了。

比尔·盖茨

在哈佛的营销课中，营销者感染客户的能力往往与产品订单的数目、金额以及客户的购买意愿都有直接的关系。

乔·坎多尔弗就是一位十分善于用自己的激情去打动客户的保险推销员。他一般都是利用电话与人建立联系，如果在电话中事情没有得到解决，他也十分乐意与客户见面。在通电话的时候，坎多尔弗总是激情飞扬地做自我介绍，使电话那边的人能够感受到他的热情。这样一来，他就无异于是打开了彼此之间沟通的大门，接下来的交流也就流畅自如了。

当然，他也遇到过被拒绝的情况。但是，坎多尔弗却没有放弃，他会想方设法地跟客户建立一种合作关系。当被拒绝的时候，坎多尔弗会在电话里面用一些小技巧，比如称自己正在使用长途电话。很多时候，出于各种原因，人们都不会不接长途电话，尤其是那些声称"总经理很忙"的助理或秘书，他们会在犹豫之后将电话转给总经理。这样坎多尔弗就和客户联系上了。

有的时候，坎多尔弗会遇见一些比较难缠的客户，无论他怎样陈述，客户都会拒绝。在这个时候，很多营销者都会失去耐心，丧失激情。但是坎多尔弗没有，他依然有着饱满的热情，并且会开动脑筋，寻找方法。他会提出一个既是自己的顾客又是对方的竞争对手的名字："布朗先生，米勒和您谈起过我的名字吗？"米勒就是对方的竞

争对手，所以他不可能跟布朗先生提及坎多尔弗。这只是一种策略，因为听到了竞争对手的名字，布朗先生就会顿时感兴趣，他想多了解一些关于对手的情况。于是，坎多尔弗的这招可谓是屡屡得计，总是能够打开销售的僵局。

因此，成功的营销员需要像坎多尔弗一样，做一个最懂得激情、勇气、决心和自信的价值的人。只有拥有了这些特质，即饱满的激情，决不罢休的意志，营销者才能有旺盛的斗志，也才能走出困境，获得成功。

哈佛出身的销售精英们从来不会为自己的失败找任何借口。因为他们知道找借口实际上就是在否定自己的能力。在销售过程中，他们总是让自己保持富有感染力的激情，不断地去感动客户，将那种积极性带给每一位客户。因此，从事营销你必须知道，营销就意味要面对成千上万次拒绝。而在遭遇拒绝的时候，作为推销员，一定不能垂头丧气。你的情绪直接能够影响到你的客户，将富有感染力的激情传递给你要交流的对象，包括拒绝你的人，让他们看到你的执着和热情，成功就离你不远了。

营销的核心在于顾客的满意度，我们要用细致入微的服务去打动客户。在购买商品的时候，客户得到的首先是量的满足，其次是质的满足，而最好的是情感的满足。因此，学会在关键时刻打动客户，感染客户，主动引导客户，让他们体会到你的真诚与热情，这样，你一定可以成为一位成功的销售员！

看到市场需要，创造狂热顾客

廉价计算机市场一直存在，但我们不会选择加入。我们的目标是制造真正有突破性的产品，并在每一个我们参与竞争的市场做到最好。

——史蒂夫·乔布斯

对于商业精英而言，销售市场无疑是一块神奇的宝地。而真正的商业精英往往不是因为拥有过人的技术才能成功的，而是因为他们具备着相当敏锐的市场洞察力。他们总是能够在第一时间洞察出市场需要什么，然后竭尽全力地抢占先机，创造属于自己的狂热顾客，最终从这些忠诚的客户中赚取巨额的财富。戴尔公司的腾飞就是一个很好的范例。

迈克尔·戴尔是戴尔公司的创始人，正是因为他能够及时地分析出市场的需求，才能挖掘出了人生中的第一桶金。从中学时代开始，戴尔就开始卖电脑。他认为只有能切实地看到消费者的需求，才能不断创造出忠诚的客户群体。在那个时候，休斯敦地区一夜之间就能够冒出上百家电脑商店。这些经销商通常都是以 2 000 美元卖出，然后从中赚取1 000美元的利润。他们很少向顾客提供售后服务，甚至许多电脑商根本没有售后服务。但由于市场需求旺盛，出现供不应求的现象，使得那些零售商大赚特赚。经不起诱惑的，戴尔终于决定下海一试。就是在这种情况下，还是学生的戴尔做出了下海的决定。

带着决心和信念，戴尔开始做市场行情了解。他发现，电脑的售价以及利润空间相当大，他嗅到了商机的味道。在当时，一部IBM的个人电脑售价3 000美元，可是它的零部件很可能就只值600美元。于是，戴尔买进匹配的零部件，然后把电脑进行升级，最后再卖出。这样一来二去赚取的都是小钱，戴尔显然十分不满足。他又开始向批发商购买大量零件，使成本降低，赚取更多的财富。

商机就像是磁石一般吸引着戴尔，其赚钱名声在校园内悄悄流传开来。1984年，戴尔以个人电脑有限公司的名称，向得克萨斯州政府注册公司登记，并将公司设在与同学合住的一间大学生宿舍内。

在电脑界，长期以来都是利用电脑推销商去进行产品推销，并以此形成全国性的规模。可是戴尔没有足够的本钱，他不能因循守旧也不能积压存货，这就逼迫戴尔走上创新的道路。戴尔想到之前邮票的出售方式，决定采用直销方式。直销最大的好处就是十分具有价格竞争优势，因为这就像是将零售商所得的全部又反馈给了消费者。这样一来，戴尔的顾客就慢慢多了起来，生意也逐渐兴隆。只要是关于电脑的，戴尔几乎都囊括进了自己的经营范围。而且，在经营中，他坚信，只有抓住了客户的需求，才能长久制胜，因此，客户需要什么，他就卖什么，总是能够在第一时间内将最大的一批消费者吸引过来。

挖掘到了人生的第一桶金，戴尔的梦想很快实现了。他没有松懈，而是不断地刷新着新经济时代赚钱最快的纪录。随着戴尔公司的发展，戴尔经商的理念与做法获得社会的高度赞扬。戴尔电脑也曾多次获得表现优良奖。不论是从服务、品质、支援还是服务方面讲，戴尔电脑都有着很大的优势。而戴尔公司也在众多狂热客户的支持下，跻身美国知名企业之林。

戴尔用敏锐的洞察力为自己铺开了道路。正是因为他能够看到市场所需要的、顾客所需要的，才能真正将梦想照进现实。

那么，市场需要的到底是什么呢？在营销中又该如何利用市场需要创造价值呢？哈佛商学院的营销课中提到，在以产品策略为核心的营销模式中，企业应把握消费者的两个典型的需求特性。

1. 消费者的购买参与度与他们对产品的了解程度以及购买欲望成正比

一般情况下，消费者越发关注某些商品，就表明他们对这种商品的认知度越高，也意味着他们有着很强的购买欲。

2. 消费者的购买欲与科技的发展也有直接关系

随着新技术、新科技、新设计的不断更新，消费者的需求也就会不断地发生变化。这也体现了市场上很常见的一种更新换代的现象。

了解了消费者的需求特性，销售者就应该运用自己敏锐的洞察力，尽量精准地分析市场的需求，不断地为自己创造狂热的顾客，这样，接踵而来的便是源源不断的财富。

由此可见，商业精英的成功在于：看得清市场的需求。经过缜密的思考，销售者往往要先人一步，立即行动，针对市场需求不断地提供极具创新的商品，这样才能在顾客汹涌而至的时候赚取可观的利润。

在营销理念中，市场需求就是最需关注的中心点。作为营销者。你要学会沉着冷静地观察你的周围，洞悉市场的潜在需求，读懂客户真正想要的是什么。只有这样你才能有一个明确的方向。而有了方向，你才能全力以赴地去不断努力。在通往成功的道路上，哈佛的商业精英们从来都是敢想敢做的，只要看到商机，看准市场，看懂客户，他们就会循序渐进，稳扎稳打地为自己创造狂热的顾客。

六、制订公司营销战略

（一）做好准备工作

所有倾情最高管理层在设计战略时，必须着手做的工作包括：确定公司使命，确立相应的战略业务单位，为每个战略业务单位安排资源。

1. 确定公司使命

公司使命包括这样几项根本性问题：我们的企业是干什么的？顾客是谁？顾客的价值是什么？现在的业务是什么？将来应该开展的业务是什么？这些都是公司必须立即做出答复的最大问题。成功的公司经常向自己提出这类问题，并慎重而全面地做出解答。

公司使命是为了让它们的经理、员工和顾客共同负有其使命感。使命将向公司的每个成员明确地阐明有关目标、方向和机会。使命引导着职工朝着同一个既定目标而进行工作。

好的使命说明书有3个明显特点。第一，有明确的目标："我们要生产质量最高的产品，并以最低的可能价格建立最广泛的分销网和提供服务。"这听上去是不错的，但在企业管理层决策时，却不能提供明确的指导。第二，使命强调公司想要遵守的主要政策和价值观。政策表明了公司如何处理它的股东、雇员、顾客、供应商、分销商和其他重要集团的关系，政策将个人自主的范围加以限制，以便员工能对主要的目标行动一致。第三，它们应明确公司要参与的主要竞争范围。

由此可见，企业决策者如何界定企业使命，对于企业发展影响甚大。如口香糖公司可以界定其为专业口香糖公司，也可以扩大为糖果公司，也可以确定自己是食品公司。但使命过于广阔也可使企业投身于自身非力所能及的虚幻事业上，对公司也是不利的。在确定企业的任务时，必须在太广阔和太狭窄之间斟酌。应站在市场导向的角度上，综合考虑外部环境和公司内部资源，以便做出最恰当的选择。

公司使命不需要每隔几年因经济形势的变化而修改。然而，如果使命对公司失去可靠性或不再成为公司的最适宜路线时，公司必须重新确定其使命。

2. 确立战略业务单位

在确定的公司使命的基础上，企业的高层领导要对它经营的几项业务进行分析和安排。大公司一般管理着相当多的不同的业务范围，它的每项业务都要有相应的实施单位，即战略业务单位，而每一个战略业务单位都有自己的战略。

3. 运用审核窄化战略

每一个积极进取的企业总是在不断寻找商机，一旦发现了机会，就会对其进行仔细研究评估。一个企业无法追求所有可能的商机，它必须尽量使这些机会与自己拥有的资源和目标相一致。所以，管理层必须迅速分辨出那些明显不相配的机会，这样才能更有针对性地把余下的机会加以仔细分析。

（二）三种公司战略

1. 稳定发展战略

稳定发展战略最基本的特征是企业满足于过去和现在的主要目标，决定继续追求相同或者相似的目标，每年企业所期望的进展、增长比率也大体上相同。同时，企业继续提供与以前相似或相同的产品或服务。采用这种战略的主要原因是稳定发展战略的风险相对较小，这种战略对那些处于发展行业中的企业和目前经营业绩较好、环境变化不大的企业尤为适用，它能够在稳定增长的市场上保持或缓慢提高企业的市场份额。

2. 增长战略

企业的增长战略是指企业在现有市场基础上，去开发新的产品或业务，或者开发新的目标市场的战略。

此类战略的主要特征是：企业提供的产品或服务不断增加；企业的销售收入和利润不断增加，不断开发新产品、新市场、新的生产流程以及若干产品的新用途；通过创造新产品或新需求，主动适应外部环境变化，避开环境威胁。

一个企业为何决定采用发展战略，其主要原因有：

①企业领导层的营销导向。企业领导层通常都把企业的发展与个人的业绩紧密联系起来，以寻求进一步的开拓发展。

②追求企业市场占有率和长期经济效益的提高。奉行增长战略的企业，与处于同样环境的竞争者时，其销售收入和利润都有较快增长。

③追求企业的规模经济效益。企业可选择的增长战略大体有三种类型：密集型增长战略、一体化增长战略和多角化增长战略。

（1）密集型增长战略

密集型增长战略是指企业以现有产品或现有市场为基础，来提高市场占有率和销售额。当企业现有产品和现有市场仍具有发展潜力时，可采取这一种增长战略。按照此类市场增长战略的两个主要因素产品和市场组合，大体有三种形式。

①市场渗透。实施市场渗透战略有这样三种方式：通过采取各种手段，增加现有顾客的使用率；通过降价、促销等使顾客增大购买量；吸引竞争者的顾客，使他们转向购买自己的产品。

②市场开发。指一个企业将其现有产品推向新市场，满足一些新市场的需求，以图利用新市场增加现在的销售额。从区域市场扩大到全国市场，从国内市场扩展到国际市场等。

③产品开发。指一个企业通过对现有产品进行改进，如改进产品性能、增加花色品种、规格、型号，增加用途、新功能等满足顾客需要，达到增加企业的销售额、扩

大占有率的目的。

密集型增长战略又称为集约发展战略，实际指企业在原有的生产经营范围内发展，当一个企业尚未完全开发现有产品的潜在市场和没有充分利用现有市场机会时，可以考虑采取这种密集型的发展战略。

（2）一体化增长战略

一体化增长战略是指企业将其营销业务拓展到产、供、销不同环节，以求得不断向深度和广度发展。这种战略有三种方式：前向一体化、后向一体化、横向一体化。

①前向一体化。指企业通过收购、兼并等形式，对其产品的加工和销售，拥有或控制其分销系统，实行产销一体化。具体形式有三种。第一种，原材料供应者通过自办、联合、联营或兼并等形式与加工制造企业结合，实行供、产前向一体化。如，油田自己开办炼油厂。第二种，生产企业通过自办联合、联营或兼并等形式与分销企业结合，实行产、销前向一体化。如：企业在各地自行投资设销售网点，或与分销企业联合、联营。第三种，批发分销企业增设或兼并零售商店。

②后向一体化。指企业通过收购、兼并若干供应来源，拥有和控制其供应系统，实行供产一体化。既可使企业有稳定的原材料供应，又可获得原材料供应商过去攫取到的高额利润。如，家具生产企业过去用买来的板材做家具，后来，改为自己加工板材，制作家具，既保证质量，又能节约成本。具体形式也有三种。第一种，零售企业兼营批发。第二种，分销企业通过自办、联合、联营或兼并等形式，与生产企业结合，实行销、产后向一体化。第三种，生产企业自办、联合、联营或兼并等形式，与原材料供应商相结合，实行产供一体化。

③横向一体化（水平一体化）。指企业收购、兼并处于竞争地位的同类型企业。如，汽车制造企业，根据市场容量增加的情况，购买同样类型的汽车厂，或与其他汽车厂合资经营，实现在同一水平上的变动。

当企业的基本行业的发展前景很好，企业在产、供、销等环节实行一体化，能大大提高企业经济效益时，企业可考虑采取一体化增长战略。

（3）多角化增长战略

多角化增长战略是指企业尽可能增加产品种类和品种，跨行业生产经营多种多样的产品和业务，扩大企业生产经营范围和市场范围，使企业人财物力资源得到充分利用的一种增长战略。这种战略也有三种方式：

①同心多角化。也称同轴多角化。指企业利用原有设备、技术及其资源上的优势，

发展与原来产品结构相似而用途不同的产品，向外扩大经营业务范围。如，汽车制造厂利用原有的设备、技术特长生产拖拉机属于这种形式。

②水平多角化。也称横向多角化。指企业利用原有市场，根据顾客需要采用新技术、新设备跨行业开发新产品。如，一个农机制造企业，增加农业机械维护的服务项目，实行跨行经营，但服务对象都是农民。实施这种策略，意味着企业进了一个新行业，有一定的风险，但由于目标顾客是一致的，因而能较好地发挥企业原有的销售优势，巩固企业在市场上的地位。

③集团多角化。是指大企业通过收购兼并和投资等形式，把业务扩展到与现有技术、现有产品、现有市场毫无关联的其他行业，形成一个跨行业经营的企业集团。首都钢铁公司经营范围超出了钢铁生产，扩展到电子、机械、建筑等行业。实行集团多角化经营，可增强企业对环境的适应性，获得更多的发展机会，分散经营风险，可更充分利用企业资源。但同时实行集团多角化，需大量的资金投入，一般来说，它适用于实力雄厚的大企业。

运用多角化增长战略的条件：具有足够资金支持；相应的技术保证；有迅速组建渠道的能力；较强的企业综合管理能力；较高知名度。

3. 收缩战略

公司不仅需要开发新业务，而且也应仔细地削减、放弃软弱的和过时的业务，使得自己拥有的有限资源充分发挥效益、降低成本。管理者应该把目光集中在公司的成长机会上，而不应该把精力和资源浪费在挽救衰退的业务之中。这种战略往往是在经济衰退期间或者企业财务困难期间使用，收缩的目的是度过目前暂时的困难。这一战略包括转向、放弃和清算三种。

（三）制订各业务单位的营销战略

在规划公司战略时必须明确建立、扩大、维持、收缩和淘汰哪些业务，即规划公司业务组合。此时必须完成的一项工作是：识别和区分公司的战略业务单位，并对所有战略业务单位的盈利潜力进行评价。一个战略业务单位可以是公司某一产品或某一业务的经营单位。战略业务单位应满足以下诸条件：它是一项业务或几项相关业务的集合，它有一个明确的任务，有自己的竞争对手，有一个专门负责的经理，能够独立地制订自己的发展战略并从战略实施中获得利益。

通过设立战略业务单位，一家公司可以正式确立其不同的业务领域。分析公司战略业务单位的目的，就是要赋予这些单位开发独立的战略和安排适当的资源。两种最著名的战略业务单位评估模型是波士顿咨询公司模型和通用电气公司模型。

1. 波士顿咨询公司模型

波士顿咨询公司是一家美国管理咨询公司，它提出了市场销售增长—份额矩阵法。

具体地说，纵坐标上的市场增长率代表这项业务所在市场的年销售增长率水平。大于10%的增长率被认为是高的。横坐标上的相对市场份额表示该战略业务单位的市场份额与该市场最大竞争者的市场份额之比。0.1的相对市场份额表示该公司战略业务单位的销售额仅占市场领导者销售额的10%；而1.0就表示该公司的战略业务单位是该市场的新领导者。以1.0为分界线，相对市场份额分为高份额和低份额。

（1）问题类

问题类是市场增长率高而相对市场份额低的公司业务。大多数业务都从问题类开始。问题类业务要求投入大量现金，完成新产品或新业务的开发。问题类业务必须小心确定，因为公司必须认真考虑是否要对它进行大量投资，以及投资的资金如何筹集。

（2）明星类

一个公司如果在问题类业务上经营成功，就变成明星。明星是高速增长的市场中的领导者。这并不等于说，明星类能给公司带来大量现金，因为此时明星类业务单位面临各种挑战压力，公司必须投入大量金钱来维持市场增长率和击退竞争者的各种进攻。

（3）金牛类

当市场的年增长率下降到10%以下，而如果它继续保持较大的市场份额，前面的明星类业务就成了金牛类业务。这类业务之所以称其为金牛是因为它为公司带来了大量的现金收入。同时，也因为该业务单位是市场领导者，享有规模经济和较高的利润率优势，使得公司用它的金牛业务收入来支持问题类业务单位。

（4）狗类

狗类业务是指市场增长率低缓、市场份额也低的公司业务，它们的利润很低。对狗类业务的继续经营，通常要占用企业管理层较多的时间，这可能是得不偿失的做法。

把业务在一个增长—份额矩阵图上定位后，公司可确定它的业务组合是否健康。一个失衡的业务组合就是有太多的狗类或问题类业务或太少的明星类和金牛类业务。

公司下一步的工作是为每个战略业务单位确定目标和战略，并做出预算计划。公

司可以采取 4 个不同的战略:

①发展。发展战略的目的是扩大战略业务单位的市场份额,甚至不惜放弃近期收入来达到这一目标。"发展"目标特别适用于问题类业务。

②维持。维持战略的目的是保持战略业务单位的市场份额。这一目标适用于强大的金牛类业务,通过维持金牛类业务的生命周期可以为企业赢得大量可用于新产品、新业务开发的资金。

④收获。收获战略的目的在于增加战略业务单位的短期现金收入,而不考虑长期影响。收获常常包括取消研究与开发费用,减少设备更新与添补销售人员,减少广告费用等等。其愿望是成本的减少快于销售额的下降,从而使公司的现金流量成为正增加。

④放弃。放弃战略的目的在于出售或清算业务,以便把资源转移到更有利的领域。它适用于狗类和问题类业务。这类业务常常会拖公司赢利的后腿。

公司可能犯的最大错误就是要求所有的战略业务单位都要达到同样的增长率。或者是将各项资源平均分配给各战略业务单位。所以,对战略业务单位的分析重点应是对每项业务的不同潜量与其所定的目标进行全面分析。

2. 通用电气公司模型

一家公司有许多机会要进行评估时,它通常要对这些机会进行比较,这个问题可以用图表的方法加以解决,如由通用电气公司设计并被其他公司广泛采用的"九方格图"营销战略,这些格子能帮助公司对其战略方案投资组合进行评估。

通用电气公司模型。它要求企业管理人员对现有的业务优势和市场吸引力做出 3 种判断(高、中、低)。这种方法可以帮助管理者对公司营销环境的信息和关于战略本身的信息进行组织,并将其转化为相关的审核标准。

每项业务的评定,主要根据两个变量即市场吸引力和业务优势。这两个变量对评定一项业务具有极妙的营销意义。公司如果进入富有吸引力的市场,并拥有在这些市场中获胜所需要的各种条件,它就可能成功。如若缺少其中一个条件,就很难得到显著的效果。一个实力雄厚的公司不可能在一个夕阳市场中大展宏图,同样,一个孱弱的公司也不可能在一个朝阳市场中大有作为。

市场吸引力是一个综合市场规模、增长率、竞争的性质、该计划的潜在环境和社会影响,以及法律的影响力等的复杂指标。而一个机会可能对某些公司具有吸引力,对另外一家公司却并不适合。这就是通用电气的表格要将业务优势考虑进去的理由。

业务优势部分侧重于公司有效寻求产品——市场计划的能力。为了对此部分做出判断，管理者必须评估公司是否有合适的人选去执行方案；该方案是否与公司的形象和利润目标相一致；在目前的技术能力、成本和规模条件下，公司是否能抢占足以赢利的市场份额等。这里再次提出了审核标准对不同公司和不同市场状况有所差异的问题。

通用电气方法认为位于图左上角的机会是最佳的增长机会。管理者对于这样机会的业务优势和行业吸引力均有很高的评价。而与之相反，右下角的格子就意味着无增长的政策。这些格子内的业务可能会继续带来收入，但它们绝对不值得再进行大量投入。中间格子的业务代表边界业务，即它们可能向两个方向发展。通用电气公司可能会继续支持这些业务，也许会拒绝新的方案，这仅仅因为根据相关的审核标准，该业务还不够好。

七、市场营销管理过程

（一）市场营销管理的定义

市场营销管理的简单定义，就是在确定企业的市场营销战略后，对全部市场营销活动实施有效的计划、组织、指挥、领导与控制。

（二）市场营销管理过程

1. 价值传送的过程

选择价值＝市场细分＋目标市场选择＋进行市场定位＋确立竞争机制提供价值＝产品的开发＋服务的开发＋产品的定价＋货源的准备＋销售渠道的建设沟通价值包含人员销售、促销、广告等。

2. 具体的运作过程

（1）分析市场机会

包含营销环境分析（第三章）、消费者市场分析（第五章）、组织市场分析（第六章）、竞争者市场分析（第七章）、建立营销信息系统（第四章）。

区分市场机会（环境机会、营销机会）：

环境机会是指市场上未满足的需要。

营销机会是对本企业营销活动具有吸引力，在此能获得竞争优势和差别利益的环境机会。

（2）选择目标市场

企业的目标市场是企业市场活动的领域，也是企业价值最终实现的场所，它是营销战略制订的基础。企业管理层在决定选定哪个市场、细分市场、目标市场以及每个市场上的定位时，需要对若干战略方案选择进行分析和评估。

（3）确定营销

对于市场营销组合各要素的表述通常是指"4P"，即：

产品（Product）、价格（Price）、渠道（Place）和促销（Promotion）。市场营销策略组合处于战略和战术的交界线上，起着承上启下的枢纽作用。在管理实践中，企业的战略和战术并不总是很容易区分的。高层管理者们所制订的长期战略和目标被称为"战略"，由一线经理和员工操作的短期计划安排称为"战术"。在确定市场营销策略后，企业各职能部门和人员应具体展开实施。

（4）监控营销活动

营销计划的制订、实施与控制：营销战略实践中，需要定期通报、实际了解、阶段考核，以便对营销战略进行调整与修正。营销控制环节的出现在于任何营销战略在制订中都有一个"主观与客观"的结合过程，这一过程的吻合程度需要时间和实践的检验，这一检验是依赖于营销控制给予实现的，以衡量及监督战略规划的成效。

八、市场调查

（一）市场调查的过程

市场调查内容十分繁多，范围极其广泛。尤其是在当今信息爆炸时代，情报资料非常多，很多企业感到无从下手。因此，研究如何调查收集与市场营销有关的情报资料，为企业决策服务，至关重要。

1. 市场情报资料的分类和来源

（1）第一手资料

第一手资料又称原始资料，是调查人员通过现场实地调查所收集的资料。其收集方法有询问调查法、观察法、实验法和网上调查法4种。

（2）第二手资料

第二手资料是他人为某种目的而收集并经过整理的资料。第二手资料的来源有以下几种：

①企业内部资料，包括企业内部各有关部门的记录、统计表、报告、财务决算、用户来函等。完备精确的内部资料，能提供相当正确的情报和信息。

②政府机关、金融机构公布的统计资料，如统计公报、统计资料汇编、统计年鉴等，还有政府公开发布的有关政策、法规、条例规定及规划、计划等。这些都是很有价值的情报资料。

③公开出版的期刊、文献、报纸、杂志、书籍、研究报告、工商企业名录等。

④市场研究机构、咨询机构、广告公司所公布的资料。企业可向这些机构购买资料，或提出咨询、委托调查。

⑤行业协会公布的行业资料、竞争企业的产品目录、样本、产品说明书及公开的宣传资料，这些都是掌握其他企业动向的重要情报资料；信息网络或情报网、供应商、分销商提供的情报资料，以及展览会、展销会公开发送的资料等，也是有用的。

⑥推销员提供的情报资料。推销员经常在顾客和市场中活动，直接接触市场，他们提供的资料是十分有用的情报。

以上种种第二手资料的收集方法不外是直接查阅、购买、交换、索取、复制等。收集时应注意考虑取得第二手资料的成本必须低于第一手资料收集的成本。

除以上第一、第二手资料外，口头信息也是信息的重要来源。营销人员可以有目的或随意地与外界人员或企业内部人员接触，在交谈中获取信息。

无论第一手资料还是第二手资料的收集，都必须注意以下几个问题：①要有针对性，根据具体需要有目的、有计划地进行；②注意保持资料的完整性、系统性与连贯性，不可时有时无，时断时续，零敲碎打；③要有预见性，注意及时收集有关调查问题发展动向和发展趋势的情报资料。根据以上原则收集的情报资料才会适合需要。

情报资料收集的目的不是为了收藏，而是为了利用。因此，对已收集到的情报资料要及时进行整理，对已掌握的信息要进行分析、研究，并定期提出报告，或根据需要做出对某个特定问题的报告，充分发挥情报资料的效用，为进行市场预测、确定市场营销策略、制定经营决策提供可靠依据。

2. 市场调查的步骤

市场营销人员进行市场实地调查，收集第一手资料的调查步骤一般可分为3个阶段、6个步骤。

（1）提出问题阶段

这个步骤要注意的是，问题一定要明确。例如，该不该投资，该不该推出新产品，怎样推出新产品，服务质量怎样，哪些方面还有待提高，顾客满意度如何，怎样提高顾客满意度，销售代表工作是否尽力，等等。只有问题明确，调查结果才有用，调查才能为决策起到参考作用。

①初步情况分析

调查人员可收集企业内外部有关情报资料，进行情况的初步分析，以初步掌握和发现各影响因素之间的相互关系，探索问题之所在。

初步情况分析的资料收集不必过于详细，只需重点收集对所要研究分析的问题有参考价值的资料即可。

②非正式调查

也称试探性调查。例如，调查人员根据初步情况分析，认为近几个月来销售量下降的原因是价格太贵，售后服务不好。但这种认识是否正确？此时调查人员可以进行非正式调查，向本企业内部有关人员（如销售经理、推销员）、精通本问题的专家和人员（如批发商、主要零售商等）以及个别有代表性的用户主动征求意见，听取他们对这个问题的看法和意见。

经过初步情况分析和非正式调查，使要调查的问题明朗化了，范围也缩小了，这就便于调查人员确定调查的主题。通过预备阶段，假如可以找出问题和产生问题的原因，提出改进方案，那么就可以省略以后的几个步骤，可以节省时间和费用。但是大部分问题不可能通过预备调查就得到解决，尚需进一步深入调查。

3. 实地调查阶段

这一步骤的调查工作量较大，也是关键的一个步骤。没有准确的基础数据，再高明的分析人员也分析不出什么结果。

①制定调查方案

调查方案中除调查主题外，主要包括抽样设计、调查问卷或调查提纲。

资料来源和方法。如决定：调查收集什么资料——是收集第一手资料，还是第一、二手两种资料同时收集；用什么方法进行调查——确定调查方法；在什么地方进行调查——确定调查地点；由谁提供资料——确定调查对象；什么时候调查最合适——确定调查时间；一次调查还是多次调查——确定调查次数。

准备调查表格。如，设计收集第一手资料的调查提纲或调查问卷，以及调查所需的记录表、统计表等。调查问卷的设计并无一定格式和规则，而是根据常识和经验来设计的。调查方式不同和选择询问问题的类型不同，询问表的内容设计也不同。

抽样设计。由于在市场调查中普遍采用抽样调查，当市场调查的方法确定后，在实地调查前，调查人员应该设计决定抽查的对象（或单位），采用什么抽样方法进行抽样，选择被调查者，以及确定样本的大小。例如，确定抽查的对象是消费者个人或是工商企业；是在合同单位中抽查还是包括非合同单位；是选择在合同单位中用简单随机抽样法抽取样本，选择抽查对象，还是在合同单位中按大、中、小型企业分类随机抽样。

抽样方法、对象和样本大小决定后，参加实地调查的人员必须严格按照抽样设计的要求进行抽查，以保证调查质量。

②现场实地调查

现场实地调查就是调查人员按确定的调查对象、调查方法进行实地调查，收集第一手资料。现场实地调查工作的好坏，直接影响调查结果的正确性。为搞好实地调查，必须重视与做好现场调查人员的选择和培训工作。

调查人员一般应有一定的文化水平和工作经验，了解本企业的基本情况，最好具备市场营销学、统计学和企业生产技术方面的专门知识；性格外向，善于与陌生人相处；工作认真，有克服困难的信心和勇气。

4．总结处理阶段

（1）分析数据资料

通常我们会用专业的统计软件进行数据处理，有时，也会根据需要或项目的性质开发专用的数据处理软件或数据库。这一步骤具体是：①将调查收集到的零散的杂乱的资料和数据，进行编辑整理，剔除因抽样设计有误、问卷内容不合理、被调查者的回答前后矛盾等错误，保证资料的系统、完整和真实可靠。②将整理后的资料分类编号，便于归档查找和利用。如果采用电子计算机处理，分类编号尤为重要。③对调查的资料进行统计计算，绘制统计图、表，并加以系统地分析。在此基础上，找出原因，得出调查结论，提出改进建议或措施供领导决策时参考。

（2）提出调查报告

编写调查报告时，应注意报告内容要紧扣调查主题，突出重点，并力求客观扼要；文字要简练，观点明确，分析透彻，尽可能使用图表说明。这样，便于企业决策者在最短时间内能对整个报告有一个概括的了解。

提出报告后，调查人员还应追踪了解调查报告是否已被采纳，采纳的程度和实际效果如何，以便总结调查工作和经验教训，进一步提高市场调查的水平。

（二）市场调查的方法

市场调查方法选择是否恰当，对调查结果的影响很大。市场调查的方法很多，现概要叙述于下。

1. 按选择调查对象的方法分类

按选择调查对象的方法来分类，可分为全面调查（或普查）和抽样调查。

（1）全面调查

市场调查资料最好是采取全面调查的方法取得，这样较为全面可靠。可是全在调查的方法花费人力、物力、财力较多，且调查时间长，一般企业难以做到，尤其是消费品的顾客面既广又分散，采取全面调查是既不可能也无必要。全面调查方法只在产品的销售范围很小或用户很少的情况下可以采用。

（2）抽样调查

抽样调查是从调查对象的全体（也称母体或总体）中抽取有代表性的若干个体（也称样本）进行调查，并据以从数量上推断全体的调查方法。例如，抽查某区部分居民的平均收入，推算该区全体居民的平均收入。

由于抽样调查只需从调查对象的全体中抽取一部分有代表性的若干个体进行调查，其所需人力较少，省钱、省时、省力，而且其调查资料可以用统计方法加以计算，得到与全面调查甚为相近的结果，所以在市场调查中被广泛采用。抽样方法大体上可分为两大类：一是随机抽样，二是非随机抽样。

①随机抽样

随机抽样是按随机原则抽取样本，可以完全排除人们主观的有意识的选择，在总体中每一个体被抽取的机会是均等的。常用的随机抽样方法有以下4种。

简单随机抽样法，指从母体中随机抽取若干个体为样本，抽样者不做任何有目的的选择，而用纯粹偶然的方法抽取样本。它是随机抽样法中最简便的方法。

等距抽样法，指从总体中每隔若干个个体选取一个样本，又称系统抽样。当抽取样本容量很大，利用其他方法一个个地抽取还是很费时间时，可采用等距抽样法。

分层随机抽样法，指先将调查的总体根据调查目的按其特性分层（或组），然后在每一层中随机抽取部分个体为样本的方法。当总体中的调查单位特性有明显差异时，可采用分层随机抽样法。

分群随机抽样法，又称整群随机抽样法，是先将调查总体分为若干群体，再从各群体中随机整群的抽取样本，即其抽取的样本单位不是一个，而是一群，然后再在抽中的整群内进行调查。采用简单随机抽样法抽出的样本往往比较分散，在各地区都有，因而调查费用较高。若集中调查 n 个区域，则困难便可减少。另外，有时要取得整个总体的名单也很不容易，因此市场调查人员常常采用分群随机抽样法。其中最典型的是地区分群随机抽样。

分群随机抽样法所划分的各群体，其特性大致要相近，而各群体内则要包括各种不同特性的个体。

以上几种抽样方法的优点是可以进行统计检验、抽样误差小、精确度高。但随机抽样需要较高的抽样技术，调研人员也要有较丰富的经验，且样本数目的确定是关键。样本量愈大愈接近总体平均值，抽样误差就愈小。抽样误差的大小，取决于抽样单位数的多少和总体特性变异的大小，总体中个体之间的差异程度愈小，样本量也就可以少些；反之，样本量就大。如果采取了可信的抽样程序，对一个总体只要抽出少于1%的样本，就常常能提供良好的可靠性。

（2）非随机抽样

非随机抽样是按照调查的目的和要求，根据一定标准来选择抽取样本，也就是对总体中的每一个体不给予被选择抽取的平等机会。其常用的抽样方法有以下 3 种。

任意抽样法，又称便利抽样法，其样本的选择完全根据调查人员的方便来决定。例如在街道上随意访问来往的行人。这种方法的一个基本假定是认为总体中每一个体的特性都是相同的，故任意选出的样本与总体的特性并无差别。任意抽样法的优点是使用方便，也较经济。在市场调查中，任意抽样法常用于市场初步调查。

判断抽样法，指根据专家的判断或调查者的主观判断来决定选取的样本。例如，某进出口公司要调查各零售商销售其产品的情况，进出口公司经理根据本人的判断，选定一些具有代表性的零售商作为调查对象。

使用这种方法，样本的选定者必须对总体的特征有相当了解，选样时应极力避免挑选"极端型"，而应选择"多数型"或"平均型"的样本作为调查对象，以便通过典型样本的研究观察了解母体的情况。判断抽样法是调查人员根据调查需要主观判断选定样本，故能适合特殊需要，调查的回收率也较高，但易出现主观判断的偏差。此法一般适用于样本数目不多的情况。

配额抽样法。它同分层随机抽样法相似，是按规定的控制特性进行分层，然后给每一调查人员按规定的控制特性分配一定的样本数目进行调查。

2. 按收集资料的方法分类

现场实地收集资料进行调查的方法很多，其基本方法有询问法、观察法、实验法、网上调查法4种。

（1）询问法

询问法是以询问的方式作为收集资料的手段，将所要调查的事项，以当面或电话或书面的方式向被调查者提出询问，以获得所需要的资料。它是市场调查方法中最常用的一种。

①个人访问法

调查者面对面地向被调查者询问有关问题，被调查者的回答可当场记录。调查方式可采用走出去、请进来或召开座谈会的形式，进行一次或多次调查。调查者可根据事先拟订的询问表（问卷）或调查提纲提问，也可采用自由交谈的方式进行。

②小组访问法

小组访问法与个人访问法的不同点在于调查人员是一个小组，而不是一个人，如组织设计、工艺、情报、质量、设备和销售等多方人员参加的用户访问小组。调查面广、较复杂的问题使用这种方法效果较好。

个人访问与小组访问的优点是直接与被调查者见面，能当面听取意见并观察反应；能相互启发和较深入地了解情况，对问卷中不太清楚的问题可给予解释；可根据被调查者的态度灵活掌握，或进行详细调查，或一般性调查，或停止调查；资料的真实性较大，回收率高。缺点是调查成本较高，尤其是组织小组访问；调查结果易受调查人员技术熟练与否的影响。

③电话调查法

由调查人员根据抽样设计要求，用电话向调查对象询问收集资料的一种方法。其优点是：资料收集最快，成本最低；可按拟定的统一问卷询问，便于资料统一处理。

缺点是：调查对象只限于有电话的用户，调查总体不够完整；不能询问较为复杂的问题，时间不能太长，不易深入交谈和取得被调查者的合作。

④邮寄调查法

邮寄调查又称信函调查、通讯调查，是将设计好的询问调查表、订货单、征订单等寄给被调查者，请被调查者填好后寄回。这种方法的优点是：调查区域广，凡邮政所达地区均可列入调查范围；被调查者可有充分的时间来回答；调查成本较低；调查资料较真实。缺点是：回收率较低，收回时间较长；被调查者可能误解询问表中某些事项的含义而填写不正确。

以上4种方法中，究竟采用什么方法好，主要应根据调查问题的性质和要求，决定采用1种或2种、3种结合使用。

3. 观察法

观察法是由调查人员利用眼睛以直接观察具体事项的方式搜集资料，也可安装照相机、摄影机、录音机等进行收录和拍摄。这种方法不直接向被调查者提出问题，而是从旁观察并记录所发生的事实及被调查者的购买习惯和行为。

（1）直接观察法

这种方法常用来研究产品的外观、款式、包装的设计和效果。例如，调查人员观看顾客选购商品，观察了解最吸引顾客注意的是哪些事项，以便改进产品质量；服装行业派调查人员专门到影剧院、大街上观察演员和群众的服装样式、颜色等，以设计款式新颖的服装。

（2）店铺观察

这种方法是调查人员站柜台或参加展览会、展销会、订货会，观察并记录商品的实际销售情况，同类产品的发展情况，新品种的性能、用途、样式、包装、价格和广告宣传情况，以及顾客的活动情况，等等，以便及时发现本企业产品销售好坏的原因，为改进企业市场营销管理提供可靠资料。

（3）实际痕迹测量法

这种方法是通过对某事项留下的实际痕迹来了解情况。例如，企业在几种报刊上刊登同一广告，在广告下面附有一张表格或回条，请读者阅后把表格或回条剪下分别寄回企业的有关部门，便于企业了解在哪种报纸或杂志上刊登广告最为有效，为今后选择广告媒体和测定广告效果提供可靠资料。

观察法的优点：可以比较客观地收集资料，直接记录调查的事实和被调查者在现场的行为，调查结果更接近实际。缺点是：观察不到内在因素，只能报告事实的发生，不能说明其原因；比询问法花钱多，调查时间长；要求观察人员有较高的业务水平，使观察法的利用受到限制。为弥补观察法不能说明被调查者购买的动机等内在因素的缺点，可在观察的同时，结合采用询问法进一步了解情况。

（4）组中值计算法

在整理分析资料时，统计学的应用是必不可少的。统计学是一门研究统计原理和统计方法的科学，即根据对市场总体信息的搜集和分析，进行推断的方法和理论。市场统计是把统计学的方法和原理应用于营销上。市场统计学的形成，使市场调查研究，包括研究市场测量和评价更科学化，更准确。市场统计中的组中值计算法，就是基层营销管理人员经常要使用到的。在发表市场调查资料和计算分析时，可用组中值表示各组的组限。组中值就是每组上、下限的中点，即上限与下限的平均值。

4. 实验法

实验法是从影响调查问题的许多因素中选出一个或两个因素，将它们置于一定条件下进行小规模的实验，然后对实验结果做出分析，研究是否值得大规模推广。实验法在市场调查中应用范围很广，凡是某一种商品在改变品种、包装、设计、价格、广告、陈列方法等因素时，都可应用这种方法。

（1）产品包装实验

例如某公司欲对某产品是否需要增加包装进行了实验。方法是第一、二星期把增加包装的产品给甲、乙两商店销售，把无包装的产品给丙、丁两商店销售；第三、四星期互相调换，甲、乙商店销售无包装产品，丙、丁商店销售有包装产品。其实验结果是有包装产品的销售量比无包装产品的销售量增加了40%。因此，该公司决定对某产品增加包装，以扩大销售量。

（2）新产品销售实验

某轿车展销会为推销一款新型轿车做了如下实验：将试产的10台新型轿车，请有关单位试用，其条件是无偿试用半年，到期轿车收回，但试用单位必须提出轿车的优缺点。经过实验，该轿车展销会收集了很多有价值的资料，为进一步改进质量和进行销售预测提供了可靠依据。

其他如试销、展销、试点也都是实验法的一种。实验法的优点是：方法科学，可获得较正确的原始资料，作为预测销售额的重要依据。缺点是：不易选择社会经济因素相类似的实验市场，且干扰因素多，影响实验结果；实验时间较长，成本较高。

5. 网上调查法

互联网的迅速发展已经开始改变人们的生活方式和工作方式，并对很多行业都带来了深刻的影响和新的机遇。Internet 技术的发展，促进了信息采集与分析的发展，传统的市场研究方法与新技术的结合，为市场调查方法带来了重大的变革。网上调查以其快速、便捷、成本低廉逐渐成为市场调查中最广泛使用的方法。网上调查作为一种较新的方法，具有以下几个主要优势。

（1）费用低

对调查实施者而言，网上调查节省了问卷印刷费用、人工费用、场地费用、数据录入等费用，大大降低了运作成本。

（2）周期短

由于省去了问卷印刷、访问员入户和数据录入等过程，网上调查从时间上讲是各种方法中最快的，易于收集数据。而且被访者可以在自己方便的时间完成问卷。利用网络还能迅速找到条件特殊的被访者。

（3）避免了人为误差

由于在访问过程及数据录入过程中均无须人员参与，网上调查避免了数据收集和处理过程中人为因素引起的误差。

（4）多媒体

传统的面访可以出示一些卡片和照片，电话访问基本不可能出示任何辅助的提示性材料。而网上调查可以通过多媒体手段向受访者出示丰富的动画、声音和图像信息，极大地提高了信息的丰富程度。

上述 4 种市场调查方法都各有优缺点，使用时可根据调查问题的性质、要求的深度、费用的多少、时间的长短和实施的能力等进行选择。4 种方法可单独使用，也可结合使用。

九、市场细分

（一）市场细分的概念

市场细分也称市场细分化，它为企业如何开发产品及产品的有效性提供了保证。

市场细分就是依据消费者的需要、欲望、购买习惯和购买行为等的明显差异性，把某一产品的市场整体划分为若干个消费者群的分类过程。每一个消费者群就是一个细分市场，亦称为"子市场"或"市场面"。

1. 营销者能影响人的欲望

本书前面已论述了需要、欲望和需求之间的关系。市场营销者并不能创造需要，因为需要存在于市场营销活动之前。但市场营销者可以通过自己的工作和开展促销活动来影响人们的欲望，进而影响人们对某企业产品的需求。所以，企业要努力将消费者的需要、欲望变为对自己产品的需求，并竭尽全力最大限度在质量、数量和服务等方面满足广大消费者对产品的需求。例如服装市场，可按顾客的性别或年龄因素，细分为男士市场、妇女市场，或细分为老年市场、中年市场、青年市场和儿童市场；也可按地理因素细分为国外市场、国内市场，或城市市场和乡村市场，或南方市场和北方市场；等等。以上每个细分市场之间的需求各不相同，但同一细分市场内的需求却基本相似。

2. 市场划分以顾客来分类

市场细分是以顾客来进行分类的，就是把总体市场划分为若干个顾客群，并以需求差异、心理特征、文化特征及行为特征为依据。所以，市场细分是选择目标市场的基础，它意味着对消费者需求的一种划分，而不仅仅是对产品的划分。市场细分的优点在于能找到一个合适的顾客群。

例如，美国 P&G 公司主要生产日用化工、清洁剂产品，最早开发的是肥皂。当时，采取的是总体市场的策略即无差异策略，与其他公司一样，唯一的竞争策略是价格竞争。为扩大销售，进行减价，前提条件是对方价格不变，才有可能扩展市场。其结果导致双方轮番削价，两败俱伤（因为在一定的消费水平下，市场潜量是不变的）。P&G 公司最后有意识地对市场进行了分析，发现消费者需求角度和要求是不一样的。因此，对市场进行了 3 块划分：①社会层次低，如工人等，衣服易脏，需要碱性较强的肥皂；②社会层次高，如白领阶层，衣着讲究，衣料较好，需要碱性较弱的肥皂；③对高品位、多功能肥皂的需求，既能洗衣服，又能洗澡、洗发，如出差用。根据不同的市场，推出不同的产品：①碱性强的肥皂；②碱性弱的肥皂；③重点放在研究开发多功能肥皂，最终成功（肥皂达到：高品位、程度纯，比重比水轻，广告标题为"它能够使你漂起来"），成为 P&G 成名作，尽管价格很高，但是很多消费者都愿意购买。从此案例可看出，P&G 公司的营销策略已具有现代营销的特点，它不是依靠价格竞争，而是通过非价格竞争手段（如市场细分）赢得市场，此种模式称为非价格竞争模式。

（二）市场细分的客观基础

1. 市场细分的内在条件

需求可以分类，所以对市场也可进行划分，以形成不同的顾客群。市场有两种类型：同质市场和异质市场。

从同质市场的顾客对某种产品的需求是没有差异的，如食盐（只要价格便宜和方便）、原材料（水泥、钢铁）、大宗材料（包括某些能源），是不能也无须人为地细分。

异质市场的消费者表现出来的需求是有差异的，如家用电器、服装、家具、颜色、质量和式样，这种市场是能够分类的。

同质市场到异质市场是随着消费者收入水平提高而发展的。如家用电器市场，表现出来的特点是越来越细分化，所以异质市场是普遍的。科特勒认为，只要这个市场上不是一个顾客，不是一个产品，就存在市场细分问题。市场细分化的"化"表明：首先，在整个营销活动策略中，把市场细分看成一种基本的业务活动，使其普遍化；其次，需求的相似性；再次，企业营销能力的限制性。

2. 市场细分的外在条件

企业资源限制和有效的市场竞争是市场细分的外在条件。在激烈的市场竞争中，为求生存、谋发展，企业必须进行市场需求分析和市场细分，选择目标市场，搞好市场定位，集中资源有效地服务于目标市场，力争取得较大的竞争优势。

3. 市场细分的重要条件

经济利益是市场细分的重要条件。企业通过市场营销研究和市场细分，可了解不同购买者群的需要和满足情况。在满足程度较低的子市场上，寻找自己力所能及的良机，见缝插针，拾遗补阙，找准定位，抓住机遇，发展自己，从而提高市场占有率。

通过市场细分，企业还可以根据目标市场需求变化，集中企业资源，及时、正确地调整产品结构和市场营销组合，以最小的经营费用，取得最大的经济效益。

（三）市场细分的作用

市场细分的作用是指有意识地运用市场细分原理给企业带来的好处。市场细分对企业市场营销的影响和作用主要表现在以下几个方面。

1. 有利于企业发掘新市场

企业经过市场调查和市场细分后，对各细分市场的需求特征、需求的满足程度和竞争情况了如指掌，并能从中发现那些需求尚未得到满足，或需求尚未充分满足的细分市场。这有利于企业分析、挖掘新的市场，从而制定最佳的市场营销策略。

市场机会与企业机会是两个不同的概念。某些市场机会要转变为企业机会，需具备以下条件：①企业的资源能力，主要包括人、财、物和经济资源；②营销能力，不仅能开发产品，还能把产品打入目标市场；③管理能力，把有关的资源和营销要素最佳地组合起来，产生有效的管理。只有具备这些条件，市场机会才可为企业所利用成为企业机会。我们可以这样说，营销战略是建立在特定的市场细分基础上的。

如日本精工牌手表 20 世纪 70 年代打入美国市场（最早的石英表）。通过市场分析，发现美国的手表市场并非是单一的名贵表，而是有不同层次需求的：第一层次的人占 31%，他们需求名贵、计时精确、价格高的表。购买者年龄偏高，略保守。购买用意：①自己戴（身份地位的象征）；②送人。第二层次的人占 44%，他们属在社会中层，收入水平一般，较年轻。购买方式开放，要求新颖，富有个性，计时准确，价格适中，保持新颖，不断更换，为早期购买者。第三层次的人占 25%，他们属社会下层，收入水平相对低，但全是晚期购买者，要求比较新颖，计时准确和实惠。

日本人对以上三个不同层次的顾客群进行了分析，认为美国和瑞典的手表仅满足 31% 消费者的需求，这个市场，不用去竞争。日本决定占有其余两块市场，而 70 年代，日本在石英表技术上的开发，既能满足差异市场需求，又能满足大规模工业的需求，促使其在石英手表的推销上取得了成功。由此表明，市场机会不仅是建立在市场细分基础上的，而且可通过市场细分来把握。

2. 有助于小企业开发市场

大小企业各有优劣。与大企业相比，小企业的优势在于其规模小，易根据市场需求的变化调整产品结构；小企业的劣势在于获得资源能力弱，无法进入许多市场。

市场细分使小企业能在大企业的夹缝中求生存。顾客的需求各不相同，是多变的，即使是大企业资源也有限，其不可能满足整个市场的所有需求，更何况是小企业。因此，为求生存，小企业应善于运用市场细分原理把整体市场进行细分，拾遗补阙，从中找到适合自己优势的部分，以及尚未满足需求的细分市场，然后采取与目标市场相对应的产品、价格、销售渠道和销售促进的市场营销组合策略，以获得良好的发展机会，取得较大的经济效益。例如，某小型毛巾厂，在整体毛巾市场上缺乏竞争力。该厂通过市场细分，发现日本旅馆市场需每日更换盥洗室毛巾，且对质量要求不高，而一般大型毛巾厂对之不屑一顾。该厂瞄准此细分市场，作为本企业的目标市场，生产和提供该市场所需的毛巾，获得了很好的经济效益。

经营学上的基本原理是市场规模必须和经营规模相符合。故小市场适合小企业开发，其特点是：需求没满足，竞争不激烈，成功可能性大。

3. 有助于企业确定目标市场

市场细分有助于企业深入了解顾客需要，结合企业自己的优势和市场竞争情况，进行分析比较，从细分市场中选择目标市场。企业的经营服务对象已定，就能有的放矢，有针对性地制定营销组合策略，提高企业经营管理水平，增强市场竞争力。

企业根据市场细分，确定目标市场的特点，扬长避短，集中使用有限的人力、物力和财力资源于少数几个或一个细分市场上，可避免分散使用力量，取得事半功倍的经济效果，并发挥最大的经济效益。市场细分也有助于企业进行营销预算。

4. 信息推动调整营销策略

就整体市场而言，一般信息反馈比较迟钝，不易敏感地察觉市场变化。而在细分市场中，企业为不同的细分市场提供不同的产品，制定相对应的市场营销策略，企业对细分市场了解较透彻，能较易、较快地得到市场信息，察觉顾客的反应。这将有利于企业发掘潜在需求，适时调整营销策略。

（四）市场细分变量

一个整体市场之所以可能细分为若干子市场，主要是由于顾客需求存在着差异性，人们可以运用影响顾客需求和欲望的某些因素，作为细分依据（也称细分变量、细分标准）对市场进行细分。影响顾客需求的因素很多，消费者市场和生产者市场的顾客需求及其影响因素也不同。现分别将两类市场的细分依据归纳叙述如下。

（五）消费者市场的细分依据

需求差异性的变量主要包括地理、人口及心理行为方面等因素。

1. 地理细分

地理细分是按消费者居住的地区和地理条件来划分。消费者居住的地区和地理条件不同，其需求和欲望也不同。它的有利之处在于整个市场的范围是相当明确的，而且不同地理位置上的需求是有差异的，对产品的偏好也不一样，如中国南方人比北方人更易接受新产品，他们对广告敏感，对家具的材质、款式和价格等的需求都不一样。

地理因素包括国界（国际、国内）、气候、地形、政区、城市、乡村、自然环境、城市规模、交通运输、人口密度等等。地理细分是一个静态因素，往往容易辨别，对于分析研究不同地区消费者的需求特点、需求总量，及其发展变化趋势有一定意义，也有助于企业开拓区域市场。但是，即使居住在同一国家、地区和城市的消费者，其需求与爱好也并不完全相同，差别也会很大。因此，还要进一步按其他标准细分市场。

以上可以看出，地理因素是一个静态因素，它不能反映需求的变化，而同一地理的消费者，其需求差异也很大。因此，地理因素只能作为一种粗线条的划分方法。

2. 人口细分

人口因素细分市场就是根据人口统计变量如国籍、民族、人数、年龄、性别、职业、教育、宗教、收入、家庭人数和家庭生命周期等因素将市场进行细分。

市场细分主要是分析顾客的需求。不同国籍或民族的、不同年龄和性别的、不同职业和收入的消费者，其需求和爱好是大不相同的。故人口统计变量与消费者对商品的需求爱好和消费行为有密切关系，而且人口统计变量资料比较容易获得和进行衡量。为此，人口因素是市场细分中常用以区分消费者群体的标准。

通过人口细分来划分市场，其优点在于：①市场界限比较明确，如年龄在 18 ～ 35 岁。②有关的资料比较容易获得，如人口普查资料；③这些因素往往反映出消费者的需求差异，这个指标与地理因素相比，更有确定性。

3. 心理细分

心理细分包括社会阶层、生活方式、性格和购买动机等等。同样性别、年龄，相同收入的消费者，由于其所处的社会阶层、生活方式或性格不同，往往表现出不同的心理特性，对同一种产品会有不同的需求和购买动机。心理因素对消费者的爱好、购买动机、购买行为有很大影响。企业以心理因素进一步深入分析消费者的需求和爱好，更有利于发现新的市场机会和目标市场。

有的消费者购买昂贵的名牌商品，不仅是追求其质量，也有显示其经济实力和社会地位的心理；有的消费者身穿奇装异服，为的是突出其个性；有的消费者喜欢购买洋货，是为了满足其崇洋心理；等等。企业根据心理因素细分市场，可为不同细分市场设计专门产品，采用有针对性的营销组合策略。

（1）生活方式。生活方式是反映消费者心理和行为因素的综合性指标。消费者生活方式不一样，其需求、消费价值观和偏好就不一样。

（2）追求利益。根据消费者对商品追求的利益不同来划分市场。例如，购买牙膏时，儿童对牙膏功效的要求主要是能防龋；青少年对牙膏功效的要求主要是洁齿美容、去污性和口味清爽；中老年人对牙膏功效的要求主要是能防病和保健；大多数消费者在追求商品的实惠上，对价格十分敏感，要求商品价廉物美。

（3）用户状况。根据用户状况，可将市场划分为4类：经常使用者市场，初次使用者市场，曾经使用者市场，潜在使用者市场，依此来决定公关策划手段，为整个公关计划提供依据。

（4）使用产品的频率和数量。主要根据购买行为的次数和数量来划分。划分的目的是为整个营销策略服务。

（5）偏好状况。根据人们对产品的喜爱程度，可将市场划分为：极端偏好，会产生强烈的购买动机，对该品牌来说，他们是品牌忠诚者；中等程度偏好，优先考虑此品牌，若无，就找替代品；可有可无偏好，就要将品牌渗透到市场；没有偏好：顾客是犹豫不定者。

（6）购买时机。营销者把特定时机的市场需求作为服务目标。以学生为例，在寒暑假，市场需求的服务目标是飞机票、火车票、汽车票和轮船票；在新学期，文具、电脑和学习书籍等又是市场需求的服务目标。

（7）待购阶段。消费者对商品的认识，会出现不同情况：不知、知之不多、知之甚多，其购买欲望、付诸购买的情况也有所不同，这样营销者就要在不同阶段采取不同的营销方案。

（8）态度。消费者对商品表示出热爱和肯定，企业就要团结消费者中的"进步力量"；消费者对商品表示出冷淡，企业就要争取消费者中的"中间力量"；消费者对商品表示出拒绝和敌意，企业就不需要费太多努力在营销方案上，最主要的是要检验和分析出消费者产生敌意态度的真正原因。

依据地理、人口、心理因素对市场进行细分，最后反映出的市场是相当明确的。营销的成败取决于变量的选择，实际操作中市场细分相当重要，应在市场调研基础上，对市场进行细分。

4. 行为细分

行为细分即根据消费者的不同购买行为来进行市场细分。企业按照消费者购买或使用某种产品的时机、消费者所追求的利益、使用者情况、消费者对某种产品的使用率、消费者对品牌（或商店）的忠诚度、消费者待购阶段和消费者对产品的态度等行为变量，来细分消费者市场。行为细分包括以下几个方面。

（1）时机细分。如利用五一国际劳动节、国庆节、春节等节假日时机宣传促销等。

（2）利益细分。根据消费者不同的购买动机追求不同的利益，企业结合自身条件，权衡利弊，选择其中追求某种利益的消费者群为目标市场，并设计、生产适合目标市场需要的产品。

（3）使用者细分。按曾经使用者、潜在使用者、初次使用者和经常使用者等细分。

（4）使用率细分。按使用量细分为少量使用者、中量使用者、大量使用者。

（5）忠诚度细分。按顾客重复购买次数、顾客购买时挑选时间的长短、顾客对价格的敏感程度来细分。如果市场上同类同质同档次产品竞争激烈，则人们对价格敏感度就高；如果某种产品在市场上处于垄断地位，或经常推出新产品，无竞争对手或竞争对手较少，人们对其价格敏感度就低。

按照对品牌的忠诚度这种行为变量来细分，可以将消费者分为4类：①铁杆品牌忠诚者：只忠诚于某一品牌的消费者；②有限品牌忠诚者：忠诚于有限的两三种品牌的消费者；③游移品牌忠诚者：从忠诚于某一种品牌转移到另一种品牌的消费者；④非品牌忠诚者：并不忠诚于某一品牌的消费者。铁杆品牌忠诚者成长比例较大的市场，叫作品牌忠诚市场。

（6）待购阶段细分。企业对处在不同待购阶段的消费者，必须酌情运用适量的营销组合，采取适当的营销措施，促进销售，提高效益。例如，企业对那些根本不知道企业产品的消费者群，要加强广告宣传，使他们了解本企业的产品；对那些知道企业产品的消费者群，则要着重宣传介绍购买本企业产品的好处；等等。这样，促使他们进入产生兴趣阶段，进一步进入考虑购买、决定购买阶段，实现潜在的交换，促进销售。

（7）态度细分。消费者对产品的态度一般有5种，即热爱、肯定、不感兴趣、否定和敌对。对不同态度的消费者群，企业应当酌情分别采取不同的市场营销措施，增进消费者对本企业产品的热爱。

（8）适宜市场细分。此种细分主要指企业将许多过去狭小的子市场进行调整组合，适度而不是过分细分市场，从而节省市场营销费用，以便能以具有竞争力的质量、价格优势，来满足目标市场的需求。

（六）生产者市场的细分

生产者市场的购买者是工业用户（包括贸易企业），其购买目的是为了再生产或再销售，并从中谋求利润，它与消费者市场中的消费者的购买目的不同、需求不同。

生产者市场可依据创造利润、使用者情况、购买准备阶段、使用者对产品的态度进行细分，也可按最终用户的不同进行细分。因为，市场上不同的最终用户，对同一种产业用品的市场营销组合往往有不同的要求。在现代市场营销实践中，许多企事业单位都建立适当制度，分别与大、中、小顾客打交道，并想方设法赢得顾客满意，提高市场占有率。

1. 生产者市场细分的依据

（1）用户的行业类别。用户的行业类别包括农业、军工、食品、纺织、机械、冶金、汽车、建筑等，用户的行业不同，其需求就有很大差异。即使是同一产品军工与民用对质量要求就不同。营销人员可以用户行业为依据进行市场细分。

（2）用户规模。用户规模包括大、中、小型企业或大、小用户等。不同规模的用户，其购买力、购买批量、购买频率、购买行为和方式都不相同。用户规模是生产者市场的又一细分依据。

（3）用户的地理位置。用户的地理位置除包括国界、地区、气候、地形、交通运输等条件外，生产力布局、自然环境、资源等也是很重要的细分变量。

用户所处的地理位置不同，其需求有很大不同。例如，香港地价昂贵，香港企业希望购买精小的机械设备。自然环境、资源、生产力布局等因素，形成某些行业集中于某些地区，如我国东北地区，钢铁、机械、煤炭、森林工业比较集中；山西省则集中着煤炭、煤化工和能源工业。按用户地理位置细分市场，有助于企业将目标市场选择在用户集中地区，有利于提高销售量，节省推销费用，节约运输成本。

（4）购买行为因素。此因素包括追求利益、使用率、品牌商标忠诚度、使用者地位（如重点户、一般户、常用户、临时户等）、购买方式等等。细分标准和具体因素选用是否得当，对市场细分影响很大。

2. 企业有效的细分市场

（1）顾客购买行为的多因素。顾客的需求、爱好和购买行为都是由很多因素决定的。市场营销人员可运用单个标准也可结合运用双指标标准、三维指标标准或多种标准来细分市场，但是选用标准不能过多，要适可而止，择其主要的，确定少数主要标准和若干次要标准，否则既不实用，也不经济。

（2）选用市场细分的标准。选用市场细分标准时，要求这些细分因素是可以度量的，并使细分市场能呈现明显区别和显著的特性，那些难以度量测定的细分因素尽量少用或不用。市场细分不是分得越细越好，市场分得太细，不适合大量生产，影响规模的经济性。细分市场要有一定的规模和发展前途，并能使企业获得利润。

市场特性是动态的、经常变化的，细分标准不能一成不变，应经常根据市场变化进行研究分析与调整。预期市场细分所得收益将大于因细分市场而增加的生产成本和销售费用时，方可进行市场细分。

（3）市场调查是市场细分的基础。在市场细分前，必须经过市场调查，掌握顾客需求和欲望、市场需求量等有关信息，营销人员才能据此正确选择市场细分标准，进行市场细分，并具体确定企业为之服务的经营对象——目标市场，制定有效的市场营销组合策略。

3. 市场细分的有效标志

（1）可测量性，指各子市场的购买力能够测量，采用的变量对市场划分的界限也相当明确。

（2）可进入性，又叫可接受性，指企业有能力进入所选定的子市场，细分出的市场中至少有一块是可以利用的。20 世纪 80 年代末至 90 年代初，一些公司根据两人家庭的增多，年轻消费者可随量支配的收入越来越多，成功地进入并在中青年消费者市场占据一席之地就是一例。

（3）可营利性，又叫实效性，指企业进行市场细分后，所选定的子市场的规模使企业有利可图。所细分的市场中，至少有一块是企业可利用其营销手段达到营销目的（如启动市场，实现企业利润）的。例如，近年来，随着人们生活水平的不断提高，不少企业果断及时地开发营养保健产品，不仅大大提高了人们的健康水平，具有较高的社会效益，而且使企业取得了可观的经济效益。

十、目标市场

市场细分是选择目标市场的基础。市场细分后，企业由于内外部条件的制约，并非要把所有的细分市场都作为企业的目标市场。企业可根据对产品的特性，自身的生产、技术、资金等条件和竞争能力的分析，在众多的细分市场中，选择一个或几个有利于发挥企业优势，最具吸引力，能达到最佳或满意的经济效益的细分市场作为目标市场。

（一）目标市场选择的内涵及条件

1. 目标市场选择的含义

市场战略基本的首要问题是决定一定的目标市场（TargetMarket），即需要满足合适的顾客，寻找一个合适的顾客群，也就是合格的有效市场。目标市场是企业为满足现实的或潜在需求而开拓的特定市场，是企业决定要进入的那个市场部分，也就是企业选择并竭诚为之服务的顾客群，而这个顾客群有颇为相似的需要。

在现代市场经济条件下，任何产品在市场都有许多顾客群，而且分散在各国和国内的各个地区；任何企业都不可能满足所有顾客群的需要，也不可能满足同一顾客群中所有顾客的需要，必须与同行业企业通过竞争和合作共同营造良好的市场环境，满足顾客的需要。为了降低成本，提高企业经营效益，企业必须细分市场，必须根据自己的资源、特长和优势确定目标市场；必须竭尽全力为目标市场顾客群服务，提高顾客满意度、忠诚度。

2. 目标市场选择的条件

作为一个企业的目标市场，应具备的条件是：①该市场应有充分的现实需求量，其需求水平能符合企业销售的期望水平。②该市场有潜在需求，有较好的潜在发展前途，能为企业获得较大利润，有利于企业持续地开拓该市场。③该市场的竞争不激烈，竞争者最少，或竞争者最不易打入，或本企业有竞争优势。④通过适当的分销渠道，可以接触和进入这个市场。

（二）目标市场涵盖策略

企业在决定为多个子市场服务，即确定目标市场涵盖战略时，目标市场的选择，一般有 3 种基本策略。

1. 无差异性市场策略

无差异性市场策略指企业在市场细分之后，不考虑各子市场的特性，只推出单产品，运用单一的市场营销组合，力求在一定程度上满足尽可能多的顾客需求。

产品本身是无差异的，营销战略是无差异的，产品需求无差异，即为"以不变应万变"的基本方法。例如，我国第一汽车制造厂在经济体制改革以前，就是采用这种策略，生产单一的解放牌卡车，满足整体市场的需要。

无差异性市场策略的优点：品种、规格、款式简单，有利于标准化与大规模生产，发挥规模经济的优势；可以降低生产、存货和运输成本；缩短广告、推销、市场调研和细分市场的费用，进而以低成本策略在市场上赢得竞争优势。

无差异性市场策略的缺点：单一产品要以同样的方式广泛销售，很难得到需求多样性的广大客户的满意，应变能力差。特别是当时同行业中有若干家企业实行无差异营销时，在较大的子市场中的竞争将会日趋激烈，而在较小的子市场中将会出现供不应求，或子市场越大，利润反而越小的情况。一旦市场需求发生变化，就很难及时调整企业的生产和市场营销策略，从而使对该目标市场的依赖性强，风险较大。

无差异性市场策略适宜于通用性适应性较强、差异性小、且具有广泛需要的产品，如通用设备、通用的量具刀具，标准件以及不受季节、生活习惯影响的日用消费品。

例如：可口可乐公司、福特公司之所以能采用无差异市场营销战略占有市场，主要在于其具有一些垄断因素：①资金方面的垄断：实力雄厚，调动能力强；②规模垄断：规模大，才能控制整个市场；③技术垄断，拥有专有技术。

2. 差异性市场策略

差异性市场策略的基本要点和无差异的市场营销战略完全不同。它是在市场细分化的基本思想指导下产生的，是在 20 世纪 50 年代以后所产生的市场营销战略。此种策略主要是根据不同细分市场的特点，推出不同的市场营销策略。

差异性市场策略是指企业将整体市场细分后，选择两个或两个以上的细分市场作为目标市场。企业决定同时为几个子市场服务，设计、研制不同的产品，并在渠道、促销和定价等方面采取相应的措施，以适应市场的需要；并根据不同的细分市场的需求特点，分别设计生产不同的产品，采取不同营销组合手段制定不同的营销组合策略，有针对性地满足不同细分市场顾客的需求。

差异性市场营销策略的优点：企业的产品种类如果同时在几个子市场都占有优势，就会提高消费者对企业的信任感，进而提高重复购买率。而且，通过多样化的渠道和多种形式销售，亦会大大增加企业的总销售额。面向广阔市场，满足不同顾客需要，扩大销售量，增强竞争力；企业适应性强，富有周旋余地，不依赖一个市场一种产品，做到"东方不亮西方亮"。例如：可口可乐公司发现百事可乐成为其重要的竞争对手后，立即改变配方，并决定采用差异性的营销策略，从古典可乐到新 Coca-Cola，以新的替代古典可乐；同时采用新的营销策略：广告宣传，新产品开发，在开发产品过程中，将广告定位由"挡不住的感觉"改为"永远的可口可乐"，使广告主题和它的历史和实力相吻合。

差异性市场营销策略的缺点：由于小批量多品种生产，要求企业具有较高的经营管理水平；由于品种、价格、销售渠道、广告和推销的多样化，使企业的生产成本和平时营销费用（包括产品改进成本、生产成本、管理费用、存货成本、促销成本和市场调研费用等）增加，从而降低经济效益。所以，在选择差异性市场策略时要考虑所能获得的经济效益是否能够抵销或超过成本的提高。

企业选择差异性市场策略时，不一定面向整体市场中的每一个细分市场，可以根据具体情况选择几个细分市场作为企业的目标市场。现介绍几种不同类型的差异性市场策略。

（1）完全差异性市场策略。即企业将整体市场细分后的每一个细分市场都作为目标市场，并为各目标市场生产和提供不同的产品，分别满足不同目标顾客的需求。例如，某一服装厂分别为中老年、青年、少年3个目标市场提供不同面料、款式、尺寸的外衣、内衣和衬衫。

（2）市场专业化企业策略。为一个目标市场即同一类的顾客群，提供多种产品，满足这一类顾客对产品的不同需要。例如：为少年市场提供各种服装；为农村市场提供化肥、农药、农用薄膜。这种策略的优点是适当缩小市场面，有利于发挥企业生产技术优势，生产多种产品以满足目标市场顾客的不同需要，扩大销售量，增加销售收入，避免生产单一产品可能造成的弊端。

（3）产品专业化策略。企业以对同类产品有需求的若干不同细分市场作为目标市场，为不同的目标市场提供同类产品。例如：为军队、武警部队提供避弹衣；为工业、捕鱼业（如渔民用）提供直流电机。这种策略的优点是产品单一，有利于发挥企业的优势，避免多品种生产的一些弊端，企业保持较宽的市场面，扩大了周旋的余地。

（4）选择性专业化策略（或称散点式专业化策略）。企业在市场细分的基础上，结合企业的实际情况，有选择地放弃部分细分市场，选取若干有利的细分市场作为目标市场，并为各该目标市场提供不同的产品，实行不同的营销组合策略。例如：为家庭市场提供家用缝纫机；为成衣制造业提供锁眼机；为工业提供包装缝纫机。这种策略的优点是避免四面出击、分散力量，使企业集中精力开拓有利的细分市场，简化营销工作，节省费用，降低成本。

差异性市场策略一般适宜于生产、经营差异性较大的产品的企业以及多品种生产企业。

3. 集中性市场策略

集中性市场策略又称产品市场专业化策略。企业在整体市场细分后，由于受到资源等的限制，企业中所有力量，以一个或少数几个性质相似的子市场作为目标市场，以便在较少的子市场上有较大的市场占有率，以某种市场营销组合集中实施于该目标市场。

采用这种集中性市场策略的企业，追求的不是在较大市场上取得较小的市场占有率，而是在一个或几个小市场上拥有较高的市场占有率。其战略意图是：宁为鸡首，勿为牛尾；不想在大的市场上取得小的市场份额，而力求在小的市场取得大的份额。

集中性市场策略的优点：有利于为顾客服务，有利于在生产和市场营销方面实现专业化，有利于企业在特定市场取得优势地位，获得较高的投资收益率。这种策略适宜于资源有限的中小企业，有利于企业对市场的深入了解，从而集中使用有限的资源，实行专业化的生产和销售，提供良好的服务，节省营销费用，提高产品和企业的知名度，有助于企业在局部市场的竞争环境中处于有利地位。必要时，企业还可等待时机，迅速扩大市场，得以进一步向纵深发展。为此，集中性市场策略往往成为新企业战胜老企业或小企业战胜大企业的有效策略，并获得很大成功。

集中性市场策略的缺点：对这一比较单一和窄小的目标市场依赖性太大，一旦目标市场情况发生突然变化，企业周旋余地小，风险大，就可能陷入严重困境，甚至倒闭。

（三）目标市场选择需考虑的因素

以上几种目标市场涵盖策略各有优缺点，企业选择时除了目标市场应具备的一些条件外，尚需考虑目标市场涵盖策略的几个主要因素。

1. 市场同质性

如果市场上多数顾客在同一时期偏好相同，购买的数量和对市场营销刺激的反应亦相同，则可视为同质市场，宜实行无差异市场营销；如果市场需求的差异较大，则为非同质市场，宜采用差异市场营销或集中市场营销。

2. 产品同质性

对于同质产品或需求上共性较大的产品，一般宜实行无差异市场营销；对于异质产品或个性化需求较大的产品，则应实行差异市场营销或集中市场营销。

3. 企业资源

如果企业资源和经济实力雄厚，可以考虑实行差异营销；否则，最好实行无差异市场营销或集中市场营销。不仅是资源和经济实力有限的企业，部分初次进入新市场的大企业，都宜于实行集中市场营销或无差异市场营销。

4. 产品生命周期阶段

处在投入期和成长期的产品，市场营销重点是启发和巩固消费者偏好，最好实行无差异市场营销或针对某一特定子市场实行集中市场营销；当产品进入成熟期后，随着消费者需求日益多样化，可改用差异市场营销，以开拓新市场，满足新需求，延长产品生命周期。

5. 竞争者的市场策略

如果本企业面临的是较弱的竞争者，可采取与之相同的战略，凭借实力在竞争中赢得主动；反之，如果强大的竞争对手实行的是无差异市场营销，企业则应实行集中市场营销或差异市场营销。

必须指出的是，以上几方面因素，不应单独使用，而应结合起来综合考虑使用。

十一、市场定位

目标市场确定后，企业为了能与竞争产品有所区别，为开拓和占领目标市场，取得产品在目标市场上的竞争地位和优势，更好地为目标市场服务，还要在目标市场上给本企业产品做出具体的市场定位决策。

（一）产品的市场定位策略

产品的市场定位策略就是使本企业产品具有一定的特色，适应目标市场的需求和爱好，塑造产品在目标顾客心目中的良好形象。产品市场定位后，才能进一步研究和制定与之相应的价格、渠道、促销等策略。所以，产品市场定位是确定市场营销组合策略的基础，而价格、渠道和促销策略的制定也应有助于形成和树立选定的产品形象。

例如渠道产品市场：TCL 新款笔记本 X200 横空出世，说明 TCL 在产品、渠道与市场上的三张王牌将砸向如火如荼的笔记本市场。

渠道牌：自有、分销两不误。未来的 TCL 笔记本电脑在渠道方面，将会兼顾自有渠道与分销渠道的建设。一方面，TCL 将从一线、二线和总部进行资源配置的重新调整，同时对笔记本电脑的渠道政策进行修改。在随后的 1~2 年内，TCL 将重点培养 10 家大型分销商，分销支干将在力量与深度上得到加强。另一方面，TCL 还将继续渠道扁平化的努力，筹建 1000 家专卖店。在自有渠道建设分工上，TCL 总部将会直接操作其中的 200 家店面，而由代表处完成其余 800 家的营建。对于这些专卖店，TCL 电脑将完成对店面的"改装"工作，最终以崭新的形象推出。

产品牌：价格竞争转品质竞争。TCL 笔记本新产品将从销售为导向开始向以需求为导向转变，标志着 TCL 电脑在产品研发、市场定位上将发生深刻的变化。

TCL 电脑并购友邦后，开始运作笔记本电脑业务。在笔记本产品、市场策略等方面延续原先友邦的方式，现在又要对这一纯 PC 供应商定位和市场运作方式进行彻底变革。即将推出的 X200 系列笔记本将主打宽屏、高亮、轻薄等作为三大主要卖点，而这些卖点都是目前市场主流产品所强调的内容。而第一款 X200 的新品价格更被确定在接近 12000 元的中高端价位。这表明，今后的 TCL 笔记本将定位于时尚、品位的中高端。

市场牌：大手笔营销将闪亮登场。伴随着 TCL X200 系列新品的上市，TCL 方面将采用大手笔的营销手段来进行一系列市场推广活动。其活动吸引了上万名用户参加，这种大手笔的营销活动，为 TCL 笔记本电脑的全新亮相和顺利推广添加了一个最重的砝码。

TCL 笔记本部门最大的转变，将由过去一个运作产品的团队变成运作市场的团队。一个产品的推动和品牌的成长，应该不仅仅是靠销售为导向打硬仗的方式，市场推广就像是一把软刀子，要慢慢去做很多渗透性的工作，由市场推广带来的持续有效的增长会给品牌、企业以及销售，带来长短结合的益处。它改变了过去过于强调销售而弱化市场品牌的市场观念。

TCL 内部定下的目标是把 TCL 笔记本业务做到国产笔记本品牌第一。这意味着 TCL 电脑未来还需要更多的大手笔市场运作。如果这一目标能顺利实现，TCL 将真正成为国内唯一一家在家电、通讯和 PC 等多元化领域都称雄的企业，实现自己的 3C 目标。届时，TCL 进入国际 500 强企业的目标也将不再遥远。

（二）产品市场定位的确定

确定产品的市场定位，首先，要调查了解目标顾客的需求和爱好，研究目标顾客对于产品的实物属性和心理方面的要求和重视程度；其次，研究竞争者产品的属性和特色，以及市场的满足程度。在此分析研究的基础上，企业可根据产品的属性、用途、质量、顾客心理满足程度、产品在市场上的满足程度等因素，做出产品的市场定位决策，并对本企业产品进行市场定位。

例如，东风商用车公司新年大餐一次性推出新车 26 款，东风与日产合资后首次全新推出的 EQ3238、3286、3298 等一系列具有相当市场竞争力的 26 个 2004 东风新品成了众人瞩目的焦点，东风商用车公司为全国商用车用户捧上了一道精美的新年大餐。

为了不断满足用户个性化、专用化的市场需求，东风商用车公司通过自主开发与合资合作等方式，全面提升东风商用车的技术水平。在国际合作方面，引进雷诺发动机、与日产联合进行新驾驶室开发、同欧洲 ZF 进行变速箱技术合作以及同美国德拉公司进行车桥技术合作，使东风商用车产品由传统产品向全新产品转变，市场定位由中低端市场向中高端和全部目标市场转变。

2004 年推出的 26 款新品，是东风商用车公司经过广泛市场调研，针对特定的目标市场，为不同需求的用户群体而量身定做的。东风新品主要特点：新外观、大马力、承载力高、稳定性好。东风商用车公司推出的所有新产品中，其主要产品包括针对长途运输市场的产品 8 款；针对改装市场的产品 6 款。厢式车底盘增加倒车无线摄像头及显示屏。

按照东风商用车产品事业计划，2004～2007 年，东风商用车公司拟推出的产品共有 50 余个。每年都会根据市场走向和用户需求及时地推出新产品。2005 年，东风商用车公司将推出性能较好的本地化产品，其载重量为 12～15 吨。新一代大功率的柴油发动机、具有国际水平的豪华驾驶室等也将于 2005 年以后陆续推出。

制定商用车技术平台发展规划，推进新技术、新方法的研究和应用，不断提升产品开发对市场发展的驾驭能力，是提升东风商用车市场竞争力的关键。按照有关部门预算，2004～2007 年，东风商用车公司用于商用车产品研发的投资将超过 25.64 亿元。东风商用车公司将根据市场需要，源源不断地推出在先进性、可靠性、经济性、环保性、舒适性、性价比等方面符合用户要求的新产品。

（三）目标市场中的品牌定位

在现代市场营销中，品牌营销日益受到企业的重视，品牌定位作为品牌营销的基石发挥着重要的作用。正确地理解品牌定位及作用，是企业营销的核心内容之一，是企业在激烈的市场竞争中立于不败之地的重要手段。

当我们看到那么多的家具品牌像流星一样一闪而过，我们不禁会感慨品牌长生不老的秘方在哪里。因为，我们为树立一个品牌付出太多的代价，我们不甘心倾注了"毕生精力"的品牌就这样烟消云散。其实最简单的也就是最容易忽视的，品牌营销的中心都在围绕着它——"品牌定位"在开展工作。

1. 品牌定位针对目标市场确定

品牌定位是针对目标市场确定的，是建立一个独特品牌形象并对产品的整体形象进行设计、传播，从而在目标顾客心中占据一个独特的有价值的地位。其着眼点是目标顾客的心理感受；其途径是对品牌整体形象的设计；其实质是依据目标顾客的种种特征设计产品属性并传播品牌形象，从而在目标顾客心中形成一个企业刻意塑造的独特特征。品牌定位并不是针对产品本身，而是要求企业将功夫下到消费者的内心深处。简单地说，品牌定位，就是树立形象，目的就是在目标顾客心中，确立产品及品牌与众不同的地位。

消费者购买商品有非专家购买的特点，购买过程中决定买或不买，很大程度上取决于对该产品的认识及其鲜明的个性和品牌的知晓度。消费者选择某一商品主要依据在于该品牌所能给消费者带来自我个性宣泄的满足，在于品牌形象对他们持续而深入的影响，而品牌定位是塑造成功品牌形象的重要环节，是求得目标顾客认同与选择的重要手段之一。所以，对企业来讲，为自己产品在消费者心中树立一个鲜明的形象是非常必要的，特别是在买方市场的条件下，产品竞争比较激烈，品牌定位是影响企业成功的重要因素。企业要善于分析消费者对商品需求的心理特征，通过理性和感性的品牌定位方式来达到塑造行家，赢得发展的目的。

2. 品牌定位要进行市场细分

品牌定位不能盲目进行，而是要针对目标市场，目标市场是企业的品牌定位的归着点，所以进行品牌定位首先要进行市场细分。通过市场细分，能使企业发现市场机会，从而使企业设计塑造自己独特的产品或品牌个性有了客观依据。所以，以市场细分为前提进行目标市场选择，在目标市场上实行市场定位、品牌定位，才能使企业开拓市场、赢得市场、塑造自身产品的品牌形象。

（1）品牌成功定位的因素

消费者的认同和共鸣是产品销售的关键。定位需要正确掌握消费者的心理，把握消费者的购买动机，激发消费者的情感，还要不失时机地进行市场调查。成功定位的因素表现在以下 3 个方面。

①扼要抓住重点。简明扼要抓住重点，就是把产品最重要的定位内容说出来，不要不分主次、凭主观臆断、歪曲事实。对产品意料之外或不是特地寻找的产品现象视而不见，只宣传符合自己想法的产品内容，把自己想象结果硬拉来为企业产品目的服务，这种做法是十分有害的。正确的做法是，不求说出产品的全部优点，但要说出产品的异点，即自家的产品与其他同类产品有何不同之处。

②引起消费者的共鸣。引起消费者的共鸣，定位就要有针对性，要针对目标顾客关心的问题及他们的欣赏水平。企业还要把产品口碑融入消费者的内心，使消费者产生感动的力量。对品牌营销而言，以情感价值联系客户的品牌终将大获全胜。得到情感的升华，正是品牌能够攻心的保证。企业通过与消费者之间有效沟通，站在消费者的角度去塑造极具亲和力、凝聚力的品牌形象，把企业和消费者的情感共同融入品牌，就会引起消费者心灵的共鸣。

攻心是一个系统的战略工程，不可能一蹴而就，企业必须抓住品质、沟通、服务这 3 个关键要素，进行长期地、扎实地、坚实不懈地努力。赢得了消费者的企业，最终就能赢得市场。

③让消费者能切身感受到。定位必须能让消费者切身感受到，如不能让消费者作为评定品质的标准，那定位便失去了意义。

为了让消费者切身感受到品牌的科技感，产品在终端要展开体验营销活动。当顾客对产品性能的宣传将信将疑时，导购人员应当场做试验，让消费者对产品有一个更为直观的了解。

让消费者切身感受到产品优秀的品质和充满奇思异想的服务，也应该是企业真正的用意，顾客可以通过产品与服务所表现出来的卓越品质，获得单纯的乐趣。与此同时，在企业上下广泛开展职业道德、反对欺价教育，使货真价实的经营观转化为每位员工的行为，让消费者切身感受到企业的真挚服务。定位让消费者切身感受到的是产品科技、品质和服务，还感受到时尚与人本理念。

事实上，消费者认知和选购某一品牌家具产品时，可能是出于感觉，也可能是出于性情，甚至是随意的。对不同的产品，可根据不同的目标市场，通过透视该市场消费者的心理，来采取不同的定位。所以，进行充分的市场调查，把握消费者的心理是定位的基础。

（2）品牌定位要考虑产品特点

在产品上，受品牌产品使用性能等因素的限制，品牌定位应有所区别，有的产品使用范围广，可以以其不同定位来满足不同消费者的需要。这就是说，产品本身的用途决定了品牌定位的档次。因此，品牌定位必须考虑产品本身的特点，突出产品的特质，使之与消费者相匹配。在竞争优势上，品牌定位的成功与否并不一定取决于企业的综合实力，而在于谁能将自身优势有效融合于品牌定位之中，从而塑造出个性化的品牌。

然而，随着科技的发展，不少家具产品已进入"同质化"时代，产品内在的差异很难找到，这时就要看谁先让消费者了解了，谁捷足先登，迎合了消费者的心理，谁就达到了目的。品牌定位应从整体产品概念出发，首先看产品在功能上、品质上与竞争者有何差异，如果有，就应以此做定位的依据；再则看款式上；如果上述几项都没有差异的话，就要看延伸差异了，如你的售前、售中、售后服务是否到位等等。

总之，要善于分析竞争定位信息，找出你的产品与其他同类产品的差异性，这是品牌定位的重要因素。

十二、品牌策略

菲利普·科特勒将品牌所表达的意义分为 6 层：属性，利益，价值，文化，个性，使用者。消费者感兴趣的是品牌的利益而不是属性，一个品牌最持久的含义是它的价值、文化和个性，它们确定了品牌的基础。品牌是企业的一种无形资产，对企业有重要意义：有助于企业将自己的产品与竞争者的产品区分开来，有助于产品的销售和占领市场，有助于培养消费者对品牌的忠诚，有助于开发新产品，节约新产品投入市场的成本。

（一）权衡使用的品牌策略

选择品牌策略首先是要确定是否该为产品确定一个品牌。产品要不要品牌，主要是根据产品的特点以及权衡使用品牌后对促进产品销售的作用有多大。若作用很小，甚至使用品牌的费用超过可能的收益，就不应该使用品牌。

菲利普·科特勒

若是需要定一个品牌，则将进一步选择采取什么品牌策略。现分别叙述于下：

1. 无品牌策略

无品牌策略是不使用生产者或经销者的标记，不给产品定品牌，以节省销售费用。以下产品都可以不使用品牌：①未经加工的原料产品、农产品，如煤、木材、大米、玉米等；②商品本身并不具有因制造者不同而形成不同质量特点的商品，如电力、糖等；③生产简单、选择性不大、价格低廉，消费者在购买习惯上不认品牌购买的小商品，如手纸、酱油、针、线、扣子、木梳、小农具等；④临时性或一次性生产的商品。

但随着商品经济的发展，越来越多的商品纷纷品牌化。如在超级市场中，大米经过经销商分装为小包装后，定牌出售。

2. 制造商、经销商品牌策略

（1）制造商品牌策略。即制造商使用企业自己的品牌。国内外市场上的商品绝大多数使用制造商品牌。制造商使用自己的品牌的好处是：可以建立自己的信誉；制造商拥有的注册商标和品牌，是工业产权，可以租借、转让、买卖，其价值由商标、品牌信誉的大小而定；企业的产品、零部件等全部使用制造商品牌，可以和购买者建立密切的关系。

（2）经销商品牌策略。即制造商决定使用中间商的品牌。该策略主要基于：制造商要在一个不了解本企业产品的新市场上推销产品；制造商的商誉远不及中间商的商誉；制造商品牌的价值小，设计、制作、广告宣传、注册等费用高。中间商发展使用自己的品牌，虽然会增加投资和费用，承担一定风险，但仍有很多利益：因制造商减少宣传费用，中间商可获得较为便宜的进货价格；可以树立自己的信誉，有利于扩大销售。

3. 群体、个别品牌策略

制造商在决定使用本企业的品牌后，尚需进一步抉择，对企业的产品是使用同一品牌还是使用不同的品牌。可供选择的策略有几种：

（1）群体（或家族）品牌策略，指企业的全部产品统一使用同一个牌子。例如瑞士雀巢牌用于该公司的全部食品。其好处是建立一个名牌能带动许多产品，节省费用，有利于消除顾客对新产品的不信任感。但必须注意的是，这个品牌应在市场上已获得相当的声誉；要确保每一产品的质量，以免一种产品质量不好，影响其他产品，甚至整个企业的声誉。

（2）个别品牌策略，指企业对各种产品分别使用不同的品牌。其好处是：每一个品牌和具体产品相关，易被顾客接受；各品牌产品各自发展，彼此之间不受影响。但是品牌的设计、制作、广告宣传、注册费用较高。

（3）系列化品牌策略，指企业把一种知名度较高的产品品牌作为系列产品的品牌，实际上是把个别品牌变成同一类产品的群体品牌。例如"华姿"牌用于美容霜、口红、香粉等一系列化妆品。品牌的系列化延伸可以节省品牌制作、广告宣传等费用，系列新产品可凭借原有品牌在市场上的声誉，很快打开销路。但同一品牌下的某系列产品质量不好时，会影响该品牌下其他系列产品的销售。

4. 多品牌策略

多品牌策略指企业对同一种产品使用两三个不同的品牌。其好处是：甲牌产品推销一段时期获得成功后，又推出乙牌产品，两个品牌互相竞争，但两者的总销量比一个品牌的要多，有利于提高产品的市场占有率和企业的知名度。同类产品多种品牌可在零售商店占据更多的陈列空间，易于吸引顾客的注意力。

多品牌策略适合顾客转换品牌的心理，有助于争取更多的顾客；激发品牌间在企业内部相互促进，共同提高，扩大销售。多品牌策略必须有计划、有目标地使用，不可滥用。没有显著特点，没有一定销售目标，或各种品牌只拥有很小市场占有率，则不宜品牌过多。

例如，我国出口香港的蜂王精和蜂乳浆，曾出现过 70 多种品牌，不仅顾客无从挑选，经销商也难以宣传推广，还引起国内各厂家的相互降价竞销，影响经济效益。

（二）发展战略中的品牌策略

品牌策略是增强企业产品市场竞争力的重要策略之一，选择正确的品牌策略是搞好市场营销、提高企业经济效益的一项重要决策。产品是否使用品牌，是品牌决策要回答的首要问题。

品牌对企业有很多好处，但建立品牌的成本和责任不容忽视，故而不是所有的产品都要使用品牌。例如，市场上很难区分的原料产品、地产地销的小商品或消费者不是凭产品品牌决定购买的产品，可不使用品牌。

如果企业决定使用品牌，则面临着使用自己的品牌还是别人品牌的决策，如使用特许品牌或中间商品牌。对于实力雄厚、生产技术和经营管理水平俱佳的企业，一般都使用自己的品牌。使用其他企业的品牌的优点和缺点都很突出，得结合企业的发展战略来决策。

1. 品牌化战略

品牌化战略指企业为其产品规定品牌名称、品牌标志，并向政府有关主管部门注册登记的一切业务活动。规定品牌名称可以使卖主易于管理订货；注册商标可使企业的产品特色得到法律保护，防止别人模仿、抄袭；品牌化使卖主有可能吸引更多的品牌忠诚者；品牌化有助于企业细分市场；良好的品牌有助于树立良好的企业形象。

品牌化可使购买者得到一些利益：购买者通过品牌可以了解各种产品的质量好坏，品牌化有助于购买者提高购物效率。

2. 品牌归属战略

制造商决定给其产品规定品牌之后，下一步要决定品牌的归属。制造商品牌，即制造商决定使用自己的品牌；中间商品牌，又叫私人品牌，即制造商决定将其产品卖给中间商，中间商再用自己的品牌将货物卖出去。企业还可以决定有些产品用自己的品牌，有些产品用中间商品牌。

3. 品牌名称战略

品牌名称战略又叫家族品牌战略，它分为：个别品牌名称，即企业决定其各种不同的产品分别使用不同的品牌名称；统一品牌名称，即企业决定其所有的产品都统一使用一个品牌名称；各大类产品分别使用不同的品牌名称；企业名称与个别品牌名称并用，即企业决定其各种不同的产品分别使用不同的品牌名称，而且各种产品的品牌名称前面还冠以企业名称。

4. 品牌扩展战略

品牌扩展战略是指企业利用其成功品牌名称的声誉来推出改良产品或新产品，包括推出新的包装规格、香味和式样等。还有一种品牌扩展，即企业在其耐用品类的低档产品中增加一种式样过于简单的产品，以宣传其品牌中各种产品的基价很低。

5. 多品牌战略

多品牌战略是指企业决定同时经营两种或两种以上互相竞争的品牌。企业采取多品牌决策的主要原因是：多种品牌只要被零售商店接受，就可占用更大的货架面积，而竞争者所占用的货架面积当然会相应减小；多种不同的品牌可吸引更多顾客，提高市场占有率；发展多种品牌有助于在企业内部各个产品部门、产品经理之间开展竞争，提高效率；发展多种品牌可使企业深入到各个不同的市场部分，占领更大的市场。

6. 品牌重新定位战略

不论一个品牌在市场上的最初定位如何适宜，但是在一个动态的环境中，随着时问的推移，品牌往往需要重新定位。品牌重新定位主要是因为以下原因：竞争者推出一个竞争性的品牌，并削减本企业品牌的市场份额；顾客的偏好发生转移，使本企业品牌的需求减少。

十三、网络营销策略

（一）网络营销服务策略

1. 网络营销服务层次与顾客满意

服务是一方能够向另一方提供的各种无形的东西，并且不导致任何所有权的产生，它的产生可能与某种有形产品密切联系在一起，也可能毫无联系。网络营销服务也有上述同样的内涵，只是网络营销服务是通过互联网来实现服务。

服务是企业围绕顾客需求提供的特殊东西，网络营销服务的本质也就是让顾客满意，顾客是否满意是网络营销服务质量的唯一标准。要让顾客满意就是要满足顾客的需求，顾客的需求一般是有层次性的，如果企业能够提供满足顾客更高层次需求的服务，顾客的满意程度越高。网络营销服务利用互联网的特性可以通过以下途径更好满足顾客不同层次的需求。

（1）了解产品信息。网络时代，顾客需求呈现出个性化和差异化特征，顾客为满足自己个性化的需求，需要全面、详细了解产品和服务信息，寻求出最能满足自己个性化需求的产品和服务。

（2）解决问题。顾客在购买产品或服务后，可能面临许多问题，需要企业提供服务解决这些问题。顾客面临的问题主要是产品安装、调试、试用和故障排除，以及有关产品的系统知识等。企业通过网络营销向顾客提供它们所需的服务。

（3）接触公司人员。对于有些比较难以解决的问题，或者顾客难以通过网络营销站点获得解决方法的问题，顾客也希望公司能提供直接支援和服务。这时，顾客需要与公司人员进行直接接触，向公司人员寻求帮助，得到直接答复或者反馈顾客的意见。与顾客进行接触的公司人员，在解决顾客问题时，可以通过互联网获取公司对技术和产品服务的支持。

（4）了解全过程。顾客为满足个性化需求，不仅通过掌握信息来进行选择产品和服务，还要求直接参与产品的设计、制造、运送整个过程。个性化服务是一种双向互动的企业与顾客之间的密切关系。企业要实现个性化服务，就需要改造企业的业务流程，将企业业务流程改造成按照顾客需求来进行产品的设计、制造、改进、销售、配送和服务。顾客了解和参与整个过程意味着企业与顾客需要建立一种"一对一"的关系。互联网可以帮助企业更好地改造业务流程以适应对顾客的"一对一"营销服务。

上述几个层次的需求之间是一种相互促进的作用。只有低层次需求满足后才可能促进更高层次的需求，顾客的需求越得到满足，企业与顾客的关系也越密切。

2. 网络营销服务的分类

根据服务的比例，企业提供的服务可以分为四类：纯有形货物的较少服务；伴随服务的有形货物；主要服务伴随较少的物品以及纯服务。对于网络营销服务，则可以简单划分为网上产品服务营销和服务产品营销。网上产品服务营销主要是指前面两类服务，服务是产品营销的一个有机组成部分。网上服务产品营销是指无形产品，可以通过互联网直接进行传输和消费的服务产品的营销活动。对于服务产品营销，除了关注服务销售过程的服务外，还要针对服务产品的特点开展营销活动。根据网络营销交易的时间间隔，可以将服务划分成销售前的服务、销售中的服务和销售后的服务。

（1）网上售前服务。从交易双方的需求可以看出，企业网络营销售前服务主要是提供信息服务。企业提供售前服务的方式主要有两种，一种是通过自己网站宣传和介绍产品信息，这种方式要求企业的网站必须有一定的知名度，否则很难吸引顾客注意；另一种方式通过网上提供产品相关信息，包括产品性能介绍和同类产品比较信息。为方便顾客准备购买，还应该介绍产品如何购买的信息，产品包含哪些服务，产品使用说明等等。

（2）网上售中服务。网上售中服务主要是指销售过程中的服务。这类服务是指产品的买卖关系已经确定，等待产品送到指定地点的过程中的服务，如了解订单执行情况、产品运输情况等等。在传统营销中，许多时间用于应对顾客对销售执行情况的查询和询问，这些服务非常琐碎，难以给用户满意的回答。而网络营销很好地克服了这个缺陷，因此网上销售的售中服务非常重要，应确保实现企业与顾客利益的共同增值。

（3）网上售后服务。网上售后服务就是借助互联网的直接沟通的优势，以便捷方式满足客户对技术支持和使用维护的需求。网上售后服务有两类，一类是网上产品技术服务，另一类是企业为满足顾客的附加需求提供的增值服务。

由于分工的日益专业化，使得一个产品的生产需要多个企业配合，因此产品的技术也相对比较复杂。提供网上产品技术服务，可以方便客户通过网站直接找到相应的企业或者专家寻求帮助，减少不必要的中间环节。为提升企业的竞争能力，许多企业在提供基本售后服务的同时，还提供一些增值性服务。

3. 网上服务的个性化

个性化服务（Customized Service），也叫定制服务，就是按照顾客特别是一般消费者的要求提供特定服务。个性化服务包括三个方面：服务时空的个性化，在人们希望的时间和希望的地点得到服务；服务方式的个性化，能根据个人爱好或特色来进行服务；服务内容个性化，不再是千篇一律，千人一面，而是各取所需，各得其所。利用互联网，可以在上述三个方面给用户提供个性化的服务。

（二）网络营销定价概述

1. 网络营销产品定价目标

企业的定价目标一般与企业的战略目标、市场定位和产品特性相关。企业在制定价格时，主要是依据产品的生产成本，这是从企业局部来考虑的。企业价格的制定更主要是从市场整体来考虑的，它取决于需求方的需求强弱程度和价格接受程度，再一是来自替代性产品（也可以是同类的）的竞争压力程度。需求方接受价格的依据则是商品的使用价值和商品的稀缺程度，以及可替代品的机会成本。

在网络营销中，市场还处于起步阶段的开发期和发展时期，企业进入网络营销市场的主要目标是占领市场求得生存发展机会，然后才是追求企业的利润。目前网络营销产品的定价一般都是低价甚至是免费，以求在迅猛发展的网络虚拟市场中寻求立足机会。网络市场分为两大市场，一是消费者大众市场，另一个是组织市场。对于前者属于前面谈到的成长市场，企业面对这个市场时必须采用相对低价的定价策略来占领市场。对于组织市场，购买者一般是商业机构和组织机构，购买行为比较理智，企业在这个网络市场上的定价可以采用双赢的定价策略，即通过互联网技术来降低企业、组织之间的供应采购成本，并共同享受成本降低带来的双方价值的增值。

2. 网络营销定价基础

在网络营销战略中，可以从降低营销及相关业务管理成本费用和降低销售成本费用两个方面分析网络营销对企业成本的控制和节约。下面将全面分析一下，互联网应用将对企业其他职能部门业务带来那些成本费用节约。

（1）降低采购成本费用。采购过程中之所以经常出现问题，是由于过多的人为因素和信息闭塞造成的，通过互联网可以减少人为因素和信息不畅通的问题，在最大限度上降低采购成本。

首先，利用互联网可以将采购信息进行整合和处理，统一从供应商订货，以求获得最大的批量折扣。其次，通过互联网实现库存、订购管理的自动化和科学化，可最大限度减少人为因素的干预，同时能以较高效率进行采购，可以节省大量人力和避免人为因素造成不必要损失。第三，通过互联网可以与供应商进行信息共享，可以帮助供应商按照企业生产的需要进行供应，同时又不影响生产和不增加库存产品。

（2）降低库存。利用互联网将生产信息、库存信息和采购系统连接在一起，可以实现实时订购，企业可以根据需要订购，最大限度降低库存，实现"零库存"管理。这样的好处是，一方面减少资金占用和减少仓储成本，另一方面可以避免价格波动对产品的影响。正确管理存货能为客户提供更好的服务并为公司降低经营成本，加快库存核查频率会减少与存货相关的利息支出和存储成本。减少库存量意味着现有的加工能力可更有效地得到发挥，更高效率的生产可以减少或消除企业和设备的额外投资。

（3）生产成本控制。利用互联网可以节省大量生产成本。首先，利用互联网可以实现远程虚拟生产，在全球范围寻求最适宜生产厂家生产产品；另一方面，利用互联网可以大大节省生产周期，提高生产效率。使用互联网与供货商和客户建立联系使公司能够比从前大大缩短用于收发订单、发票和运输通知单的时间。有些部门通过增值网（VAN）共享产品规格和图纸，以提高产品设计和开发的速度。互联网发展和应用将进一步减少产品生产时间，其途径是通过扩大企业电子联系的范围，或是通过与不同研究小组和公司进行的项目合作来实现。

3. 网络营销定价特点

（1）全球性。网络营销市场面对的是开放的和全球化的市场，用户可以在世界各地直接通过网站进行购买，而不用考虑网站是属于哪一个国家或者地区的。这种目标市场从过去受地理位置限制的局部市场，一下拓展到范围广泛的全球性市场，这使得网络营销产品定价时必须考虑目标市场范围的变化给定价带来的影响。

如果产品的来源地和销售目的地与传统市场渠道类似，则可以采用原来的定价方法。如果产品的来源地和销售目的地与原来传统市场渠道差距非常大，定价时就必须考虑这种地理位置差异带来的影响。因此，企业面对的是全球性网上市场，但企业不能以统一市场策略来面对这差异性极大的全球性市场，必须采用全球化和本地化相结合原则进行。

（2）低价位定价。互联网是从科学研究应用发展而来，因此互联网使用者的主导观念是网上的信息产品是免费的、开放的、自由的。在早期互联网开展商业应用时，许多网站采用收费方式想直接从互联网盈利，结果被证明是失败的。成功的 Yahoo 公司是通过为网上用户提供免费的检索站点起步，逐步拓展为门户站点，到现在拓展到电子商务领域，一步一步获得成功的，它成功的主要原因是它遵循了互联网的免费原则和间接收益原则。

网上产品定价较传统定价要低还有着成本费用降低的基础，在上面分析了互联网发展可以从诸多方面来帮助企业降低成本费用，从而使企业有更大的降价空间来满足顾客的需求。因此，如果在网上产品的定价过高或者降价空间有限的产品，在现阶段最好不要在消费者市场上销售。如果面对的是工业、组织市场，或者产品是高新技术的新产品，网上顾客对产品的价格不太敏感，主要是考虑方便、新潮，这类产品就不一定要考虑低价定价的策略了。

（3）顾客主导定价。所谓顾客主导定价，是指为满足顾客的需求，顾客通过充分的市场信息来选择购买或者定制生产自己满意的产品或服务，同时以最小代价（产品价格、购买费用等）获得这些产品或服务。简单地说，就是顾客的价值最大化，顾客以最小成本获得最大收益。

顾客主导定价的策略主要有：顾客定制生产定价和拍卖市场定价。根据统计数据分析结果表明，由顾客主导定价的产品并不比企业主导定价获取利润低，根据国外拍卖网站 eBay 的分析统计，在网上拍卖定价产品，只有 20% 产品拍卖价格低于卖者的预期价格，50% 产品拍卖价格略高于卖者的预期价格，剩下 30% 产品拍卖价格与卖者预期价格相吻合，在所有拍卖成交产品中有 95% 的产品成交价格卖主比较满意。因此，顾客主导定价是一种双赢的发展策略，既能更好满足顾客的需求，同时企业的收益又不受到影响，而且可以对目标市场了解得更充分，企业的经营生产和产品研制开发可以更加符合市场竞争的需要。

（三）网络营销渠道概述

1. 网络营销渠道功能

与传统营销渠道一样，以互联网作为支撑的网络营销渠道也应具备传统营销渠道的功能。营销渠道是指与提供产品或服务以供使用或消费这一过程有关的一整套相互依存的机构，它涉及信息沟通、资金转移和提供物转移等。一个完善的网上销售渠道应有三大功能：订货功能、结算功能和配送功能。

（1）订货系统。它为消费者提供产品信息，同时方便厂家获取消费者的需求信息，以求达到供求平衡。一个完善的订货系统，可以最大限度降低提供者与需求者双方沟通中可能存在的各种障碍。

（2）结算系统。消费者在购买产品后，可以有多种方式方便地进行付款，因此厂家（商家）应有多种结算方式。目前国外流行的几种方式有：信用卡、电子货币、网上划款等。而国内付款结算方式主要有：邮局汇款、货到付款、信用卡等。

（3）配送系统。产品分为有形产品和无形产品，对于无形产品如服务、软件、音乐等产品可以直接通过网上进行配送，对于有形产品的配送，要涉及运输和仓储问题。国外已经形成了专业的配送公司，如著名的美国联邦快递公司，它的业务覆盖全球，实现全球快速的专递服务，以至从事网上直销的 Dell 公司将美国货物的配送业务都交给它完成。因此，专业配送公司的存在是国外网上商店发展较为迅速的一个原因所在，在美国就有良好的专业配送服务体系作为网络营销的支撑。

2. 网络营销渠道特点

在传统营销渠道中，中间商是其重要的组成部分。中间商之所以在营销渠道中占有重要地位，是因为利用中间商能够在广泛提供产品和进入目标市场方面发挥最高的效率。中间商凭借其业务往来关系、经验、专业化和规模经营，提供给公司的利润通常高于企业自己完成产品经营销售所能获取的利润。但互联网的发展和商业应用，使得传统营销中间商的此类优势被取代，同时互联网的高效率的信息交换，改变着过去传统营销渠道的诸多环节，将错综复杂的关系简化为单一关系。互联网的发展改变了营销渠道的结构。

利用互联网的信息交互特点，网上直销市场得到大力发展。因此，网络营销渠道可以分为两大类：一类是通过互联网实现地从生产者到消费（使用）者的网络直接营销渠道（简称网上直销），这时传统中间商的职能发生了改变，由过去环节的中坚力量变成为直销渠道提供服务的中介机构，如提供货物运输配送服务的专业配送公司，提供货款网上结算服务的网上银行，以及提供产品信息发布和网站建设的 ISP 和电子商务服务商。网上直销渠道的建立，使得生产者和最终消费者直接连接和沟通。

另一类，是通过融入互联网技术后的中间商机构提供网络间接营销渠道。传统中间商由于融合了互联网技术，大大提高了中间商的交易效率、专门化程度和规模经济效益。为制造商提供新的更多的中间商选择机会。

3. 网络营销渠道建设

由于网上销售对象不同，因此网上销售渠道是有很大区别的。网上销售主要有两种方式。一种是企业对企业的模式。这种模式每次交易量很大、交易次数较少，并且购买方比较集中，因此网上销售渠道的建设关键是建设好订货系统。客户企业信用较好，通过网上结算实现付款比较简单；另一方面，由于量大次数少，因此配送时可以进行专门运送，既可以保证速度也可以保证质量，减少中间环节造成损失。第二种方式是企业对消费者模式。这种模式的每次交易量小、交易次数多，而且购买者非常分散，因此网上渠道建设的关键是结算系统和配送系统。由于国内的消费者信用机制还没有建立起来，加之缺少专业配送系统，因此开展网上购物活动时，特别是面对大众购物时必须解决好这两个环节才有可能获得成功。

在具体建设企业与消费者之间的网络营销渠道时，还要考虑到下面几个方面。

首先，从消费者角度设计渠道。只有采用消费者比较放心，容易接受的方式才有可能吸引消费者使用网上购物，以克服网上购物"虚"的感觉。

其次，设计订货系统时，要简单明了，不要让消费者填写太多信息，订货系统应该提供商品搜索和分类查找功能，以便于消费者在最短时间内找到需要的商品，同时还应对商品提供消费者想了解的信息，如性能、外形、品牌等重要信息。

再次，在选择结算方式时，应考虑到目前实际发展的状况，应尽量提供多种方式方便消费者选择，同时还要考虑网上结算的安全性，对于不安全的直接结算方式，应换成间接的安全方式，如 8848 网站将其信用卡号和账号公开，消费者可以自己通过信用卡终端自行转账，避免了网上输入账号和密码被丢失的风险。

最后，关键是建立完善的配送系统。消费者只有看到购买的商品到家后，才真正感到踏实，因此建设快速有效的配送服务系统是非常重要的。在现阶段我国配送体系还不成熟，在进行网上销售时要考虑到该产品是否适合于目前的配送体系，正因如此，目前网上销售的商品大多是价值较小的不易损坏的商品，如图书、小件电子类产品等。

4. 网上直销

网上直销与传统直接分销渠道一样，都没有营销中间商。网上直销渠道一样也要具有上面营销渠道中的订货功能、支付功能和配送功能。网上直销与传统直接分销渠道不一样的是，生产企业可以通过建设网络营销站点，让顾客可以直接从网站进行订货。通过与一些电子商务服务机构如网上银行合作，可以通过网站直接提供支付结算功能，简化了过去资金流转的问题。对于配送方面，网上直销渠道可以利用互联网技术来构造有效的物流系统，也可以通过互联网与一些专业物流公司进行合作，建立有效的物流体系。与传统分销渠道相比，不管是网上直接营销渠道还是间接营销渠道，网上营销渠道有许多更具竞争优势的地方。

首先，利用互联网的交互特性，网上营销渠道从过去单向信息沟通变成双向直接信息沟通，增强了生产者与消费者的直接连接。

其次，网上营销渠道可以提供更加便捷的相关服务。一是生产者可以通过互联网提供诸如产品介绍等服务，顾客可以直接在网上订货和付款，然后就等着送货上门，这一切大大方便了顾客的需要。二是生产者可以通过网上营销渠道为客户提供售后服务和技术支持，特别是对于一些技术性比较强的行业如IT业，提供网上远程技术支持和培训服务，既方便顾客，同时生产者可以以最小成本为顾客服务。

第三，网上营销渠道的高效性，可以大大减少过去传统分销渠道中的流通环节，有效降低成本。对于网上直接营销渠道，生产者可以根据顾客的订单按需生产，实现零库存管理。同时网上直接销售还可以减少过去依靠推销员上门推销的昂贵的销售费用，最大限度控制营销成本。对于网上间接营销渠道，通过信息化的网络营销中间商，它可以进一步扩大规模实现更大的规模经济，提高专业化水平；通过与生产者的网络连接，可以提高信息透明度，最大限度控制库存，实现高效物流运转，降低物流运转成本。

5. 物流管理与控制

物流管理者的任务是协调供应商、采购代理、市场营销人员、渠道成员和顾客之间的关系。对于开展网上直销的生产企业而言，可以有两种途径管理和控制物流。一种是利用自己的力量建设自己的物流系统，设计并承担各项物流活动。另一种方式是通过选择合作伙伴，利用专业的物流公司为网上直销提供物流服务。这是大多数企业的发展趋势。

为配合网上直销的顺利实施，不管是依靠自己物流系统，还是利用外部的专业物流服务公司，基于互联网技术的现代物流系统一般具有下面一些特点。

（1）顾客直接驱动。对于专业性公司，物流系统中的物流启动和运转都是围绕服务顾客而进行的。物流的启动是顾客的送货订单，顾客的需求是货物的及时送货上门。所以，现在的物流系统，都采用现代化的信息系统技术来保证物流中信息畅通，提高物流效率。

（2）全面服务性。随着产品的复杂和使用的专业性，需要在物流服务内涵上进行扩展。以前货物送递只送到门口，现在要延展到桌面。特别是对于电子产品，很多客户需要安装。此外，还有代收款服务。

（3）可跟踪性。顾客控制货物送货进度，需要了解货物最近送达的地方，以及什么时候送到目的地。因此，现在的物流系统通过互联网技术，允许顾客直接通过互联网了解产品的送货过程。如前面网络营销服务策略中介绍的，联邦快递公司允许顾客在互联网上输入货物编号就可以查询货物目前到达的地方，以及在什么时候收货人能收到货物。

（四）网络营销促销概述

1. 网络营销促销内涵

（1）网络营销促销的特点

网络促销是指利用现代化的网络技术向市场传递有关产品和服务的信息，以引起消费者的购买欲望和购买行为的各种活动。它突出地表现为以下三个明显的特点。

①网络促销是通过网络技术传递产品和服务的存在、性能、功效及特征等信息的。它是建立在现代计算机与通信技术基础之上的，并且随着计算机和网络技术的不断改进而改进。

②网络促销是在虚拟市场上进行的。这个虚拟市场就是互联网。互联网是一个媒体，是一个连接世界各国的大网络，它在虚拟的网络社会中聚集了广泛的人口，融合了多种文化。

③互联网虚拟市场的出现，将所有的企业，不论是大企业还是中小企业，都推向了一个世界统一的市场。传统的区域性市场的小圈子正在被一步步打破。

（2）网络营销促销与传统促销的区别

虽然传统的促销和网络促销都是让消费者认识产品，引导消费者的注意和兴趣，激发他们的购买欲望，并最终实现购买行为，但由于互联网强大的通讯能力和覆盖面积，网络促销在时间和空间观念上，在信息传播模式上以及在顾客参与程度上都与传统的促销活动发生了较大的变化。

①时空观念的变化。以产品流通为例，传统的产品销售和消费者群体都有一个地理半径的限制，网络营销大大地突破了这个原有的半径，使之成为全球范围的竞争；传统的产品订货都有一个时间的限制，而在网络上，订货和购买可能在任何时间进行。这就是现代最新的电子时空观（Cyber Space）。时间和空间观念的变化要求网络营销者

随之调整自己的促销策略和具体实施方案。

②信息沟通方式的变化。多媒体信息处理技术提供了近似于现实交易过程中的产品表现形式，双向的、快捷的、互不见面的信息传播模式，将买卖双方的意愿表达得淋漓尽致，也留给对方充分思考的时间。在这种环境下，传统的促销方法显得软弱无力。

③消费群体和消费行为的变化。在网络环境下，消费者的概念和客户的消费行为都发生了很大的变化。上网购物者是一个特殊的消费群体，具有不同于消费大众的消费需求。这些消费者直接参与生产和商业流通的循环，他们普遍大范围地选择和理性地购买。这些变化对传统的促销理论和模式产生了重要的影响。

④对网络促销的新理解。网络促销虽然与传统促销在促销观念和手段上有较大差别，但由于它们推销产品的目的是相同的，因此，整个促销过程的设计具有很多相似之处。所以，对于网络促销的理解，一方面应当站在全新的角度去认识这一新型的促销方式，理解这种依赖现代网络技术、与顾客不见面、完全通过电子邮件交流思想和意愿的产品推销形式；另一方面则应当通过与传统促销的比较去体会两者之间的差别，吸收传统促销方式的整体设计思想和行之有效的促销技巧，打开网络促销的新局面。

2. 网络营销促销形式

传统营销的促销形式主要有四种：广告、销售促进、宣传推广和人员推销。网络营销是在网上市场开展的促销活动，相应形式也有四种，分别是网络广告、销售促进、站点推广和关系营销。其中网络广告和站点促销是网络营销促销的主要形式。

网络广告类型很多，根据形式不同可以分为电子邮件广告、电子杂志广告、公告栏广告等。

网络营销站点推广就是利用网络营销策略扩大站点的知名度，吸引网上流量访问网站，起到宣传和推广企业以及企业产品的效果。站点推广主要有两类方法，一类是通过改进网站内容和服务，吸引用户访问，起到推广效果；另一类通过网络广告宣传推广站点。前一类方法，费用较低，而且容易稳定顾客访问，但推广速度比较慢；后一类方法，可以在短时间内扩大站点知名度，但费用不菲。

销售促进就是企业利用可以直接销售的网络营销站点，采用一些销售促进方法如价格折扣、有奖销售、拍卖销售等方式，宣传和推广产品。

关系营销是通过借助互联网的交互功能吸引用户与企业保持密切关系，培养顾客忠诚度，提高顾客的收益率。

3. 网络营销促销的实施

对于任何企业来说，如何实施网络促销都是一个新问题，每一个营销人员都必须摆正自己的位置，深入了解产品信息在网络上传播的特点，分析网络信息的接收对象，设定合理的网络促销目标，通过科学的实施程序，打开网络促销的新局面。

根据国内外网络促销的大量实践，网络促销的实施程序可以由六个方面组成。

（1）确定网络促销对象。网络促销对象是针对可能在网络虚拟市场上产生购买行为的消费者群体提出来的。随着网络的迅速普及，这一群体也在不断膨胀。这一群体主要包括三部分人员：产品的使用者、产品购买的决策者、产品购买的影响者。

（2）设计网络促销内容。网络促销的最终目标是希望引起购买。这个最终目标是要通过设计具体的信息内容来实现的。消费者的购买过程是一个复杂的、多阶段的过程，促销内容应当根据购买者目前所处的购买决策过程的不同阶段和产品所处的寿命周期的不同阶段来决定。

（3）决定网络促销组合方式。网络促销活动主要通过网络广告促销和网络站点促销两种促销方法展开。但由于企业的产品种类不同，销售对象不同，促销方法与产品种类和销售对象之间将会产生多种网络促销的组合方式。企业应当根据网络广告促销和网络站点促销两种方法各自的特点和优势，根据自己产品的市场情况和顾客情况，扬长避短，合理组合，以达到最佳的促销效果。

网络广告促销主要实施"推战略"，其主要功能是将企业的产品推向市场，获得广大消费者的认可。网络站点促销主要实施"拉战略"，其主要功能是将顾客牢牢地吸引过来，保持稳定的市场份额。

（4）制定网络促销预算方案。在网络促销实施过程中，使企业感到最困难的是预算方案的制定。在互联网上促销，对于任何人来说都是一个新问题。所有的价格、条件都需要在实践中不断学习、比较和体会，不断总结经验。只有这样，才可能用有限的精力和有限的资金收到尽可能好的效果，做到事半功倍。

首先，必须明确网上促销的方法及组合的办法。其次，需要确定网络促销的目标。第三，需要明确希望影响的是哪个群体，哪个阶层，是国外的还是国内的？

（5）衡量网络促销效果。网络促销的实施过程到了这一阶段，必须对已经执行的促销内容进行评价，衡量一下促销的实际效果是否达到了预期的促销目标。

（6）加强网络促销过程的综合管理。

十四、"聚光灯"下的消费者

营销是一个企业为满足目标顾客的需求而创造价值的过程。因而，企业不仅是以其所销售的产品划分的，还是以它所服务的对象划分的。尽管顾客是一个企业的核心，但不是所有的企业都管理它们的顾客。没有强调顾客管理的供应商会发现它们很难把握供应商—客户合作中的变化。这些变化往往是由供应商与现有客户之间的关系变化或供应商选择了其他的顾客而引起的。

在布莱克-德克尔公司（Black and Decker）案例中，我们可以看到一个公司增加对其一部分客户群的重视会对它另一部分客户产生怎样的影响。整个 20 世纪 80 年代，布莱克-德克尔公司通过扩展与 DIY 客户之间的关系实现了销售和利润上的骄人增长。并购通用电气的空间管理生产线（Spacemaker）使布莱克-德克尔公司可以为这些用户生产厨房、卫浴家电以及家用电动工具。然而，当布莱克-德克尔公司将产品重点从修车厂转向厨房和浴室时，它传统的以专业修理人员为主的客户群却逐渐无法定位布莱克-德克尔公司的品牌了。随着 20 世纪 90 年代这部分顾客群的迅速增长，布莱克-德克尔公司不得不重新调整战略，以适应这些原有顾客群的需求。

顾客的需求以及他们对供应商产品价值的感知随时在变化。举例来说，产品在其生命周期的早期阶段常常更多是定制品。产品在设计和应用上融入研发人员和客户工程师的参与，成为特殊定制产品。由于这些顾客的技术导向和产品的大幅价值增值的缘故，使得顾客在这一阶段对价格不是很敏感。但随着产品逐渐成熟并成为标准化的商品，客户工程师逐渐不再参与商品的购买而由采购部取而代之。他们对产品功能的改进并不关心，而更关注产品的供应价格。如果供应商不及时改变客户管理策略，那么顾客管理的努力与顾客期望和需要之间的不和谐就会被放大，从而导致顾客不满意，增加客户流失的可能性。进而导致产品价格下降和供应商利润减少。

企业的顾客管理策略也会受到技术和环境因素的影响。最近，顾客信息的廉价和丰富性以及与顾客互动机会的爆炸式增长使得营销人员逐渐从以个别交流为重点的影响方法转向客户关系管理中来。企业现在可以使用顾客的一级信息以制定与每一个客户的关系（互动）管理。但市场与行业都需磨炼他们与所有的顾客建立长期合作关系的热情。近来有许多关于美孚公司成功推出绿色通道 Speeotpass）加油站的报道。顾客只需在加油泵前挥一挥"魔杖"就可以轻松付费。虽然多数顾客认为绿色通道带来了显著的价值增加，而另一些人则认为与汽油供应商分享太多的个人信息得不偿失。就对产品排斥性的程度而言，美孚公司努力使后一种顾客使用绿色通道是无利可图的。事实上，美孚公司需要学会区分"喜欢在不透露姓名的情况下购买汽油的消费者"和"愿意用个人信息换取购买汽油以及购买汽油站食品小超里的商品便利性的消费者"。通过这种顾客管理艺术，美孚可以针对不同顾客提供更好的服务。

（一）顾客管理的流程

前面的例子告诉我们，企业需要有一个清晰划分，清楚界定方法以管理它的顾客关系。通常，顾客管理流程包括：

选择一个企业的客户群并开发出一套相应的顾客管理策略；

时时监控与顾客的关系以便将顾客关系与经济回报相联系，例如，顾客价值。对顾客关系监控程度的优劣决定了企业量化顾客关系的成本、收益的程度。这一程度反过来会影响到公司继续服务于哪些顾客的决定。

顾客选择

营销战略总是在强调选择市场的重要性。由于很多重要因素的存在，包括巨大的资源投入，企业需要花费大量的时间界定它的业务范围。由于每个顾客都会影响到企业的盈利，因此，选择顾客也有着相同的重要性。

俗语"察其友，知其人，"这非常适用于顾客选择。企业需要明白它对顾客的选择随时决定着它的技能（我们服务于谁影响着我们是谁），相反，它的能力决定着它选择什么顾客（我们是谁影响着我们可以服务于谁）。

通过一次机会主义的草率顾客选择，菲博泰克（Fabtek）陷入了既受到对项目延误不满的顾客抱怨，又满负荷的无盈利运作的尴尬境地。重新审视一下案例的细节，瑞富集团（Refco），作为菲博泰克最大的顾客，会给菲博泰克带来比以前更大的订单，并且所需的制造工艺与以往差别不大。但是，同时也会使菲博泰克过于依赖同一家客户关系而带来风险。第二个机会是一个来自 PP 公司（pierce-pike）的订单。这家客户原本优先与菲博泰克的竞争对手做生意。来自 PP 的订单代表了菲博泰克销售部四年来辛勤耕耘的结果。第三个机会来自环球纸业（Worldwide Pape）可能转变为标准化产品的专有产品订单，代表着菲博泰克从生产定制订单向生产标准化产品的企业转型的机会。最后一个是凯瑟蔻生产钛电极的订单。这是一个"一锤子买卖"，不会对菲博泰克目前的钛金属焊接产能造成压力。菲博泰克的产能和生产能力影响着它能否顺利完成订单，正应了那句"我们是谁影响着我们可以服务于谁，"同时每一个订单似乎都将使菲博泰克朝着不同的方向发展，也符合"我们服务于谁影响着我们是谁。"

通过对顾客选择和技能联系的识别，可以得出以下结论：

顾客不是订单；

不同的顾客扮演着不同的角色，需要区别管理。

顾客选择与订单选择不同　在现实世界中，顾客通常都是以订单的形式出现在供应商的眼前。但顾客选择与订单选择不同。顾客选择是从企业的长期战略着眼并且影响着企业的技能（即我们做什么生意）。而订单的选择则影响供应商的产能，是基于企业现有资源限制而制定的（瓶颈在哪？短板是什么？我们短期能做什么？）。

如果管理不当，这种不一致可能会引发企业内部职能部门的冲突。市场部以错误的方式追求正确的顾客群，为工厂采纳不符合产能现状的订单；而生产部试图基于订单层面建立生产秩序，并不考虑这样的决定对长期顾客选择的意义。正是这样的冲突导致了菲博泰克虽然满负荷运作却还亏损的困境。

顾客与订单之间的错位使供应商的抉择变得复杂。供应商都愿意选择来自好的顾客的好的订单，避免不好的顾客的不好的订单。但经常是供应商需要在好的顾客的不好的订单与不好的顾客的好的订单之间进行选择。提出接受好的客户的不好的订单的逻辑是与好的顾客建立良好的关系。另外，企业应该避免那些与自己技能不符的不好的订单。

接受一个不好的客户的好的订单被视为在短期衡量一个客户的机会。受到供需波动影响的标准化产品的供应商，如 DRAM 芯片制造商，有时对它的新顾客投机性地抬高价格。然而，企业需要斟酌这种衡量策略对企业长期信誉的影响。

不同的顾客扮演着不同的角色，需要区别管理　第二个与选择顾客决定相关的重要问题是，不同的顾客在供应商的顾客群中的地位不同，需要区别对待。在每一个供应商的顾客目录中，都有很多不同的顾客类型。举例来说，可口可乐公司可以将可乐的饮用者分为忠诚于可口可乐的消费者和那些在不同品牌之间来回摇摆的消费者。在这里，不同顾客的划分标准是他们对不同可乐品牌的消费倾向。假设出于维护市场份额的目的，可口可乐可公司可能会将其忠实顾客作为可预测的稳定收入来源，并认为保持这种稳定的收入来源的长久性至关重要。在这样一个案例中，可口可乐会以有选择性地折扣方式，定期回报它的忠实顾客的良好行为（经常，并只购买可口可乐产品）。菲博泰克关于其最大的客户瑞富集团的困境，也是基于同样的管理忠实客户的问题。也有可能公司认为它与重要客户之间的关系非常紧密从而可能提高价格以便从这些顾客身上得到更多的价值。

可口可乐总部

认识到"忠诚"这一概念会随着环境变化而不同很重要。比如亨特公司（Hunter）对其忠实顾客（黄金客户）的定义是，对公司所提供的所有产品都有少量购买的顾客。这种定义背后的观点是公司认为可以和这些购买了所有种类产品的顾客建立更加深入和持久的关系。哈拉斯集团（Harrah's）对顾客忠诚度的定义基于购买量和购买的频率。对于哈拉斯集团而言，重要的不仅仅是区分出这部分消费者，而且还要定制出适当的产品和服务将这些顾客吸引回来。

可口可乐、亨特和哈拉斯管理它们忠实顾客所采用的不同方法说明：除了决定选择哪些顾客以外，设计出合理的顾客管理策略来管理与这些客户的关系也很重要。企业何时需从长期合作的观点出发管理客户关系？企业需怎样设计适当的产品和服务以吸引这些特殊的顾客（从更一般的层面上讲，怎样迎合不同类型的顾客？）何时应从短期交易的观点出发？

开发顾客管理策略以最大化顾客价值

设计适当的顾客管理策略以提升顾客价值，最大化顾客价值的过程需从了解顾客需求和行为开始。具体来讲，企业需要确定潜在的区分消费者的行为和需求特点的维度以了解其正在服务（或打算服务）的顾客群。这样的决定不仅涵盖个别产品的设计和管理产品线，还包括相关的营销努力（包括定价、市场沟通以及入市战略）。下一步是预测消费需求会向哪一个方向发展并经常更新顾客管理策略。

亨特和哈拉斯运用了不同的最大化顾客价值的方法。从定义上讲，利润是顾客回馈（销售收入）与供应商对顾客的服务成本之间的差额。因而，为了增加利润，供应商既可以增加收入，也可以减少营销努力。哈拉斯采用了前者，而亨特采用了后者。

哈拉斯着重提高了它的销售和营销努力以提供定制化的项目，从而也增加顾客的使用水平。这个案例当中的重点是产品价值的提升而非单个顾客的服务成本控制。因而，顾客价值的提高是通过销售收入的增加而不是通过对顾客服务的成本节省实现的。

亨特刚好相反。市场形势迫使企业接受销售收入不断下降的现实趋势。与其逆趋势而上，亨特选择在销售不利的情况下做好成本管理。削减成本是通过砍掉企业顾客管理当中的若干因素实现的。这些因素包括直销拜访、邮寄和电话成本。有一点很重要，就是亨特减少顾客管理成本，但并没有对销售收入造成太多负面影响，从而最大化了它当时以及后来的顾客价值。

虽然两家企业最大化顾客价值的方法不尽相同，但两家公司都以顾客的实际行为（如产生的收入）和顾客的态度与意图（如满意度调查）来监控顾客关系的健康程度，这一点上它们非常相似。把握了顾客关系的脉搏，每家企业都成功的对顾客关系管理做出了适当的改进，最终实现了顾客价值的最大化。

单个顾客收益管理中的潜在问题　投资机会的选择通常依靠预期的投资回报率和相应的风险。同样的逻辑也应该应用到顾客管理策略上的投资上。为了准确计算顾客价值并减少目前顾客管理中的低效率，企业需要了解有关顾客购买行为的影响和顾客管理所带来的成本增加等方面的信息。将具体的顾客管理因素和顾客带来的销售收入联系起来可以使企业杜绝顾客管理中的低效率问题。

在服务不同的顾客时，除了成本测量的不准确性之外，供应商努力和相应的顾客反应之间的迟滞，以及供应商对顾客反应行动持续的努力，使得企业准确建立某一项单独的市场努力和顾客反应之间的关系变得很难。在这样的情况下，最好的替代方法是计算一段时间内，整个顾客管理的投资回报率。这种方法简单但合理，采用消费者的所有消费的净现值与预期成本的比值来表示。供应商通过这样的方法来决定是否继续保持与某一顾客的关系，或者决定是否改变顾客管理的内容或水平。虽然净现值模型的复杂性使得它成为估值顾客的优秀工具，但这些模型的价值也在于能够反映出输入数据的准确性。

十五、"智造"持续价值

市场营销是"一个公司为它所选择的顾客创造价值的过程"。这个过程成功与否取决于它所创造的价值大小和成本的关系。如图所示，如果公司所创造的价值远远超过了所耗费的成本，一个高利润的定价机会就出现了。价值和成本的差值产生了一个"盈利定价区间"。如图所示，盈利区间中的任何一个价格都把这个差值分为"消费者剩余"和"企业利润"两部分。卡拉威高尔夫公司在 1997 年就属于这种情况。公司生产的高尔夫球棒恰好符合其创立者的意愿——"巧妙地区别于竞争对手"。它以 8.43 亿美元的销售收入领先于整个行业，而同时商品成本只有销售收入的 47%。一般来说，公司可以在某个时候产生如图所示的情景，即为顾客创造的价值大于成本。但是，正如《营销战略笔记》（Note on Marketing Strategy）所指出的，这种情况并不能保证成功，公司必须要持续这个创造/获取价值的过程才能获得成功。卡拉威高尔夫公司并没能保持它 1997 年的巅峰状态，公司 1998 年的销售收入下降到 7 亿美元以下，而商品成本则上升到销售收入的 58%，同时销售费用也上升了。结果，公司在该年出现了净亏损。该案例中一个行业人士说："最大的问题在于阶段Ⅱ。"阶段Ⅰ，即工业发展的第一阶段一般是盈利的，但这加剧了竞争，从而引来了新的挑战。

阶段Ⅱ比以往任何时候都重要。任天堂在游戏机市场的阶段Ⅰ做得很好；但结果却被索尼斩落马下。IBM 曾经在个人电脑市场独领风骚，后来却被康柏、戴尔迎头赶上。即使在非技术密集型行业，阶段Ⅰ似乎也不能持续太长时间。所谓的"稳定状态"或是"均衡"只有在教科书上才能找到，这些术语是很难描述商业世界的真实情况的。一个简单的事实就是，情况在不断地变化，而公司要在变化的情况下维持它的创造/获取价值的过程。两个主要目的是：

系统地找出到底是哪些因素在变化，这些变化又是如何终结了一个公司的阶段Ⅰ的。这阐述了一个公司应该关注、理解、整合战略发展的那些重大市场变化；

阐述公司在面临变化的时候，为了维持创造或获取价值可采取的行动。换句话说，就是实现一个成功的阶段Ⅱ、阶段Ⅲ……，而避免因变化而引起的顾客价值下降、毛利下滑和销售下降的陷阱。

消费者剩余 ── 传递给顾客的价值

价格

盈利定价区间

企业利润

企业成本──价值的创造

0

高价值-成本关系

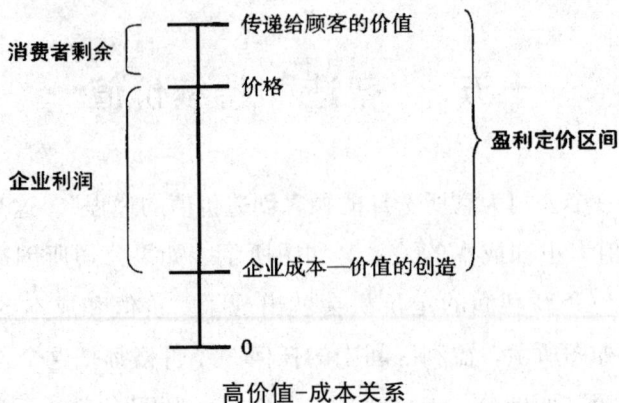

（一）市场进化背后的力量

《营销战略笔记》指出，在做市场营销战略决策之前应该分析"5C"，这同样是一个很好的分析市场变化的理论框架。"5C"——顾客（customer）、公司（company）、竞争（competition）、合作者（collaborators）和背景（context）——都在随着时间变化。5C 中任何一项的变化都可能终止公司的阶段Ⅰ，分析和预测这些变化无疑对于公司维持创造/获取价值的过程是有益的。现在我们来逐项加以分析。

顾客

顾客主要以五种方式发生变化：

需求变化 产品满足顾客需求的程度是决定该产品对顾客价值大小的关键因素。但是正如斯莱沃斯基（Slywotzky）在他的《价值转移》（Value Migration）一书中所指出的："顾客价值的优先次序——包括但不限于产品或服务所提供的——天生就有变化的趋势……"这意味着产品的价值是变化的。如果产品一开始恰好完全符合顾客的优先次序的话，那么当顾客价值的优先次序发生变化的时候，产品价值就会下降。

为什么顾客价值的优先次序会发生变化呢？一个重要的原因就是顾客关于该产品的体验在发生变化。例如，一个零售商选择出货时的包装材料，刚开始的首要考虑因素可能是价格和保证产品在运送过程中不破损坏。这种价值优先次序促使零售商选择聚苯乙烯塑料盒。但是，后来他发现这些塑料盒把发货室搞得乱七八糟的，"清洁解决方案"的重要性可能就上升了。顾客的产品经历帮助他们理解自己的偏好和需求，进而引起了产品不同特性的重要性重新排序。

新产品经常引起价值优先次序的巨大变化。在因特网时代来临之前，许多家庭个人电脑用户主要考虑机器的运算速度，许多人并不考虑调制解调器的速度。而当因特网时代来临时，网速显得比运算速度更为重要了，产品各种性能的重要性对比发生了巨大变化。

更精明地选择 方式一旨在说明顾客对于自己的需求变得更加了解。方式二旨在说明顾客对于满足其需求的替代方案变得更精明了。在顾客不知道还有其他替代方案的情况下，他可能认为某产品非常有价值。而当他知道还有更好的选择时，他会把原来的产品和新选择进行对比，因此，原来的产品对他的价值就会下降。

购买决策中心的转移 在多决策购买的情况下，各方的影响力会随时间发生变化。这和方式一中所描述的顾客需求发生变化是不同的，这里说的是因为决策中各方影响力的变化，导致购买决策过程发生了变化。例如，刚开始应用某项技术的时候，最终用户在决策过程中的影响力会比较大，因此产品的性能非常关键；而随着产品性能不确定性的下降，采购部门的决策力量上升，购买决策时考虑的因素就可能转换为价格。和方式一类似，决策各方的影响力发生变化，最后引起了价值优先次序的变化。

购买力的变化 除了价值和影响顾客购买意愿的其他因素之外，也应该考虑顾客购买力的变化。正如斯莱沃斯基所说"顾客购买力的变化产生了新的优先次序……"顾客购买力的变化有时可能并不明显，而且顾客购买力的增强对某产品可能并非好事。例如，如果顾客的收入不足以购买个人电脑的话，对几百美元一台的游戏机的需求可能会比较强烈。随着顾客收入的增加，买了个人电脑以后，游戏机可能就没那么有吸引力了。顾客购买力的变化必须要加以慎重考虑，因为购买力的增强既可能增加产品对顾客的价值，也可能降低产品对顾客的价值。这对购买力的减弱同样是适用的。

停止营销 产品耐用性的不同也可能产生不同的持续价值的过程。考虑一下可口可乐和戴尔电脑的情况。顾客每天都要喝可乐。即使他昨天喝了一瓶，今天还是需要另外一瓶。从某种意义上来说，顾客对可乐的需求是持续不断的。相反，如果一个顾客昨天已经买了一台戴尔电脑，那么他今天以及以后的几年都很有可能不在目标市场里面了。

上一台电脑的购买使顾客在一定时间内对电脑的需求都降为了零。类似地，如果一个顾客昨天从卡拉威公司买了一副大贝尔莎球棒，那么他今天再购买一副的可能性非常小。这对游戏机是同样的道理。为了维持价值，快速消费品的营销者主要是针对已有的消费者，而耐用品的营销者则需考虑寻求新的顾客，因为老顾客在相当一段时間内都不会有再次购买的欲望。

竞争

竞争行为可能对公司创造价值的过程产生巨大的威胁。这里最需要密切关注的行为就是产品改进、新产品推出和价格变化。当我们大量讨论"先行者优势"的时候，在很多时候，跟进策略也被证明是有效的。继李维特（Levitt）最早于 1966 年在《哈佛商业评论》提出"创造性模仿"的价值之后，斯坎那（Schnaar）在其所著《管理模仿策略》（Managing Imitation Strategies）中指出："对成长和盈利来说，模仿可能比创新更重要……"类似地，麦格拉斯（McGrath）提出"快速跟进策略"，即"跟随者"有意地等待"开拓者"先进入市场。"跟随者"密切关注市场对先行者的反应，因此，获得对市场更深刻地理解。

一般来说，跟进者可以对先行者成功的"阶段 I"采取三种策略：

1. 同样的产品——可能有一些微小的差异，但最基本的目的还是在先行者所创造的市场中"分一杯羹"。

2. 低价策略——跟进者利用低成本的优势推广产品。一般来说，先行者需要耗费大量的研发和市场开拓费用；由于享受了先行者创造的便利，跟随者的成本更低。在 IBM 1981 年成功进入个人计算机市场后，跟随者们正是这么做的。

3. 创造性模仿——真正更好的产品，增加了一些先行者没有的东西。史密斯—克莱恩（Smith-Kline）的泰胃美是市场上第一种治疗溃疡的药物。史密斯—克莱恩耗费了巨额费用说服市场除了做手术之外，治疗溃疡还有另外的选择，随后泰胃美成为了世界上最畅销的药物。但是几年之后，葛兰素史克向市场推出了功能更好的善胃得。善胃得很快就取代泰胃美成了市场领导者。

竞争者很自然地更愿意看到一个成功的阶段 I 的终结，而不是让对手享有它。例如，在 20 个世纪 80 年代早期，柯达公司在传统胶卷市场享有 70%的市场占有率和 70%的毛利率，它当然希望这种情况持续得越久越好。然而，富士公司希望来一点改变。尽管距离柯达有一定距离，富士 55%的毛利率意味着它也不希望一下子摧毁这个市场。除了这两大巨头，一个没能在传统胶卷市场分享利润的公司，当然有更大的动力来开发新一代的产品以取代传统胶卷。因此，公司不仅需要注意已有的竞争者的行为，也要关注潜在的竞争者，它们可能用全新的产品来满足同样的顾客需求。

最后，竞争者的定价行为也可能损害一个公司为顾客所创造的价值。竞争者的定价会影响顾客的显性或隐性的价值判断。因此，竞争者的降价行为将降低其他公司的产品对顾客的价值，不管该竞争者的目的是获取更多市场份额，还是在短期内清空存货。

合作者

上游的供应商和下游的分销商都可以改变公司的产品价值。例如，索尼为巴可公司（BARCO）的投影仪提供关键显像管技术。开始时，索尼只生产低端投影仪，巴可和另外一些供应商生产高端投影仪。但是后来，索尼决定应用它最新的显像管技术进军高端投影仪市场。类似地，分销商也可能用自己的品牌销售产品，从而变成竞争者。沃尔玛从 3M 公司或宝丽来公司购买胶卷然后贴上自己的牌子出售，从而变成了柯达的竞争者。

公司

很多时候，公司因为内部原因而非外部原因失去了维持价值创造过程的能力，这正是许多公司在当今的高科技时代所经历的事情。由于公司在阶段 I 取得的成功引起了竞争者的注意，其关键的研发、制造或营销人员被挖走。在阶段 I 的成功也可能导致骄傲自大，而远离了顾客和关键合作者，继而失去了创造价值的能力。

环境

环境指的是其他 4C 发生相互作用的环境。这里最值得考虑的两个因素就是法律/管制环境和技术的变化。

法律/管制环境甚至可以决定一个产品能否进入市场。卡拉威高尔夫俱乐部必须遵守美国高尔夫协会（USGA）的细则，否则它的某些要求就将被严重制约。美国食品药品管理局（FDA）对药品和医疗器械的管理更加严厉。FDA 的一次行动可能导致某产品全部从市场被召回。最后，专利法也能限制某种产品何时才能进入市场。在一些有吸引力的药品细分市场，某项专利的到期通常会引起很多"类似"供应商的进入。公司必须关注法律/管制环境的变化是如何影响公司和竞争者供应能力的。

生产或营销某种产品的技术也可能发生剧烈的变化。例如，一种新的芯片也许可以给游戏机提供新的功能。原来有些公司的产品由于被竞争者占据了传统的营销渠道而无法生存，因特网的出现为这些公司提供了营销渠道，也因此影响了许多公司的产品价值。

这些可能影响价值创造的因素都表明，某个时刻的价值创造过程通常不会持续很久。正如约翰·内塞姆（John Nesheim）在《高科技创业》（High Tech Start Up）中提到的，一份商业计划书需要向风险投资家回答两大关键问题：

它的竞争优势在哪里？

如何长时间地维持这种竞争优势？

类似地，麦格拉斯认为，持续的竞争优势是产品成功的战略关键。接下来的部分会讨论持续创造价值的主要途径。

（二）持续创造/获取价值的过程

持续创造/获取价值过程的三种主要策略是：

独占价值创造过程以防止竞争者进入；

引入新产品，以更好地适应前面讨论的 5C 变化；

创造品牌资产。

这些策略通常都是可以互补的，而非互相排斥的。接下来我们将逐项进行讨论。

策略一：独占价值创造过程

独占价值创造过程并且加以保护可以产生持续竞争力。这在进行产品设计时就必须加以考虑。比如，IBM 不能维持它在个人计算机市场的优势与它使用外包的零部件是有关系的，如它用了英特尔的处理器和微软的操作系统。IBM 无法限制它的竞争者获取同样的资源，而竞争者们又可以容易地模仿 IBM 主要的优势，这正是关键的原因所在。

独占这种过程或产品的主要方法有两个：让它变成商业秘密或是申请专利。

法律的确为"商业秘密"提供保护，但是，通常确认某样东西是否是"商业秘密"很难。斯特恩（Stern）和艾欧威蒂（Eovaldi）提供了一个清单来判断一项东西是否是"商业秘密"，如果对下面问题的每一项回答都是"是"的话，那么该项内容很可能是"商业秘密"：

该项内容是否仅被公司内部的人员所知道？

是否只有该公司的一部分员工才能知道该项内容？

公司是否采取一定的手段来保护该项内容？

公司最初为了获取该项内容，是否付出了代价？

其他人获取或复制该项内容是否很困难，或者成本很高？

该项内容是否对公司和竞争者都有价值？

商业秘密的具体例子是设计图纸、客户名单和生产流程。重新设计是合法的行为——因为竞争者可以合法地购买一个产品然后拆开，学习任何关于产品的设计和生产流程的东西。

1996 年 10 月通过的《美国经济间谍法》让窃取商业秘密变成了重罪，大大加重了处罚。如果员工离开公司，他便不能使用或泄露公司的商业秘密，这被强制写入就业合同。

一些人认为，专利是保护流程或产品的有效途径。美国专利商标局可以授予专利给个人或是"任何发现或发明一项新的流程、机械、制造方法、物质合成或是任何有用的改进措施的人……"

申请专利的一个不好的方面是，申请专利时需要公开所有发明或发现的细节，因此被授予专利后，这些内容就变成公开的了。申请材料中必须包含一个普通的从业者实施该专利所需的任何技术细节。因此，竞争者可能从该项专利中获得灵感，而设计出一种新的、不违反专利法的产品。

策略二：引入新产品

1988 年，卡拉威公司把一项创新——S2H2 木杆引入市场。三年后它又引入了大贝尔莎生产线；四年后引入大大贝尔莎；后来又过了两年，它引入了超大贝尔莎。因此，通过在十年时间内引入四代产品，卡拉威公司始终比试图赶上它的竞争者快一步。

产品的生命周期通常是随着时间而缩短的，尤其是在技术密集型产业。例如，现在一款个人电脑经常在 3~4 个月后就被一款性能更高或价格更低的电脑所取代。在这种情况下，维持创造/获取价值过程的关键就是开发新产品的效率。高效率的流程有两个特点：

以最快的速度推向市场；

管理好产品间"自相残杀"现象。

把产品以最快的速度推向市场对公司有两个好处。（1）产品的技术是最新的；（2）在一个消费者价值优先次序不断变化的市场，快速推向市场可以缩小产品设计时预测的优先次序和消费者真正的优先次序之间的差距。因此，更符合市场需求的产品"快速走俏"。

管理好产品间的"自相残杀"现象很关键，因为，同一个公司的不同产品通常有一定的竞争关系。麦格拉斯认为，"自相残杀"现象是在高科技时代产品开发时管理得最差的一个环节。他说："自相残杀或许是最被高科技公司误解或是忽略的。"

关键是时机的选择，要在既不过早地引入新产品而导致"自相残杀"，又不过晚地引入产品而被竞争者占领先机之间找到平衡。当新产品对公司的经济效益不如以前的产品时，"自相残杀"现象尤为显著。

策略三：创造品牌资产

凯勒（Keller）指出，品牌资产使公司"更不容易被竞争行为所伤害"。品牌是公司与它的客户之间的纽带。凯勒用词很恰当，是"更不容易被伤害"，而不是"不被伤害"。因此，正如在卡拉威案例中指出的，品牌很重要，但是"当竞争者提供了更好的高尔夫球棒时，品牌并不能挽救我们——它只是给了我们一些时间来采取行动。"

总之，仅仅在某一个时刻创造价值的能力并不是公司发展的基础。顾客在随时间发生变化，这并非顾客有意的变化以摧毁公司所创造的价值，而是顾客自然地就会发生一些变化。相比而言，竞争者的行为常常是有意的。在商战中，一个公司获取利益常常不可避免地会伤害到其他公司的利益。因此，为了维持价值创造的过程，有三种互补的方法。第一，保护公司独有的流程或者产品，可以使用商业秘密或是专利保护。今天的公司必须要有知识产权保护的战略；第二，塑造品牌以维持与顾客的关系；第三，不断地改进产品，不是担心而是恰当地管理它与现有产品的关系。